近代社会思想コレクション 06

鎌田武治 訳
Takeji Kamata

W.トンプソン
富の分配の諸原理 1

An Inquiry into the Principles of The Distribution of Wealth

京都大学
学術出版会

凡例

一、本書は William Thompson, *An Inquiry into the Principles of The Distribution of Wealth most conducive to Human Happiness; applied to the newly proposed system of voluntary equality of wealth*（London, 1824）の全訳で、上下二巻の分冊にした。なお、本書の原題は『人間の幸福にもっとも貢献する富の分配の諸原理に関する研究――新しく提唱された富の自発的平等制度への応用』であるが、『富の分配の諸原理』と略記する。新版（簡約版）を、著者の没後、William Pare が一八五〇年と一八六九年に出版している。付録は一八五〇年版の Pare の序文である。

二、翻訳に際しては、ドイツ語訳、Oswald Collmann, "Untersuchung über die Grundsätze der Verteilung des Reichtums zu besonderer Beförderung menschlichen Glücks", 2 Bde（Berlin 1903-04）を、横浜国立大学名誉教授、杉本俊朗先生のご厚意により参照することができた。

三、著者は功利主義者ベンサムの強い影響を受けているので、文中用いられている功利主義用語は原則として、utility（功利）、justice, injustice（正義、不正義）、security, insecurity（安全、不安全）、equality, inequality（平等、不平等）、pleasure（快楽）、prudence（慎慮）、enjoyment（楽しみ）、benevolence（仁愛）、sympathy（同感）とそれぞれ訳し、特に日本文としてなじまないと思われる場合にかぎり他の訳語を当てた。

四、community, society をそれぞれ、共同社会、社会（但し、第4章では内容から判断して、学会と訳した個所もある）と訳した。著者の定義に従えば、「共同社会とは、かれら自身の努力によって、お互いの欲求すべてを充足するのに十分な人数と面積の土地に生活している人々の連帯」であり、社会とは、現個人的競争社会ないし一般社会、または今後共同社会に発展する前段階を意味している、とも言える（William Thompson, *Practical Directions for the speedy and economical Establishment of Communities...*, 1830, pp. 2f. & p. 11）。ただし、co-operating community と co-operative or co-operting society はともに協働社会とした。

五、本文中のイタリック体および強調を示す大文字の語句は、訳文ではそれぞれ傍点、およびゴチック体で表し、引用符〝〟は「」で表した。

六、各章、各節の見出し文は、目次と本文中の表記が相違する個所が多々あるが、原文のまま、統一することなく翻訳した。

七、［］内は訳者が付した補注である。

前書き

政治経済学（political economy）とそれに関連するいろいろな部門の学問とについて考察、研究したり、論述したりしてきた人々は、主知的（intellectual）学派と技術的（mechanical）学派の二派に分類されるであろう。近ごろ、わが国で、主知的思索家ないしは哲学者のなかで異彩を放っているのは、『政治的正義』（*Political Justice*）の著者ゴドウィン（Godwin）氏である。技術的理論家の中で等しく著名なのは、特に初期の著作におけるマルサス（Malthus）氏で、かれの『人口論』（*Principles of Population*）の論述は、政治経済学派（politico-economical sect）の教科書になったと言ってもよい。

主知的思索家たちは、同感（sympathy）と知的教養という穏やかな、涸れることのない、しかも全面的に満たされた快楽をかれら自身で感じることによって、かれらの動物的欲求がすべて心地よく充たされ、それゆえにほとんど気に懸けなくともよいことを知っているので、おそらく自然科学的自然法則や人間と人間を取り巻く環境の自然科学的構造をあまり熱心に勉強もせずに、わが自然の大まかな傾向とみなされるものを抑制し、統制する自分自身の力を意識して、人間はその精神力だけで、副次的な物質的作用にほとんど頼らないで幸福を手にすることができる、と言っている。かれら主知的思索家たちは、人間の思考に係わる組織をもちあげて、それを完全に利用すれば、健康を増進するために普通使われる物質的手段をもちいずに、将来、自分の健康を意のままにできる（*will*）だろうと思うほどに、重視している。かれらは、精神は物質的媒介手段をかりないで、耕作や航海のような技術的作業を自由自在にできるだろう、と考えてきた。これらの神秘的なプロセス、つまり意志の奇蹟が実行可能になることによって、その事柄について定説となっている類推とどのように整合するか、ということが説明できなかったのはもちろんである。このような可能性があると主張されていることが、人類の進歩にたいする希望を、ほとんどもっぱら、みずからの知力の啓発に懸けているひとたちの究極の体系だったとはいえ、判断力が、日常生活の退屈な現実の研究にむけられたときに、このような理論によって、どれほど大きな影響を受けなければならないか、を想像するのはたやすい。自然を支配する、これほど簡潔にして、卓越した方法をもっているのに、どうしてかれらは、甘んじて観察という平凡な小道を歩もうとするのだろうか、また自然の新しいパワー、すなわち既知の事柄を応用する新しい、もしくはもっと有益な方法の新しいパワーを一目見るために、実験という果てしなく困難な仕事に苦労し続けようとするのだろうか。百姓や職工が、無生物を自分たちの先輩や上役の気まぐれで作った型に苦心して嵌め込むために、普通に行っている作業を、どうしてかれらは恥を忍んで検査できるだろうか。かれらは思考力のない物体が、かれらのコントロールを非常に困難にし、または非常に困難にさせられうる一実存の幸福に影響力を与えることができるかどうかについて議論するのを時間のロスだ、とほとんど思わないのだろうか。

迷信深い人々があらゆる変化を、具体的諸事物の基本的で不変の特質と相互関係とをもてあそぶ、かれらの神々の唯我独尊の気性と情実とのせいにするのと同じように、これらの主知的思索家は、ある種の神性を自分自身の体内に取り込んで、自然に対する支配力を行使するのであるが、この支配力の前で、迷信深い人々は、神々から見放されると、ただ戦慄しているのである。一方の不安と他方の期待とはほとんど同じくらい空虚である。人類が社会的に幸福になる術にどんな進歩をみせたとしても、それはすべて事物の環境と事物自体とを熟知していることと、それらのものを賢明に利用し、分配し、かつ調整していることによるものに相違ない。政治経済学の主知的思索家たちは、人間を全身思考の塊にしたいと欲し、万物の価値の有無を評価すべき唯一の基準である功利の優れた原理に無頓着で、労働を技術的で屈辱的なものとして、さげすむ傾向がある。思考することとは、頭の中で創り出され、感じた運動でなければ、何であろうか。労働とは、自然の常時活動的なエネルギーと連動し、協働する運動でなければ、何であろうか。そしていずれの種類の運動が優れているか、を評価するのは、どちらが人類に比較的多くの幸福をもたらす傾向があるかによる以外に、どんな基準によるのであろうか。機械的な骨の折れる労働をさげすむ点において、知識的特権階級と政治的特権階級とが一体になる。労働することをさげすむひとは、労働が生産した物品を、恥知らずにも、得意になって自慢する一方、他面で知識的特権階級のひとは労働作業とその生産物との両方を軽蔑したり、軽蔑するふりをしたりして、衣食住の供給を、労働が優しく、絶えず継続して、支えてくれなければ、自慢する高度の知的エネルギーも、身辺の無知な雰囲気とか、その他多くの無秩序な事柄とは違う自分の品位を、一〇〇時間たりとも保っていられないだろうことを、度忘れしているのである。こういった主知的思索家たちの間には、富と人間の幸福について、意見の相違がわずかながら無限にある。かれら全員の意見が一致しているのは、ただの知力、すなわち、かれらの名づける道徳とか、美徳とかが、幸福を促進する可能性を過大に評価している点である。そして知力と道徳の並行的発展が依存し、それなしには存在できない素朴な肉体的働きを、かれらはあまりにも度外視しすぎている。

　わたくしが主知的思索家と命名している学派のひとたちが、物質的事物と自然科学的作用を極端に度外視しているとすれば、わたくしが技術的理論家と名づけているひとたちは、その反対の極論をとる。かれらに従えば、知力と同感とは、神の創造物たる人間のどんな部分も形成していない。人間がまったくの機械的行為者であるのは、かれが作業で協働する鍬や織機や馬と変わることがない。そして、その他の動物たちを働かす同様な粗製の道具で、人間は労働に駆り立てられている。純粋政治経済学者と自称し、富以外の対象を追究しない、と称するひとたちは、多かれ少なかれ、この学派に分類される。かれらは、知性、博愛あるいは相互協働と、完全無欠という崇高な概念を嘲笑する。かれらの唯一の目的は、機械は、それが牛、人間あるいは馬のような生物で、食物と空気とで稼働するものであろうと、または無生物で、蒸気あるいは水で駆動するものであろうと、衣食住と上品なもの、ないしは流行などのすべての品目を、最大限豊富に生産するように手筈を整えることであり、他面では、生産された品物を使用する大勢の消費者がいて、毎年これらの品物などに対する需要が増えるような方法が、考え出されることである。その品物がどのようにして、また誰によって生産されたか、つまり駱駝、馬、あるいは奴隷であろうとなかろうと、人間によるものか、重労働または軽労働によるものか、健康的な作業、または健康を害するような作業によるものか、そんなことは、生命のない、あるいは、生きている機械の消耗が、物価を引き上げ、生産を減少しない限りにおいて、どうでもよかったのである。これらの品物がどのようにして、また誰によって消費されたか、つまり生産者大衆によって、にこやかな人々の間に、喜びをひろめるためにであろうと、気に染まない浪費と、病的な食欲に囲まれた宮殿に住んでいる少数のものによってであろうと、そんなことはどうでもよかった。かれらにとっての問題は、どうやって最大限の生産物を作り、最大限の消費ないしは有効需要を保証するか、ということであった。富とか交換価値に直接関係のない問題は、いっさいこれらの厳格な経済学者たちの理論では考察されなかった。これらの技術的理論家たちの間に、意見の若干のずれが見られるのは、主知的思索家たちの間と同様である。しかも、かれらは時たま、自分たちの論敵の見解を、多かれ少なかれ、取り入れることがある。

　政治経済学と人類の幸福とを追究する理論家たちの二つの学派、つまりここでは主知的および技術的とよばれているが、どちらとも真理に到達していないことは不思議だろうか。人間労働と労働生産物のもっとも賢明かつ健全な分配との首尾一貫した、有益な体系が、いまだかれらの間には案出されていないこと、かれらのそれぞれが、自分たちの学派では、たくさんの真理を発見しているのに、自分の主な生き甲斐は、論敵の間違いをほじくりだすことにある、ということは不思議だろうか。それが当たり前だなんて、どういうことになっているのだろう。人間は、蒸気機関やジェニー紡績機のような単なる機械ではないし、かれが使役する馬や牛のような、打算的でない動物でもない。しかしまた、人間は、周囲の無生物や生物と同じように財産をもたない、ただの知的行為者でもない。人間は複雑な存在である。人間が加工する板や木材のように、かれは外的事物の衝撃に左右されやすい。それにふさわしい力が作用すれば、その他の多くのものとまったく同じく、その内部や外部の構造に化学的、機械的変化が生じる。水流や台風の圧倒的な力は、人間とすべての無生物を、人間が避難のために建てた小屋であろうと、救助のためにしがみついている板木であろうと、それぞれの抵抗量や抵抗力に比例して、等しく木っ端微塵に破壊し、押し流してしまう。ある生命力は組織の結果だが、神経や筋肉を働かすことで発達するので、人間の抵抗力をわずかながら増進させることができる。人間は、他のすべての動物と同じように、空気と食物の絶え間のない刺激を保持することを条件としてのみ生存する。それら動物の中でもっともよく組織化されているものと同様に、人間は、身体のさまざまな部分に配置されている感覚器官と呼ばれるもののなかに、いろいろな種類の神経の端末があることによって、苦楽のいろいろな原因に感じやすいのである。それらの動物と同様に、人間は自分の意志とはまったく無関係な、体内の分泌物から生じる衝動に動かされやすいし、さらに自分の現実の組織と不可分の、ある性向、願望と欲求に左右されやすい。とはいえ、無生物の凝縮した粒子、もしくは大気中の粒子とちがい、また人間のものではない、既知のどんな活組織ともちがって、人間は自分の身辺のすべてのものと、それらと自分自身との関係とを観察することから生じる感情のみでなく、さらに観察の原感情を永続させる記憶の感情のみでなく、比較推理の感情にも動じやすい。このため、人間は自分自身の身体構造を調べて、自分の行動が将来どんな結果をもたらすかを調査することもできるし、こうして現在の動機と同様に、将来の動機によっても誘導されうるのである。適切なトレーニングによって、人間は感覚と内面的刺激の快楽に、さらに知的教養の快感を追加することができる。また食欲と情欲を賢明に制御して、人間はその快楽を無限に増加するばかりでなく、洞察力が足りないために招くであろう弊害を避けることもでき、同胞と同感し、情愛のこもった協働への意向を固める。

ところで、われわれは、人間のような生物の、自発的であれ、強制的であれ、労働が主要な構成部分であるどんなものについても推論できるであろうか。ちょうど羊か、その身体から剪り取られた羊毛について、または空気、水、蒸気、および機械の諸力について推論できたように。あるいは、人間のような生物が主に係わっているどんな事柄についても、それがあたかも知性と仁愛とから、すべて成り立っているかのように。あたかもかれの内面と身辺で作用している自然の化学的、機械的法則に、かれが影響を受けていないかのように。あたかもかれが、数次の組織と共存している感情と衝動とを振り払うことができるかのように。通常の確認された自然的要因か原因を媒介にしないで、ただ自由意志によって、あたかもかれが、かれの内面と身辺で、変化を起こす神秘的な力を授かっているかのように。万物の詩的創造において、自然の偉大な精神ないしは知性のものとされる力と同様に。

さて政治経済学のすばらしい諸発見――しかもそれらを適正な関係のなかにおいてみるならば、雄大でさえあるが――を社会科学（*social science*）にとって有益にするためには、この応用が社会的幸福の技芸となるので、作業手段であり、作業対象たる創造物でもある人間の複雑な本性をいつも見失わないようにしなければならない、とわたくしは思う。人間のこの複雑な本性を絶えず無視し続けるなら、功利の規制的原理は犠牲にされ、政治経済学の偉大な目的である、富あるいはその年々の生産物の蓄積を無限に増加させることは、無価値な目的になってしまう。こうして人類の四分の三ないしは一〇分の九が、惨めな無駄骨折りを余儀なくされ、残りのより小部分のものが、鬱々として豊富のなかの怠惰をかこつのである。共同社会にとって重要なのは、富のたんなる所有ではなくて、その正当な分配（*right distribution*）である。個人についてもそうだが、社会についてもそうである。楽しみの物理的な手段を抜きにして、人々は幸福になりえないし、すべて文明社会では、それは主に富の対象からなる。とはいえ、比較的小部分の富しかなくても、かつて思われていたよりも幸福になれるかもしれないし、他方では、過剰なまでに富に囲まれていても、なお惨めでいるかもしれない。社会の主要関心事は、富の対象の集積（*multitude*）ではなくて、利用（*use*）と分配である。それゆえ、富を、それが勤労と再生産におよぼす影響という点からばかりでなく、その道徳的、政治的影響という点からも、すなわち富が人間の幸福に影響するあらゆる方法でも考察することが必要である。

道徳学者は大部分、自然科学や政治経済学の真理を知らない。神学者は、かれら自身の特殊な利益にかなう夢物語以外の知識を、すべて馬鹿にする傾向がある。政治経済学者は、自分たちの注目をすべて富の生産と蓄積に集中し、富の再生産と蓄積に影響すると思われない分配を無視して、その幸福への影響を道徳学者、政治学者や政治家にゆだね、自分たちのこちこちな物質的思索と空虚な精神哲学との間に、画然とした境界線を引いている。いや、それ以上だ。化学者と機械工と手工業職人、あるいは商人は、最近まで、政治経済学者の研究を、自分たちのそれぞれの職業の現実に応用できないただの空論とみなして、ややもすると馬鹿にしていたものだ。

それからどんなことが推測されうるだろうか。労働の分割（division of labour）と同様に知識の分割（division of knowledge）を非難することではなくて、この専門知識がその特定部門の改善に限定されて、適正に応用するにはなくてはならないその他の等しく重要な全データがあるにもかかわらず、社会的幸福の広大な関心事に、その専門知識が応用されないということである。社会科学である道徳の科学は、立法をそのもっとも重要な一副次部門として包摂していて、技術的に道徳と政治経済学といわれているものの知識を必要とするのみでなく、特定の機会に、この一般的目的に役立つと思われる、どんな特定部門をも厳しく追及できる能力とともに、すべての既知の事柄の概略に関する知識をも必要とするのである。これらの思索家たちは誰も、自分自身の専門領域に閉じこもっていないで、ふさわしい知識もなく、無謀にも自分の孤立した思考を、社会科学に直接に応用しようとしてきた。有名な例外を若干あげてみよう。その一人は、ベーコンが自然科学で果たしたよりも、より大きな貢献を道徳科学で果たしている。なぜなら、ベーコンは物理学の発見に、新しい確実な道を指摘するだけのことをしたのに、かれ［ベンサム］は道徳的探求への正しい道を指摘したばかりでなく、誰もかつて考えなかったような、いわんや達成することなどなかったような、その進歩をも果たしたからである。かれが論証した道に追随していくと、われわれの目的は、社会科学に政治経済学の論証された真理を応用して、これらとその他すべての分野の知識を、人間の幸福にもっとも貢献する富の正当な分配に役立てることである。

ジェームズ・ミル氏（Mr. Mill）は、その有益な主著『政治経済学綱要』（Elements of Political Economy）の分配に関する章、五二ページ［初版一八二一年、第三版〔一八四四年〕では六五―六六ページ］で次のようにいう。「もしも分配の自然法則が自由に作用するがままに委されるならば、この純生産物のより大きな部分は、労働する必要のない、また幸福を楽しむためにも、最高の知性と徳性に到達するためにも、もっとも好都合な環境に置かれている人数の多い階級のひとたちの手元に適量ずつわたるであろう。かくて社会はもっとも幸福な状態にあるだろう」。〔渡辺輝雄訳　春秋社　古典経済学叢書〔一九四八年〕五七ページ。〕

これらの自然法則、あるいはその必然的結果である、経済的であるとともに、道徳的、および政治的な効果のある、特定のチャンネルへの分配傾向は、どこにも論述されていない。なぜなら、ある程度は、それが政治経済学ないしはこの仕事に割り振られた富の単なる領域を越えて展開するからであり、またある程度は、おそらく著者が、理知的な読者が推論の過程でそれを把握するかもしれない、と考えるからである。

わたくしは、どの特定の意見も、もっとも有益な富の分配について真実だ、とまだ賛同されていないことを論証するために、社会のなかの、もっと大勢の思慮分別のない人々の曖昧な思索を、引き合いに出す必要はないであろう。ここでは、政治経済学の真理と確認されたと思われるものを、公共のために役立つように、近年要約して簡便にした、若干の大変有能な著述家たちの意見を参照するだけにとどめよう。『経済学対話』（Conversations on Political Economy、同じく『化学と自然哲学に関する対話』）の著者〔ジェーン・マーセットJane Marcet 夫人〕によって、われわれはこう確信するに至った。すなわち、イギリスで見られるような、富の分配の不平等、首都やその他の都市に集中的に見られるような贅沢は、勤勉な、生産的な社会階級の大部分のひとたちに、雇用と食物を与えるために必要不可欠である。もし年間何一〇万ポンドの巨富が、たった一人のひとの手に集中して、その支出によって、人民を就業させることがなければ、貧民は餓死するにちがいない、と。このような巨額な富を、支出する際に生じる濫費が大きくとも、この著者はなおかつ、それを生産する事態は生産的労働者自身の雇用のためにも必要だ、と考えているのである。この必然的な結論は、この分配様式が大層優れているので、立法、その他の分野における、われわれの努力は、たとえその増加にではなくても、その維持と継続に向けられるべきである、ということである。

『英領インド史』の上記の著名な著者〔ジェームズ・ミル〕は、国富の最良の分配様式について、自分の意見を述べている。かれの叙述にもとづいて、われわれが想像できるかぎりでは、この最善の方法は何なのだろうか。かれは、次のようにわれわれに教えている。生活のために肉体労働の必要にせまられない文筆家たちは、適度に快適で便利な生活にめぐまれているので、社会のその他のひとたちより、もっと幸福をエンジョイできるし、している、と。そのため、かれは、こんな幸福な階層の人数を増加させるために、もっとも役に立つ状態、つまり富の分配を薦めている。わたくしが、もうこれ以上、単なる偏見にもとづいた、下記のごとき推論の誤謬に、立ち入るには及ぶまい。ひとつは、過剰な富がまねいた、がらくたものへの過度な賛美にもとづくもの。いまひとつは、道徳的、知的快楽を並行的に置き、かつある化合物のように、お互いに中和させることより、もっと理性的な賛美にもとづくもの、である。本書では、諸階級としてではなくて、感覚のある実存として把握された人間全体、あるいは国民全体の幸福を包摂する、あるものはより一般的な、またあるものは普遍的に総合的な原理に遡らなければならないのは明白である。

いろいろな富の分配方法の違いから生じる諸結果と同様、人間の幸福にとって、広範で、途方もなく重要な諸結論は、ただの推測だけで引き出してはならない。一人の賢い知性の持ち主にとって、道理にかなった推論が、他のひとには、つまらないものに見えるかもしれない。ミル氏から引用した上述の主張について考えよう。――社会の現状、つまり過剰な富と、極端な貧困との現状を、そこに書かれている、大勢の小所有者階級の存在より望ましい、と考えるひとはどのくらいいるか。このような状態をもたらす自然法則、ないしは自然的傾向を容認したくないひとは、どのくらいいるか。そして、このような自然的傾向は、あらゆる手段を講じて、暴力に訴えてさえも、現在到るところで、暴力によって禁止されているように、ひきつづき禁止されるべきだ、といまなお考えているひとは、どのくらいいるか。分配の自然諸法則は、もし自由放任するなら、その規制を解くほど賢明な共同社会にはどこでも、［ミルが］上記で約束したよりもずっと多くの幸福をもたらすように、わたくしにはみえる。適度な労働の必要性から自由になることが、最高の知性もしくは、徳性を達成するためか、あるいはこの達成と肉体的欲求を十分に満たす供給とから生じるものとして、最大幸福を楽しむためにか、どちらにとっても必要不可欠だとは、わたくしには証明済みの、ないしは、正しい結論とは思えない。分配の自然法則は、もし自由放任されるならば、現在の技術と科学に助けられて、人数の多い階級に知的、道徳的教養を、生活を楽にし、便利にするもの、それゆえに、幸福をも一緒にもたらすばかりでなく、それ以上に役立つであろうと、わたくしには思われる。わたくしが分配の自然法則、あるいはもっとも賢明な分配様式と考えるものは、これらの恩恵を共同社会全体にもたらしさえするであろう、と思える。では、このような偉大な結果が期待される、分配の自然法則とは何かを、またこんなに矛盾する意見がはびこる、この自然法則の現実的傾向とこの傾向の魅力とについても、明確に立証することはつまらないことなのだろうか。

しかし、富の分配という問題は昔から論じられてきた古くさい問題である。人間の幸福にとって重要な問題で、どんな問題が斬新な問題なのだろうか。富一般の問題はまさに古くさい。とはいえ、この問題のもっとも斬新な部門は分配である、と思われる。このまったくデリケートな問題について、正当な原理を大胆にも主張しようとするものは、まだだれも見あたらないようだ。暴力、詐欺、チャンス、法規が、たいていどこでも分配の主な決定者であるし、理性を脅迫して、これらが引き起こす被害を、あえて熟視しないようにさせてきたのである。このもっとも重要な問題での不正な行為が、到るところで蔓延し、しかもその積年の原因は解明されていない。そのため、不満、苦悩、非行、全般的退廃が生じる――退廃は絶対的では必ずしもなく、ただ分配の自然法則を自由に作用するがままに放任すれば、進歩し、日々向上する知識の現状に照らして、分配の自然法則に伴う幸福状態と比較した、相対的のものなのである。

世界のあらゆる国民と、ほとんどあらゆる時代において、万人に対して平等に快適な生活の恩恵と、富の大きな不平等という巨悪とが、これまでもおぼろげながら知られ、認識されてきた。そして、正当な分配を確立しようと努力されてきたが、むなしく無知であった。暴力は、無知があらゆることを、正義そのものさえも、達成するために使う手段である。だから平等を確立するためにも、暴力が行使されたのである。しかし暴力が行使されるやいなや、安全は逃避した。そして安全と一緒に、生産とその結果、幸福の手段も見失った。かくて、ここに、人類が置かれてきた冷酷なジレンマがある。ここに、道徳科学の解明されるべき重要な問題、「平等と安全とをどうやって両立させるか、つまり公平な分配を、生産の継続とどうやって両立させるか」、が存在する。この問題を展開していくことが、本書の目的であり、その帰結を追究し、分配の自然法則が到るところで導入され、安全があらゆるものに公平に適用され、少数者にもっぱら偽善的に適用されないなら、合理的で健全な平等の、もっとももしっかりとした保証となっても、恒久的妨害にはならないような、公正な平和的手段を指摘することである。というのは、それが富の再生産と蓄積とを継続する、唯一の確実な基礎だからである。

この重要な問題は、いまだ完全には解決していない。ただの政治経済学は、それを解明しようとしてこなかった。少数の先進的知識人にとっては、その解決に必要な第一原理は、なじみ深いものであろう。ところが、かれらのうち誰一人として、この問題に関する知識の拡散した光線を一点に集中して、すべての光線を富の分配に向ける仕事を引き受けるものはまだいなかった。私が本書で果たしたいともっとも切実に願っている目的は、下記のとおりである。社会科学のこの部門について得た知識を普及させることと知識の普及によってその知識を実践に応用すること。つまり、全人類が精通し、かつ実践しなければならないこれらの重要な真理を、これまで哲学的研究者たちが少数の知性の持ち主を楽しませ、向上させてきた静かで落ち着いた学者の書斎から実社会の活動的世界に導き出して、三〇年前にコンドルセ（Condorcet〔*Esquisse d'un tableau historique des progrés de l'ésprit humain*, 1793–94. 渡辺誠訳『人間精神進歩史』第一部、岩波文庫二四二ページ〕）によって、学問は人間の栄光のために多大な貢献をしたけれども、人間の幸福のためには全然、あるいはほとんどなにもしてこなかった、と指摘されてはいるが、いまもなお付着したまま残っているこの汚点《しみ》を学問から払拭する手助けをすること。以上である。

誰が人類のうち文明開化した人々の事情を一瞥して、大喜びしないだろうか[1]。誰が真実の知識が普及している証拠を、到るところで日々目のあたりにすることができて、大喜びしないだろうか。誰がそれぞれの知識の程度に応じて、社会制度を粛々と新規構築する行為そのものにおいてか、あるいは潤沢な、壮大な、不可欠の事業経営に着手する点について、人類のすべての文明国民をみつめることができて、大喜びしないだろうか。ある共同社会における知識、ないしは富の物品の絶対量が何であろうとも、その社会の幸福を形成するのは、それらの豊富なことではなくて、それらの正しい利用と分配である、ということが分からないひとは誰だろうか。それゆえ、いまこそまさに、毅然として分配の自然法則を研究し、社会の新しい組織が、古来の無知が生み出した悪徳行為と悲惨な状態の永劫の源泉を断ち切るために、立法府と個々人がこれら事物の傾向とどの程度まで有効に協力できるか、を確かめる時ではないか。

文明諸国民の偉大な世界の光景と、これらの国についてわれわれがもつ、諸事件の一般的成り行きについての関心とが、もし現在のような重要な問題に対して、われわれの注意を喚起するのに十分でないとしても、まさに現在富の分配問題にわれわれの注意を惹きつけ、ひしひしとわれわれの胸に迫ってくる光景がある。どの外国よりも、富の原材料、機械、住居と食物、知的で勤勉な生産者が多い国民が、一見幸福になれるようなあらゆる手段をもち、この共同社会のなかの少数の富裕な部分によって、外見上の幸福らしさをみせびらかしていても、なおかつ窮乏に難儀しているとは、どうしたことだろう。勤勉な人々の何年間もの不眠不休の努力ののちの労働の成果が、不思議なことに、それに欠陥があるという異議申し立てもなく、天変地異もなく、奪い去られるとは、どうしたことだろう。それは自然科学的知識が足りないためではない。豊富な物質的富が、万人を快適に過ごさせるために、不十分だからでもない。また豊富な再生産の能力、ない

（1）　一八二二年執筆。

しは志向の不足のためでもない。では、この人道上の奇妙な変則、あらゆる幸福の手段がそろっているさなかのこの悲惨な状態は、なにが原因たるべきか。生産手段も知らず、労働の意欲もない野蛮な民族が欠乏に襲われるのは、驚くにあたらない。しかし技芸と自然とが、何百万人の知的な勤勉な人々へ、豊富な贈り物をしようと努力して、いわば競争しているところでは、これらの何百万人が、自分たち自身で創造した生産物を楽しむ能力を奪われているということ、――これこそミステリーであり、驚嘆すべき光景である。この異常な現象は、悪意に満ちた富の分配以外に、その原因を何に求められるだろうか。このような環境のもとで、不正義だ、という叫びほど当たり前であるのは何か。かような不正義を矯正するために、強権力の介入を嘆願するほど当然かつ普通であるものは何か。この悪意のある分配の諸原因を立証することほどに必要なものは何であるか。それらの原因は一過性か、あるいは根の深い、慢性的な性質のものなのか。現在の状況は、長い間染みついた誤謬と、根本的に誤った制度とに内在して、いまやその有害な影響の重大局面に達している弊害の全面的展開、すなわち最大限度を上回った何かであるのか、どうか。技芸か自然のなかに、暴力の行使を排除して類似の惨事が再発しえないようにし、普遍的に優しい自動調節的、自己保存的な分配を、経験済みの悪評の高い弊害を産んでいる現在の分配の代わりに用いる手段が、発見できるかどうか。ただの局部的、対症療法を目指してではなくて、抜本的治療を目指しての研究が、もっと必要とされうるのだろうか。

　富に関する事態の現在の成り行きは、生産者大衆を犠牲にして、少数者を豊かにする傾向がある。すなわち、貧困層の貧困をますます絶望的にし、中間階級を貧困層に没落させる傾向がある。それは、少数者が現実の国民資本――といっても個別資本の総体にすぎないが、――を途方もなく巨額に蓄積できるようにするためばかりでなく、このような蓄積によって、共同社会の年労働生産物を支配できるようにするためでもある。多数者の側に貧困を、少数者の側に法外な富の虚飾を、という日に日につのる傾向に、不安を感じないものがいようか。国民の資源を徐々に蚕食し、第一原理の復興か他の方法によって、その進行を抑止できないなら、その生産者のほうで、勤労の精神自体が衰弱していくのに気がつかないものがいようか。自然と社会の法によって、これらの弊害を除去すべく軽率に取り組むなら、ますます大きな弊害を耐え忍ぶ危険があり、かような現実的、また未然の弊害の餌食になる運命にあるのか、どうかを検討するときではないか。道徳的、政治的英知のすべては主にこの点、つまり幸福の物質的手段の正当な分配、に向けられるべきである。なぜなら、ニュージーランドの野蛮人たちが、――才能によってでないとしても――少なくともかれらの能力の行使によって、生存手段ばかりでなく、安楽な生活をする手段をも獲得する邪魔にならないように、事態が調整されないなら、かれらの激情を抑制するために、かれらに法典や道徳律を与えることは、なんとも非常識極まりないからである。これら生存手段の使用と分配においてこそ、かれらの全資質の善か悪か、悪徳か美徳か、のどちらかが主に発達するにちがいないのである。技術と辛抱強い勤労は、富の対象、すなわち楽しみの手段を生産するのに必要不可欠である。真理か虚偽かは、富の対象を交換によって、楽に獲得できるように使われているか否かである。正直とは、他人の手に入れたものを尊重することで明示される。暴力と残忍とは、富の対象をその生産者から強奪することで、明らかに示される。慎慮と節度とは、本能的感情に盲従した結果、将来招くであろう不測の弊害という犠牲を蒙らずに、生産者たちが創造しうる当座の快楽すべてを保障するように、富の使用を調整することで発揮される。そして慈善とは、分別に導かれた同感という、心温まる感動に酔いしれ、富を他人の幸福に役立てることで、表されるものである。このようにして、われわれの美徳と悪徳とのもっとも重要な部分は、富の分配ときわめて強固に結びついているので、道徳や立法について、このような問題にたいする軽蔑感をもって語ることは、幻影をつかんで、実体を逃がすことである――つまり共同社会の悲惨事に、偽善者的な、あるいは無知な侮辱を加えることである。

もし、政治経済学の要求する分配様式が、政治的功利を妨げる一方で、一般的道徳心は沈黙していることに気がつくなら、富と政治学との要求を考量して、その調和を注意深く判定しなければならない。もし、富の増加と政治的功利とおぼしきものとが、一つの分配様式を要求し、普遍的道徳心が、いま一つの分配様式を規定していることがわかれば、全体の最大幸福を促進するわれわれの原理と矛盾なく、富と政治学の双方を強制して、最大の美徳、最大の幸福を保証する分配に従わせなければならない。しかし、もし非常に幸運にも、富の生産と蓄積にもっとも貢献する種類の富の分配が、そのほかのどんな分配より政治的功利にも役に立ち、かつ道徳的習慣をもっとも広汎に普及するという有難い様相を呈しているのに、他方では同時に、それがいとも簡単で、それを維持するためには、どんな煩瑣な立法機関も、ほとんど、どんな機関をもまったく必要としないということに気がつけば、これほど推奨されている分配様式に、公明正大に、かつ全員一致で賛同するであろう。まさにこのようなものこそが、しかも同時に非常に多発する利益を随伴した分配様式だ、と確信される。これについては以下に述べる。

人間労働の三つの様式が以下で議論され、対照される。第一は、暴力による、または直接ないしは間接の強制による労働。第二は、無制限の個人的競争による労働。第三は、相互協働（mutual co-operation）による労働。これらの人間労働様式のうち、最後のもの、つまり相互協働による労働は、第二のもの、つまり個人的競争による労働より、生産と幸福の点でより優れていることが示される。あたかも第二のものが第一のもの、すなわち、暴力あるいは強制による労働より優れているように。

全巻を貫いて探究している、この研究の動機となった直接の出来事は次のごとし。コーク（Cork）市内に発足した、知識普及のための文芸協会（literary society）の一つにおいて、政治経済学の論争で、雄弁の令名高い一人の紳士が、いまや確固として存在している富の不平等がもたらす恩恵について、したがって貧困層が富裕層に対して感じる従属感や、その結果生じる感謝の念について、アメリカ合衆国の、富の過大な自由と過大な平等とについて、同様な話題とともに、ながながと論じるのが適切と考えた。このような意見に、しかもとりわけ、このような人物から出された意見に、びっくりして、著者は即座にそれを拒絶したばかりでなく、この問題に立ち入って論じ、それを将来もっと詳しく議論するために、論文形式で当協会に提出しようと決心もしたのである。この論文が進捗するにつれて、本問題の重要性と範囲が増大したように思えた。印刷物や会話のほとんど到るところで、混乱した謬論が蔓延しているので、真理への関心が要求するいかなる程度にであれ、それを完全なものにしようとする熱意が倍増したのであった。このようにして、はじめに企図した論文は、本研究書へと拡張したのである。

目次

〔下巻の目次〕

第5章　不安全の制度に起因するものとして、富の分配の現状について――また不平等な分配の現存の強制的方策を、安全によって制限された平等の自発的方式に変更する手段について

第1節　政治権力によって、労働生産物を、その生産者または所有者の同意なしに略奪する一般的弊害について――本書では公的略奪と名づけて、私的略奪よりも、より広範に及び、救済により困難なので、結局より有害であることが証明される

第2節　富の強制的不平等――または平等な安全が要求しない不平等――を生みだす結果になることがもっとも明白な、特別な制度または方策について

第3節　特別な制度または方策について――そのもっとも明白な影響は、富の強制的不平等を恒久化することである

第4節　特別な制度または方策について――その明白な影響は、富の強制的不平等を産み出すことと恒久化することの両方である

第5節　これら現存の、強制的不平等分配の方策を、平等な安全によってのみ制限される平等を導入して、分配の自然法則の自発的方式に直す方法について

富と幸福との生産における個人的競争原理の諸利益

個人的競争原理の諸弊害

第6章　富の分配における自発的平等について——個人的競争による労働と対立する協働による労働

第1節　自発的平等制度の基本的、本質的特徴の説明

第2節　相互協働による富の自発的平等制度の諸利益

第3節　提唱されている制度が排除しないであろう生産と幸福とに対する諸障碍

提唱されている制度が劣悪化するだろうと思われる障害

第4節　相互協働による富の自発的平等制度は実行可能か

第5節　相互協働による富の自発的平等に対する通俗的反対論

哲学的必然性にもとづいた理論／束縛にもとづいた実践的協定／移動と住居変更に対する束縛

法律の束縛／これらの共同社会の内外における道徳的制裁ないしは世論

迷信の束縛／公的略奪の束縛／天才と称賛される努力とに対する束縛

美術文化に対する束縛／探究と性格との画一性／競争は共同社会間に生起する

同業組合規則はその運営権を奪う／過剰人口はかれらを悲惨な状態に貶める

自発的平等は現在の社会制度を転覆する／土壌の不均等な肥沃度——富の平等に対する自然的障害

第1章

富のすべての正しい分配の基礎となるべき、われわれの組織とわれわれをとりまく自然的、社会的環境とから演繹される、自然の原理、規則または法則に関する研究

功利――それは善と悪の、および、現時点と将来のすべての影響を算定し、人間の最大可能な幸福総計を追究するものであるが、――は本研究でつねに留目し、その他のすべては、その副次的な部分にすぎないような指導的原理である。ベンサムの『道徳と立法の諸原理序説』(Introduction to the Principles of Morals and Legislation)、と著名な『立法論』(Traité de Legislation) 第1章において、エルヴェシウス (Helvesius)、プリーストリー (Priestley)、ペイリー (Paley)、その他の人々によって是認されたこの原理は恒久的に発展し、確立しているので、道徳のその他のすべてのいわゆるテストを受けなくともよいのである。

どんな問題のなかでも、富の分配ほど興味のあるものはない、あるいは、もし正当に扱われるとするならば、有益なものはない、と言えよう。なぜなら、富の正当かつ賢明な分配に依存していることが分かるであろうと思われるものは、直接にあらゆる共同社会の物理的にゆとりのある生活だけでなく、結果として、手の届くところにある道徳性や同感、慎慮、仁愛から生じる快楽の量も、知的楽しみの量とともに、かなり大きな程度そうである。

ここで研究しようとしている分配とは、人間の幸福の最大可能な量、つまり最大多数の最大幸福を増進するであろうと思われる分配である。この最大多数とは決して単純な大多数ではなく、全共同社会の九割、あるいは九〇パーセントであることが分かるであろう。実際に、全体の、または、明らかに犠牲になった少数さえの真の幸福とは、最大多数の最大幸福と一致することが分かるであろう。人間の幸福の最大可能な量、最大多数の最大幸福、共同社会の幸福、そして全体の幸福はそれゆえ、ほとんどあらゆる場合に、同じことを意味していることが分かるであろうし、たいていはどの用語を使っても差し支えないだろう。

分配の自然法則の基礎になっている命題は、わたくしにはたいそう単純に見えるので、理解されれば、ただちに賛同されること請け合いで、その結果、到るところでもっとも広汎に応用され、人間の幸福にもっとも密接な関係があるのである。それゆえ、それは自由に詳細に調査されるべきである。なぜなら、真実とすれば、それはつねに記憶されていて、道徳的、政治的問題について、われわれを論理的に考えるように導くべきであるし、間違いならば、その間違いを指摘するのが早ければ早いほど、実践に適用されて害をおよぼさないためには、ますます良い。数量に関する真理を研究する際には、ある見解が表明され、それが真理であることは、専門用語を理解するや否や、ただちに知覚感受される。道徳的、政治的論究においては、まさにそうあるべきである。同一種の、ないしは異種の感情の異同の程度、強度の差、および前者と後者の細目を含んだ行為の諸結果を測定する正確な尺度がないため、われわれは道徳科学において、数量に関する科学における同様な、極限演繹法の確実性にまで到達することはできない。とはいえ、われわれの倫理的演繹法は、第一原理を越えることほんのわずかの連鎖しか拡張を必要としないので、双方において、やはりほぼ同じ確実性に到達できるかもしれない。なぜならば、第一原理は双方において、直感的立証ないしは認識が等しく可能だからである。そして非常に多く依存しているこれらの第一原理とは何であるか、を知ることがますます必要になっているのである。われわれは第一原理によって、われわれのすべての論証において数学的確実性を保証できないとはいえ、些細な問題においてさえ、かりにわれわれの進歩のあらゆる段階の正しさを立証できるような測定法があるとすれば、それと同じくらいの確信を持って、知性が正当に、かつ必然的に依拠するところの、かつ人生の諸問題のなかで、それと同じように強力な実証へと導くところの、力強く圧倒的な蓋然性に到達するであろう、と気がつくであろう。道徳的確実性という、この強度な蓋然性に到達できない場合には、人間の幸福にとって、対象の重要性が相対的に減少することに注目せよ。形而上学的、骨董的、そして神学的思索におけると同じように。

「ここで研究されている、**分配**の自然原理、自然規則あるいは自然法則という言葉の意味は何か」が問われるであろう。

自然のという言葉ほど濫用されてきた言葉はないし、その本来の、派生的、あるいは現在の意味を、立ち入って分析する必要はここではない。その言葉と結びついている連想は非常に喜ばしいので、推奨しようとするほとんどすべてのものと恣意的に結びつけられている。**法則**という言葉も制裁と刑罰を含意しているので、遵守しなければならないものである。そのため、法則の名称がどんな問題に適用されようと、またそれに自然という言葉が付け加わろうとも、結果とか、使用法とかの明示が必要とはまったく思えないのである。法則を遵守しなければ犯罪であり、それを否定すれば傲慢である。さらにこれに加えて、問題の法則とは、われわれ自身のような一個人、ないしは少数の個人の法則ではなく、**自然**という神秘的な、不可抗的な力の法則である。それに誰があえて反対するであろうか。

政治経済学者さえ、これらの言葉を正確な定義もしないで、しょっちゅう使ってきたのである。かれらは、現存で周知のものとして、**分配の自然法則**をしょっちゅう口にするし、それを反論の余地がない議論に対する根拠、ないしは補強手段として利用している。この用語をかように悪用することに対して、読者に警告が発せられている。分配の、あるいはその他すべてのものの自然法則など、ここで定義された意味では、どこにも存在しない。分配の自然法則とは、先進的な知識を持った政治経済学者の定義によれば、富を生産している大なり小なりの社会に対して、幸福の総計を最大限生産するために、すべての富の分配が依存すべき、一般法則あるいは第一原理であるか、あるべきである。それゆえ、経済学者がこの用語を従来使用してきたとおりに、ここでも使用することにする。とはいえ、それを使用したからといって、なんら作為的な援助を受けるつもりはない。本研究は分配の基礎になるべきもので、他の人々によって、**分配の自然法則**という名称で漠然と暗示されてきた有益な規則あるいは第一原理に関するものである。分配の法則、規則あるいは原理、という言葉と結びついて、自然という言葉に付与されうる、おそらくもっともふさわしい意味は、単純になんら作為的援助を要求しないようなものであって、それらを支持するための新しい機構の代わりに、制限の撤廃または免除を要求する、ということである。

ここで論じられている**法則**とは、文書として書かれたものとか、公布されたものではまったくなく、いわんや強制的に施行されるものではない。これは真理を求める研究者たちの議論にのみ存在し、適用可能なもっとも厳しい究明をする理性的な人々に容認されるなら、行為の規則になり、富の分配に関する真の成文法の規準になるであろう。自然という言葉は、人間による強制が全然介在しない、事柄の通常の成り行きの当然の結果として善悪が生じるのと同様に、その法則を侵犯するか、遵守するかに従って、善か、悪か、とだけ判定されることを暗示するものとして、その法則に法的権威を与えるとみなしてもよいであろう。以下のページでは、どんな議論を支持する際にも、**自然法**という言葉からは、まったくいかなる支援も当てにしようとしていないことが分かるであろう。事物の真実の異同と人間の行為の真実の帰結を追跡すると、いつも真理に訴えることになる。ここで提起されている分配の規則を尊重することは、二つの比喩的な言葉を使用する結果、金輪際求められない。それらの言葉は、かつて他の人々によって、研究の際に用いられてきたのだが、その研究をより容易に継続していくために、記憶されていたのである。すべての時代の、あらゆる種類の偽善者が、ある神託と神秘的な交感をしたと偽って、あまりにも多くの危害を与えてきた。それはかれら自身の意志だが、かれら自身の利害関係によって導かれたものであり、ただの幻想によって導かれたことは稀にしかなく、反応を指令した唯一の神なのであった。われわれは神託を発見したとか、何者とも交感したともあえて言わない。本書で研究すべき自然法則とは、上述の修正を伴った筆者の単なる意見にすぎない。

本章で証明されるべき命題は下記のとおりであるが、読者がそれらの関連を記憶できるように、箇条書きにされている。

第1節　富は労働によって生産される。労働以外の他のいかなる構成要素も、欲求の対象を富の対象にしない。労働は富の唯一の普遍的尺度であるとともに、その違いを示す特徴でもある。

第2節　富の分配の際に、労働によってそれを生産するときと同様に、めざす目的はそれによって幸福、すなわち快楽の最大可能な量——それは感覚のであれ、道徳的あるいは知的性格のであれ、どちらでもよいが、――を、それを生産している社会に付与することである。

第3節　社会の全成員（不一致の場合を除く）は、その肉体的組織の点では似た体格をしているので、同じような処遇をすることによって、等量の幸福を楽しむことができる。

第4節　より多数の幸福はより少数の幸福より優先されるべきである。さもなければ意図した目的、すなわち最大可能な幸福の量の生産、は犠牲になってしまう。

第5節　富という名の、楽しみ、ないし、幸福の手段は、知識に導かれた労働を、自然によって与えられた原材料に適用することによって生産されるので、動機の点で、知識に導かれた必要労働を稼働し、この富を生産するのに十分な刺激が与えられなければならない。

第6節　物事の本質上可能になるであろうような、生産へのもっとも強い刺激（そして最大限の生産に不可欠の刺激）は、労働の生産物をその生産者が完全利用するときの「安全」である。

第7節　富物品の自発的交換はすべて、双方の側で与えるものより受け取るもののほうが優先されるが、富から得られる幸福を増大し、それによって富を生産しようとする意欲を強化するのに役立つ。

第8節　労働の生産物、すなわち富と幸福の手段との対象をあらゆる個人から強奪すれば、かれに対する幸福の損失は、強奪者にとっての幸福の増加より大きくなるであろう。

第9節　特定の人数の個人から少量の富を強奪するならば、その幸福の総量は、それら少量の強奪物をまとめてエンジョイする誰か一人、またはそれより多くの個人が得る快楽の追加分を増加できるより、減少するほうがもっと大きいであろう。

第10節　それゆえ、どんなひとの労働の生産物も、労働そのものも、その生産物のどんな部分も、労働者が納得する等価を与えないで、かれから奪ってはならない。

第11節　富の原材料は、楽しみの最高可能な平等と最大可能な生産とを促進するという、二重の目的を実現するように分配されるべきである。すなわち、「安全と両立する」最高可能な分配の平等、つまり有益なすべての肉体的、知的人間エネルギーと、もちろん安全に恵まれている程度に依存している富の生産との発達度を促進するように分配されるべきなのである。

第12節　この公正な分配を実現するためには、労働が投与される方向、あるいは労働生産物の自由な交換に対する、積極的種類であれ、消極的種類であれ、富の本質に係わるどんな奨励や制約も、制定されたり、支持されたりすべきではない。

第13節　各人に、かれの労働とその生産物との自由な使用、および、それに続く自発的な交換を保障することから発生する、富の分配における不平等、しかもこれだけは、維持されるべきである。というのは、この程度の不平等がなければ、安全はありえないし、安全がなければ、生産はありえないし、生産がなければ、分配すべき富もありえない。

第14節　その他のすべての種類の分配の不平等は、生産を刺激するために不必要なばかりか、有害でもあるから、抑制されるべきである。なぜなら、それらは平等の恩恵を必要以上に損ね、かくて幸福の総計、つまり富の分配の際に目指す目的、を減少させるからである。

第15節　上記の諸前提からの一般的推論、つまり「分配の自然法則」、あるいは一般規則。その遵守は、
富から派生する最大幸福を達成するために、必要である。

第一、すべての労働はその方向と継続に関して、自由かつ自発的でなければならない。

第二、すべての労働生産物は、その生産者に保障されなければならない。

第三、これら生産物の交換はすべて自由かつ自発的でなければならない。

第1節

富は労働によって生産される
労働以外の他のいかなる構成要素も、欲求の対象を富の対象にしない
労働は富の唯一の普遍的尺度であるとともに、区別を示す特徴でもある

物品に自然の自力生産を適用するものとしてか、あるいは人力の作用だけが目立つ物品に適用するものとしてか、いずれにせよ、この命題を論証するには、若干の例証でおそらく十分であろう。しかし、まず何が富の正当な定義と思われるかを説明しよう。けっきょく、われわれの例証はすべてその定義を支持することに帰着するであろう。

富という言葉は、「生物的、あるいは、無生物的自然資源（the animate or inanimate materials or productions of nature）の利用に向けられている、人間の労働と知識によって供給される、楽しみの物質的対象か手段の部

分」を意味している。

富とは「労働が生産した欲求の対象である」という、精確とはいえないにしても、より簡潔な言葉で記憶しておくと、おそらく役に立つかもしれない。

交換価値（*value in exchange*）は、富の概念にほとんどいつも付着しているけれども、不必要である。なぜなら、小さな共同社会は交換が全然なくとも、共同で労働することによって、豊かで幸福であったからである。毛織物は、各人が自分のコートを作ったけれど、富にはならなかったであろうか。交換価値がなければ、それを所有しているものにとってとても大層な欲求対象で、とても多量な労働によって生産された物品でも、市場価値（marketable value）を持つことはできないのである。それを欲しくない人々に市場で売りに出されることはないであろう。しかし、それでもなお、そのことは役に立つから欲し、自家用としてその製造に賢明にも従事するひとに対しては、同じくそれを富の対象にするのである。

労働なしには富は存在しない。労働は富の顕著な属性である。自然の働きは富の対象の構成要素とはならない。自然のエネルギーは、富の対象であろうとなかろうと、すべての楽しみ、あるいは欲求の手段を生産する際に、まったく平等かつ共通に作用する。労働が富の唯一の親である。

国民の富は富物体の個別的集団の総計にほかならない。

土地、空気、熱、光、電流、人間、馬、水、等々はどれも富の名称を冠するわけにはいかない。それらは欲求と幸福の対象であるかもしれないが、労働の手によって形を変えられるまでは富ではない。それらのうち空気、熱、光、電流、そしてしばしば水も、欲求と効用の対象、健康のみならず、生命の維持にとってもまさに不可欠の対象であるが、富の対象ではない。なぜそうなのか。なぜなら、それらを生産し、まとめて利用し、エンジョイするのに、労働をまったく必要としないからである。それらは、われわれの欲求を満たすために、どんな種類の労働も必要としないほど多量に存在し、それらのうちには——空気、光と熱のように——われわれに対する影響を取り除くために、積極的な努力をしなければならないものもあるけれども、非常に少ない努力しかしないで、利用され、エンジョイされる。人口密度の低い地方に多い馬や有角牛の群は、空気や光と同じく富の対象ではない。それらは利用するのに必要以上に存在している。人間の努力がそれらを生産してきたのではなく、それらを自分のものにするために必要な労働をするひとは、誰でもその所有者になれる。そして取得のための労働だけで、以前は欲求対象の可能性にすぎなかったものを、富の対象にしてしまうのである。この動物の価値は、それが荷物運搬用の動物であれ、食肉用であれ、ただの皮革用であれ、その用途に改造するために必要な、普通の力量と技術をもつ人間の、平均的労働量にまったく依存している。文明社会では、なにが優秀な馬を富物品にしてしまうのか。自然はその馬のために、なにをしてきたのか。なにもそんなことをしてこなかった。自然は南アメリカの野生の馬に対しても同じだけのことをしてきた。そしてそれらは富物品ではない。自然は調教された馬のために、より多くのことをしてきたか。そうではないが、人間がそうしたのである。そして自分の力量に驚喜しつつ、その馬はひづめで地面をたたきながら、産まれたときから売りに出されるまで、自分が消費してきたものを生産するために使役され、自分の労働がまだ埋め合わせをしていない労働を代表するものとして立っているのである。馬の出生時のちっぽけな価値は、その出生の前後の養育期に、母馬が労働から離れていた期間に消費した食物と、父馬が一〇

○頭の雌馬を満足させる退屈なトルコ風一夫多妻の業務に適応するよう、仕込むためにかかった費用とに対する、ただの等価にすぎないのである。こうして普通富の対象として重んじられている物品が、その生産のために労働を必要としない条件下では、その資格を失うのは、他の物品が富の対象としてみなされていないのに、それを楽しむためには労働を必要とするような条件になったときには、その資格を獲得するのと同様である。光線が照明している地球の半分のどこにでも、さんさんと降り注ぐ日中は、この種の光線、すなわち太陽光は、あらゆる光線のうちでもっとも有用で有難いものであるが、富の対象ではないのである。とはいえ、地球に公転を続けさせ、太陽から最近照らされていた部分を背けさせるとしよう。そして光線がまだ人間の生活にとって望ましいとしよう。そうすると光線はその希少な部分で抽出された物質という名目で、即座に富の一品目になるであろう。ろうそく、油、ガスなどの価値はそれらから抽出された光の価値にすぎない。そして科学が進歩し、抽出の仕方が多様化し、かつ容易になるにつれて、光の価値は、その抽出に必要な労働量が減少するとともに、低下する。知識に指導された労働が管理するまで、自然力は、富という名の物品を有益に生産する点では、評価されない。自然が少数の個人にただの生存手段を与え、誰にも住、衣、あるいは生活を快適にするものを与えないところでは、労働が同じ原材料からあらゆる幸福の手段を幾千人の人々に生産する。どんな共同社会の労働であれ、ほんの一年間だけ中止してみよ。そうすれば、その共同社会の幾人が、自然の原材料とかエネルギーで生き残って、この物騒な実験を翌年に語り伝えるであろうか。生活を快適にするものばかりでなく、全国民の生存そのものも、労働の恒久的な作業に依存しているのである。口が消費しているあいだ、勤勉な腕は生産を続けているのである。

富とは楽しみの物質的手段ないしは素材に限定されている。労働あるいは筋肉の働きは自然物のみに費やされうる。それらの物だけが蓄積可能なのである。物理的自然のもの、手で触れるもの、目に見えるもの、またはこれらの感覚以外のものを通して幸福の生産に役立つもののほかに多くの楽しみの手段がある。これら多くの楽しみの手段のすべては、外的、内的感覚または感情にもとづき、またそれに分解するとはいえ、個別に明確に効果的に考察されるかもしれない。肉体的楽しみは感覚に直接的に訴えるような快楽だけを意味する。肉体的快楽とともに道徳的、知的快楽がある。道徳的、知的快楽に強さが足りなければ、それを得るのにたやすかったり、安価であったり、その再生産が永続したり、たやすかったりすることで、埋め合わせできるものではない。幸福のこれらの道徳的、知的源泉はいまは問題にしない。それらは、富という言葉に結びついている意味には直接含まれていないからである。富の定義に入らない幸福の物理的手段も多数ある。光線は、その多様な色彩によって、目を楽しませ、水は味覚を、セックスはお互いを楽しませる。しかしこれら幸福の手段のどれもが、富用語で表示されないのは、人間の労働ないし技術が加えられていない、自然の恵みにすぎないからである。

どこへ運ばれ、たんなる存在にさらになにか付加されようとも、ものの功利だけでは、すなわち自然の手による生産と呼ばれるものでは、富の対象には全然ならない。ある形をとった労働がそれと一体になるまでは。そうなった時、他のすべての欲求の対象、他のすべての幸福の手段と区別され、それは富になるのである。

一つの国では富でもあるものが、もう一つの国では富ではない。というのは、一つの地域では、わが自然の構造からか、ただの気まぐれからか、ともかく、その生産に労働が要求される、欲求の対象である、まぎれもなく同じ品物が、もう一つの地域では苦痛のもとになり、いうまでもなく、まったく労働がその獲得ないしは製造に支出されないからである。

それゆえ赤道直下の文明地域では、氷が富と贅沢の品目になる。一方、極地に近づくと、それは生活の苦労のもとになる。炎暑の砂漠国では、水の井戸は富の源泉であるが、土地は専有の苦悩に値しないから、誰の資産でもない。自然がそれを生産したと思われるので、井戸を作るのに、労働を必要としない。また水を汲み出す労働はそれだけでは評価されない。しかしその場所に井戸が存在することは、そうでなければ、水をもっとも近い供給地から、そこへ運ばなければならないであろう、と思われる労働を節約してくれる。井戸の価値は、このようにして節約された労働量で測定されうるのである。

男性と女性とはいろいろ異なった時と場所で、ただの富の対象に転換させられてきた。すなわち野蛮な暴力によって、なんら等価なしに、かれらの所有者の快楽を充たすことを強制され、この人間性への陵辱は、大西洋の両岸の二国［イギリスとアメリカ］で維持され、いまもなお続いている。しかも、それと裏腹に、その二国民はみずからの自由を愛し、人間の幸福を尊重することを、もっとも誇っているのである。富を構成するための二つの必要条件である、「欲求の対象」と「労働あるいは努力の生産物」は、鉄ないしは羊のような、他のすべての物質と同じように、富の対象へと専制的に強制転換させられたときには、人間にも適用される。労働、暴力あるいは努力の支出が、まず人間を奴隷、こうして富の対象にするために、必要であるばかりか、かれらを奴隷としてとどめておくためにも必要なのである。そしてこの努力の支出はもっともうんざりする種類のもので、絶えずリスクの伴うもので、これらの点で普通の労働と違ってもっと悪い。一方的利害関係の誤った計算が、奴隷を所有したいという欲求を生む。人間がどんな条件でもそう変わるものかどうか（すなわち、それがかれらとその主人との幸福を、集団的かつ個人的にみて、増大するかどうか）、はまったく別の問題である。その他の諸原理は、この有害性が、均衡を失した悲惨さのゆえに、このような専有によってもたらされたものであることを立証するであろう。

労働の見出しのなかに努力と暴力とを含めることによって、あらゆる暴力行為と強盗の行為が、極悪非道なものが欲求するもの、つまり平和な勤労によって獲得したものと対等な賞賛の対象になる、といって反対されないであろう。たしかに暴力によって追求されるような欲求の対象は、十中八九富の対象になるに相違ないことが証明されるであろう。とはいえ、これらの富の対象は、それを強奪できるものなら誰のものになってもよい、とは証明されないであろう。もしその品物が富の物品として評価されないなら、その取得のために費やされた通常の労働のほか、リスクや努力がさらに追加されることはほとんどないであろう。いま論議されているシンプルな問題は、これらの富物品は誰の所有になるべきか――これについてはこれから議論するであろう――ではなくて、欲求の対象が富物品になるのはどんな条件か、ということである。つまり最大量の幸福を生産するために、それらを所有し、分配することが、本研究の中心課題なのである。

たとえば、女性の人格が男性の好みに不本意に従うことを強要する暴力行使に関していえば、この暴力行使が容認されるところはどこでも、女性が財産になり、ハーレムに住むようになるのは、男性が家内奴隷となって、土地を耕し、働く財産になるのと同然だ。

人間がお互いに欲求と専有の対象になることを形式的に除外することは、文明社会に対してなされる研究においては、見当違いといってもよい。あるいは必要ではなかろう。なぜなら、占有に至るほどの、これらのもっとも有害な欲求が実存しているところではどこでも、財産がそのあとに続き、その他のあらゆる生物的、あるいは、無生物的物質のように、富の物体が構成されているのである。専有の権力が宿命的な欲求と一緒になると、どこにでもこの専有と、財産ないしは富への、ときには違法の、しかし、つねに不公正な変換がもちろん続いて起きている。

特定の対象についての偏見から、なにが富の対象を構成するか、というこの単純な解説に至るまで、多数の反対があるかもしれない。それらを全部解説することは果てしない仕事であろう。もっとも異彩を放つ、一見もっとも難しいと思われる説明のうちの若干に注目すれば、十分かもしれない。人間にとって自然のあらゆる欲求対象のうちで、毎年穀物や果物の豊かな収穫をもたらし、もしくは鉄、錫、銀、岩塩または石炭のような有益な鉱物を地中から産出する、肥沃なよく開拓された地片を所有することほど、魅力的なものは少ない。この土地、あるいはその全生産物が富の対象だろうか。まず、この土地とその全生産物が欲求の対象だろうか。土地も、地中か地表の土地生産物のどれも、専有の点では、欲求の対象にはならないような条件が、明らかに存在するかもしれない。未開のハンターたちがそれを占有しているところでも、半世紀以前、アメリカ合衆国のアレゲーニー山脈［the Allegheny mountains ――アメリカ東部の山脈、原文は Alleghany］西部の地域では、すべての収穫の多い土地と莫大な物質、もしくは富に転換できるもの、について事実であったのと同様である。無料なかぎり繁栄し、幸福な人々によって現在耕作され、諸州となって建設されている、広大な面積の土地は、当時は誰にとっても、欲求の対象ではなかったのである。知識の不足と、身についた習慣から生じるやる気のなさとで、その未開の占有者はそれを使う用途を知らなかった。遠隔、安全性の欠如のため、外国の文明人は、当時そこに移民しようとは考えもしなかった。あらゆる幸福の自然的物質が豊富にあったけれども、そのためそれらは欲求の対象にならなかったので、富の対象ではなかった。だが情勢が変化し、文明人が目をそれらに転じ、足取りを向け、幸福の手段に転換したいと思ったとき、それらは富の対象に転換したのではなかったか。それらは単純にそうなりつつあった。しかし、それらはまだそう転換していなかった。労働がただの欲求に追加されないでいたし、労働がそれらに投下されるにつれて、それらは欲求のたんなる対象から富の対象へと形態変換したのである。最初の移民は材木を伐り払い、小屋を建て、かれの労働の価値を、労働が支出された地面に、またそれによって、いっそう便利に利用できるようになった、その隣接地にも添加した。二番目の移民は、土地代金の名目でこの労働に支払い、より広い面積を開拓し、有用な作物を耕作し、小屋を改良し、なお、おそらく若干の動物を飼い馴らすことで、その土地にさらに多くの労働を支出して、その価値をさらに増加した。三番目の移民は、それらを加えた耕地代金の名目で、これらの全労働生産物に対して、増加した価値を支払い、資材（stock）と機械、つまりすべてが労働の生産したもの、を導入し、副次的、あるいは暫定的な以前の建物を引き払って、恒久性と利便性に適した家を建て、塀を造るのである。このようにして、数年前には無価値の対象だったゆたかな地面がいまや富の対象に変換している。自然は、この変換に対して、なにをしてきたであろうか。なにもしてない。人間は、人間の労働は、なにをしてきたか。すべてである。自然のなす業というものはすべて、土地のたんなる存在とその可能性であり、土地が富に転換する以前も、それ以後と同様に厳然たる実存であった。いや、繰り返し耕作されて、最良の土地の可能性でさえ、しばしば損なわれ、蕩尽されてしまうのである。しかし、最近ずっと地表に現出しているか、あるいは地中に内蔵されている鉱物は、用途がもっとも増大しうるにもかかわらず、いまだ富物品としてみなされもせず、評価されてもいない。この新現象はどうして生じたのか。一般的には、これらの物品はどれもずっと欲求の対象になっていないし、そのため労働がそれらに支出されてこなかったからである。それらのうち、石炭のように、欲求の対象になっていないものもあるが、それは、土地を耕作に適するように開墾しなければならないので、木材のような他の物品が、より少量の労働で手に入り、代用品として使用されているからである。その他、鉄のようなものは、非常に限られた規模で、それらを有用な使途に変換するために、必要な技術や機械が不足しているので、耕地に投下されるより少量の労働だけで、交換によって、それらを得るか、むしろそれらから製造されたものを得るのに、十分な物品が獲得できるかぎり、顧みられてこなかったのである。だが、人口を増加しよう、そのような物品を要求する人数が、少数者の機械と技術を絶えず雇用するようなものにしよう、木材を伐採して枯渇させるとしよう、そうすれば、無視されてきた鉄鉱石と石炭は欲求の対象になるであろうし、労働がそれらに投下されて、それらは富の対象になるであろう。新しい価値がこの土地に付与されるであろうが、それは自然が、土地の構成する対象を有益に適用できる可能性を増大するために、何かをしたからではなくて、それらを専有したいという欲求が形成される環境が整い、そのような欲求の結果、労働がそれらに投下されるようになったからである。

もし労働がこれらの土地に支出される前に、これらの土地が、合衆国政府から、買い取られることに異議があるなら、支払われた手頃な値段は、比較的弱小な個人の占有者が売り手としての強力な共同社会から受け取る三つの利益に対するほんの小さな報酬にすぎない、といえるかもしれない。それによって、かれは耕作する際に、すなわちかれの土地を楽しむ際に、リスクと労働を一〇〇倍省かれるのである。第一に直接的平和的所有。第二に未開な土着民の攻撃か、同胞の嫌がらせから、国民軍による防衛の保証が、開拓者の努力全体を改良に向けることを可能にし、その一部たりとも防御のために差し引かれることがない。第三に将来、楽しんだり、譲渡したりする権利の保障。原専有が登記され、正当なものと証明される一公的行為となり、こうして、うんざりするほど長い苦悩とその結果としての弊害を伴うことによって、富の損失か無用な労働の支出になる訴訟をしなくてもすむ。

土壌が肥沃か不毛かは、既定の定義になんら修正を要求するものではない。もし土地がたいそう不毛で、その土地に投下されるかもしれない労働に対して、安楽品で適当な報酬を与えられないなら、その労働は差し控えられるであろう。そしてこの欲求は、問題の土地に労働を充当することによって得られる、と考えられる対象を、もっと少量の労働によって、他の出所から容易に手に入れることができるか、どうかに依存するであろう。土地が肥沃であろうと、不毛であろうと、それと関係なく、その土地ないしは土地に付加されたものを、楽しみに役立てたいという欲求がひとたび生まれたとしよう。そして労働がその結果、充当されたとしよう。そうすると、土地の価値は、必然的に、それに付与された普通の技術と判断とによって指導された労働量で決まる。もし、より不毛な土地が耕作された後になって、より肥沃な土地が発見され、前者の土地と競争できるほど、位置の点で近く、かつ便利であれば、あたらしい土地が好んで耕作されるであろうし、収穫によって利益をあげられず、恒久的改良と呼ばれる、より長期の変更に費用を支出した古い土地に付与された労働部分は、失われるであろう。最初に開墾された地面は、どんな理由からであれ、欲求の対象であることをやめるので、その土地に支出された労働は、もはやそれを富物品として保持しなくなるであろう。それは、欲求の対象ではない石を、海から引き出す労働が、それを富物品に転換しないのと同然である。あるものが欲求の対象にひとたびなるとすれば、労働こそ、それを富物品に仕立て上げるのに必要な唯一の構成部分である。欲求がなくなると、労働は強制されなければ、それに費やされないであろう。欲求が刺激され、対象が労力なしに獲得されないなら、労働がそれに加えられて、富物品に変換される。

ただ商業の目的だけで、マルタ島に設立されたイギリス植民地のように、荒涼とした狭い地点に設置された、通商植民地を想像してみよ。なにが、その近隣の少数の不毛な地点の、価値を決定するのであろうか。それらに費やされた労働量。なにがその労働量を決定するのだろうか。気候と利便性にかなっていれば、どんな物品であれ、等品質の物品を、買いに行けるもっとも安い市場から、輸入できるのと同条件で、販売に提供するために、それらに支出を必要としてきた、もしくは必要とするであろう量。もし、いわゆる資本の必要利潤と監督をも含めて、この大量の労働の合計額より多額の金がぶどう畑、オレンジ畑、あるいは穀物畑に必要とされるならば、その金は損失なしには与えられないであろう。なぜなら、この地点の生産物は、ライバルの外国産品と競争するのに必要な、年耕作費とともに預金した資本の利子を、返済しないであろうからである。外国から輸入した物品の価値は、やはりその外国で生産するのに必要な、労働量によって決まるであろう。

その島の地所が不毛ではなく非常に肥沃であると仮定せよ。そうすれば、その価値はやはり同様な方法で、つまりそれに投下された労働量か、(それに支出された全額にしろ、部分的にしろ)それによって、所有者がしなくても済む労働の量ないしは価値、つまりそうでなければ、国内の耕作で生産されうるのと等しい生産物量に対して、輸送料、原価、その他諸経費込みで支払わねばならない金額か、どちらかによって決定されるであろう。

かような方法で、このような島での農業用地の価値は決定されるであろう。建築用地あるいは行楽地の価値は、どのようにして決められるのであろうか。建築用地の価値は、その立地条件によって節約されるであろう運送その他、および、それが提供するであろう売れ足の速さや賃貸の可能性における労働量に依存する。ともかくこれらすべては労働の節約に帰着する。行楽地の価格は富裕層の欲求の競争に左右される。富が悪意に満ちた分配をされたり、大きな無知が大きな富と一緒になったりすると、富裕層の欲求を制限するのは至難の業になる。一個所の獲得が、気まぐれによって、その農業上あるいは建築上の価値を超えて、過大に評価されると、その土地の取得者に降りかかってくるであろう、その他の楽しみの喪失が、この競争にたいする、ほとんど唯一のチェックになる。もし農業用地を創り出すよりも若干上回る労働が、行楽地を欲する気まぐれにも等しくふさわしい、あたらしい地所を創造できるならば、この労働総量がその価値を刻印するであろう。しかしこれらの人気のある行楽地は、一般に数量が制限され、労働によって模倣されえないようなものなのである。それゆえ、これらは、当然制限された供給の側で、多かれ、すくなかれ、合理的な欲求の競争から生じる、独自の剰余価値（a surplus value of their own）を持つ。しかし、それらの農業、または建築価値、あるいは健康、または労働によって評価されうるその他の有用な目的に対して支払われる価値を上回るこの剰余は、後にみるように、自然的、無制限の、かつもっとも有効な富の分配のもとでは、ほとんどありえないか、あってもきわめて僅少な程度にしかすぎないであろう。この剰余は、ただの人為的な価値にすぎず、どの共同社会の富と幸福の規模でも、評価されたり、評価されるに値するものではないのである。しかしなお、あらゆる場合に、欲求と労働の二つの成分は、富物品を形成するのに必要である。もし自然が物品の供給を制限してきたため、労働が欲求の需要を満たすことができないならば、気まぐれの人為的価値が発生する。とはいえ、通常の場合、富物品の価値はそれを生産できる最小の労働量によって決定されるまでになるのに、ここでは価値の気まぐれな変動はそこまでついて行けない。ほとんどいかなる労働の総量も、どんな個人的財産も買うことのできないようなものも、たとえば新しい川を創造し、その河岸に敷地を造成したり、あるいはそれまでで最大の新ダイヤモンドかそれに類するまがい物が発見されるまで、大地の探査を続けることはできなかった。それゆえ、この人工的剰余価値でさえわれわれの規則に入る。なぜなら、それは同類の物品を生産するのに必要な労働総量を決して越えられないばかりか、その総計に達することさえほとんどないからである。欲求の対象に支出あるいは節約された労働総量は、それゆえあらゆる場合に、その対象の価値の最大限度であり、それを富物品に仕立て上げているものである。

本節の標題は、労働が富物品の価値の唯一の尺度である、と主張しているが、この唯一の尺度は、すべての場合精確な尺度である、とは主張していないのである。ある物品が、富物品になるためには、欲求の対象にならなければならないし、これらの欲求と選好とは肉体的、道徳的諸条件、特に自然界の物質とエネルギーとを利用するための転換手段に関する（科学的、芸術的）知識の量とともに変化しやすいので、絶対的労働量がこれらの精確な指標になりうることは、明らかに不可能である。使い道のない、余分な装身具は、未開人やご機嫌取りにとっては欲しいものである。代議制自治のもとでは、そんなものはメリットのないものとして貶められ、その商業的価値、つまり真実の使用価値にまで低落するであろう。無知の国民は、海岸の海草と石英質の砂を軽視するかもしれないが、かりにこの二つの物質を加熱することによって一つの物質に化合すれば、住居の光熱を楽しめるかもしれない。そしてその他の物質がより安い代替品としてそれに替われば、それは、ほかの目的に用いられなければ、文明国民によって、同じように無視されるであろう。言わんとするところは、一定の社会状態で、一定の欲求をもち、特定の時期に、通常の判断で欲求対象に使用された労働は、それらの唯一の価値尺度であるし、かつそのような条件下では精確な尺度である、ということである。土地の量と多数の物品の原材料の供給が定常的のままなのに、人口と知識が同時に増加するし、また欲求か嗜好が、人類の道徳的、知的状態の発達につれて、変動するのに、富に適用される精確な価値尺度が全然存在しえないのである。それを求めるのは、陰を追いかけて狩りをするようなものである。労働か努力のほかは、なにも欲求の対象を富の対象に転換することと関係がない。それらは可能性としては、その性格をすべて変えて、ある時は富の対象であるが、一方、ほかの時には、ただの欲求の対象にすぎないか、あるいは欲求の対象であることすらやめるのである。

明らかに一種類の労働に、しかも同じ仕事に一人の労働者によって、別の種類の労働によりも、より多くの熟練が行使される。とはいえ、これらはこの共同社会の普通労働に分解される。もし、特定の仕事での特別の熟練によって、あるいは習得に先だって労働をかなり支出しなければならない仕事での普通の技術によって、一個人が、通常の技術か未熟な技術が四日以内では完了できない仕事を、二日で完成させるならば、この労働は通常の労働価値の二倍である。一日の労働の価値評価は、共同社会の労働を要する部分の通常の職業における、通常の技術と勤勉によって生産された価値である。また危険、悪臭、有害な空気、湿気、寒気、過重労働のような、その他の諸条件もあるが、それらはこの特種労働の価値を増大する。これらの種類の労働生産物は欲求の対象だから、より多くの努力を要する仕事についての嫌悪感は、もしより多くの労働ないしは時間を要する間接的手段によって除去されなければ、報酬を増加することで対応されなければならない。かくて労働は、人間社会の変化する環境のもとで、富物品の相対的価値を測る精確な尺度ではないとはいえ、その基準にもっとも近く接近したものである。しかも労働は、欲求の物品が富物品であるのか、そうでないのかを判断しうる、唯一の基準なのである。

富物品として普通評価され、多くの場所でその肩書きを従来から否定されたことのない、または現在否定されていない欲求の物品は、一つとして存在しないのである。穀物、木綿、羊毛、金、米、銀のどれをも、価値ないしは富の物品として評価しない部族がいる。しかしながら、人間労働を価値の物品として評価しない部族や人間はいない。無知であれ、教養ゆたかであれ、貧しかろうが、ゆたかであろうが、堕落していようと、慈悲深くあろうと、労働はどこでも、人間全体にとって価値の物品である。それはどこでも、生存の継続に対してと同じく、楽しみの手段に対しても、支払われた価格である。それは唯一の普遍的商品である。どこでも、人間の労働あるいは努力がなければ、欲求の対象は、生命を維持するための準備の量か状態として、手に入れることはできないのである。

望むらくは、「富は労働によって生産される。労働は、欲求の物品を富の物品に変換する、唯一の構成要素である。そして労働は富の価値の、まだ精確ではないが、普遍的尺度である」ことを証明するために、十分に言いつくしたということを。

上述のことからして、以下の諸命題も真実であると結論される。

第一、どんな物質的、ないし、その他の対象に対する、ただの羨望、あるいは欲求は、それを富の対象とするものではない。

第二、その対象が付与するかもしれない、その希少性、美観、快楽も、いかに純粋、強烈あるいは恒久的であろうと、それが生存に不可欠であってさえ、それを富の対象とするものではない。

第三、もちろん、上述の用途のどれかか、すべてに対する、または、その他の用途に対するその有用性、、または貢献が、それを富の対象とするものではない。

第四、諸自然物に対する欲求に加えられた労働だけが、それらを富の対象とする。

また以下の二つの事情に注目すべきであるが、それらは、一つにまとまると、自然物に、欲求の対象ではあるが、富物品になるように労働が投下される余地を与えないのである。すなわち

第一、欲求の物質的対象を無尽蔵に供給すること。

第二、それらが利用に適した状態で存在すること。

それに該当するものは太陽光線、空気、時により水、大気熱などである。富とは何かについて明白に知っているなら、その分配について論じるときに、お互いに理解し合えるであろう。では、次節にすすむことにしよう。

第2節　富の分配の際に、労働による富の生産の際と同様に、めざす目的はそれによって幸福（すなわち快楽、それは感覚のであれ、道徳的あるいは知的性格のであれ、どちらでもよい）の最大可能な量を、それを生産している社会に付与することである

われわれの組織が、われわれを感覚のある（*sentient*）生物、すなわち、いろいろな原因から快苦を経験しうる生物にしている。幸福とは、かなり長時間にわたって経験する、さまざまな種目の快楽感が絡み合っている、充実感（well-being）の持続する状態を意味している。諸快楽とは、その集合体あるいは結果としての幸福を構成する諸要素である。ここでは幸福を構成する、いろいろな種類の快楽を評価する余裕はない。富を獲得するためであれ、その他のどんな目的であれ、どんな種類の努力にとっても唯一の合理的動機は、幸福の手段を増加することであるか、現時点の、あるいは将来の困惑の原因を除去するか、減少させるか、することである。それゆえ、幸福を増加するために富が生産される。もし自然が、ちょうど空気を呼吸するた

めと同様に、食物とその他生活を安楽にするものを人間に利用されるために、潤沢に自然発生的に生産するなら、それを生産したり、専有したりするために努力しないであろうし、分配など思いつかないであろう。一人一人が、欲しいと思うままに、手にとって消費するであろう。幸福を増加しようとして、自然が与えてくれない富は、労働によって生産されるのである。そして幸福がより大きく作り出されるならば、それにつれて、努力もますます満足のいくものになるにちがいない。もし自分の富から生じたものとして、幸福の一部分で嬉しいならば――それが誰を喜ばそうと――、二部分だったら、もっと嬉しいし、三部分だったら、二部分よりなおずっと嬉しいし、部分の数が増えれば、増えた分、嬉しいにちがいない。そして富が生産されうるのは、その利用ないしは消費によって生活を快適にしたり、エンジョイしたりする手段にするためだけであるから、また富は消費されるために分配されなければならないから、この分配は、それを生産する人々、社会、または共同社会に、楽しみの最大多数の部分を、幸福の最大可能な量を、与える最良のものでなければならない。富を生産している共同社会は、かれらの労働の果実を、隣の共同社会の幸福を増加するために送ろうとしないであろう。けだし、その共同社会は、同等な生産施設をもっているし、他の諸共同社会の間で、幸福のためにより大きな生産能力を想定する理由はないし、またこのような無料の供給は、受け取る側の怠惰な共同社会にも、与える側の無報酬の共同社会にも、生産の意欲を失わせるものだからである。

　人間の組織は、一個の、あるいは何個かの牡蛎のような動物、またはおそらく何頭かの馬さえの幸福よりも、限りなく大きい幸福が楽しめるように構成されている。だから人間の快適な生活は、あのような劣等動物の快適な生活より、より無限に優先されるべきなのである、人間の幸福が後者の幸福と両立しないときは、いつでも。人間と、牡蛎のような五感のうちの一つ、ないしは、それより多くが欠けている動物との、幸福の感受能力のあいだの格差は、測り知れない。人間と類人猿のような、その他の動物のなかでもっとも完全なもの、とのあいだには、おそらく類人猿と牡蛎とのあいだと同じくらい、あるいはそれ以上に、格差があるであろう。これは人間の優れた末端組織、つまりその音声器官および、特に脳、すなわち思考もしくは感情の器官に起因すべきものである。この後者の発達から先見がうまれる。この先見により人間は、過去からの推測によって将来の行動を導き、記憶と予測の快楽にふけりやすくなる。この点で、またこの点のため、すなわち知識とあらゆる種類の知的、道徳的快楽——観念連合の快楽をも含めたもの——に対する人間の膨大な能力という点で、人間が傑出しているのである。その他の動物のうちで、もっとも知的でさえあるものの、予想あるいは他の知的能力、それゆえ幸福を感受する能力は、極端に微々たるもので、一歳の子供のそれにほとんど匹敵できないのである。もし現在、誰か一人の人間が、かれの組織は同胞の組織よりきわめて優越しているので、かれが、かれの種族のほかのものより、無限に大きな幸福を経験できることを証明できるならば、かれの要求は、牡蛎より優れた人間の要求と同じように、容認されるべきであるし、富とその他すべての幸福手段は、かれにあてがわれるべきであるが、かような適用によって、もっとも生産的になるであろうからである。このような事態さえも、われわれの現在の規則を破ることはないであろう。最大量の幸福がどこにあるかが判ったなら、どこであろうと追求されなければならない。

社会のなかを見回すや否や、現実の分配が、最大可能な幸福の合計を生産するように分配する原理から期待しうるものとは、だいぶ違うことに気がつくなら、このような環境のもとで、もっとも幸福な分配が、どのようにしてもたらされるのかを研究することは、まったく別の問題なのである。われわれは、現在どんな共同社会においても、なんらかの偶然な組み合わせによって自由になった、第一諸原理を研究しているのである。

この命題のなかには、現在おそらく、あまり平凡なので、道徳的推論の基礎としては利用できないし、あまりに簡単でかつ普遍的に認められているので、説明を要しないと思われるものもあるかもしれないが、この命題が存続できなくなるようなときがあった。無知の時代には、行動の基礎になったり、公然と認められた原理とは次ぎのようだった。すなわち、「われわれは自分たちの食欲と熱情を充たす手段を持っているし、いま持っているものを保持するであろう。これらの手段を無限に増加する力を持っているし、この力を利用して、他人の幸福をわれわれの幸福に従わせるだろう。われわれ自身にとっての最大幸福以外の、最大幸福をわれわれは知らないのである」。この自己中心主義、この近視眼的自己中心主義に対する返答は明らかである。――「あなたの幸福があなたにとってすべてであるなら、他の一人一人の個人の幸福はかれにとってすべてであり、何人であっても個人については同じである。しかし第三者、たとえば平静な理論家か立法者にとっては、AかBかのどっちが幸福をエンジョイしたかはちっぽけな問題となるであろう。かれの目的は、誰によってエンジョイされるにせよ、最大量を生産することであろう」。

富の生産にいやしくも与えられうる唯一の理由は、それが幸福の手段を増加することである。ある方法でのほうが他の方法でよりも、富がより多く分配される唯一の理由は、それがある分配方法によってのほうが他の分配方法によるよりも、幸福のストックに加えて、その生産の目的を生産することに、よりいっそう役立つということである。その目的は幸福であるから、計画していて、達成可能な幸福の量が大きければ、大きいほど、その目的はますます完全に実現し、それを生産するための努力も、もちろん、ますます大きくなる。より少量の幸福が誰によって楽しまれようと、より多量の幸福より望ましいなどと、どんなもっともらしい理由が考えられようか。ここで想定されている事態は、誰も労働を支出するか、財産を獲得するまえに、自然によってにしろ、労働によってにしろ、供給されるものの分配に先行しているのである。このような環境のもとで、だれがかれの歴然とした、より小さい幸福を、かれの身辺の一人の、またはより多数の幸福の、より大きい部分よりも、分配の際に優先することに、どんな理由をつけることができようか。もし全体に対してより多くの幸福が、多数ないしは少数の個人へ富の総額を集中することによって、社会に生じることが証明できるのなら、それはこの第一原理に完全に沿った富の分配である。分配されるひとたちの種類か人数について、なにも想定することはしないが、総計最大の幸福は、他人よりも、むしろかれらにその楽しみを分配することによって、社会に対して生産されるであろう、と主張するひとたちをためすだけである。この原理と矛盾しないで、もし一〇人中九人の奴隷状態と一〇人目の最高の幸福とが、幸福の合計額を増すとするならば、奴隷制のかの分配を追求すべきであろう。この第一原理によって問われていることは、快い感覚の最大量は、強度においても、持続性においても、両方で富の分配の際に目指す目的とすべきだ、ということに尽きる。これを否定することは、苦痛のほうが快楽より好まれるべきだとか、無感覚は快い感覚より好ましいとか、存在しないに等しい無感情が、感情か存在より好まれるべきだ、ということを断言することになるであろう。不幸にして、昔は平静な観察者は少数しかいなかった。みんながかれらの育った事態と偏見に影響され、いまの生活に必要なことから、おのおのが自分自身のいまの赤裸々な利益を追求し、第一原理を考えもしなかったし、考えることもできなかったのである。そこで、抽象的な幸福とその最大可能な量とがわれわれの第一の目的なので、どんな分配様式がもっとも多くの幸福を保証するだろうかをこれから確認することにしよう。われわれの次の命題は……

第3節

社会の全成員（非健常者の場合をのぞく）は、その肉体的組織の点では似た体格をしているので、同じような処遇をすることによって、等量の幸福を楽しむことができる

上記の命題を修正して、ただたんに「分別のある個人個人はみな、富の対象を平等に分けあった部分から平等に楽しむことができる」、といってもよい。拡大された、より重要な上記命題のなかの当該部分だけが、富によってのみ影響を受ける幸福に限定しているわれわれの研究にとって、必要不可欠なのである。この拡大された命題は、しかしながら、広く立法的意味で、明らかに真理である、とわたくしは思っている。いいかえれば、それから引き出された明白な結論は、教育とか、立法とかの総合的推論に、決して影響をおよぼしえないものである。ここでは、シュプールツハイム博士（Dr. Spurzheim）の追随者たちの何人かと議論し

よう、と思っているわけではない。博士は、脳髄のある部分に相応の刺激を与えたときに、ある精神感情を呼び起こす、その存在の局所ばかりでなく、またこれらの脳髄の部分が、環境によって発達するとき、特別の行動をするような、ある感情を呼び起こす可能性ばかりでなく、環境と教育にもかかわらず、または外的な刺激要因がないのに、特定の習慣と性格をつくるこれらの器官、つまり大脳全体とその決定の硬直性をも主張しているのである。普通の大脳組織の場合に、普通の視覚か、聴覚の構造の場合と同様に、それは人類の一〇人中九人、ないしは一〇〇人中九九人の場合であるが、どのような解剖学的、あるいは実際の確率も、思考、ないしは特別な種類の思考が依拠している構造が、いわば教育によって、修正されたり、変更されたり、または新しく形成されることができる、ということを証明してきたようには見えない。いや、このような修正の確率は、大脳組織、すなわち感情か思考の組織に応用されたときには、感覚の組織に応用されたときよりも、ほとんど無限に高いのである。生後数ヶ月以内に、ひとの感覚は生涯を通じて達成されるのと、ほぼ同じくらいの完全な状態に発達しているのである。感覚を教育しようとしまいと、音声、匂い、色彩、風味および対外接触は、感覚に影響をおよぼすであろう。そしてなんら特別な事故が起こらなければ、感覚は、発達、あるいは使用とエンジョイする可能性の点では、万人にとって平等である。われわれの精神的感情が依存する組織とはずいぶんと違うのである。精神的感情をないがしろにしてみよ、それらは類人猿の感情より勝ることほとんどない。それらを現在知られている程度に磨いてみよ、そうすれば、それらは詩人たちが、いにしえの不死身の神々の精神、ないしは道徳について、もっともらしく偽っていたものを遥かに凌駕する。それで、感覚のなかでよりも、もっと御しがたいもの、あるいはより変化しにくいものを、大脳組織のなかで仮定しないと、事実はまったく正反対になる。思考の感情が依拠している組織のなかで、不均等への傾斜が増大しないと、その組織本来の不均等性は、ややもすると、感覚組織の不均等性よりも、教育とか環境によって、もっと矯正されたり、改善されたりしやすくなる。しかしこれらの一般的事実が容認されると、おそらく、以下のように言われるであろう。「特別な、活発な行為や食欲を誘発したり、特別の薬物によって効き目が出てくる、特異体質といわれている体質の特殊性があるのと同じように、感覚と精神の特異嗜好がある。たばこやタマネギの風味は、あるひとにとっては、胸がむかつくが、他のひとによって、これらの風味は極度に賞味されているし、いろんな果物の風味は、あたかも気まぐれによるかのように、いろんな個々人によって好まれている。同一人物でさえ、同じ日のちがった時間に、ちがった風味を好んだりするものである。紅茶とパンでは、特に発酵酒精類の過度の刺激によって、胃が興奮しすぎているひとにとっては、その日の終わりには物足りない。道徳感情については、雅量と剛勇とはあるひとを大いに魅了するが、感謝と憐憫が他のひとを引きつける。知的研究では、あるひとは想像力の軽やかな類推を喜ぶのに、もう一人のひとは、感覚で測定できるような、日常茶飯事に係わるような、はっきりした相違を喜ぶばかりでなく、後者が場景か感情の劇的描写を好むのに、前者は英雄詩かロマンスにおいて、まったく同じ場景か感情が例示されているのをみるほうが好きでもある。」これらのことはすべて真実であるが、われわれの一般的立場を弱めるものではない。なぜなら、これらの、特に道徳的かつ知的特異性の多くが、明らかに環境か教育の結果であるのは言うまでもないが、これらの不等性はとても取るに足りないので、全体として、特定の感覚の快楽の総合に影響しないし、個人の感覚の全快楽の総合については、言わずもがなでもあるからである。ましてや、かれの官能的、知的、および道徳的全快楽の総体においておや。しかし、これが事実でありさえすれば、――明らかに事実ではないが――快楽の総計に対する感受性が、これらの特異性によって減少しているならば、かような特異性から生ずる快楽の、この上級総合をどこで、**誰**がエンジョイするのかを確認するために、どんな方法や尺度があるのだろうか。

それゆえ、われわれにとっては、楽しむ能力のこのような不均等性は存在しないのである。というのは、われわれはそれらを感知できないし、道徳的、政治的計算をすることができないからである。また、電流と同じく、捕捉したり、測定したりできないからでもある。それらの重量や容量を量ることはできない。たとえ、それらの存在と幸福についてのそれらの影響力が違うこととは、昼間の日光のように明々白々であるとはいえ。それらの間の相違の事実と、それらを分配の基礎として役立てるために、この相違の程度を測定する可能性とは別問題である。幸福の感受性の程度の相違がどこにあるか、そしてどのような割合か、を明示できないなら、それが存在すると言うことは無益であるし、これなくしては実用的でありえない。しかし、議論をもう一歩進めよう。これらの楽しみの可能性、ないしは感受性は、快楽の総計のなかで、ひとが違えば、違うと仮定せよ、さらにそれらを測定する方法が発見されたと仮定せよ。そうすると、実用的性格の、克服できない、もう一つの困難が発生する。誰がこれらの感受性の測定者になるべきか。富裕層か貧困層か、若年層か高齢層か、勤勉なものか無学なものか。われわれは法廷を制定して、一人一人の個人の事件に、陪審委員会を陪審員候補者名簿から選ぶべきであろうか。あるいは、これがあまりに煩わしいならば、陪審委員会なしに一人の裁判官を使って、女性は言うにおよばず、各人の首に、一から一〇〇までの――これらの数字は極端に長い連鎖から成ると仮定しているので――感受性の番号札を貼りつけるべきなのだろうか。みよ！この番号札が貼られや否や、感受性を評価するこのデリケートな作業が行われるや否や、変化が起こりはじめ、もっとも精確な評価でさえ狂ってくる。事故、病気、加齢、精神的、道徳的進歩か退廃、これらすべての原因はいつも活動しているのである。その結果、ある年の感受性表は、翌年、またはおそらくその翌月には、全然使い物にならなくなっているだろう。そうして、いろいろな諸個人の楽しみに対する能力について推測することによって、富の分配に影響を与えようとする思いつきは、まったく一顧の価値もないものとして、放棄されなければならない。同じような出来事と病気に対して類似の取り扱いを受けて、類似の道徳的、または精神的資質が発達するものかどうかは、いまは問題ではない。類似の処遇が健康な組織に作用すると、楽しみの総計について等しい能力を創り出すかどうかだけが問題なのである。とはいえ、一〇〇中九九の場合、類似の処遇が、類似の知的、道徳的資質をも創り出すであろうということも、また多分分かるであろうが。われわれの当面の問題、まさに富の分配については、もはや多言を要しない。われわれの主要な議論に要求されているのは、あらゆる種類の喜びに対する感受性ではなくて、単純に、富の対象を利用することから生じる特別な種類の楽しみに対する感受性である。「社会の賢い全成員は、同じような待遇を受けていれば、同じような程度の楽しみを、富の等しい部分から受け取ることができる」、ということは、いまや容認されるであろうと確信する。しかしながら、あらゆる種類の楽しみに対する平等な能力に関する、この拡張した命題――それは同じく議論の余地のないように見えるが――は否定されるべきである。たとえ、これらの不平等が存在することが証明されたとしても、それらに働きかけることはできない、ということをつねに忘れずに。刑罰の適用に際して、まさに苦痛の感受性は、このような場合には、個別の環境を研究する機会が与えられているので、これらの刑罰を平等にするために、有効に考慮されるかもしれないのである。

われわれの論証は、自然によって形成され、外的環境によって修正される全人類の素質に向けられている、ということを常に想起して欲しい。もし、どこかの共同社会の大部分が退廃している実情（*actual state*）と、その結果、肉体的楽しみを感じることができないこととが、立証できるならば、共同社会のこれほどまでに退廃した部分が、同一共同社会のもっと幸運なメンバーと、同じような処遇を受けてきているということが証明されるまでは、われわれの議論は無力にならないであろう。とはいえ、このような極端なケースは存在しない。おそらく、西インド諸島の奴隷と奴隷監督との間とアメリカ合衆国のいわゆる自由諸州のうちのいくつかの州内とを除外すれば。しかも、これら奴隷とかれらの監督とは、かつて同一の処遇を受けてきただろうか。かれらの肌色と人種の相違という環境を見過ごして、黒人と白人との処遇が、幼児の早期から生存のあらゆる時期を通して、相互にまったく正反対のままである、ということを知らないものがいるだろうか。そして結局、かれらのどちらが、つまり奴隷かその所有者のどちらが、それぞれの境遇の相対立し、相殺しあう悪徳非業から、富が与える手段を通して、もっとも多くエンジョイできるか、は疑わしいであろう。なによりも確かなのは、富の与えられた部分、とりわけ富の小さな部分でさえ、すべてが経験したことのない快楽に敏感な奴隷に対してのほうが、同じ快楽に興奮しすぎて、うんざりしている奴隷所有者に対してよりも、計り知れないほど多くの幸福をもたらすであろうということである。

第4節
より多数の幸福は、より少数の幸福より優先されるべきである　さもなければ意図した目的、すなわち最大可能な幸福の量の生産は犠牲になってしまう

本命題は必然的に前節の命題につづく。なぜなら、もし賢明なひとが、みな同じような処遇により、等しい部分の楽しみを受けられるなら、これらの等しい部分二個の幸福は、一個よりも好まれる、ということが、二ないしその他の数は、一より多いということと同じである。幸福が目的であり、その総計は、それからある部分を引き去ることによって減少するものである。では、なぜ自明な命題を述べる必要があるのか。なぜなら、より小さな連帯に関して、理論的には、ときには認められることがあるとはいえ、それは社会全体に当てはめられるときばかりでなく、これらの小さな連帯に当てはめられる際にも、もっとも非道にも、また嘆かわしくも、実際問題として無視され続けてきたからである。この原則の侵害が広く行われている実例を数え上げることは、特権と免責のほとんどあらゆるケースを列挙することである。以下のことも、また述べなければならない。このほかの諸命題のように、この命題も、それらが普遍的に真理だと考えられているので、あらゆる種類の幸福に、富からと同じく、他のすべての原因からも派生する幸福に、当てはまるような、一般的な言葉で表現されるけれども、われわれの一般的議論はまさに以下のことに係わるのである。それは、より多数者の富から生じる幸福の部分は、より少数者の富から生じる幸福の部分より好ましい、と

いうことである。富の直接の作用は、主に感覚のより広汎な快楽の手段を与えることである。それによって、われわれの道徳的、知的快楽を増大する効果があらわれるのは、ただ間接的にのみにすぎない。そして不平等に、しかも非常に大きな団塊となって分配されたとき、それは後に証明されるように、これらのより高度な道徳的、知的快楽を、ほとんど完全に根絶する傾向がある。

それゆえ、より少数の個々人の幸福のほうが、なぜより多数の幸福より優先されるのか、納得できる理由はまったくみつからない。このより少数の依怙贔屓されたひとが誰であるかをどうやって突き止めるのか。もうすでに金持ちになってるひとか。この状況は、われわれの注目を、富または幸福の対象にまだ恵まれていない人々に向けるようにさせるきわめて適切な論点になるかもしれない。しかし、これは、なぜ、われわれはすでになされた（金持ちに、より多くの幸福、またはより多くの富の手段を与える）ことを繰り返すのか、そしてなぜ、まだなされていないこと、つまり恵まれていないで、それらの手段をもたない人々に与えることを無視するのか、について考えられるすべての理由のなかで、確かに最悪である。人間の理性をゆがめる人間の頑固一徹な自己中心主義全体について、本節のなかであまりにも頻繁に示されているものほど嘆かわしい不条理は、おそらくどこにも見あたらないであろう。その不条理とは、労働または自発的譲渡によって得た富の安全を追求することを、貧困層の自由な労働と労働生産物の自由な交換との権利を簒奪することによって、蓄積を増やそうとする果てしない努力と混同すること、これである。もし、このより少数の特別恵まれたものが、すでに金持ちになっているものでないとすれば、いったい誰なのか。社会の集団的権力を現実に握っている個々人は、有徳なひとか、意地悪なひとか、幸福なひとか、惨めなひとか。もし、われわれが、かれらの名前をあげるとするなら、かれらは、権力を持っているから、それを、他の特に恵まれた人数の個々人、つまり学識者、有徳者か信仰家のあいだでの、富の別の分配に変換する意志があるだろうか。この考え、この設問自体が荒唐無稽だ。もし、かれらが、少数者より多数者の幸福を優先して、富の分配に影響を与えることができるかぎり、あるいは与えるべきであるかぎり、かれらの権力を行使することを納得しないならば、もし、このルールに例外が認められるならば、かれらは、当然この例外を自分自身に有利に利用するであろう。なぜなら、われわれはみな最善であり、自分自身の目で見て、幸福にもっとも値するものだからである。だから、代案ははっきりしているし、緊急なのである。わが命題のなかで発表された公平な正義の一般原理が採用されなければならないか、または哲学が野蛮な暴力の法律、すなわち最強者の帝国を承認しなければならないか、のいずれかである。その理由は、過半数より少ない幾人の個々人に、特に恵まれた少数に選ばれるべき人々を決定する権限を委ねるのであろうか。誰の特別な楽しみのために、富の分配は行われるべきなのか。もし、われわれがそれを過半数に委ねるとすれば、かれらは当然、自分自身の幸福のために決定するであろうし、こうして、われわれの原則を確立するであろう。しかし、論じていくうちに分かるであろうが、特に恵まれた、より少数のひとたちが、かれらのあからさまな依怙贔屓主義の体制から、現実に有利などんな特典を期待するにせよ、これらの特典は、かれらの恣意的な選好から生じる、どのような悪い諸結果、つまり自己中心主義、嫉妬、不平不満のつぶやきをも招かずに、われわれの普遍的な正義のルールを固持することで、より容易かつ効果的に、達成されるであろう。あらゆるもののなかで、もののごとが知識に裏づけられて、自由に展開していくことが、人為的にどんなに調整されるよりも、より多くの幸福を創り出すであろうということが分かるであろう。

だが、理知的な人々や道徳的な人々の幸福は、――と、おそらく、なお優柔不断に問うひともいるだろう――富の分配の際には、無知で意地悪な人々の幸福より、好ましくはないだろうか。まず、処遇の相違だけが、前者を教養のあるひと、後者を無知なひと、また前者を道徳的なひと、後者を意地悪なひと、にするのである。誰もそう直ぐに、この真理を理知的かつ道徳的というわけにはいくまい。かれらに、かれらの幸福はいかなる源泉からうまれたか、を問うてみよ、また、そのうちのどのくらいが、ただの富だけから直接うまれたか、を問うてみよ。そうすれば、この源泉からうまれた、かれらの楽しみのうち、平均的生活安楽品の供給を越える比率が、寥々たることにびっくりするであろう。他人の肉体的楽しみが、故意に自分たちのものの犠牲になっているのを、また富の分配が、自由な労働と自発的交換という、その自然のチャンネルから逸れて、かれらの好む方向に向けられるのを、かれらは願ったり、求めたりするであろうか。かれらは、ひとのつくった規則によって、他人の労働の果実を、その人々の同意も得ずに、かつ等価を与えもせずに、獲得したいと望むだろうか。

こんな願望は、知的からも、道徳的からも、隔たること遠いものであろう。もし、かれらが富の追加つまり、富からえられる幸福手段の供給増を手にしたいと欲するなら、その共同社会の残余の人々が保持しているか、または保持しているはずの、自由競争しか望まないであろう。もし、かれらに富がなく、売りに出すべき、道徳的、または、知的等価をもたないならば、他人の労働の生産物を、公然と、ないしはこっそりと、詐欺か略奪によって、かれらの同意なしに、着服することを欲しないで、勤労に没頭するであろう。賢い善人の幸福は、このような手段によって推進されえない。かれらは、自分の幸福を推進するために、誰かの幸福を犠牲にしたり、同胞のどの部分かの幸福を犠牲にしたり、するのを強要しない。このような不正義は、かれらの幸福を増幅しないで、むしろ台なしにするだけだ。奴隷監督に対して、かれらは奴隷の無償労働から搾取した甘い汁を譲り渡すことになるだろう。富と無関係な、かれらの幸福の源泉が豊富になればなるほど、かれらは、他の楽しみの源泉をまったくもたない人々から、かれらに残されているなけなしの源泉の一部を搾取することを、ますます不公正と感じるであろう。かれらは他のすべての人々の幸福を自分自身の幸福と同じように尊重する。しかし事実は正反対だと仮定してみよう。賢い善人が、この愚かな非道徳的な方法で、他人の、つまりより多数の人々の幸福を、自分のために犠牲にすることを要求した、と仮定してみよ。そうすると、誰が道徳家であり、賢人であるか、をどうやって見分けるのだろうか。そのような願望の成り立ちによってか。では、誰が、自分は道徳と賢明とに値しない、と思うか。個人個人みな自分だけの権利を主張するであろう。この混乱を回避するために、われわれは、誰が特別に恵まれた有徳で、賢明なものであるか、を決定する権限を与える——誰に。かりに、富の分配を規制するような、立法的手段をもっている権力者に与えるならば、かれらは、自分自身だけの利益より、賢い善人の利益を選ぶであろうか。もしかしたら、かれらは自分が賢い善人であり、もっとも賢くて最善のひととして、自分自身と自分の友人たちに、優先権が与えられるべきだと、ただちに気がつかないであろうか。もし、より少数者の幸福が、より多数者の幸福より優先されるべきならば。

どっちに向いても、富から、またはまったく他のあらゆる源泉から生じるより少数者の幸福を、より多数者の幸福より優先する合理的理由を見つけることはできないであろう。選好と排除のこの問題について、もしどちらの側をとるにしても、一般的に受容され、実際に行動に移されてきたこれらの観念に直接対立するであろう。一〇人の賢い金持ちの権力のあるひとと、九人の無教養の貧乏な法的無保護なひとと全体で一九人がいるならば、そして、富の分配が、全体で最大量の幸福をもたらすために、誰の利益になる方向に転換されるべきか、――つまり、富とそれを楽しむ傾向は、より多数に向けられるのか、あるいはより少数に向けられるのか、つまり一〇人にか、九人にか、という問題が問われるとするならば、われわれは――もし、関係者たちのうちの一方に不公平であることを強制されるなら――人数としては最少であるが、もっとも貧困なひとへの不正義を選好すべきであるのと、むしろ、富を、人為的手段によって、窮乏のもっとも切実なほかに楽しむものもない人々に向けたい。もし、より多数よりも、より少数の幸福のほうを優先しようという議論に、耳を傾けることができるなら、それはもっとも窮乏している人々の利益になるのは明らかであろう。それゆえ、少数派の利益にさえなるであろう――もし、もっとも困窮しているならば。しかしこれは不可能なケースである。社会の少数派は、決してもっとも困窮しているわけではない。もっとも困窮しているのは多数派でもある。かれらは、だから、すべての共同社会で二重のタイトルをもつ。人数が最多であることと、貧困が最大であること、つまり、富が与える幸福の手段をもっとも欠如していることとのタイトルである。それゆえ、道徳家と立法者とは、道徳、作法、知的またはその他の資質と無関係に、最大多数の幸福を見失ってはならない。じじつ、われわれの議論は、性格や環境に不平等が現実にあったと想定しても、それによって妨げられるものではない。われわれは、人類を、自然によって現実につくられたものとして、また同じような処遇を受けることによって、環境によって形成されうるものとして、把握するのである。そしてこれらの資料のもとで、富の分配過程でもっともよくなされるべきは何か、と問われるのである。本研究の今後の段階で、富の分配のために、強制的、人為的に行われた諸調整の弊害のもとで苦しんでいる社会に、われわれの自然的調整を導入する、最善の方法を検討するであろう。

富の分配に関して、たとえどんな調整が行われたにしても、より多数の幸福はそれゆえ、より少数の幸福よりも優先されるべきである。さて次は第五命題に移って述べることにしよう。

第5節

富という名の楽しみ、ないし幸福の手段は、労働と知識を、自然によって与えられた原材料に適用することによって生産されるので、動機の点で、知識に導かれた必要労働を稼働し、この富を生産するのに十分な刺激が与えられなければならない

あらゆる自発的な人間の努力に対して、十分な動機が与えられなければならない。そして、その努力が長く続けばつづくほど、また苦痛が大きければ大きいほど、努力から生じる利益がより遠い将来であればあるほど、わずかであればあるほど、また不確実であればあるほど、求められる結果を創り出す動機は、ますます強力でなければならない。人間は、その最初の原始未開の状態では、周囲の他の動物と同じように、飢餓

の感情と、味覚の快楽を楽しみたいという欲求とによって、ほとんどもっぱら努力に駆り立てられている。もし、飢餓の即座の苦痛な感じと、それを充たすことで得られる快楽とがなければ、この未開動物たる人間が、生命維持という将来の利益を十分に認識したうえで、発奮して、生命を維持するのに十分な量の食物で胃袋を絶えず充たすように努力するかどうかはきわめて疑わしい。たしかに、その他の種類の動物は、もしその維持のため必要な活動へかれらを駆り立てるのに、そんなに遠い将来の動機に頼っているならば、自分の生存を保持しようとはしないであろう。どうしてそういう結果にならなかったのであろうか。これらの動物にとって、生活につきものの飲食の快楽がなければ、生命はいったい何の役立つのだろうか。性交の快楽はほんの時たましかないし、視覚、聴覚、嗅覚、触覚の快楽は、飲食の快楽との結びつきを切り離してしまえば、微弱で、あまり楽しめないし、食物の定期的獲得のような行動の継続的な流れを、その直接的な圧力によって刺激することがまったくできない。先見の明によって与えられ、これらの穏やかな快楽を失うのではないか、と懸念して作用する動機に関しては、人間以外のどんな動物も、こんなに先の永い広大な見通しによって、その行動を制御することはできない、と思われる。もし動物のなかにも、半年分の食糧を蓄えるものがいるとすれば、飲食だけの快楽を続けたいという欲望によって、このような努力をせまられているのであって、生存を維持するという、抽象的な願望からでもなければ、もっと繊細な快楽を楽しもうというためでもない。劣等動物は、こんな動機さえないし、どんな動機もなく、ただの機械のように、本能によって行動している、と考えるひともいる。人間のもっとも未開の状態では、劣等動物に非常によく似ているので、不足の苦痛を回避し、味覚と感情の快楽をえるために、食糧の獲得がその生存の至上目的となり、行為の主な動機となるのである。はじめは、ほかの動物と同じように、自然がその道すがら与えてくれる植物性、あるいは、動物性食物を手に入れることで満足して、人間はそれらを手にすることができなくなるまでは、野生の動物を家畜にしたり、囲い込んだり、飼うことを学ぼうとはしないか、自分で生産した穀物を刈り取り、果実を摘んだりするために、穀粒か種子をまいて、自然の成り行きを見習おうとはしない。人間は欠乏の圧力によるか、将来の欠乏をおそれて、万やむをえず行動するのであって、快楽を欲する願望によって行動することは、滅多にないのである。過去の経験から生じる、将来への不安が強く作用するのは、もっとも賢明なひとに対してだけであるが、もっとも賢明なひとは、おそらく欲求が生じるに従って、もっともよく充足できるひとであって、体力と賢さとをしばしば兼備していて、将来に備える必要がないであろう。それで、もっとも力の強いひとと、あるいは勤労の生産物を保護しうる最善のひとは、もっとも倹約家で、将来の消費のために蓄える性向がもっとも強いであろう、とはおそらく思えない。土地の開墾に着手するか、ほかの方法で、将来の不足に備えはじめる人々が、かりに労働の果実、または生産物を保護することが、どこでも、もっともよくできるならば、かれらは辛抱強く努力を続ける気になるであろう、とりわけ、もし、かれらが将来性を見込んだ自分の生産物の余剰を、ほかの欲求対象と交換できるならば。とはいえ、人類には、努力の発展に大きな障害が、その初期段階ばかりでなく、それにつづく闘争全体を通じて存在する。それは「安全」の欠如だ。先見の明があるものが、食料品――それらはいつも人間の先見と勤労の最初の対象であったので――を成熟させ、利用できる状態にして、消費のために提出するや否や、かれらは、より強い力、ないしは食欲のせっぱ詰まった要求に促されて、全面的攻撃に曝されてしまう。富獲得の際に、勤労を継続していくうえで、最初の障害となるのは、安楽嗜好を克服するのに十分な動機の不足、洞察力不足、不安の不足、必要な物品の量を生産したり、増加したりする手段を考案する知識の不足である。これらの諸困難が克服され、知識が獲得され、環境がせっぱ詰まった動機を十分に成長させているときに、なお一つの条件が残されていて、この条件が満たされないと、生産の全知識、つまりあらゆる生産意欲が、有効な努力を永久に生みも、引き出しもしないままであるにちがいない。——それは安全の欠如である。安全なしには、努力、努力の継続は不可能である。その確実性のもっとも高い援助があってさえ、野蛮人の怠惰を克服するのは、往々にしてほとんど不可能である。北アメリカでは、個々人や政府によって、限られた狭い範囲や広い範囲で、種族全体に、そして未開人集団のうち、若干の選抜されたものに、かれらの怠惰癖を勤勉な習慣に変えるように誘導する試みが、たびたびなされてきた。しかし、ほとんど例外なしに失敗した。完全な安全が、外的暴力からの、かれら自身のものより優れた保護に助けられて、かれらに与えられたのみならず、また、かれらの労働の全生産物が、かれらに与えられたのみでなく、労力行使の道具と設備も、安楽と便宜の物品を生産する際に、かれらの勤労の果実よりも、もっと多くを刈り取れるようにするために、ただで与えられてもきたのである。ここでは、知識は、推理と発明という知的労働を抜きにして、未開人に与えられる。ここでは、動機がせっせと求められ、かれの精神に提示される。ここでは、かれの勤勉な努力が自然生産物に追加され、完全な安全が、それらを平和に楽しむために与えられる。しかもなお、野生と怠惰の状態で生育したひとを、勤労の習慣に変わるように誘導する絶望的な努力を辛抱強くするよりも、近隣の文明人大衆の植民を、諸国民を養うために地方全域および広大な地域で増加させることが、とてつもなくより手っ取り早い、かつより有利な方法とみなされてきた。これらの諸困難を克服することが、説得と勤勉努力という他の手段によって、できるのかどうかは、ここで必ずしも議論しなくてもよい問題である(2)。

しかし、言っておかなければならないことは、自然のままの状態にある野蛮人が、自分の生存を維持するためにさえ、努力を鼓舞するのは、食糧を蓄えることで得られる快楽感の欲求に支持支援された、欠乏と必要の衝動であるのと同様、文明社会の生産的労働者を、叱咤激励して労働させるのは、幼少時に身につけた習慣に支えられた、同じ欠乏と必要の衝動であることである。野蛮人は、自分の動物性、あるいは、植物性食事のために、狩りをしなければならないか、さもなければ、餓死しなければならない。文明人労働者はせっせとかれの道具を使い、勤労を遂行しなければならないか、さもなければ、やはり餓死しなければならない。もし、未開人が、文明の緩やかに生産する労働を採用するよう要求されるなら、かれは旧式の冒険的狩猟か、新式の根気のいる、ゆっくりだが、確実に報いられる労苦か、の選択肢をつねに持っている。しかし、文明人労働者には、このような選択肢は与えられてはいない。かれにとっては、未開の自然は、自由とリスク、努力と休息、の誘惑に夢中にさせるものでは決してない。かれは勤労にいそしまねばならないか、しからずんば滅亡である。必要がかれに、生きるための労働を強制する。野蛮人の近隣の森林地帯か、広大な平原を絶滅せんか、かれもまた、文明人労働者と同様に、働くか、さもなくんば、餓死しなければならないのである。しかし、勤労の習慣が身についていないので、かれの労役は嫌々ながらなされ、肉体的欲求をかろうじて満たす程度に、限定されるであろう。知識、労働がかれの身辺で作り出すよい結果を、目にすることから生じる労働意欲、かれの労働生産物をエンジョイする保障、これらすべての有利な環境は、野蛮人を勤勉にするのに十分ではない。しかも、文明人は明らかに同様な——確かにただの富に関するかぎり、同様な——環境の下で勤勉である。それで、ただの富を越えて、人間の知的構造を研究しなければならない。これら二組の想像上の労働者、つまり文明人と未開人は現在どの点で違うのか。かれらのおのおのが、人生の初期に獲得した、違った習慣という点で。野蛮人の欠乏と環境とによって、かれは時折りの暴力行使、長期休息、束縛からの自由の習慣が身に滲みつき、身近の人たちの意地悪といじめを避けるためにかれの行動を規制する必要はほとんどない。ひとの相互関係と相互依存関係から生じる社会的道徳には、かれはあまりなじみがないのである。非常にちがった性格の環境が、生誕のときから文明人を取り巻いているので、上品な継続的労働、短時間の休息、ある道具を操作する技術、ある小さな満足感に浸り、それゆえにそれを欲求する習慣、行動を確立した法律、制度化した慣習、または制度化した暴力の束縛に適合させる習慣、そして周囲の人々の熱情と利害関係とを忖度する習慣をかれは身につけるのである。二人の個人、または二種類の人々、つまり野蛮人と文明人とは、既述のように、まったく似たような外的環境に新しく置かれたとき、かれらの性格、気質の違いがこのようなので、さらに進んで、これらの相違する習慣が、どのようにして形成され、どのように変更ないし修正されなければならないかを研究しよう。習慣は、誤った、または真実の観

（2）北アメリカ・インディアンのあいだで、幼児から19歳まで、囚われの身となっていた、ハンター氏（Mr. Hunter）の興味ある回想をみよ。ハンター氏は、ミシシッピー川の河原で、インディアンの友人のあいだに、文明の実験を試みようとしている、といわれている。

念連合、つまり関心の、誤った、または真実の展望によってうまれる。習慣は、同じ行為ないしは一続きの行動の、不断の繰り返しである。とはいえ、最初の行為を行うためには、またはそれを繰り返すためには、なんらかの理由、なんらかの誘因、なんらかの動機、苦痛の恐怖、または快楽の願望、がなければならない。未開の生活では、努力に対する動機は、緊急であり、直接的であり、自然の共同倉庫から食糧を直接着服することによる、当面の必要性である。要請は滅多になされないが、あったときには断れない。空腹と喉の渇きが充たされると、労働に対する要求は止み、怠惰が支配する。なにもおそれる理由はないが、この精力的な要請に屈服する習慣は、未開人の頭のなかに、いつも頑強に残っている。この習慣という理由は真実で、積極的で、いつも現存している。このような明白な、直接的動機にのみ従うことに慣れているので、かれはより積極的でない動機には屈することはないであろう。かれは、余計な労苦が生産すべき対象の快楽を、かつて楽しんだことがないので、その欲求を感じないのである。そのため、かれはこの欲求を、またその生産に従事する労働を、嫌うのである。文明人の、すなわち文明生活の生産的労働者の、訓練と習慣により、かれは、野蛮人を強制的に行為させるに必要な動機より、もっと遠隔な動機にもとづいて働くように導かれるであろう。しかし辛抱強い勤労の習慣をかつて教え込まれたことがあるのだろうか。また、この習慣を教え、模範を示す人々が、かれらが普及する習慣の恩恵を、みずからに感じないのであるならば、それは根気強く、成功的に、国民的、全般的規模で教えることができるであろうか。かれらも、つまり教師たちも、まさに権威の恐怖そのものによって押しつけられた動機によって、機械的にこの習慣に育てられたのかもしれない、と言っても始まらない。少年時代ないしは青年時代でさえ、そして権威がつづくあいだ、このような動機は働くかもしれないが、成熟期には、この強制的で、不十分な刺激がなくなった後に、ほんの微かしか残らないであろう。習慣が、富を生産する際に、努力の合理的動機となって、適切な刺激を必要としないということはないであろう。習慣は、動機の開示と展開を容易にするだけであり、その道を開拓し、それを実演するであろう。けれども、勤労の習慣が身についていなければ、何の効果もあらわれないものである。勤勉な習慣があって、ひとは生産への動機が持ちやすくなる。かような活動の習慣がなければ、怠惰癖を前もって克服していなければ、ひとは直接的欲求以外のどんな動機にも動じないであろう。それゆえ、努力の習慣は、どれほど進歩しても、機械的であろうが、合理的であろうが、または理性と権威との両方一体になったものからであろうが、動機がなければ、なにも生産しないであろう。それは、灯油であふれたバーナーを備え、磨かれ、反射する表面に囲まれた、巨大なランプに似ている。活力を与える空気が絶えず供給されなければ、それは光も熱も出さないし、その建築の美しさも見えない。利益の動機は、勤勉な習慣を身につけているひとにとっては、活力を与える空気である。この動機をつねに与えることは、富の生産を向上し、その生き生きした効果を社会全体に拡げるために、永遠に必要である。勤勉であれ怠惰であれ、万国民の状態、ないしは進歩を観察してみると、勤労が、至るところで、労働生産物をエンジョイする勤労報酬の形をとって、約束されている動機に正確に比例して、広く行われていることが証明されるであろう。

いつも稼働している膨大な生産組織を調査するさいに、われわれのほとんどすべてのものの身に染みついている習慣から、われわれは、惑星群の恒久的公転のように、その恒久的継続にはかなり十分な内在的な原因があると、とかく考えようと万が一にもしなければ、これらの単純な真理についてそんなに詳しく論じる必要はないであろう。そして、決して終わることのない努力をして、これらの自発的行動を支える万遍なく浸透しつつある行動要因、つまり、合理的動機があるかを問う必要はないであろう。これらのことを無視することによって、また生産を、理知的な主体の自発的行動の結果ではなくて、機械的結果とみなすことによって、勤労の動因が徐々に損なわれて、幸福な努力の習慣は麻痺し、消滅してしまう。「労働は万事を克服するが、利益がなければ勤労意欲は衰弱する」——という格言は崩壊する。

現在世界の多くの所で、また歴史上のある時期に、ほとんどすべての国で、勤労の車輪を回転させる手段が、なんらの自発的動機に頼らずにとられてきている。暴力が自発的動機にとってかわり、苦痛の恐怖つまり強制によって、健全な自発的努力の未熟な模倣が作り出されてしまうのである。経済的視点で見ると、この労働がもっとも高価であることが証明されてきた。道徳的視点で見ると、この労働は人間の幸福総和を減少させる。もし、ここで定立された原理に、なにほどかの真理があるとすれば、強制的労働による生産が相対的に安いという証明、および強制的労働がなければ、富の欲求された部分を手に入れることができないという証明は、どれも、さしあたり強制的労働の導入ないしは継続を正当化するには不十分である。問われるべき正義の単純な問題は、——「人間の幸福の総計は、奴隷とかれの主人と双方の幸福を含んでいるが、自発的労働を強制的労働に替えることによって、減少するか、増加するか」——である。このような質問をするのは、愚の骨頂である。なぜなら、かりに強制的労働がより多くの幸福を生み出すとするならば、強制する必要がなくなり、自発的になるであろう。しかし、奴隷制が確立しているところはどこでも、より多数のものは奴隷である。というのは、もしそうでないならば、悲惨な少数派の強制された労働が、怠惰な多数派を生存させるのに必要な供給量を、作り出すことはほとんどできないであろうし、いわんや、かれらに生活を快適にするものを与えることなど、できないからである。奴隷が多数派であれ、少数派であれ、幸福の総和は、かりに奴隷一人だけの存在によってでさえ、減少してしまう。かれの幸福は減少し、この社会の残余の幸福は増加しないで、容認された不正義のこの実例によって蝕まれてしまう。

そこでテロから生じる動機がすべて排除され、ひとは自発的行為者として働かされるべきであるので、自発的動機のかたちをとって、かれをして、文明生活では多かれ少なかれ形成されている勤労の習慣を、続けて実行するように仕向けるのに十分な刺激が、与えられなければならないのである。これらの動機が広範囲であり、楽しく作用するのに比例して、明らかに、それが労働者に与える影響が、それと調和して増大していくであろう。そしてかれの労働生産物と、かれ自身の幸福も増加するであろう。

非常に重要だが、しばしば見過ごされている区別を、ここでしなくてはならない。人々が富の原材料を、それを生産した後に、専有し、楽しもうと欲求し、目指そうという気になる動機を探し求めるのは、まったくもって余計なことであろう。生産する労働をしないで、専有し、エンジョイしようとするのは、人類の願望の最たるものであって、それを鼓舞する必要はなく、むしろ抑制すべきなのである。専有し、エンジョイしようとする動機を、ひとの本性は、外部の援助あるいはどんな種類の調整もなしに、潤沢に満たす。ほんの唯一の困難は、生産のための動機を満たすことである。これらの動機が満たされ、生産が達成されるや否や、動機を満たすことについてのわれわれの仕事は完了するのである。自然は、労働が未加工の原材料に付加されているものを、使用したいという非常に活発な欲求と努力を与えるので、立法者と哲学者が追求する過程は、まったく変わってくる。かれが留意しなければならないことは、専有しようとし、消費しようとし、または蓄積しようとする動機が、目指すべき究極の大目的である生産の継続に不可欠な動機の邪魔にはならないということである。生産の継続と増大に不向きな分配様式はどれも、それを生産した親のはらわたをかじる子供に似ている。この大目的とは、生産に対して十分な自発的動機を与えることである。この十分な刺激はどこで見つけられるのか。われわれは次の命題で、この問題の解決に着手する。

第6節
事物の自然が許容する、生産へのもっとも強い刺激（そして最大限の生産に不可欠の刺激）は、労働の生産物をその生産者が完全利用する際の「安全」である

すでに見てきたように、生産的労働者の側における、どんなに広い知識でも、かれらを努力するように誘う、どんなおびただしい動機も、勤勉な習慣の獲得でさえも、もし、かれらが自分自身の力によってか、協働によってか、いずれにしろ、ある手段によって、自分の労働で生産したものを利用する際に、保護されないならば、かれらは富の生産を、あくまでも続けていこうという気にはならないであろう。他人のために、強制されることのない自発的労働を続けることは、狂気の沙汰であり、実際、国民的規模では決して起きたことはない。それは道徳的にも不可能なことである。いやしくも自発的生産を継続するためには――という

のは、反省もせずに、あるいは実験のつもりで始められるかもしれないから――生産者は生産したものから、予期した利益を引き出さなければならない。しかし、この一般的原理は、言葉では容認されても、実践では頑強に反対されているのである。いわゆる社会がいつも努力してきたことは、生産的労働者を、欺き、宥めすかしたり、脅迫し、強制したりして、かれ自身の労働生産物のうちできるかぎりの最小部分を報酬として働かせることであった。このような事態を制定し、維持したひとたちの目的は、立法、道徳あるいは人間集団の唯一の正当な目標としてここで提唱されている単純な目的、つまり最大可能な量の人間の幸福を生産することとはまったく裏腹であった。これらのひとたちは、たいていは社会の富と支配的権力を所有しているので、かれらの副次的目的を、追求すべき究極目的として一様に設定してきたのである。それは、かれらの秩序を支持し、継続すること、つまり支配制度の継続であり、どんなものであろうとも、かれらが導入してきたものである。そして、それは富、権力および幸福における、かれら自身の優越性をともかく継続し、増加することである。ところで、異なる目的を促進するためには、異なる手段が用いられなければならない。一つの目的に好適な一揃いの手段は、反対の結果を追求するために構成されているので、それから意図する結果を期待するのは、子供じみているといえよう。無知か偶然の出来事によるのでなければ、こんな結果は起こりようがない。経済と立法の第一原理について推論する唯一の公平な方法は、われわれの究極目的を明確に公言することである。政治経済学の究極目的は、社会に蓄積された富の絶対量を増加することであって、年生産物と恒久的蓄積とを道徳家と政治家とに、かれらの不可思議な英知が適合的と考えるどんな割合にせよ、分割することを任せっぱなしにしてきたのである。そして社会の富（労働生産諸力）の増加実現に満足してきたし、生活の安楽と幸福とは、何となく、どことなく、増加した、かつ増加しつつある富の必然的結果にちがいない、と確信してきたのでる。富裕層と有力者は、この富の動向を注視し、かれら自身の利用のために生産されたとき、かれらを喜ばせうるすべての対象を倍増する、もっとも容易な手段を発展させる思索に、まったく安堵し、喜んだのである。そして、かれらはこれらの楽しむ手段を、たまたま思うままにすることができたので、生産的諸階級への衣、食、住の分配者だ、と自惚れたのである。「労働者たちには、足りるということがあってはならない。かれらを働かせるためには」と富裕層はいう。これ以上のことは、おしなべてかれら自身にとって無縁のものである。いや、もっと悪いことに、労働諸階級（the working classes）に不満を抱かせ、横柄な態度をとらせるだけである。このような究極目的を見据えると、生産されるべき富の絶対量は、たんなる副次的目的にすぎなかったし、かれら自身の楽しみの手段をもっとも豊富に供給するのに役に立つものとして以外、なんら重要性がなかった。それで、われわれは、富の**たんなる**生産と蓄積のような目的を、すべて子供じみていると思うし、人間の一階級の幸福を、もう一つの階級の幸福以上に優先させるあらゆるものは馬鹿げていて、残酷で、不公平であると思う、とも率直かつ明確に認めなければならないのである。どんな立法も、どんな制度も、われわれの最大幸福原理を妨害したり、一瞬たりともその代わりになるべきではないこと、また他のどんな利害とも談合したり、妥協したりすることを受容しないこと、さらにわれわれの原理は自由に君臨すべきで、分裂した帝国を決して容認してはいけないということを、率直かつ明確に認めなければならないのである。そこで、問題は以下のように単純になる。

目的は幸福の総計を最大限、生産的諸階級に帰するよう図ることであるから——なぜなら、富の増加さえ、もし幸福の増大を伴わないならば、合理的欲求の対象でなくなるであろうから——これらの生産的諸階級は、かれらの労働が生産したものの一部ないしは全部を使用することで、(他のすべての環境、つまり気候、制度、道徳、風俗などが等しいので) もっと幸福になるであろうか。生産的諸階級の大多数の幸福は、共同社会全体の幸福と対立するのでなく、それと密接に結びついていて、かれらはお互いの幸福 (well-being) にとって必要であり、その大多数の福祉 (welfare) は全体の幸福 (happiness) を含み、かつ必要としているということが、どこかほかの個所で証明されるであろう。実をいえば、生産的諸階級は、その名に値するあらゆる社会において、この共同社会全体の最大多数をつねに形成しなければならないのである。もし、物事の本性がそうでなければ、また多数者と少数者との利害が相対立するならば、われわれの見解は、なお相変わらず、真実である。少数者は多数者に譲歩しなければならない、もし、かれらがお互いに譲らないならば。もし、より多くの、かつより高度な動物的喜びが、かりに肉食獣が住んでいるところより、文明人が住んでいる肥沃な国の一定の区域から生じるとすれば、劣等動物は、かれらにとって我慢できるほどの苦痛でしかないので、譲歩を強いられるべきであろう。文明人の共同社会においてもまったくそのとおりで、もし現実の利害が——こんなことは滅多におこらないが——相対立するなら、少数者は、概して幸福の最大可能な総和をつねに保持するような補償をとって、譲歩しなければならない。

さてそこで、問題は以下のように単純化される。「生産的諸階級、つまり労働者は、かれらが生産するものの全部、あるいはそのより少量を自由に処分する保証を、かれらに与える安全の分与分によって、おそらく、より多く生産し、より幸福になれそうだろうか」。努力の習慣、ないしは容易さを身につければ、労働を稼働させる明確な目的が、必要となる。未開人も、文明人も、努力の快楽だけのために、自発的に骨の折れる努力に従事しはしないが、なんらかの利益、さらになんらかの快楽手段がそれから得られれば、別である。利益が大きければ大きいほど、快楽手段が生産的になればなるほど、ますます努力するようになりそうである。反対に、利益が少なければ少ないほど、ますます努力をしなくなりそうである。未開人は、まさにがつがつした食欲または情欲を、即座に満足させたいという欲求だけで刺激されうる。文明人は多数のより小さな、より穏やかな欲望をもっており、それだけで、かれの生産力を活動させるのに十分である。これら未開人と文明人の両者とも、その努力が生産するもの全部を手に入れ、エンジョイするところで、もっとも多くの努力を惜しみなくするであろうか。

一〇〇〇人の個々人が健康で、仕事の意欲を持ち、さまざまな分野で勤労習慣を身につけており、科学のあらゆる助けにより、技能によって有益な目的に応用される、相互協働と経済との組織にもとづいた相互援助のために、みんなで連帯する、と想定しよう。かれらが労働を生産的に行いうるまでは、道具をもたずに、衣食の供給を受けないで、さらに耕す土地を持たず、労働対象たる原材料を持たない、と想定しよう。これらの一〇〇〇人の個々人が、類似の目的のために、自然の原野のど真ん中で連帯する一〇〇〇人の野蛮人――こんな現象がまったく文明人の近所で、もし可能だとするならば――よりも、多くの点で、ずっと遙かに恵まれた生産条件にあることは明白である。文明化した植民地人は、直接身体にまとっているもの以外の衣類の供給が、不足しているという点では、未開人と似ているし、道具が不足しているという点で、お互いに似ている。またかれらの労働が食物を生産できるまでは、その供給に事欠くという点で、お互いに似ている。しかし、その他の点では、極端に相違している。未開人が身の回りに持っているものは、未利用の、仕上げるべき自然の原材料だけである。衣、食、住、道具、その他生活を便利にするもの、をつくる原材料となる鉱物、植物あるいは動物が、かれの手の届くところにあるだろうか。かれは手をのばして、それらを集めて、労働によって、消費できるか、交換できる富に、形態変換すればよいのである。かれは、再生産諸力に富んでいて、かれの手を誘って、自然の眠っているエネルギーと協働し、管理するする気にさせる、土地を欲しているか。かれは、だれも所有者がいなくて、それを占有し、それに価値を与える勤労に、その果実と永久的所有でただちにたっぷりと報いてくれる肥沃な土地の選択に戸惑っている。これらの点で、文明人の植民地は、文明化した共同社会においては、なんと対照的であることか。かれらと対照的に、労働対象の原材料すべてが、かれらの同胞のうちの数人の、それ以前の労働、暴力あるいは詐欺行為によって専有されており、鉄、ないしは何か有用な金属を含有する一塊の石も、一本の木の一枝も、どんな動物の皮も、衣食住、あるいは生活を便利にするのに役立つ、どんな目的にでも利用できる未加工の原材料も、すでに所有者のものになっていないものなんか、いったいあるだろうか。自然は文明化された植民地に、未加工の原材料としては、なにも産出しない。労働対象となるべき土地に関していえば、未開の移住者にとって、それは至るところに存在するが、文明化した植民地人が、それをどこで発見するであろうか。岩石でごつごつしている、開拓の道具や労苦を寄せつけない山それ自体でさえ、所有権を張り巡らされているのである。一フィートの土地でも、文明化された植民地人は、その土地の市場価値に応じた等価全額を与えなければ、手に入れて作業することはできない。かれらは、どんな等価を、その原材料代よりも多く、その土地に支払うべきなのであろうか。かれらの労働だけである。労働対象の土地そのもの、家具や衣料の基礎である原材料と労働手段の道具もまた、準備段階として、労働によって購入されなければならない。未開植民地のこれら二つのものすごい利点——土地と未加工の原材料との供給が専有されていないこと——に匹敵するような、誇るべき、どんなものを文明人はもっているのか。身についた労働の習慣、農業と製造業の作業での手足の技術、それ以外なにもない。

さて、衣食のストックをもたない、男女、児童一〇〇〇人の、わが植民地が、どんな欲求対象をも、交換で手に入れることができるあらゆるもの、それと労働対象の土地、労働手段の原材料 [materials to work with. 労働対象=～ to work upon の誤り?] も、手厚く専有され、警護されている、入植地を探しているのを見よ。かれらが、勤労と熟練の習慣のほか、なにも持っていないのを見よ。なにをか言わんや。ただの勤労と熟練だけで、幸福、生存への、このような巨大な障害を克服できようか。この絶望的植民地人を、どう督励したら、こんなに多くの障害物を克服し、みずから身を立て、余裕のある生存を楽しめるほど、十分活発な努力をするであろうか。かれらに、自分の労働で手に入れることができるものを、すべて自由に処分できる完全利用を保障することによって、この望ましい目的が達成されるであろうか。はたまた、完全よりも劣るものを、与えることによってであろうか。確かに、こんな問題は、非常識もいいとこだ。確かに、困難は、どうしたら、このような障害を幾分か取り除かずに、幾分の激励を加えないで、このような植民地人の労働を生産的に運用することができるか、である。困難は、確かに、強制——暴力の強制をしのぐ欠乏の強制——しないで、どのようにして、このような植民地人を、あえて生存に必要である以上の労働をさせるか、である。この労働生産物から得られる、ゆとりのある生活の見通したるや、前途遼遠である。

事態をこの苦闘している植民地に順応させるために、この土地の所有者が姿を見せて、自分は自分の土地購入に、労働で対価を主張しないが、報酬として毎年、等価に値すると思われるほどの労働量をその生産物で換算したもの、農地面積の増加分を受け取って、自分の土地の年間使用の譲渡に納得するつもりだと言う。すると、この植民地人は、この農地に加えられた労働の一部分の生産物を、毎年、この農地とその生産力の使用に対する賃料（*rent*）として、与えることを約束する。未加工の製造業用原材料の所有者は、植民地の衣料とその他生活安楽品を製作すべき原材料の使用に対して、植民地人の労働に同様な要求をする。すなわち、生産的労働者たちは、自分たちの生産物の価値の一部分を、原材料の供給者に譲渡しろと。この部分がかれらの利潤となるのである。ときには、労働手段の道具の所有者さえ、その構造がとても複雑でコストが高いとか、耐久的工場設備を要するならば、それらを持たない（unprovided）労働者にも同様な要求をする。また、労働者が、この労働の生産物が消費または交換できる状態になるまで、消費しなければならない食糧を、所有しているひとたちさえ、利潤、つまりこの労働報酬の一部分を、かれらの助力の代金として、前貸しされた食糧全部の返済とともに要求する。

なぜ、労働者は、かれの労働の一部分を支払って、全費用、あるいはかれの労働手段や労働対象である道具、衣服、食糧、原材料または土地の使用料金を、負担しなければいけないのか、などと誰が問おうとするだろうか。なぜ、かれに、これらの費用を差っ引かないで、かれの労働の絶対的全生産物（the *whole absolute produce* of his labor）を与えないのか。なぜなら、この土地、これらの原材料を、労働ないしは自発的交換によって、専有してきたその他の人々、これらの道具とか衣服を作ってきたその他の人々、この食物生産に自然と協働してきたその他の人々は、かれらの生産的勤労を継続するために、それらを持たない労働者が要求するのと同一の刺激を必要とし、かれらの労働生産物の全利用に際し、やはりそれと同一の「安全」を求めるからである。一人の生産者から奪って、もう一人の生産者を激励してはならない。完全利用の際の安全は、万人に公平に執行されなければならない。ほかの一人の安全を侵害することによって、生産的労働者は、自分の労働が創造したものの完全利用ばかりでなく、どんな利用においても安全に対する自分自身の要求をみずからの手で揉み消してしまう。自発的である以外のどんな交換も、勤労によって獲得する以外のどんな所有も、公正無私な安全と両立できないものである。資本家たちによって請求された補償金額については、今後検討するであろう。

ところで、植民地人の労働生産物からの全控除によって、土地の年間利用に対する年々の控除によって、製造業の原材料利用に対する控除によって、道具と機械の使用に対する控除によって、さらに、食物の前払いに対してなされる追加的控除によって、植民地人の生産的労働は、植民地人をこのような報償のために働かせるのに十分以上の刺激を与えるほど、剰余を産むであろうか。このような条件の下でさえ、極端な困窮というプレッシャーを受けて——かれらは働くか、餓死するか、しなければならないから——かれらは働くことを強制されるだろう、といえるかもしれない。然り、まさにそのとおりだ。だがしかし、これは、事柄の本質から可能な最強の刺激、最高の報いなのだろうか。これは、生産的労働者に、かれらの全労働生産物の完全利用を与えているだろうか。政治経済学は、このような人々の労働に声援を送って、報償を与えるべく、さらなる対策といっそうの激励を考え出すことができないのだろうか。富の点で、また国民的効用のようなものを生産するほど大規模には、政治経済学はこれしかできない。そして、これとは労働者に、かれの労働生産物の完全利用における安全を与えることである。

しかし、何時も忘れてはならないのは、これがまさしくすべての文明社会において無一物の労働者各人の状態なのである。

しかもなお、「補助金を与えてはいけないのか。名誉またはその他の報酬が約束されてはいけないのか。植民地人に、かれらが、自分たちの食糧を栽培しなければならない土地を、自分たちの衣料、家具またはその他の生活に利便を与えるものを製造しなければならない原材料を、かれらの労働手段である機械と道具を、または、いづれにしても、かれらが食糧を自給するまで、生活するための食糧の備蓄を購入して提供するために、募金や寄付金を徴収してはいけないのか」と反論するであろう。これらのどれもが、大規模にはなされないであろう。けだし、資本家たちは、通常の利潤が保障されなければ、自分の資本を危険に曝したくないからである。かれらの資本のリスクは言うまでもなく、この利潤の支払いに対して、かれらは、このような共同社会の保証ではほとんど納得しないであろう。この自発的振り替えは、決して大規模には期待できないであろうことは、明白である。生産的労働と自発的交換とによって手に入れた富を、他人を生産的労働と自発的交換に従事させようと奨励するために、その生産者から力ずくで奪取することは、明らかに、一方の手で完遂しようとしていることを、他方の手でひっくり返しているのである。補助金や名誉については、このような恐ろしく緊急の場合には、考えもおよばないであろう。それらは労働を誤った方向に導くかもしれない。ここでの問題は、労働を生産することである。

ところで、もし生産的労働を奮起させるために、暴力の使用を放棄しなければならないなら、もし土地、原材料、食糧または道具の、どんな贈り物も期待できないなら、もし絶対的窮乏のただのプレッシャーでは、快適な努力を全然引き出せないなら、あるいは、もしこのような努力は、このようなプレッシャーがなくなるや否や、弛緩してしまうなら、もしも補助金や名誉が役に立たないのなら、もし労働者が、かれの労働生産物の完全利用における安全よりも安く、てきぱきと働く気になるような他の方法を案出できなければ、早期教育の観念連合によって迷信を叩き込むことで、完全利用よりも安く、義務の問題として仕事するように、かれを導くことができないかどうか、またこれらの観念連合がより精力的かつ生産的行動原理とならないかどうか、をためしてはいけないのか。

人間の勤勉努力の全歴史は、この希望を裏切ったのである。もし迷信が、思想もしくは行動の一つの対象、あるいは一つの路線だけに方向づけられている能力の成長を、才能そのものを弱めることなく、妨げることができるなら、もし人々が一つの問題において、しかもかれらの人生のもっとも大切な問題において、その他すべての問題において気力がないわけでも、独創的でないわけでも、生産的でないわけでもないのに、ずっと子供のままに留められうるなら、このような陰謀は成功するかもしれない。しかし、こんな状況は人間の自然の状態ではない。粗野な詐欺は、活力のある努力に必要な精神の好奇心、柔軟性をぶちこわす。そして結局、それが人間をみずから考えないロボットにしてしまったときに、人間に衣食を与えるだろうか。それによって、人間のか弱い力を奮起させる実質的動機を提供する必要がなくなるであろうか。あるいは、それは人間をして、理性と自分自身の利害とのあらゆる衝動をただ愚かにも受け付けなくさせるだけであろうか。このような陰謀の必然的結果として、人間は愚かな、あるいは凶暴な、しかしいつも消極的な奴隷になってしまい、自分自身の安楽や、主人の安楽のために、ほとんどなにも生産する気を失ったのである。

　もし迷信、または誤った、偽りの知識が、なんら新しい刺激、いや刺激と言うべきものを全然与えることができないで、勤労に対して絶対的に不利益ならば、真の知識は、その努力を驚くほど強め、加速し、温かく見守ってあげようという動機がすべて、自由に働く余地を与えるであろうし、道徳的習慣の利益を示すであろうし、進歩と経済の方法を探究するであろうし、公正な制度と平等な法律との恵みを感謝し、人間の能力を完全に開発するであろう。今後、節を改めて、この話題を詳しく論ずるべきであろう。ここでは、知識が、労働生産物の完全利用という刺激の代役を勤めることは決してできない、と言うだけで十分である。反対に、知識はこの完全利用を、生産的勤労の第一条件とするであろうが、この条件によって、その力を無限に増大させるであろう。

　これまで、労働者一〇〇〇人の未開植民地の状態を、同数の文明人の植民地のそれと比較してきたし、かれらの、それぞれの特異性が指摘されてきた。とはいえ、植民地化の第三段階、つまり北アメリカ合衆国西部における、肥沃な、現在植民しつつある土地で、起きそうなことがある。そこでは、未開植民地と文明植民地の両方の、きわめて多くの不都合が回避されている。一〇〇〇人の勤勉な貧民が、文明の底辺から現れ、そこに定住して、土地をただで、あるいはほとんどただで手に入れ、かれらの周囲に専有されてない手つかずのすべての原材料を発見し、かれらが、自分の労働を生産的にすることができるまで、道具、衣食の備蓄のほかなにも必要としないであろう。土地のために必要な道具は、機械のうちでもっとも安いものだ。狩猟、魚、野生の果実は衣食の供給を補充するし、衣料のもっとも単純なものは、一時、労働者を満足させるかもしれない。このような植民地人は、未開人の自然を広汎に支配するとともに、文明人の勤労の習慣をも持っているものである。とはいえ、ここでさえも、植民地人に最大の努力を強要するために、かれらの労働生産物の完全利用における安全より、もっと強い、どのような刺激を与えることができようか。どんな事態でも、これより強い刺激を考え出すことはできないし、その代わりとして利用できるような、ほかのどんな刺激に訴えることもできないし、いわんや想像することすらできない。これは、アメリカの移住者が受け取る報酬である。かれが原野を、数年のうちに、繁忙な国に変換してしまったこれらの創造劇に駆り立てられたのは、ただにこの刺激を通してである。これは、いままでに唯一の十分な刺激であり、もっとも広範囲かつ大規模に適用されてきたのである。これほど強い刺激は、かつて世界のどこでも、国民的規模で行使されて、成功した試しはなかった。

しかし、自然とか開拓の進展が、未開人や文明人、あるいはアメリカ開拓民を妨害している産業発展に対する障害物に加えて、ぞっとするような、かつ限りなく愚かで、気まぐれで、残酷にも、生産的労働者を妨害している他の諸障害がある。かれに、土地や原材料や道具、食物を与えなかったひとたちは、(このような原材料の利用に対するかれらの要求が、いかに不条理だとはいえ、)かれの周囲に押しかけてきて、かれの労働生産物の分け前をよこせと言う。かれの労働生産物の――上記の諸控除がされる――完全利用は、かれには残されていなかった。かれは、その一定の部分の利用にすら、安全をエンジョイすることが許されていなかったのである。富の交換過程で、目に見えるか、手に触れる等価を与えられないひとたちは、かれの労働生産物部分にしがみついている。この振り替えを容認するために、かれの同意は求められていないのである。たとえ物質的なものであれ、知的なものであれ、かれに与えられてきたどんな等価も、この労働者にとっては納得できるとは思われなかった。このような略奪、このような安全の諸原理の侵害が正当かどうか、これらはより高次の理性によって支持され、富の生産よりまったく優れているのかどうかは、さしあたって問題にしないことにしよう。われわれの目的は、いま簡単に、必要かつ自発的な、あるいは、自然が賦課する控除を越えた、このような強制的控除が、富の生産に対するこの最強の刺激をややもすると弱めるのではないか否か、を問うことである。生産に対する刺激は（その他すべてのこと、知識、道徳的慣習などが等しいとすると）、不可欠な妨害のどれを取り除くことによっても増大すると同様に、不可避の妨害に、任意の、どんな種類の妨害を付け加えることによっても、明らかに減退するものである。世界中のどんな環境でも、壮大な規模の労働は、アメリカ合衆国におけると同じように、自由であり、かつその生産物の完全利用の点で安全であるとはいえない。またどこでも、そんなに生産的であったことはない。生産的労働の報酬が、この最大限から離れていくのに比例して、勤労の努力は弛緩していくものである。そしてついには、無関心の頂点で、自発的刺激の欠如から、冷酷な暴力が虐げられたものの腕から、脅迫によって、無理矢理生産物をもぎりとるのが慣わしとなってきたのである。歴史全体に照らして、これが真理であることが分かる。そして、それは歴史書の何千ページから、例証されるやも知れないのである。労働生産物の一部分を、労働者の承諾――これこそ、われわれが探求している黄金の普遍的チェック機能である――もなく、奪い去ることを正当化しているのと同一の理由は、何なりとほかの部分を奪い去ることをも正当化するものである。結局、ついには、ひとかけらの刺激もなくなり、努力もできなくなり、肉体的な欲求か強制に従うほか、生産さえ行われなくなってしまうのである。安全の原理は、最初の部分が奪われても、最後の部分と同様、ひとしく侵害されるのである。生産者以外の誰が、どんな原理にもとづいて、もう一人のひとの勤労が生産したもののいかなる部分といえども、要求できようか。同じ原理にもとづいて、いま一人のものがもう一つの部分を要求できるか、等々、果てしなく続く。一歩認めれば、一歩踏み込んでくる。こうしてなにも保証できなくなる。

それでもなお、労働者にかれの労働生産物の完全利用を保障すると、かれを不道徳にして、かれにとってためにならないものだ、と言えるだろうか。いま、われわれに提出されている問題は、完全利用が、道徳性におよぼす影響ではなくて、生産におよぼす影響について、である。道徳性または不道徳性は、労働の果実のうち、その生産者が基本的にエンジョイする割合だけにしか、依存していないが、その他の環境にも依存しているのである。道徳的か、不道徳的か。与えられたどんな環境のもとでも、生産量は、生産への刺激に依存するであろうし、最強の刺激は、必然的に労働生産物の完全利用における安全である。これらのいろんな刺激、つまり完全利用か、部分的使用かを、任意の二つの植民地の労働者に影響させてみよう、前者は道徳的、後者は不道徳的。そうすると、この二つの場合とも、不道徳部分を凌いで道徳的部分のほうにみられる、生産とエンジョイすることの絶対的優越が何であろうとも、類似の勤労弛緩が、程度の差はあれ、かれらの全労働生産物をエンジョイする際の安全を減少することによって、道徳的と不道徳的の双方に、あらわれるであろうことに、気がつくであろう。自由な労働が産み出せる最高の報酬は、悪徳を生み出す自然的、必然的傾向があるのではないか、という懸念の誤りを論証する機会が、ほかにもできるであろう。反対に、それは、最大量の道徳性と生産とを、ひとしく導き出すために、役立っていることが示されるであろう。そして望むらくは、「自然の事態が許容するであろう生産へのもっとも強い刺激とは、労働生産物の完全利用を、その生産者に保障することである」ということを認めることにより、困難はすべて排除されていることを。

資本家たちの要求が、この完全利用から、どれほど不当に盗奪しているか、はこの後に検討するであろう。

第7節

富物品の自発的交換はすべて、双方の側で与えるものより受け取るもののほうが優先されるが、富から得られる幸福を増大し、それによって富を生産する意欲を奮起させるのに役立つ

交換がなければ、勤労も、富の継続的生産もありえない。交換のない労働は、労働のない交換とほとんど同じくらい無益である。けだし、誰一人として、自分自身の厚生に必要な物品すべてを生産することはでき

ないからである。ふたたび、通常の比率で女性と子供を含む、一〇〇〇人の労働者、ないしは一〇〇〇人の個人の植民地を想定しよう。これらの全員が食事ばかりでなく、衣類も、そして住居、家具、およびその他生活を便利にするものを供給されなければならない。どんな経過で、これら多数の欲求全部が充たされるであろうか。各個人が努力して、自分の欲求すべてをみずから満たし、自分専用の道具を作り、自分の持ち家を建て、自家用食糧用地を耕し、自分自身の衣類と家具のための原材料を探し出し、それらをみずから製造するだろうか。しかし、もし一人一人の男性が、かれ自身の欲求をすべて満たすなら、なぜ女性一人一人もまた、彼女自身の欲求を満たしてはいけないのだろうか。なぜ彼女もまた、彼女自身が使用するために耕したり、建てたり、衣服、食糧、道具などを製造したりしてはいけないのか。なぜなら、男性と同じ体力を持たないで、しかも、彼女のもっとも活動的な年齢の大部分の時期が、次々と産まれる子供の養育に充てられるので、彼女は、これらの目的全部を実現する時間がないばかりでなく、彼女が企図したものも効率よく行えないからである。便宜的に、女性は、彼女自身と彼女の伴侶にとって、また二人の子孫にとって有益な彼女の独特な体質と、それから生じる体力とが、もっとも生産的な種類の労働に従事すべきだ、と要求されているのである。この理由は非常に衝撃的なので、未開人のうちもっとも残忍で、分からず屋以外、誰もそれに動じずにはいられないのである。未開人の生活では若干の場合、男性は、女性に、家事の面倒をみさせるとともに、重荷を運ばせたり、野外で働かせたりしてきた。そして北アメリカの若干の部族間にみられるのと同様、彼女らに報いるのに、強制と打擲とをもってし、彼女らを完全な奴隷に仕立てたのである。これらの野蛮人の目的は、しかしながら、生産を増大することではなくて、かれら自身の安楽、遊惰と征服欲を満たすことであった。われわれの目的はさまざまであるから、さまざまな手段が、その達成のために使われなければならない。さて、生産の増大と、それに続く楽しみを増すために、一つの屋根の下に住む男女が、違った種類の労働に従事する気になるのとまったく同じ便利さが、同一共同社会のさまざまなひとたちを、いろんな生産方法に、むしろ、いろんな物品の生産に誘導するのである。もし、みんなが、あらゆる事業に従事することになるなら、みんなが、あらゆる事業を習得しなければならなくなる。明らかに、一つ、ないしは若干の事業における技能と同程度に、あらゆる事業における技能を、くまなく習得することはできない。それで、ここに各人がみずから、自分の欲求する物品を、すべて生産しようとする努力には、技術のロスがある。それから、一つの作業から、もう一つの作業に移る際に、時間のロスという第二の不都合が生じる。それは一揃いの道具と原材料とを片づけて、他のもう一組を取り出したり、場所を移動したりするために、失われる時間ばかりでなく、ある作業から他の作業へ移動する最中に、精神虚脱状態や外部からの妨害という予想外の出来事も、それである。しかし、これが全部ではない。水辺か森の近くに住むひとがいるかもしれないが、そのため、魚を捕ったり、手近にある原材料で道具を作るほうが、楽だと分かるかもしれない。また作業のなかには、多人数の力を必要とするものもあり、他の作業には、農作業と製造業の両方とも、多人数の手をかりなければできないような、遠征を必要とするものもある。もしも、このような作業を孤独な個人がするならば、一人ぼっちの労働者では、五人の共同作業が生産できるものの五分の一ではなくて、おそらく一〇〇分の一も生産しないから、大きな不利益となるにちがいない。そのうえ、組織の欠陥、病気または事故のため、虚弱体質のものもいるし、特定の職業の労働に、特別の喜びを感じ、技術を体得しているものもいるかもしれない。虚弱者、または熟練者は、かれらに適応した職業の労働では、二倍の価値の有用なものを生産するかもしれない。それゆえ、かれらの時間は、その他の職業では、かなりロスを蒙ることになろう。これらすべてを合わせたものにも勝る、もう一つの障害が、立ちはだかっている。自己領域内に、領民の快適な生存に必要な衣料、道具などの全素原材料を保有している最小の共同社会、たとえば一〇〇〇人の個人のわが共同社会を養うことができる場所さえ地球上にほとんど存在しない。身近なところで、鉄を例に挙げてみよう。いったい道具で、その製造に鉄を準備しなくてもよいほど、簡単なものがあるだろうか。しかし、この金属が豊富な場所は、地球上でなんと、かなり少ししかないことであろう。また、このもっとも有用な金属の鉱石が、地上または地下で獲得できる場所は、ほとんど例外なく、農業やその他の産業施設をまったく持たないとは。もしそこで、各共同社会、またはどんな植民地の全員も、個別に自分で、それぞれの欲望を満たすために、すべての品物を作るとするならば、かれらの全生産物は質的、量的に惨めなほど不十分で、かつ多くのもっとも有用な生産財、ないしは消費財は、完全になしで済まさなくてはならないのである。まだそのほかの弊害が、孤立無援の努力計画を襲う。自分自身の欲望を自力で満たすひとは、自分の胃袋、ないしは自分の家族の胃袋の容量、または家族の年間延べ人数さえも、正確に予知できるだろうか。もしできるとすれば、かれはまた、その土地生産物と四季の出来事をも予言できるだろうか。それゆえ、かれは、みずからの、もっとも規則正しい努力によってさえ、一年間の欲求を満たすのに正確に十分な食糧を確実に手に入れられるだろうか。しかも無用な剰余を生産しないだろうか。靴、革紐、その他の用途の皮革（leather）は、いつも全獣皮（hide）を過不足なしに要求するだろうか、椅子やテーブルは、いつも全材木を、過不足なしに要求できるだろうか、コートはきっかり正確に、羊毛を要求するだろうか、そしてその他の全素原材料についても等々。もし食糧、衣料、またはその他の製造品に過不足がでたら、この過剰をどう処分したらよいのか、不足をどう満たしたらよいのか。余剰はノーカウントに、つまり絶対的損失に換算されるのか。不足は、窮乏、飢饉、病気、そしておそらく死の連続によって、甘受されるのか。その救済策は、どこで見つけられるのか。自発的交換に。きわめて簡単、かつ効果覿面である。交換を利用しないで、労働を、自然生産物の専有、またはそれを利用するための成型に応用することは、富の増加と、それに由来する快楽の増加に対してあまり役に立たないし、薬にもならない。だから交換は、労働と同じく、有用な生産とその増加に必要なのである。

　個人個人がもっぱらその個別のメンバーだけのために努力することによって、労働者はゆとりのある生活を送ることができるであろう、と想像することで、実際には自然の状態ではまったくありえず、どんなに小さな共同社会であろうとも経験できないことをわれわれは仮定してきたのである。ある時には労働の協働（cooperation of labor）が、他のときには労働の分割（division of labor）が、生産の名に値するいかなるものをも保証するためには不可欠である。交換が行われないところでは、自然の、あるいは偶発的な諸原因による、過剰生産（over-production）と過少生産（under-production）が非常にしばしば、かつ絶望的に起こるので、労働に対するすべての刺激は、その結果、きわめて不確実、不十分となり、消えていくであろう。何事にも熟練は得られず、必要または便宜の対象はどれ一つとして質がよくない。あらゆるものを、孤独な努力で生産しようとする、ヘラクルスの努力は、個々人、あるいは個々の家族によって着手されるや否や、放棄されるものである。そして、生存にせっぱ詰まって必要なものしか究極的には生産されないだろう。それで、人類は、おそらくオーストラリア、ニュージーランド地域のいくつかの場所における未開人を除いて、個人的労働のほかに、さらに、かれら相互の余剰物資の交換が行われていなかったような未開状態で発見されたことはかつてなかった、というのが事実である。劣等動物が労働し、そのうちには、部分的な先の見通しを持ち、将来の欠乏に備えて蓄積するものもいる。しかし、かれらの知的能力、すなわち脳組織は、あまりにも不十分なので、かれらは交換を利用することを決して思いついていない。このため、かれらの労働の結果は、もっとも知的に進んだもののでさえ、ただ食糧の供給を維持して、もっとも緊急かつ普遍的な空腹時の欲望を満たすだけにすぎなかったし、住居を準備するほどまで進んでいることはほとんどなかったのである。生命を支えるのに不可欠な、もっとも簡単な食糧や住居さえ、——文明人の果てしない欲求や楽しみと比較したら、何であろうか。交換の恩恵を知らないニュー・ホランド（New Holland）の未開人たちは、まったく、翼や四肢のある多数の鳥獣の進歩の域にも到達していなかった、と思われる。かれらの生活は、ときにはかれら自身の種をもふくめた、環境との永遠の闘争であり、かれらが支配できたものを捕らえ、むさぼり喰い、空腹感が生じれば、それを和らげ、ある時期には満腹になり、他の時期にはほとんど飢餓に近い状態にあった。

労働を、いかなる程度にしろ、生産的にするためばかりでなく、ひとを、とにかく働かせるためにも、ひとを、もっとも下等で、惨めな未開状態から脱出させるためにも、交換の効用が発見されて、交換が実践されなければならない。交換の機能を取り去ってみよ、そうすれば、労働の意欲を抹殺してしまうだろう。交換の原理に生命を与えてみよう、そうすると、孤独な労働努力は喪失することがないだろう。個別生産者にとって、あるいはかれの周囲の人々にとってさえ、無益なものでも、共通のストックになると、一緒に欲求の対象になり、それと交換に等価物を与えるひとがあらわれることもあるであろう。

このようにして、交換の道徳的影響へと導かれる。交換は、経済的視点から、有用であり、富の生産と、それに続いて生活の物理的ゆとりにとっても欠かせないので、道徳と慈善の進化のためにも、それに劣らず不可欠である。もし仕事のために働くだけで、交換の資源や利益を奪われているなら、人間とは何だろうか、人類の孤立した家族とは何だろうか、と想像するだろうか。他の個人に与えるものを持たず、かれから受け取るものもなく、労働の相互交換を含んだ協働もないならば、人間は、かれの同胞にとって、不安と不信の対象となる。より知的に勝れたひと、より勤勉なひとは、労働してきただろうか。蓄積してきただろうか。怠け者、浪費家、凶暴なひとは、食うに困っていないだろうか。食欲や気まぐれで、欲しいものを何でも、かれは狡猾にも待ち伏せしてこっそり盗んだり、かれの体力にものをいわせて直ぐにでも強奪しようとする。等価交換の手練手管、知恵を、かれは全然教えられたことはないし、暴力とずる賢さがかれの唯一の武器であり、困窮がかれの唯一かつ万全の弁解なのである。勤勉なひとは、常に警戒体制で生活していて、独りぼっちで自分のために働いてきた。もし、かれの無援の努力が、かれ自身の直接的、かつもっとも簡単な欲望を充足させる手段を生産してきたとしたなら、幸福この上ないことであって、略奪を満足させるようなものはなにも残っていない。このような環境では、どんな親切な感情が人間の心の中に芽生えることができようか。必要、つまり生存の必要が、自分に、あらゆる工夫を思いつかせるのである。他人の感情、利害が、いつも、われわれ自身のとは対立している、とみられている。われわれの幸福に結びつき、それに依存するもう一人の共生者の幸福との連帯は形成されえない。感情と快楽とのこの結合が生じうる事態が存在していないからである。情け深い感情ではなく、まったく正反対の性質の感情が、このような環境の下では、生じるにちがいないのである。一方の側には、嫉妬と略奪。他方の側には、警戒、猜疑、憎悪。交換のない、個々の労働というような状態は、悪徳の学校となるものである。しかし、場面を転換して、相互交換の効用が、ひとたび理解されたとしよう、交換が相互に与える恩恵を、実際に感じさせるとしよう、そうすると、最近、略奪の劇場、悪徳の学校だったものが社会的美徳の温床になる。人間は、他のすべての動物と共通して、基本的に感覚のある生物だから、かれが、自分の意見で、自分の厚生に、直接的に、または間接的に、即刻、または将来的に、役に立たない行動路線には、どんなものにでも従うことは不可能である。かれに徳高くあれ、慈愛深くあれ、同胞の幸福を促進しろ、と命令せよ。すると、おまえは、そうすることが、かれの利益になることを証明しなければならない。かれに徳高くあれ、おまえの奨励する美徳がかれのあからさまな利益と対立するような環境でかれを包囲しろ、と命令せよ。かれの行動は、かれの利益と思われる方向に躊躇せずに従うであろう。そしてそれに対立するあらゆる勧告は顧みられず、実施されないであろう。かれの比較対照力と判断力を磨け。かれに、自分自身の行動の結果を、他人の行動やその直接的結果とともに観察することを教えよ。かれに将来の見通しを教えよ。そうすれば、有利な外的環境に囲まれて、あらゆる美徳が必ず芽生えるであろう。人間が持っている大脳組織と精神的発達の可能性がない、ほかのどんな動物をも、同感の体得と博愛の実践とにもっとも有利な環境のなかに置いてみよ。かの動物は、このような習慣がまったく身につかないであろう。けだし、それは観念連合を形成することが、すなわち、同感と慈善がそれ自身の厚生に不可欠であることを理解させるために必要な判断力と洞察力とを働かせることが、できないからである。交換の単純な導入は、真理を認識できる人間に、なにを語りかけているのか。指摘された多くの方法で、かれとかれの同胞たちとの、そしてかれらとかれとの協働が、かれらお互いの幸福にとって、必要であるということを、かれは知っている。かれは、かれらの共同労働（*joint* labor）の成功に興味を持つようになっている。かれは、かれらの努力に同感を感じ、かれの感情は、労働のこの最初のもっとも簡単な交換の際に、かれ自身の体内からほとばしり出ているのである。かれは、新たな努力が新たな供給を手に入れることができるまで、自分自身の直接的欲求を満たすのに、必要以上の物品を生産したことに気がついたときに、かれは、自分になくて、隣人にとっては余剰な品物を持っているもう一人の他人を見つけたときに、そして結局、かれは交換をして、余剰と交換に余剰を与え、欲求対象と交換に欲求対象を受け取るときに、再びここに、相互に満足感がうまれ、相互に同感がかき立てられ、快楽が、同時に、同じ原因から、双方によって感じられ、かくて快楽の観念連合が形成されて、他人の幸福が、われわれ自身のものと必ずしも対立しないで、それと、しばしば不可分に、結びつくのである。これらの相互に便利な交換がますます多く行われ、ひとがひとに依存することが、ますます多くなると、かれの感情はますます同感的になり、かれはますます社会的になり、博愛的になる。かれは、これら相互の善良な役割が、かれの隣人に優しい気質を生み出し、それからは機会があると、親切な行動を生み出すことが、分かってくる。かれは、みずから親近感を共有し、かくて現実的、具体的利益の認識から冷酷にも乖離しているあらゆる痕跡が消滅するようになる。

博愛と生産の幼芽が、このようにして、同時に生まれ、培養され、増殖する。同じ単純な手段、つまり交換手段が、双方を生んできた。なんと熱心に、生産がこれから、ずっと続いていくことだろうか。特定の個人は誰でも、自分の勤労方法に、他のひとより多くの喜びを感じるか、より高度の熟練を持つだろうか。かれは、農業とか、狩猟とか、単純な製造業のための、道具を作ることができるだろうか、あるいは隣人より優れた方法で、小屋を建てることができるだろうか。かれは自分の勤労を自由に行う。かれは自分一人のために働くのではなくて、かれが供給できるほど大勢の周囲のひとのために働くのである。かれは、自分の好きな仕事に時間を使いすぎたり、節約しすぎたりしはすまいか、と心配しないし、不足に悩んだり、利益にならない余剰を無駄にしはすまいか、と心配もしない。かれの労働はすべて、交換によって、他人の利益になることで、結局は自分自身の利益にもなるであろうと満足しつつ、かれは快活に自信に満ちて働き、かれの全能力は全開で進歩し、かれの商品が快楽を与えることが多ければ、それだけますます、かれが受け取る等価も増えるであろう、ということが分かる。

こうして、労働生産物の交換はすべて、幸福を、それから、富の生産に対する動機を増大する傾向があるばかりでなく、社会的美徳と生産の基礎でもあるように見えるし、その交換がなければ、労働自体、広汎に有益性を発揮できないものである。

交換が、どんな場合でもすべて、自発的であるのか、強制的であるのか、または強制的交換は、どんな場合にも自発的交換に代替するのかどうか、を問うのは、つまらないことではないだろうか。これらの交換が自発的でないなら、それらのなかに、どんな美徳が残されているのか。この環境は、交換の本質そのものではないのか。自発性を交換から取り去ってみよ、労働者から、かれの同意なしに、かれの労働生産物を取り去ってみよ、そうすれば、その結果はどうなるか、野蛮な暴力と強盗のない、この作業は何であるか。すべての自発的交換が、両関係当事者に等しく、幸福を付与し、生産と博愛を増進するのと同じように、すべての非自発的交換は勤労と美徳を抹殺する。それらは、あらゆる点で、お互いに拮抗する。前者は理解力に働きかけて、意志を支配し、後者は理性に屈することなく、欲しいものを強奪する。前者の結果は何であれ、後者の結果はまったく正反対に相違ない。非自発的交換は――用語矛盾でないならば――すべてを最強者の支配、つまり抑圧に逆戻りさせる。そして交換ばかりでなく、生産や労働もまた、それに抱きしめられて、直ぐに萎縮してしまう。しかしながら、自発的交換の一般原理は神聖のまま維持されなければならない、ということは認められるであろうか。交換は、かりに自発的でないなら、無意味で、詐欺行為である、ということは認められるであろうか。とはいえ、同時に、若干の特別な目的を達成するためには、若干の例外がこの一般的規則に認められる。われわれは、これは例外を認めない規則だということを、躊躇せずに主張する。それに対する、もっともつまらない攻撃でも、安全の、ひいては生産の原理を、根底からぶち壊すのである。広義の安全の原理は、労働生産物の、あるいは、これらの生産物の自由交換の擁護に等しく妥当する。以上のようなことが、その有益な、明白な、かつ自然の範囲であり、それを超えること（今後詳しく説明するであろうが）遙かなあらゆる拡張は有害であるが、それ以内ならば、生産、美徳、幸福にとって必要不可欠である。交換に適用される際に安全の原理に対する例外と称されるものは、何であるのか。交換のさいに暴力を振るって、当事者の一方、言うまでもなく最強者が、みずからの欲するがまま、他方にとっては不十分と思われる対価を与えたり、まったく対価を与えなかったりするのを正当化できるような事態とは何か。一人の労働の剰余生産物（surplus produce of a man's labor）がかれから奪われるとき、それは何の見返りの、つまり交換において何の等価のかけらもなしか、より強者たちが適当とみなすような等価を伴うか、いずれかであるかもしれない。これらのケースのうち、最初のものは、前節で論じられているが、そこでは全労働生産物の完全利用の際の安全は、生産の端緒を保証するのにさえ不可欠であることが示されている。労働の剰余生産物のどこの部分が、所有者の願望に反して奪われるのか。そして、等価交換をしている、ともっともらしく主張しているのは、生産的労働者が自分自身の利益を知っているなら、事実、満足すべき真の等価であるか、または事実それは無価値か、略取されたものと全然等しいものではないので、真実の等価ではないかのいずれかである。まず、与えられた等価は、真実価値（real value）において、奪われたものと完全に等しいと思われるが、生産者の強情か、無知のため、かれには完全な等価には見えず、かれはそれに満足していない。この場合、真実等価を生産的労働者に強要するひとによって、何をしてもらいたいのだろうか。かれの仕事よりも簡単で、容易なのは何か。かれは無知を啓蒙し、真実を説明し、かれが提案した交換が役に立つであろうひとに、かれ自身の利益を示しさえすればよいのである。そして、このことは、真実の利益である場合、それほど難しい仕事だろうか。生産的労働者は、腕力のあるひとが持っているのと同じ知力、つまり感じ、比較し、判断する同じ力を持っていないだろうか。まさにそのとおり、ありそうなことだ。かれが勤勉であるという事実そのものが、かれが洞察力と判断力とを持っている証明、つまり、なんら納得できる理由も示さずに、取得しようと欲するひとの怠惰と強欲には、ほとんどみられないであろう証明ではないか。提供されたものは、真実の等価であると思われる。確かにその効用は証明できるし、そうすれば、正当な交換原理にもとづいて、二重の利益が生まれるであろう。すなわち、交換当事者双方にとって平等な、納得のいく利益と、誰にも損のないという、二重の利益。かような真の交換において、暴力行使を続けることと、理性と知識とを使うこととの相違を考察しよう。知識がひとたび普及し、理性がひとたび納得すれば、将来このような有用な交換の邪魔になるすべての困難は取り除かれる。この作業がひとたび行われれば、永久に行われる。このような未来の交換すべては、相互に、自発的に、楽しみという代償を与えることによって、勤労を活気づけ、相互に親切を増進する。だが、暴力がひとたび行使されて、交換をかつてないほど有益にしようと強制するところでは、暴力を再度行使する必要が、少なくなるどころか、ますます多くなるのである。反感が暴力行使によって生まれ、誤った不都合な連想、つまり申し込まれた交換と苦痛の連想、が形成される。こうして偏見が生まれる。さらに、不正と思われるものに対する憤慨が、軽率な決断を是正する力を奪い去ってしまう。それゆえに、このような交換を強制するために、暴力の行使、または暴力の懸念、選択をし続けることが、それを最初から行使するよりも、ますます必要になる。そして理由に納得がいかない場合に、暴力行為が繰り返されるごとに、嫌悪感が増幅する。こうして、生産と幸福にとって、かつてないほど有益で、補助的なものであろうとも——交換はそれ自体有益である——、理性を暴力に置き換えることによって、勤勉努力のあらゆる動機を爆破する抑圧機関となる。不承不承の生産者が強制的等価から引き出すかもしれない真実の利用法さえ、かれにとっては失われたものである。かれは抑圧の贈り物とかいうものなぞ、使用したくもないのである。それを真実等価と認めないで、かれは、それから、あらゆる種類のメリットを抜き去る。それをかれに適用する原罪が、それとかき混ぜられて、かれにとって憎悪すべきものにしてしまう。かれの反感が、甘美なものを毒に変えてしまい、誤った連想から、かれは、自分にとって幸福の源泉かもしれないものを、ひどく毛嫌いする。

交換する際に、暴力ではなくて、知識と説得力を用いることを選ぶ、等しく説得的な、いま一つの論拠は、生産者を説得し、納得させることが——というのは、仮定により、相手の当事者は説得され、納得させられるからである——、事柄の本質上、許容されるであろう交換の有用性についての最良のテストである、ということだ。それは間違いのないテストではない。そんなテストは、推理力が不完全な人間の間ではお目にかかれない。しかし、考えられる他のどのテストと比べても、もっとも真実らしい。いや、その代替として、一瞬たりとも、役に立ちうるテストは、ほかに全然考えられない。このテストによって、利害相反するこの両当事者は、納得させられたに相違ない。唯一の相手方によって。それゆえ、この場合は、納得の快楽が倍加する。とはいえ、この相互納得は、たいていは、真実の功利と相伴うものである。そうではなくて、双方、つまり、当事者たちが正確に判断しようという意見で一致してさえ、必ずしも、交換に際して、正確な判断と知恵を保証するには十分であるとは限らないところでは、この決断を当事者のただ一方だけに委ねることによって、知恵と正義の機会が増加するであろうか。しかも、対立した利害を持つ、この一方の当事者は、自由で、自分勝手な主張で決断するのである。反対に、われわれは、正当な決断をするチャンスをほとんど無にするのではないだろうか。生産者の心中に確信を作り出すことを、欺瞞なしに確信を持たせることを、不可欠とせよ。そうすれば、交換を要求する当事者の自己中心的な欲求に、直接たがを嵌めることになるであろう。あなたは、かれに、言い訳を見つけて、妥協し、かれの等価の価値を増加しなければならなくする。かれの等価の価値に関するかれの奔放な概念に従うことから発生する、無数の犯罪行為の全部はすべて不可能になるであろう。そして当事者双方の利害が、必然的に一致しなければならないし、かれらの能力が自由に発揮されるところでは、有害無益な生産ないしは交換は、永くは続かないであろう。交換の両当事者が間違っていること、たとえば、奴隷と酒精、あるいは破滅の素との交換のようなものについて、提示できるすべての事例は、無であることが証明される。なぜなら、自発的交換の力は、人類に、ただちに、あるいはまったく、完全な知恵を与えるであろう、とは主張していないからである。それは誤りのない完璧ではなくて、他のどんな取り決めよりも、もっと際限なく、生産と幸福を作り出すであろう。他のどんな取り決めも、直接、悪賢いものと強者との支配にならない、暴力と欺瞞のあらゆる合併症的悲惨な状態にならないようなものは、とても考えもおよばないであろう。双方の交換当事者が、かれらの真実利害について、間違っている症例に対する、簡単明白な治療策とは、かれらに、かれらの間違いを示すこと、つまり、かれらに知識を与えることである。かれらが自分の間違いに気づくや否や、かれらはもちろんそれを正すであろう。かれらに、かれらの利害を示すこの作業は、もっとも確かな、永続性のある療法であるばかりでなく、もっとも即効性のある療法でもある。これらの交換を何千回も予防した後も、なお相変わらず、永年にわたって、その交換に携わっていたい気分（その判断はまだ知らされていない）に完全に傾いていた。しかし、ひとたびその判断の誤りに気づくと、このような交換はおのずと止むのである。無知は、いつも、強制されたものにちがいない。しかし、知識は、ひとたび普及すると、真実利害のゼンマイを、それ以降、外部の助けを借りなくても、動かし続けるものである。奴隷の交換の場合には、しかしながら、安全と自発的交換の原理は、まったく侵害されている。奴隷獲得の原罪は、将来のあらゆる作業に混在する。いったい、どんな奴隷が、自発的交換で手に入ったであろうか。いったい、何時、未開人なり、文明人なりが、自発的に、少量の水や一片のパンのために、主人の勝手に任せて、自分の心身を傷つけたり、なぶったり、労働を搾取する権力を明け渡したのだろうか。労働、しかも労働のうちのもっとも小さい部分の処分さえ、労働生産物の、そのもっともちっぽけな部分の交換さえ、自発的でなければならないのに、全労働、全交換、全自由意志を包含する人間全体を処分することは、非自発的または強制的に押しつけられたものでもよい、とは。自由労働と自発的交換とのわれわれの原理は、この件以上に著しく侵害されることが、どうしてできようか。西アフリカ沿岸と内陸部におけるように、奴隷製造のような不正義行為が存在するところでは、自由労働と自発的交換の原理から逸脱したあらゆる場合におけるように、貧困、悲惨、悪徳という通常の結末がついてくる。そこで、問題は、公正に、かつ自発的に獲得された、二つのものの自発的交換に帰着する。両当事者は間違っている、と仮定しよう。すなわち、交換される二つの物品の、一方あるいは他方、もしくは両方の生産は有害であった。または、この交換は、不公正な原理にもとづいて行われたのである。このような環境のもとでは、交換当事者たちが、このような問題について、もしかしたら、かれらの身辺の人々の一般的な無知と間違った観念連合とに共通に陥っているだけかもしれないし、それでもなお、その療法は、知識の普及しかない。その理由は、このような共同社会の上に、あるいは的確な交換指揮者を置くことができるかもしれないが――できないが――、それでも、自発的交換に干渉することで、安全原理に対してなされた侵犯行為は、判断力の優越性から生じるうわべばかりの善を圧倒するだけでなく、勤労、それから美徳と幸福への瞬発力を搾り取ってしまい、ついには根絶させてしまう。それでは、その特別な概念に従って作用し、指導する勤労を全然欠如した、判断の優越性など何の役に立つのだろうか。第一の目的は、勤勉な努力を確保することである。第二の、より下位の目的は、それを指導することである。共同社会が、知識について、いかなる状態にあれ、労働と労働生産物の自由処分に際しての安全は、等しく維持されなければならない。この安全がなければ、努力も勤労も全然あり得ない。そして知識に関しては、この労働と交換との自由は、自由の存在しないところでは、それを発達させ、自由が生まれている所では、それを改善し、そして自由が外部から与えられたところでは、その導入を促進する、もっとも有効な手段である。

　誰かあるひと、あるいは幾人かの人々は（安全原理の侵害が一瞬だが忘れられている）、当事者たち自身が行うであろうよりも、より廉直な決断と、もちろん、より有益な交換とを行おうと思っている、と単純に頭のなかで想定することは、とてつもなく荒唐無稽なことである。交換当事者双方の全環境、つまり、かれらの道徳的、肉体的特徴、かれらのこれまでの蓄え、かれらの内外取引関係すべて、についてよく知らないものは、誰が、二人の個人の場合、どんな特定の交換の効用、ないしは非効用に関する意見をあえて言うことができようか。一〇〇もの偶発事から、今日、有益かもしれない交換が、明日は、有害無益になるかもしれないのである。当事者自身以外の誰が、これら個々の永遠の変動について、何事を知りえようか。全知とまではいかない何が、かような処置を指導できようか。そして、もし全知を具備したなら、それに普遍的仁愛と、万人の欲求と願望とに対する普遍的同感とを加えなければならないのである。言うならば、暴力愛好者とか、無謬の知恵を自認するひとは、許されるかな。全般的干渉の愚かさは、許されるかな。われわれは、明白に誤った判断の特殊なケースを、ただ若干選択しようとしているだけであって、そこでは、交換が他人に苦痛を与えるのである。ここでは、干渉の理由がまったく変化している。当事者自身の利害とともに、その他の人々の利害に関するかぎり、かれらの判断を正し、かれらに真実の知識を与えよ。交換の際のかれらの行為が、自由な労働と交換との安全に干渉するかぎりで、かれらを制止せよ。これらの権利は、万人に平等であるべきだからである。もし、公正に獲得したものを、自発的に交換することによって、第三者に重大な損害を与えたなら、（そして、その他のことはなにも想定していないが、）この有害な行為を制止せよ。なぜなら、あなたは、同じように社会に有害なその他のどんな行為をも、制止することを望むからである。だが、自由に交換する機能に干渉してはならない。一般的原理を侵害することから生じる弊害は、特定の交換を制約することから生じるどんな部分的利益よりも、計り知れないほど大きいからである。しかし、万人の安全は、正義の目で見れば、等しく神聖であるから、他人の安全を侵害することは許されるべきではないのである。とはいえ、これらの抑制さえも、自発的であるべきなのである。これについては後に詳しく見るであろう。そうでなければ、労働の自由と自発的交換における安全は、存在し得ないのである。

いままで述べてきたことから、明白だと思われるのは、自発的交換の安全は、労働とその生産物との自由使用における安全と同じく、必要だ、ということである。それらは生産の両親である。しかも生産ばかりでなく、道徳性と幸福との両親でもある、ということだ。それらがなければ、人間はいま、誇らしげに見下す劣等動物より上位に身を置くことはほとんどできなかったであろう。自発的交換の代替物は考えられない(3)。当事者個々人のであれ、その他どんなひとのであれ、いずれかの、真実ないし仮定の、暴力または知性の優越性など、自発的交換の代替品として有益であることは、いかなる場合にもありえない。自発的交換は当事者たちの利害にもとづき、かれらの満足をもたらす。自発的交換の作用は、全社会構造を貫通して、その組

---

(3) 共同労働(labor in common)と相互協働(mutual cooperation)のオウェン(Owen)氏のプランは、この立場に対する実践上の反論として、言及されるかも知れない。かれの社会、あるいは数百人から数千人までの個々人の小さな連帯では、生産と幸福とが、まったく交換なしで、進行していく、と言えるかも知れない。

おそらく、もっと正確には、次のように言えるかも知れない。かれの制度は――それが完全に自発的であるかぎり、または、そのかぎりでのみ――自発的交換とそれが育む優しい感情との極致である、と。かれの制度では、各人は各人のために労働し、各人は各人に利益を与え、各人から利益を得る。個人から個人への、個々の品物の交換はないとはいえ、恒常的、かつ普遍的利益交換(*exchange of benefits*)はある。自発的交換のこの普遍的制度は、社会科学の非常に発達した状態における知恵によってのみ、考え出せるものなのである。それは、一個の個人的交換の原理を、各個人の全労働量に適用しているだけである。もしも、各個人の全労働を、この共同社会の残余のひとの労働生産物部分と交換するこの一般的制度の究極的利益が、個人的交換制度より、幸福をより多くもたらすことが分かるなら、なぜそれが追求されないのか。それは、交換の原理の代わりに新原理を採用しないで、包括的普遍的規模で、交換の原理を応用している。この相互協働制度は、後章で再論されるであろう。問題はこうである。すなわち、相互協働から受ける、一般的、将来的個人利益動機は、各個バラバラな、個人的努力と交換にともなう、つねに活発な即時的個人利益原理に替わるものとして、十分役に立つか、どうかである。

織の総観図へと拡張していくとともに、ひととひととの間の細かい作業や、かれの全社会関係へと展開する。自発的交換は、万事において、粗野な暴力ではなく、理性と説得を用いる有用性にもとづいている。そして、その作用の広大な範囲と影響力は、今後もっと全面的に拡張するであろう。富の分配、特に自発的交換原理を規制するのと同じ正義の原理は、博愛のために、博愛の原理は、最大幸福を促進するのに役立つために、全人間関係を規制し、全人間制度に浸透すべきである。この原理がないがしろにされるところではどこでも、悲惨と悪徳が、この侵害の程度に比例して、追随してくる。このことは、現行制度を維持するために強行される、暴力づくの強要が考察される際に、もっと詳しく例証されるであろう。

われわれの細目の単純化と限度とを正当化するものとして、いつも忘れてはならないことは、道徳的、政治的、かつ、経済的問題に関する推論は、非常に遠回りの演繹に無事に到達できないので、わが第一原理は明白で、徹底的に取捨選択され、誰もがその真理と有用性を認識することが、ますます不可欠となることである。この考察の例証は、次の命題を検討する際に、与えられるであろう。

第8節

労働の生産物、すなわち富の対象と幸福の手段とをあらゆる個人から強奪すれば、かれに対する幸福の損失は、強奪者にとっての幸福の増加より大きくなるであろうなぜ、こんなに簡単な、しかもこんなに普遍的に受け入れられている命題の論証に取りかかるのか、と質問されるかもしれない。誰を信じたらいいのか。誰がその真理を拒絶するのか。誰も異議を唱えないことを、なぜ論証するのか。なぜなら、賛同の理由も知らずに、提案に唯々諾々として賛成するのは、行為に対して、あまり為にならない影響しか与えないで、ただ日常茶飯事の場合にだけ指図するが、もし、この原理の侵害がその遵守と同様に頻繁であり、周知であるとすれば、この原理のもっともひどい侵害をも認識できないような判断力にしてしまうからである。われわれは、原理の理屈が分かると、それをあらゆるところで活用できるし、その利益を排除するような詭弁を暴くこともできる。そこでは、おそらくその利益は人間の厚生にとって、とてつもなく大きく、重要であるかもしれないのである。そのうえ、この原理が有効に作用するのを支える、われわれの行為のエネルギーは倍増し、そのときにその功利をはっきりと知覚する。われわれは機械のごとく行動するのではなくて、理性のある生物として行動するのである。この原理を適用すべき所で、それを決して無視することなく、その正しい適用という口実のもとに、弊害がなされるままにじっと耐えることを、決してしないであろう。

この原理を言葉に出して否定しようとするものは、少数しかいないけれども、ほとんど誰でも、その目に余る侵害に何時も加担するか、無関心にその侵害を見守っているかである。法律さえ、また制度も、それに反対して制定され、支持される。その適用と悪用とがどこにもあり、それから生じる弊害と利益もどこにもある。それゆえ、それは明白にしておかなければならない。

労働生産物、つまり富の対象が、誰か個人から力ずくで収奪されるときに、かれが蒙った損失は何であるか。かれが経験した悪事の構成部分は何か。他方、略奪集団が得た利得は何か。その構成部分は何か。悪事の差し引き残高は何処にあるか、を調べるために、これら二つの量を検討し、それらを一緒に比較してみよう。

第一に、一者から取得され、他者によって収奪される、ただの物品そのものについて、それは明らかに多くの場合、当事者双方の手元にある同一の物品である。一者が直接に失ったものを、他者が、一ポンドのリンネル、一ブッシェルの穀物として利得するのである。一者は穀物あるいはリンネルを失い、他者はそれを得る。物質の損失ないしは浪費は、当然この移転では伴わない。もっとも、かなりたびたび起きるかもしれないのだが。物をもっとも単純な要素に還元することが、われわれの目的であるから、一者によって失われたものが着服されずに、他者によって獲得されると想定しよう。一ブッシェルの穀物が一人の個人の食物に、また一ポンドのリンネルがかれの衣料になるのは、――サイズと食欲が等しいとする――もう一人の個人と同様であろう。

そうすると、その品物自体は、この移転で影響を受けないから、また前者の場合に有用でありうる物の利得は、後者の場合における損失と同じ大きさであるから、この二つの場合に、相違の原因を他に求めなければならないし、両方の当事者の直接的感情、精神状態に求められるし、またこの作業から、かれらのおのおのに帰する未来の結果に、求められるであろう。

穀物を力ずくで取得するひとは、生産者のようにそれを消費し、消化する。かれの味覚と空腹感は、かれが強盗したにもかかわらず、満たされる。しかし、この動物的消費が進行している間に、かれの体組織の法則から、かれの心中に生じる連想感情（*associated feelings*）はどうなるか。雄牛は、他の雄牛からもぎ取った穀物を、まったくあたかも略奪したものでないかのように、消費するかもしれないが、人間という動物は、どんなに未開人でも、このような楽しみと不可欠に結びついた感情を生み出す精神力を持たないものはいないのである。力の強いひとは消費するが、消費しているあいだ、かれは、自分が略奪したひとの憎悪をかき立てていることを、知らずにはいられないのである。かれは自分の悪行の責任をとらされ、機会があれば、略奪した品物を、生産者、所有者に取り戻されることを知っている。さらに、かれは自分自身の正義に反した行為に感じ、ときには、かれが悪行を働いたひとたちに、悔悛と憐憫の感情を持つこともある。かれは、自分が多くの労働を投下して生産したものを、他人に収奪されるのを好まないことを知っているし、かれが楽しみの誘惑に負けて、他人から略奪できるものを略奪するが、正義に悖る行為をしたという感情に、時に触れ、苛まされ、それだけに、かれの満足感を殺ぐにちがいない。もし、かれが不安全の恐怖すべてを超越し、不正義に対するあらゆる良心の呵責に耐えるならば、かれは、おそらく、かれの略奪によって生じた悲惨な状態に対する憐憫の情にますます脆くなるであろう。あるいは、大変稀なほとんど不可能な、まさかと思われる仮定の下でなら、かれには恐怖、良心の呵責、または憐憫の情がないのかもしれない。もしそうならば、かれが人生を楽しく過ごす素質とは何であるか。ハイエナの素質だ。先の見通しのない、または同感のない、かれの動物的満足感を増幅するか、その合間を、より軽薄な更新常なき快楽で満たす、判断、ないし恩恵の快楽のひとかけらもない一過性のたんなる動物的感情だ。しかし、このような人類は、実際には存在するのは難しい。なぜなら、かれは、隣人が知恵と体力とを結集して抵抗するのをうまく処理し、優勢に自分が強奪するために暴力を利用するほど利口ならば、かれは、自分の行動の結果のうち少なくとも若干を認識できるほど利口であるにちがいない。もし、かれがハイエナぐらいの知恵しかなければ、かれの攻撃は、等しく簡単に撃退されてしまうであろう。しかもなお、このような人間が万一いるとすれば、穀物はかれにどんな直接的快楽を与えるのであろうか。唯一、味覚と空腹の快楽だけである。それらの後に残るのは、ただの無感覚。連想の快楽、もしくは楽しみを他人と交流する快楽もない。しかるに、生産者の場合には、穀物が、かれの生存を助けて、味覚と空腹の快楽を伝達するばかりでなく、勤勉な労働に欠かせない賢明さに付随する、その他すべてのより優雅な快楽をも伝達するのである。それでもなお、他人の労働を略奪するものが感じる全快楽のなかで一番大きな快楽、つまり成功の（成功した強奪、ないしは不正義の、と言えるが、成功の、にはちがいない）快楽を勘定に入れていない、とおそらく反論されるであろう。この感情は、「盗泉の水は甘い。こっそり食べるパンは楽しい」という諺ができるほど、広く普及していることに気がつく。これよりも間違った、有害な諺は、決して黙認されなかった。[4] もし、この諺に真実の意味があるとすれば、それは何を意味するだろうか。勤労の生産物を、暴力によって略奪して、こっそりと消費することは、まったく怠惰と強奪が欠落していることと比較すると、甘美かもしれない。空腹でしつっこくつきまとう狼のように、飢えた強盗は、自分の貪欲な食欲を即座に満たすことに、喜びを感じるものである。そして飢餓の悲惨とくらべれば、このような消費でさえ甘美かもしれない。とはいえ、この同じものが、その消費者の勤労によって生産され、こっそりとではなく、開放的で自由な安全のなかで、安心して、不正義を感じないで、エンジョイされるならば、この消費の快楽と比較して、あの上辺だけの甘美はどうなるだろうか。「盗泉の水は甘くはないし、こっそりと食べたパンは楽しくない」。略奪したり、されたりして、自分の勤労が生産したものを、安心して消費する快楽を、全然感じたことがなく、欠乏と略奪とのほかに、比較したことがまったくない無法者だけが、この見解を否定できるのだ。かれら無法者にとってだけ、このような消費が甘美であり、心地よいのだ。かれらにとって、それは、相対的には甘美であるが、絶対的には、ニガヨモギのように、苦渋なのだ。すべてのものが、その他のものと比較して、善し、悪し、快楽、不快、甘美、辛苦と評価される。ところで、略奪され（すなわち生産者の同意を得ずに奪われ）、こっそりと消費された品物が甘美だ、といわれるとき、それは、このような品物を、普通の仕方で獲得し、消費することに関連しているはずである。この普通の仕方とは、勤労によって手に入れ、安全に消費されることでなければならない。このようなことが、盗賊の習わしと激励のために、有害な諺以上に役立つ、なにがしかのように、この諺を流布

（4）　なるほどその後に恐怖と復讐があることはそれとなくほのめかされている。「しかし死者がそこにいる。そして死者の客人たちは地獄のどん底にいる、ということをかれは知らない」。すなわち、「強盗の獲物をこっそり消費するのは、甘美で、快楽であることは認めるが、それでもなお、もし、おまえがそのような楽しみに耽るなら、おまえは地獄へ堕ちるぞ、と言おう」。「しかし死者がそこにいる、ということをかれは知らない」。というのは、子供を、生首と血のしたたる骨（Raw-head and Bloody-bones）で、脅かす悪戯に似ている。しかも、こんなことは、人間が、いわゆる不道徳な行為で、同時に楽しい行為と言われていることを、自制しようという気にするために、理屈によって、または理屈抜きで、押し付けられてきたものである。ところで、本書では、このような密かな消費の甘美な快楽は、まったく否定されている。

し、人口に膾炙した意味合いにちがいない。しかし、それを、そんなに拡大解釈するなら、まったく誤りであるし、正しい唯一の意味に使えば、きわめて有害である。どんな格言でも、これ以上に勤労、道義心や幸福を抹殺するようなものは、考えつきもしないであろう。未開、半文明、あるいは、文明共同社会いずれにおいてであれ、略奪に成功するという快楽だけでは、おのずから欲求を満たすことはないから、決して、特に効果があるとはいえない。なぜなら、その快楽が不安によって相殺されるのは、いうまでもないが、それが生産者側には、もっとずっと大きな快楽、つまり勤労が成功した快楽によって、報いられるからである。

さて、略奪者、すなわち労働の生産物である富と幸福の手段をその生産者から暴力的に収奪する者の快楽と対比して、勤労者にはどんな直接的快楽が与えられるべきなのか。かれは肉体的には、かれの富を奪った者とちょうど同じように消費するが、かれの頭の中で、どんな感情をこの肉体的楽しみから必然的に連想するだろうか。成功した勤労の快楽であり、それは一時間や一日の努力の快楽ではなくて、すべてを一つの目的に集中し、すべてが期待通りの結果になった、永続した努力の過程の快楽、技術、忍耐力、成功の快楽である。これら蓄積された快楽は、エンジョイするときに、いわば一つの焦点に凝集する。これらの快楽が生産のあらゆる瞬間に横溢し、いまやその想い出が快楽を増進して楽しみを高揚する。これらは、すべて雇用の、つまり生涯のかなり確固とした目的をもつことの快楽に含まれているが、それは生存の空隙をすべて満たし、疲労と嫌悪感との圧力を寄せつけない。そのうえ、かれの成功は、この共同社会の穏やかで、勤勉なメンバー全員の同感と好意的評価とを伴っている、ということをかれは知っている。権力者に欠けていることれらすべての心が癒されるような連想は、勤労者層の場合には、成功のたんなる快楽をさらに増大する。その結果、この点だけでも、勤労の成功は暴力の成功よりずっと際限なく楽しいものである。すべての自然の不可避な連想が勤労の成功に付加されるのに、他方、同じ程度に暴力の成功からは減少していく。暴力の成功は、それが不確実なために確かに時々非常に騒々しい示威運動を伴う。しかし、これら示威運動を、内省したときの反動とばかりではなく、苛ら立ちと恐怖を伴う無数の失望落胆とも比較してみよ。それからこの騒々しい過剰興奮を、生産的勤労に随伴する、穏やかな、堅実な、日常的に繰り返される成功と比較対照してみよ。

しかし、こんな考察をすべて忘れてしまって、前者の成功の快楽を、密度と範囲では、後者のそれと等しい、と仮定することにしよう。それらの心理的感情の主要点、つまり、それらの快楽の観念連合が、まだ詳述されなければならない。勤勉な生産者にとって、富の物品の使用から生じる快楽は、安全に伴ってくるので、そうでなければ、かれは永続的に勤勉ではいられないであろう。他方、略奪者の快楽は、当然不安全によって損なわれる。勤勉なひとは誰も傷つけたことはなかったし、誰の反感中傷を煽動したこともなかった。だから、かれはそれらを気にも懸けず、怖れもしないのである。かれがエンジョイするものについては、かれは自分自身の努力だけに、つまりかれの労働の剰余生産物を他人のものと自発的に交換することに負っている。かれは、自分がなにも憤懣を引き起こしていないところでは、憤懣を全然気にはしない。かれは、自分の楽しみを稼得したという自覚、すなわち自分がエンジョイする権利があるという自覚を持ってエンジョイし、そのため、どんな不安、少なくとも、どんな永久的な、あるいは必然的に結びついた不安の原因にも悩まされないで、エンジョイする。かれは、無関係な、かつ偶発的なものに、なんら責任がない。それとは反対に、勤勉な生産者から略奪した富の消費者は、自分の盗奪行為そのものが、必然的に、かれに収奪されたものの側に、憤慨、憤懣、報復の欲求を過熱させてきたことを知っている。いや、それ以上に、かれの唯一の主張は暴力だから、かれが知っていなければならないことは、かれより強いひとは誰でも、ある物品をかれが所有し、使用することを尊重する気にはほとんどなりそうもないのは、かれが生産者のそれを尊重する気にならなかったのと同じだ、ということである。暴力だけに頼ってエンジョイしているので、かれの権原そのものが、みずから、見知らぬひとたちへの招待、かれによって収奪されたひとたちに対して、かれの不正な収奪物を、かれから力ずくで奪い返す正当化の根拠を包含しているのである。これは、かれの楽しみに伴う不慮偶然の環境では全然なくて、あらゆる暴力的強奪からつねに生じる、必然不可避の結果である。ひとの組織がこのように形成されているのに、明確に知覚されて、いかなる正義の概念によっても救済されない不安全は、警戒心を生むに相違ない。そして、この警戒心が、その強度に比例して、楽しみを減少したり、全滅にしたりするにちがいない。秘密と欺瞞とは不安全の不可欠の源泉であり、率直にその根源を指示している。詮索好きな眼は、敵の眼として怖れられている。そよそよと微風が吹くたびに、疑惑を運んでくる。真実は悪事露見を導くとして毛嫌いされる。けだし、真実が知られることは略奪者の利益ではないからである。

さて生産者と他人の労働生産物を暴力で収奪するひととの心的状態、つまり消費の快楽を比較して、これ以上詳しく述べるつもりはない。不正義、自責、恐怖の感覚は、後者の楽しみを煩わすにちがいないが、他方、正義、平和、および、報いられた努力の感覚は、前者の快楽を増大するにちがいない。後者は自分の楽しみに不安を抱き、あらゆる方面で損害を受けやしないかとおののき、前者は誰をも損なわないから、没収される恐怖に煩わされない。かくて、後者は、おのずから秘密、沈黙と欺瞞に訴えて、自己を護ろうとする。前者は、そのような悪質な手練手管をかりる必要がない。

では、勤労者と暴力による強盗との直接的感情を論じるのはこれまでにして、比較の第二点に移って、富またはその他の欲求対象の生産について、勤労生産物を、その生産者が利用するために、かれの手元に留めておくにせよ、その一部を他人が利用するために、生産者から暴力で略奪されるがまま放任するにせよ、その将来の結果を指摘することにしよう。他人の労働生産物を暴力で略取するひとには不利な方向に無限大から一へ秤の目盛りが変わるのは、此処なのである。かりに双方の楽しみにまったく相違がないとしても、万一、暴力の楽しみが勤労の楽しみより大きいとしてさえ、前者の結果の圧倒的弊害は、それでもなお、後者の結果と比較して非常に大きいので、暴力による強盗の直感的快楽がどれほど優勢でも、それをまったく跡形もなく帳消しにしてしまうであろう。

労働者にとって、この結果は何だろうか。暴力で他人の労働生産物を略奪する強盗にとって、この結果は何だろうか。両者の場合とも、生産的労働をしようとする意欲の消滅と、労働が以前は活発であったところでは、もちろんその労働自体の中絶であり、あるいは、労働がまだ努力し始めたばかりのところでは、その初期の直接的萎縮であり、あるいは、労働せずに楽しみの手段を取得するチャンスから、まったく見放されていることである。

生産的労働者は骨を折って働いてきたのに、かれの労働果実はかれから奪い取られてしまう。なぜ、かれはまた働かなければいけないのか。かれが労働する唯一の目的は、ある功利、すなわち未来あるいは現時点の満足の対象を、自分自身で獲得することである。前途の望みに導かれたかれの労働が、みずからの報酬となるべき対象を生産した瞬間、その報酬がかれの手から力ずくでもぎ取られて、自分は無駄な労働をした、と気がつく。その結果たるや如何。かれの勤労の起動力が弛緩してしまう。かれはもはや労働によって、生活にゆとりを与えるものや、生活を楽しくさせるものを獲得することに、全幅の信頼を置けなくなる。この将来性こそ、かれを骨の折れる仕事に耐えさせたのである。かれの労働生産物がかれから奪い取られると、まず、かれはびっくりして、楽しみを獲得する手段としての勤労にだんだん頼らなくなり、次にいっそう警戒して、かれの労働依存はさらにますます弱まり、ついに、このような暴力的略奪の頻繁な繰り返しから、徐々に、かれの骨折りがまったく無駄になった経験から、かれの勤労意欲は喪失する。勤労者にとって、この弊害、つまり勤労精神の喪失の総計はいまやどのくらいになるだろうか。それは、かれから暴力的に略奪されたかれの労働生産物たる物品の、たんなる損失なのか、一つ、あるいは二つ、あるいは五つ、または一〇の物品の損失なのだろうか。決してそうではない。これらの損失は、残念なことではあるが、生産的労働者の現実の、かつ絶対的将来の損失にくらべてたいしたことではない。かれは、かれの勤勉な習慣とともに、あくまでも勤勉に仕事ひとすじに打ち込んで、安全によって手に入れてきた、一生涯続けられる快適な生活を全部失うのである。それで、もしこの略奪者が略奪物を楽しむ際の快楽が、生産的労働者が同一の品物を楽しむ際の快楽より、一〇倍大きいとすれば、また一二の略奪が、勤労精神を追放するために必要ならば、勤労者の側における、これらの品物の生産の中断により、かれが毎月、毎週、あるいは毎日、これらの品物から得られる楽しみを、かれの全生涯を通じて、喪失してしまうことになる。それで、ここに弊害の差引残高が出る。ある特定物品から生じる、特定ラインにおける、一生の楽しみの快楽が、同一の物品から生じる、数時間の楽しみの快楽に対する関係は、勤労者の快楽が強奪者の快楽に対する関係と同じである。以上が、労働生産物を強制的略奪から保護する、好結果の優越点である。暴力的略奪者の側に成功事例があるごとに、生産意欲を減退させることによって、かれの将来の供給量が不確実性を増し、他方、あらゆる楽しみ、生産的労働のあらゆる成功事例は、勤労者の習慣を確認し、かれの努力に新しい刺激を与え、かれの将来の供給量をますます確実にする。

勤労者の労働生産物全部を力ずくで収奪する、と仮定するのは極端で、ありそうもないケースであり、事実、かれが普通失うのは、かれの必需品を超過する一部、つまり、なくても済ませるものにすぎないし、この一部分の収奪によって、かれの勤労に実質的な影響を与えることはないであろう、と言えるかもしれないのである。まず、すべての収奪は、それが行われるかぎり、有害な作用をする。一部分の収奪によって高まった警戒心は、ありとあらゆる所にあまねく広まり、全体を不安定にし、もし全体が収奪されたわけではなくても、この残余の部分が救われたのは、チャンスがなかったか、力が足りなかったかであって、その気がなかったわけではない、というのが、もっともありそうなことである。しかし、この説明はもっと奥が深い。空腹を癒し、生命を維持しようとする動機は、非常に差し迫ったものなので、労働生産物をどんなに襲撃しても、この緊急な欲求を和らげるのに要するだけの努力を根絶することはできないのである。しかし、ただ生きているだけの、ゆとりのない生活には、何が必要なのか。未開人、すなわちヴォルニー（Volney）

がその優れた旅行記のなかで記しているような、シリアかエジプトの悲惨な農夫の普段の労働。かれが自分の欲求を満たす以上に供給し、かれの略奪者を養いはしないか、不安だ。もし、勤労生産物が頻繁な略奪のため残されていないならば、食欲の渇望が非常に強いので、人間どもは、ネズミのように、食物が欠乏している際に、生存のチャンスを賭けて殺し合いをするであろう。それゆえ、労働生産物を暴力で略奪したところで、生存の欲求、あるいはむしろ欠乏の惨状を回避したい願望、を抹殺することはないだろう、ということは認められる。しかし、これは勤労だろうか。そんなものが生産的労働の希望、ないしは報酬だろうか。生産をこの程度に破壊してみよ、そうすれば人口と幸福は現時点で減少して、ついに繁華な町と流域が未開人の住み家のようになってしまうだろう。そして、このような環境のもとでは、この非文明人は勤労を快適にするものなど、決して手にすることはないであろう。これらの結果は鳥肌が立つほど恐ろしくはないだろうか。だが、人類は絶対に死に絶えざるをえないのか。勤労の骨休めでは、しかしながら、もはや間に合わないだろう。それは人間をこの水準に引き降ろすだけであろう。だから、勤労は、動物的最低生活を維持するのに必要なだけのものを、生産することにあるのではなくて、これらのたんなる生存手段にさらに加えて、できるだけ多くの肉体的楽しみの源を追加供給することにあるのだ。欲求の渇望のみで、すべての動物を、その充足のために供給するように駆り立てるには十分であるが、欲求の渇望は、それ以上のことはしないであろうし、これらの渇望ほど精力的ではないものは、労働生産物のある部分を、強制的に略奪することによって生じた、品位低下に逆らって前進するのに十分ではない。労働が自発的になり、生活必需品より緊急性の低い動機にかき立てられるようになって、はじめて労働は勤労と呼ばれるようになる。勤労、またはわれわれの楽しみを増進するための自発的労働、という名前のついたあらゆるものは、労働者が、それをエンジョイするだけのために生産した物品を、かれから多かれ少なかれ、力ずくで奪うことと、明らかに相容れない。もし、この結果を回避するため、またこの警戒心を和らげるために、一つの物品だけ、しかも価値の小さい品物を暴力で奪え、と提案するならば、その結果は、この特定の物品の生産がまったく途絶えて、このような提案は決して実行に移すことができないので、その生産を当然廃止し、勤労を安全な方向に強制的に向けるような、絶滅危惧品種の公表であろうことは歴然としている。それゆえ、強制的略奪が一般的にならざるをえないか、または全廃されなければならないか、である。もし、それがどれかの物品に適用されるなら、警戒の兆しがあまねく広がり、その総計と頻度に比例した、勤労意欲の沈滞となる。そしてついには、忍耐の度を超して、勤労の努力を跡形もなくしてしまう。それが制約されるならば、強奪者にとってさえ無益となり、略奪すべき食糧の不足から、廃止されるに相違ない。

それゆえ、生産的労働者から奪われた楽しみの暴力行使者によって獲得された楽しみを超える差引残高が圧倒的に大きいので、われわれの命題は此処では反論の余地がないだろう。なぜなら、「いかなる個人からの労働生産物の強制的収奪も、」如何にして、「かれに対する幸福の損失の方が、獲得するひとに対する幸福の増加よりも大きくなるのか」、が証明されていないからである。われわれの議論に必要ではないとはいえ、此処でさらに一歩前進して、この弊害が巨大で、略奪者の楽しみといわれているものを圧倒的に超えているけれども、それさえ、いかなる個人からの富、つまり労働生産物の暴力による収奪が、生産的労働者の全共同社会に影響を与えるより大きい弊害と比較すると、完敗であることを証明するのは、不適切ではないかもしれない。

略奪者の気まぐれ、または刹那的楽しみのために、勤労者の労働生産物がかれから収奪されているのだ。この勤労者は孤独に暮らしているのだろうか、またはかれ自身と同じように勤勉な、他の個々人に囲まれているのだろうか。自発的交換なしに勤労は成り立たず、かつ勤労は協働と社会とを含意する、ということはすでに見てきた。前者に対して振るわれた暴力は、それゆえ、かれの周囲のすべてのひとに知れ渡る。どんな方法で、暴力が、かれから略奪するために行使されてこようとも、それは、かれらから、かれらの勤労生産物を略奪するために、行使されているのかもしれない。かれが、自分への襲撃が繰り返されるのではないか、という恐怖に駆られるのと同じ理由が、かれらに、その襲撃が自分たちにも波及しやしないか、という恐怖を喚起するのである。この警戒心を、略奪された個人に限らず、奪われるべきどんなものをも、勤労によって与えてきたひとたちは、かれ自身と似た境遇にあるすべてのひとたちと共有するのである。かれらは、自分たちの勤労によって獲得したものが、自分たちから奪われるかもしれない、と心配する。かれらがみずからの労働によって今後生産するかもしれないものを楽しもうとあてにすることができなくなり、自分たちの勤労の起動力、つまり自分たちの努力への意欲が弛緩する。略奪を同一人、または、もう一人の別人に繰り返しやってみよ、そうすれば、この警戒心は、かれに対してのみでなく、すべての勤労者にも拡大する。不信感と無関心が増幅し、共同社会全体に普及して、ついには、一人に発生した勤労の弛緩は、まさに同じ理由から、共同社会の生産的労働者全体を貫通して一般的になる。勤労の弛緩から生産の減少が到来する。生産の減少から、消費の減退、楽しみの減少が到来する。このようにして、共同社会全体の多人数の幸福の際限のない喪失は、機会の不均等にもとづいて、若干の個人からの富の暴力的略奪によって生じた不安全の結果である。それで、われわれが暴力的略奪の弊害の見積もりをすべきなのは、強奪の刹那的快楽と対照して、一個人が感じたままの勤労の楽しみの、一生の快楽によってではなくて、勤労共同社会全体の生活を通じて、勤労の楽しみという快楽の喪失と、それから、かれら全員のものになっていく道徳的慣習という快楽の喪失とによってである。

上述したことは、生産的労働者から、かれの労苦の生産物を暴力的に強奪して、安全の原理を蹂躙した必然的な結果である。略奪者の行為が、流浪のアラブ人の間でのように、熟練、勇敢および称賛に値するものと評価されるか、どうか、文明国民と呼ばれているものの間で、悪名高い強盗行為の場合のように、非合法とみなされるか、どうか、あるいは、その強奪は、法によって承認されるか、どうかは、略奪者が何という名前をつけられるかによって示されるのではない。いかなる場合でも、問われるべき唯一の質問は、「略奪は自発的なのか、または強制されたのか」である。もし略奪が強制されたのであれば、法律または迷信の形式か儀式も、その性格とか効果を変えることはできないであろう。交換が自発的であることに、すべてそのメリットは懸かっている。この構成分子を取り去ってみよ、労働生産物を、所有者に十分な等価も与えずに、略奪してみよう。そうすると、個人と社会に対する既述の全弊害が、それから発生する。この構成分子を取り戻し、物品を略取されたひとを納得させせよ。そうすれば、暴力による略奪は自発的交換、すなわち社会的活動のうちで、もっとも有用かつ有益なものになる。いずれの労働生産物の略奪が正当なのか。納得のいく唯一の答えは、「これは自発的か」であるべきだ。

第9節
特定の人数の個人から少量の富を強奪するならば、その幸福の総量は、それら少量の強奪物をまとめてエンジョイする誰か一人、またはそれより多くの個人が得る快楽の追加によって増加されうるより、減少するほうがもっと大きいであろう

われわれがすでに見たように、略奪者が富物件、つまり勤労生産物の暴力的盗奪によってえた幸福は、同一の行為の結果失った幸福とくらべると、無に等しい。被害者に対して、この弊害を軽減するために、対策が講じられ、きわめて一般的に実施されてきた。――それは、損失の分担を、できるだけ多くの、かつ小さな部分に分割して、究極的に、それらがほとんど感じられないくらいになり、強奪物を利用する唯一者、あるいは少数者がひけらかす、きらびやかな楽しみが、窮乏と対照的にならないようにする対策である。この場合暴力的な収奪者たちの楽しみは、固定した量のままである。その目的は、かれらの楽しみを増やすことではなくて、貢納を強制された人々に対する圧力を、和らげるためである。われわれの研究は、それゆえ、それはこの効果をもたらすだろうか、損失を小さな分担分に分けて、比較的広大な表面にばらまいて、被害ないしは不愉快の総量を削減するだろうか、である。少額のお金の損害は、一人が負担する損害を合計した損害より、小さい弊害しか生み出さないだろうか。または、多かれ少なかれ、その損害は、暴力的消費者が手に入れる幸福の増加とは比較にならないほど軽減されるだろうか。

もし、困窮を減少して拡散することによって絶滅する、という独創的思いつきに、基本的な誤りがたいしてないとすれば、略奪の原理は、分割、拡散の原理により、あまねく広まっていくかもしれない。しかし、この問題について基本的な誤りが犯されてきたし、しかも、それは、これらの損害の、すなわち大なり小なりこれらの強奪のもっとも重要な特徴、つまり、あらゆる場合において、それらが自発的か、強制的かについて考慮することを見過ごしている。富物件の強制的収奪は、その合計がいくらであれ、不正義の非難を受けやすいし、不安全の弊害すべてを伴うものである。安全と自発的交換の原理が、ひとたび侵害されると、誰がその拡大を制限するだろうか。何がそれを抑制できるか。すなわち、直接的利益や、当面の楽しみの願望によって、貢納の総計が減少するようになるまで、言い換えれば、勤労の源泉が枯渇するまで、貢納を強要する誘惑に駆られている暴力的消費者の慎慮以外、何がそれを抑制できようか。

富、つまり勤労生産物の暴力による収奪が、一人から一山となって行われるところでは、絶対的物資の喪失は、確かにその一人にとっては、もし一〇〇〇人の間に各人一ずつの割り当てで分け合うならば、なるであろう大きさの、ちょうど一〇〇〇倍もの大きさになる。ここでは、絶対的物資としては損得はない。双方の場合に同一の総計が計上される。だから、われわれは、相違や比較する点があるなら、略奪されたもの以上に、損害を受ける人々の心中にその略奪によって生じた感情に注目しなければならない。一〇〇〇で表される略奪が、すべて一人から取得され、この一人の絶対的破滅を引き起こし、かれを飢餓の困窮、餓死と寒さの恐怖に曝すところでは、この度を超した過酷な悲惨の代わりに、一〇〇〇個の小さな快楽を引き渡すことに変えようとする政策の知恵とか仁愛とかがみられることはほとんど疑いがない。しかし、これは、現実にはほとんど起こりえないケースなのである。なぜか。大きな略奪をする機会を持つためには、当然、大量の富（勤労生産物）を探し出し、かなり倹約しなければならないひとから、多くを収奪するからである。このような事態では、一〇〇〇、たとえば一〇〇〇シリング、で表される略奪は、その一〇〇〇全部が、より豊かな一個人から収奪される場合より、より大きな損害を、全体のひとに与えることは、確実のようである。確かに、この損害はそんなに目立つものではない。分割されたときには目につかないが、目に見えないからとか、目立たないからといって、確かに感じ取れないであろうか。物事の本質上、このより少額の貢納は、相対的に少ししか持っていないので、この少額の小さな部分の損失が、より多くを所有しているひとたちによる、絶対的により多額の損失よりも、もっと過酷に感じるにちがいない人々から、徴収されなければならないのである。一シリングを失う貧しい勤労者各人は、一〇〇〇シリングを奪われ、この一〇〇〇シリングが控除された後、貧困層がその一シリングを失った後に残すよりも、多くを残している、より富裕な階層と同じくらい、それによって困惑するとは言えない。この一シリングを失うものは一〇〇〇シリングを失うもののほんの一〇分の一だけの損害――これは確かに寛大な譲歩であるが――しか受けず、その損失はおよそ一〇〇対一であると想定しよう。この場合、一人の個人から、一度にそれを略奪することによって出るであろう損害を、小さな部分に分割して拡散することによって、幸福の損害が一〇〇倍になるであろう。その理由は、より貧困な一〇〇〇人の個人が、それぞれ一塊で全額を失うかれのわずか一〇分の一だけしか損害を受けないにもかかわらず、なお、より大きい被害者の一に対してより小さな被害者の一〇〇〇であるから、この一〇分の一〇〇〇を合計すると全体で一〇〇になり、全額を一まとめで収奪される、かれの被害額と等しくなるからである。もし、これら多数のより小さな部分が、必ず盗奪される貧困層の感情は、窮乏やこの損害に耐える習慣に慣らされている、と言い張るならば、この略奪を行う富裕層の感情は、等しく習慣により、楽しみに鈍感になっている、と同様に主張されるかもしれない。習慣は、秤の両端で、両方に平等に働くので、楽しみと苦しみとを平等に減少するから、問題外としなければならない。

暴力による略奪か損失が、同じように豊かな一〇〇〇人に分割されて、かれらのうちの一人から収奪されるのではない、というケースを分析するのは、ほとんど意味がないように思われる。というのは、われわれの目的は現実的であり、実際このようなケースは、ほとんど起きないからである。この難儀は概してこの操作では確かに減少しないであろう。なぜなら、この一〇〇〇の個々の貢納者各自が、すべてを失うこの一人の苦痛の一〇〇〇分の一の損害を蒙るだけとはいえ、これら一〇〇〇個分の難儀を合算して、合計同一量の難儀を概して計上することは明らかだからである。その結果、それによって、どんな引き算も行われないであろう。他方、個人はおのおの、みずから損害を蒙るときには、他人の難儀の話をただ聞くだけのとき、それがかなりの程度でも、それより身につまされて感じる損害の苦痛は、この分割制度との収支で、マイナスになるであろうし、被害総量が、多分この場合でさえ、それを細分割、分散することによって、増えるだろうと思われる。

疑いもなく、分割か、集中か、によって生じる難儀の分量増減に全然関係なく、暴力による略奪者を、損害の拡散、細分割、割り当て制度の選好に駆り立てる、強力な動因がある。その不正義はそれほど目に余るものではない。そんなに大喝采を浴びるものではないし、それほど強烈なセンセイションを巻き起こすものでもない。それによって、それほど調査が粗雑になるわけでもない。ほんのわずかなものが大多数から収奪されるときには、権利はそれほど争われないようである。次に、多数から少量ずつ強奪するときは、この操作の不正義は、その平等のなかに埋没してしまうようである。不正義の平等分配は、測定原理がその実施方法を考慮する際に忘れ去られているので、一種の正義とみなされやすい。一方、もっとも不正な測定を実施する方法は、公平無私で、正当であるかもしれない、ということほど明らかなことはない。これら二つの見解を混同することによって、略奪そのものの本質、それが個人的、または、社会的幸福におよぼす影響から、注意をそらすように利用されている。そして、この幻想は、どちらの場合にも、要求されているのが少量であることによって、支えられている。暴力的略奪者の目的は、かれら自身の楽しみなのである。難儀がどのように拡散しているかは、かれらの目的が達成されるなら、かれらには無関心である。強盗をもっとも確実かつ安全に遂行する略奪方法は、かれらにとって最善の策であり、略奪される人々の感情など無視しているのである。

しかしながら、略奪者の側で、あらゆる場合に、できるだけ大勢の間で損害を細分割し、分散することを、慎重で、賢いとする上記の理由こそ、まさにこの拡散を、共同社会にとっては、望ましくないものにする理由なのである。共同社会の利益は、あらゆる略奪の本当の結果が知らされることであり、妄想を実践するような作業、成功のよりよい機会を確保するために平等を装っている掠奪が許されないことである。ある不正義が犯されると、それを見て、感じて、知って、そしてきちんと評価することが、共同社会の利益である。正当であろうと、なかろうと、どんな行為がなされても、その真実の結果が知らされていることが、万人の利益である。真実、すなわち物事の真実の内容や関係と、行動の真実の結果との知識は万人にとって有益であるはずだ。それは、不正であることを願っているひとたちにとっては有害のように思われる。けだし、かれらは、かれら自身の真の利益を理解していないからである。それゆえ、もし、そうでないことがはっきりしている直接被害のバランスでさえ、隠匿するほうが有利であるとするならば、暴力的強奪がどんな方法を取ろうとも、その作業の本質をもっとも真実な色で描写することは、万人にとって有益であるに相違ない。

強制的な損害を多数のものに分担させることによって、苦しみの総計は減少しないで、政治的はったりの言葉で表現すると、苦しみの総計はゼロにならないで、たいていの場合、増加することを示してきたので、いまや証明していないのは、この拡散によって生じた幸福の浪費は、この略奪物件の分配にあやかる人々が経験する幸福の利得に等しいよりも大きいということである。

略奪された物品が、一人のものになるか、または多数の人々の間に分割されるか、はこの問題にとってどうでもよい。多数の間で分割するのは、同様な作業の繰り返しにすぎない。そして、弊害は、あらゆる場合に、この損害を無理強いされている人々の人数や境遇と比較した、各人によって略奪された富の絶対量に左右される。それぞれの場合に、利得が大きければ、大きいほど、それから生じる相対的幸福は、ますます減少する。一〇〇〇部の富物件の部分量のうち、最初の一〇〇が飢渇を癒し、生命を維持するのに必要だ、と仮定しよう。この最初の部分を使用することは死活の問題である。その価値は、人間のすべての価値のうちで最大であり、そのなかには、自然か教育によって、個人がその他のすべての楽しみに順応してきたかもしれない能力が含まれているのである。これらの富の部分のうち、次の分量、すなわち二番目の一〇〇を同じ個人に適用すると、どんな影響を与えるか。なにも有頂天になることはない。死活問題には変わりないのだ。現実の便利さが要求している生活にもっとも明らかなゆとりを与えるもののいくつかが付け加わっただけだ。この二番目の一〇〇が、楽しみの強度に与える影響は、最初の一〇〇が与えた影響より、比較にならないほど、ずっと低い。しかし、さらに進めて、この第二に、第三の一〇〇を追加し、質問しよう。この第三の一〇〇を補給する効果は何か、と。それは、前二例のどちらかと等量の幸福を生み出すか。最初のとは比較できない。二番目とも、ほとんど比較できない。最初は生存、つまり死活問題だ。次は現実のゆとりだ。第三は何だ。仮想のゆとりだ。われわれを取り巻く意見や習慣が、望ましいとするようなものである。これらは第三の一〇〇によって取得される。しかし、これらは切実な必要に迫られてなされたものでも、現実のゆとりを熱望してなされたものでさえなく、世論だけに推奨されたもので、功利の疑わしいものである。世論の推奨は、はじめの二つの分量には必要ではなかったことに注目せよ。しかるに、第三の一〇〇の効果は、それのみに依存しているのである。それが幸福をもたらす効果は、だから相対的に弱くて二番目よりずっと弱いけれども、二番目が最初より弱いのと同程度ほどには、二番目より弱くはないのである。一〇〇部分量おのおの、すなわち富物件の、この三部分に、同種の第四の部分を追加する。この個人は、すでに必要を満たし、現実のゆとりも満たし、もっとも功利に接近している世論のゆとりある生活をも満たしている。かれはこの追加の第四部分をどのように使うのか。かれは当然、周囲の人々の世論と習慣のなかで第二位を占めているより安直な楽しみの源泉を探す。より充足感の少ないものを探すこの過程は、避けて通れない。というのは、その前の一〇〇で、選択が始まり、もっとも望ましいと尊重されたこれらの楽しみは、当然はじめに選択されるであろう。この第四の追加は、それゆえ、第三のものより、幸福を絶対的には少ししか増加しないが、この効果と第三の効果との相違はあまり目立たない。ところで、われわれは、いま一つの一〇〇部分量の富の対象で、楽しみの手段の第五の追加をする。この第五の分量をどのように適用するのか。欠乏、ゆとりをもたらす品物、現実と非現実との副次的便宜品が、すでに供給されている。ますますもって疑わしい性格の便宜品を探さなければならない。そして、移り気と気まぐれがその主流になってくる。第五の追加は、第四より、ますます幸福を絶対的に増大しなくなる。そして、もし、楽しみを追加するために、富の物品を、さらに一〇〇部分量、再び追加するならば、この六番目の部分が、五番目よりますます効き目が薄れていくことを発見するであろう。功利は、ずっと以前に満たされているので、気まぐれが、いまや中古品の形か質を変えるだけで、またはただ虚栄と見せびらかしの対照を取得することに、台頭しはじめる。この第六番目の一〇〇によって、幸福の追加はますます少なくなる。さらに第七番目を追加すれば、幸福に対する影響は、それに比例して減少するであろう。そして、ついに蓄積のただの習慣と快楽だけが、取得のほとんど唯一の、有力な動機となる。一〇〇を追加するごとに、所有者にとって、幸福の絶対的増加はますます減少する。しかし、それぞれの追加の効果の差は、最初の部分量と最初の追加から、後にいくにつれて、いっそう小さくなる。とうとうついに、空腹を和らげ、生存とそれを楽しむ能力とを保証するものと総計が等しい追加は、ただどうでもよい問題になってしまう。

以上は、等量の富物件を含む部分を継続的に追加し続けることが、幸福に与える影響である。最初の部分量の影響は大、かつ顕著である。しかし、部分量を継続投与するごとに、影響が薄れ、ついに生活のゆとりが増加するという期待がすべて消え、所有、ただの習慣、あるいは熟練、すなわち略奪の熟練（なぜなら勤労の熟練はここでは問題にならないから）の快楽は、富獲得に対する本来の合理的な、かつ有益な動機にとって替わる。しかしながら、連続する部分量ごとの影響は、直前の部分量の影響より、絶対的に少ないけれども、それ以前のものとの差がつねに、ますます小さくなる。そして、ついに幸福の絶対的追加は非常に小さくなって、九九番目と一〇〇番目の部分量の間の影響の差がまったく知覚されなくなる。そして忘れてはならないことは、これらすべての結果は、これらの部分量の追加を受け取る個人の楽しみの性格と能力が、富と道楽の影響によって、まったく変化しないままだ、という仮定――この仮定は、後になって、真理と完全に相対立することが、証明されるであろう――にすぐに続いてくる、ということである。富を際限なく入手できることから期待される幸福が減少する第二の圧倒的な原因については、いずれ明らかにされるであろうが、当面、われわれの議論にとっては不必要なので、ここでは言及しない。

さて、われわれは、多数の貢納者から略奪した富――それは力ずくでとった各個少量の富を統合したものであるが――をエンジョイする人々に与えられた快楽の追加とは何であるか、を見てきた。かりに、貪欲なものが、一〇〇〇人の貢納者の最初のものから受け取る、最初の分量の楽しみが、かなり大であった、と想定すれば、この一〇〇〇部分量の最後から得られる楽しみは、ほとんど感受されないだろう。ところで、たいていの場合、この一〇〇〇部分量を受け取っているひとは、この一〇〇〇部分量を貢納する人々と同じ環境にいない、つまり、等しく貧困ではない。だから、この最初の部分量さえも、かれに対しては、損害の苦痛に比較して、快楽の点では、きわめて微少な効果しか生まないであろう。しかも、利得の快楽は、見るとおり、部分量が追加されるごとに減少していく、反面、損失の苦痛は、強制的に貢納を強いられた各人にとって、どんなに人数が増えようと、同一のままなのである。新しい部分量が付け加わるたびに、快楽は、つねに減少してゆき、ついに、知覚されなくなる。その一方、損失の苦痛は一貫して同一で、決して減少しない。ここでは、他人の労働生産物を暴力で略奪するひとに、恐るべき不利な賭がすでになされている。とはいえ、これはすべて、最初の部分量については、（もし貢納者の環境と似た環境にある、一人のひとに与えられたなら、）この生産者が奪われた幸福と等しい幸福を、エンジョイしている者が利得する結果になる、という想定にもとづいて、行われているのである。この想定の誤りは、前節で立証された。そこでは勤労生産者にとっての損失の弊害は、（もっとも困っている、貪欲なひとによって略奪されたとはいえ、）略奪者にとっての利得の快楽と比較すると、ほとんど無限大対一に近いのである。つまり利得の快楽は、比較するとゼロに等しい。こうして、われわれの議論の全段階は、以下のように、どこをみても悪評の事実だらけである。

第一に、生産的労働者にとって、その損失の弊害とその結果は、貪欲な略奪者にとっての利得という利点を、数字では表すことができないとはいえ、程度において遙かに超過している。たとえ、双方とも等しく困窮しており、富のただの一部分量のみしか、一人の生産者からは奪われていないとはいえ。

しかし、第二に、暴力的略奪者どもは、この生産者達とほとんど決して等しく困窮しているわけではない。そこから、損失の弊害の第二の劣悪化が生まれる。

第三に、暴力的略奪者どもは、一部分量以上を一生産者から収奪する。他の労働者たちから、他の等部分量を収奪する。最初に続く各部分量の損失の弊害は同じままなのに、利得の快楽は、無限に減少し続ける。ここから損失の弊害の第三の劣悪化が生まれる。

第四に、これ以後、人間の肉体的、知的構造に生まれつきの諸原因から、また、かれを取り巻く、対象と環境において、楽しむ能力は過剰な富を獲得するにつれて減少する（自由な勤労と自発的交換以外の他の手段によって獲得する富のみを、ここでは過剰と呼ぶ）。ここから損失の弊害の第四の劣悪化が生じる。

ところで、これらのデータから、生産者層に対して強制的に押しつけられた富の小さな諸団塊の損失による弊害を、この全富を所有しているものにとっての利得による利益と比較して、大づかみな数量的見積りをしてみよう。たとえば、生産的労働者が失った快楽のバランスを、略奪者が得た快楽と比較して、一〇〇〇対一としよう。そして不特定集団全体に勤労と社会改良とを台なしにする傾向が生まれるという点で、個人の直接的感情ばかりでなく共同社会に対する影響をもつくづく考えると、われわれはこの数値を過大だと考えるよりも、むしろ過少だと考えがちになるだろう。この一〇〇〇対一は、しかしながら、略奪者が生産者と同じだけ困窮している、という想定に立っていて、未開人か、文明人か、いずれの略奪者（哀れな普通のこそ泥と盗人は除く）の間でも事実ではないから、すくなくとも、この一〇〇〇を二倍にしなくてはならない。というのは、略奪者で、かれらが略奪するひとの、すくなくとも二倍はゆたかでないひとは少数しかいないからである。かくて、この損失の弊害は二〇〇〇対一になる。しかし、略奪者の得る富の部分量が追加されるごとに、かれに対するその影響は減少して、ついにその影響はまったく取るに足りないくらいになる一方で、一〇〇万人もの生産者が蒙る同一量の損失は、最初の貢納者に対してと、最後の貢納者に対してとで、同一なのである。この原因から生じる弊害の劣悪化は、強制的に押しつけられた貢納者の人数に比例して、明らかに増減するであろう。この略奪者の快楽に対する、最後の部分量だけの追加は、最初の部分量がかれに与える快楽と比較して、一〇〇〇対一だとしよう。それは、もっと多いかもしれないし、もっと少ないかもしれない。それで、このように増加した弊害を見積もるためには、二〇〇〇に一〇〇〇を掛けなければならない。すると、強制的貢納または略奪が広範囲に及ぶ場合に、損失の弊害が二〇〇万対一になることに気がつくであろう。これらの劣悪化の全原因に第四を加えて、以下で展開すると、また貪欲な略奪者が、かれの獲物にまさに固有の環境によって、自分の楽しみの手段にどっぷりと浸かって、憔悴し、かれに略奪された勤労者達の中に存在し、かつてかれらと同様な環境にあった時には、かれ自身にもおそらく内在していたであろう快楽に対して簡単に興奮することがもはやできなくなったことに気づくと、これら多数の、少額の貢納のうちのどれか一つによって、かれに与える幸福感をなお半減せざるを得ないであろう。この弊害が増加した二〇〇万の割合を、なお二倍に増加、あるいは倍増しなければならない。かくて、究極的な総括として、無数の生産者のうち、最後の部分量を貢納するものが失う快楽と、それを力づくで享受するものが得る快楽との比率は四〇〇万対一になる、ということが分かる。収奪された最初の部分量を使用するときでさえ、かれの楽しみは二〇〇〇対一に減少するとみなされた。かれの楽しみの平均は、それゆえ、二〇〇〇と四〇〇万との中間、つまり一九九万九〇〇〇対たったの一単位となるであろう。この一単位は、おのおの少額な貢納を強制された無数の小集団の使用者が利得した快楽の平均的大きさである。この一九九万九〇〇〇は、強制された貢納者たち各人が失った快楽の相対的大きさである。

われわれの議論は、この計算の数量的正確さとは全然関係がない。それは、前述の原理をただ解説するために与えられたもので、このような計算のどれともまったく無関係である。生産的労働者と、大規模な略奪者との、楽しみの比率を、一〇〇〇分の一に減少してみよ。そうすれば、一を満たすために、多数から、小部分量の富多数を収奪すること、と対比して、一九九九対一になるであろう。この比率を、さらに一〇〇分の一に減少してみよ。そうすると、このバランスは、略奪者に対して、さらにほぼ二〇対一になるであろう。この計算を続けて、これら二〇を任意の数で、さらに割ってみよ。そうすると、なお、生産物のうちには、いつまでも残るものがあるであろう。つまり、強制的に収奪するものに対する、十進法のいたずらであって、正義は幸福総量の増大をつねに好むものだ、ということがすでに証明されている。

しかし、不正義に対して、このような譲歩がなぜなされたのか。人類のうち、思索的な人々全員の普遍的経験と感情とは、われわれの計算原理を十分、全面的に認めている。その総額が、大きかろうと小さかろうと、ポンドであろうとペニーであろうと、その一〇〇万は、一を満たすことに不賛成な一〇〇万人の生産的労働者達から収奪したのである。一ペニー、または一ポンドはそれぞれ、もし、勤労者の労働に報酬を与え、それを励ますために、そのままかれの手元に残しておかれるならば、それがかれに与えたであろう快楽と同じだけの快楽を、この全額一〇〇万を楽しむものに対しても与えるだろうか。この一ペニー、または一ポンドは、この一の生産者兼所有者に与えたであろう快楽の一〇分の一ないしは一〇〇分の一を、一〇〇万の所持者に与えるであろうか。人間の感情を持ち、誠意のあるひとは、「勤勉な生産者にとって、その金額の重大さは一〇〇〇倍も大きい」と感嘆の声を上げるであろう。だが、もし、それぞれの場合に、勤労者の相対的快楽にとても大きな相違があれば、想定により、そのような一〇〇万の事例はそれら全部を消費する一を相殺するためにある、ということを想起せよ。それで、富のこれらの小さな部分量を、一〇〇万人から一人に移転することによって生じる幸福の損失は、一〇、または一〇〇、または一〇〇〇×一〇〇万人の貢納者として評価しなければならないのである。一人の手に、そして一知覚体系あたり一〇〇万を統合することによって、幸福増加のためになされる控除は、ちっぽけなもので、一〇対一でもなければ、もちろん一〇〇対一でもない。すなわち、この一〇〇万の所持者は、この一の所有者が、その一から引き出す一〇〇万全部から、一〇倍の幸福を引き出さすのではない。非自発的貢納が一ペニーであるか、または一ポンドであるかは、何の意味もない。原理は、幸福の相対的損失は同じだ、ということである。一ポンドは、かなりの量の実質的にゆとりのある生活を充たすか、生産的労働者を困窮から保護するであろう。一ポンドは、この一を略奪された勤労者に対してもたらすのと同じ恩恵の、一〇分の一、または一〇〇分の一、または一〇〇〇分の一を、一〇〇万の所持者に対してもたらすであろうか。一ペニーで、勤勉な生産者は、新鮮に感じる楽しみ、果物、砂糖などのちょっぴりした贅沢を買うであろう。この一ペニーは、一〇〇万個のペニーの所持者に対して、この新鮮な快楽の一〇分の一、一〇〇分の一、または一〇〇〇分の一をもたらすであろうか。それで、この原理は、富の生産者達から略奪した総額が、何であろうとも、変わらない。この弊害は、一〇〇万、いやほとんど無限大対一だ、と言えるのも宜なるかな。

もし、勤労者から略奪された一〇〇万ポンドが、一人の略奪者によって消費されるのではなく、一〇人または一〇〇人あるいは一〇〇〇人の間で分けられて、各人が一〇〇〇ポンド持つとするならば、疑いなくこの略奪から生じる楽しみは、——総額が同一のままであるから——この分割に比例して、ますます増えるであろう。苦難の弊害は、しかしながら、まったく同一のまま留まるであろう。この全略奪者の側における楽しみの量は、かれらの人数が、被略奪者の人数に増大し、まさに後者が失うものを、正確に前者が利得するまで、増加するであろう。——このケースは前節で説明した。

実際のところ、多額の金額は、一個人からは決して徴収されていないし、されえない。——この不正義は、あまりにも明々白々で、悪評が高い。しかるに他面、非常に少ない金額は、徴収のトラブルと費用による制約があって、多数の間に分割できない。もっとも少ない金額といえども、徴収の費用に見合うその利用者が利得と感じるほどの高さでなければならないが、一方、それを奪われる生産者が、より高い比率で損失と感じるのは、もちろんである。利得がとてつもなく少なくて、受領する手間にしか値しないで、しかも、その略奪によって収奪者が獲得しうるよりも、際限なく多量の幸福を被害者が失わないような利得はない。なぜなら、暴力によって略奪されたものを、それ自体、絶対的に無価値だとしよう。非自発的であることの苦痛は、その結果の「不安全」という全弊害とともに、被害者にとって補償されないまま残っているからである。だが、このような苦悩はリスクと費用に値しないので、かなりの価値がつねにこの略奪に加算されるものもある。

ところで、われわれの見解は完全に立証されたと思われる。暴力による略奪のプレッシャーが分割と拡散によって軽減されるというのは、ただの幻想である。暴力的収奪の権力を伴った欲望があるところでは、この方法は生産者が増加するにつれて普及し、各生産者全員から慎重に回収されうる最大量が、この要求にとっての唯一の限界である。自発的移転の分野において、安全の原理がひとたび侵されると、略奪が法律か政令によってか、または刑罰を明記したそれらによってか、どちらによって支持されようと、略奪者のむら気のほか、圧制に留めが効かなくなってしまう。

第10節

どんなひとの労働の生産物も、労働そのものも、それらのどんな部分も、労働者が納得する等価を与えないで、かれから奪い去ってはならない――自発的交換の原理は例外を許さない

右記の命題は前節の結論にすぎない、と言えるであろうし、前に述べた事柄と推論とに賛同するすべてのひとによって承認されるはずである。それでは、なぜ、それを、特に発展させるのに必要なものとして、際立って提唱するのか。その重要性から、その巨大な功利から、このようにそれを提唱しているのである。そして、まだ注目されていない若干の反対論の価値を等しく提示し、評価する機会を与えるために。真理は単純で、一つである。虚偽は多彩である。誇張と不当表示は実に多様な形態をとる。上記の命題と同じように結果として実りの非常に多い、その結果、人間の福祉にもっとも重要な命題は、あらゆる側面で検討されるべきであるし、真理か、誠実のうわべをまとったいかなる反論も無視されたまま放置されるべきではない。

確かに、もし幸福が、理性の追求できる唯一至高の目的であるなら、もし、幸福の総計最大――強度と耐

久性を考えて——が、より少ない総計より好ましいなら、もし、この幸福の総計、程度を評価する唯一実行可能な方法は、その生産に団結した、よく組織化された、人間の数によるものであるなら、もし、富、つまり幸福の手段を生産する労働が、動機として適当な刺激のないような状態で、高揚しえないなら、もし、採られうるもっとも効率的刺激が、生産者に対する、かれらが生産するものの完全利用の安全であるなら、もし、すべての自発的交換が、当然双方の側に幸福の増加を意味しているのに、非自発的交換、ないしは富の対象の強制的略奪が極端に走れば、社会の組織を崩壊し、そのあらゆる段階で、計り知れない悲惨を産み出すなら、これら暴力の弊害を、分割と拡散によって、減少させるためのうわべだけの手段は、どれも実際、拡張と増強よりほかの効果がないなら、労働生産物たる富物件のどの分子も、もちろん労働自体も、その生産者から、人間の幸福総計、つまり、われわれの追求する全対象を減少しないで、暴力的に略奪することはできないだろう。

強奪はつねに非自発的交換に含まれる。けだし、等価の十一部分量が、自分の労働の価値（the value of his labor）が十二部分量だと思うひとに与えられる、と仮定すると、与えられたものと被略奪者の見積りとの間の差額、この場合は一部分量が、その分量だけ、強奪によって奪い去られるからである。本命題のもとで、除去しようとする主要な詭弁の源がここにある。

「神は許さない、」と偽善は語る、「わたくしが、なんびとの労働生産物をも強制的に収奪することを。わたくしは等価——つまり、わたくしが収奪するものの価値を際限なく超えた等価——を与えないで、なにも受け取らない。しかし、わたくしが、かれから抜き去るものと交換に、物質的ないし道徳的等価を与える無知なやつは、何が自分の真の利益かを判断できないのだ。もし、かれ自身の近視眼的見解に委せるなら、かれは、わたくしが、かれに与えようと差し出す高級な物を拒絶するであろう。必然的な成り行きが、より優れた知能の持ち主に、無知なるもの、人類の大衆の利益のために、それを活用するように強いるのである。なぜ、ひとは劣等動物を養うのか、かれらの幸福に必要な生存の習慣と様式とを強制するのか。ひとの知能が、かれらの知能の欠陥を埋め合わせるため、と言う以外に、なぜだろう。無知なるものが、この点で劣等動物に似ているかぎりにおいて、かれらの利益は、同様に、かれらの黙認もなしに、それを理解している人々によって促進されなければならないのだ」。

ひとと組織や知的能力の点でまったく違う劣等動物との類推は、無益で、ただ詩的にすぎない。ひとが、劣等動物に対して追求する行動と、かれ自身に似た体格をしている他人に対して追求すべき行動との類推は、根拠のないものである。けだし、かれが、前者の場合に企図した目的は、後者の場合に企図すべき唯一正当な目的と真っ向から対立するからである。ひとが劣等動物を取り扱う際に求める目的は、かれらの居心地の良さが、ひとの利害と合致するかぎりにおいて以外は、このような劣等動物の幸福などいっさいお構いなしに、ひとの幸福だけであるのは明白だ。かれらは、ひとの掌中にある機械である。ちょうど、かれらが命令されている目的をよりよく達成するように、掃除され、磨かれ、故障のないように維持される蒸気機関か脱穀機のような機械である。生きている機械が感情を持っているのに、その他の機械は無感覚であるように、このような生きている機械の同感的な所有者はみな、かれらから、かれらに課せられている労働の義務的遂行には、必ずしもなくてもよい不愉快の原因すべてを除去するよう気をつける。このような苦痛を与えることは、観念連合により、所有者に対して苦痛の原因になる。そして、その実行の結果、残酷が習慣となり、社会的美徳の基盤である仁愛の敵対者となる。こうして、劣等動物のサービスは、ひとが期待している唯一の直接的目的である。この動物の幸福は副次的で、第一の直接的目的と相容れないときには、つねにこれに譲歩しなければならない。人間については、かれらの同胞への対応はそうはいかない。ここでの唯一の合理的目的は、全生物共同社会のなかでの、最大幸福総計を増進することであり、行為主体の相対的重要性は、一対人数全体にすぎない。だから、目指す目的の不同性から、前者における合理的かつ適切な行動様式は、後者においては、まったく不適切で、不合理であり、どんな類推も、このような環境の下では、できないことは明白である。

次の相違点は、この二種目の生物、つまり人間と劣等動物が影響を受ける本性間の、完全な相違である。下等動物の劣等器官と、その結果の劣等知能とから、ひとは強制的にかれらのサービスを受け取るか、または、かれらなしで済まさなければならない。かれらは、その意志に呼びかける未来善の動機によって影響を受けることはありえないのである。かれらのどれもが、今日の努力に報いる食べ物の褒美さえ、理解するようにはほとんどさせられないだろう。かれらを自発的にやる気にさせうる唯一の労働は、かれらの直接的肉体的欲求を満たすのに必要なものである。食欲に迫られて、かれらはつかみ取って、むさぼり食う。かれらは、人間の影響を受けると、自然状態でも、家畜の状態でも、共同社会のなかでより多くのどんな仕事をするにせよ、強制されなければ、または食欲を直接に満たすためでなければ、行為する気には決してならなかったのである。たとえば、馬に、その日のうちに一定量の仕事をしなければ、その日の食糧はお預けになるだろうということを理解させることができるものがいるだろうか。ひとところのような動物との知能の間には、なんと巨大な相違があることよ。一日ばかりでなく一月、一年または一生の終わりに作用する未来の動機が、人間のうちでもっとも低脳なものの行動にさえ、影響を与えるように形成されうるし、されている。ひとが理解力と先見の明により、このような遠い未来の動機に影響を受ける能力を持っているのと同様、かれの福利に役立つと分かったとき、その動機の指図に従う性向がある。しかし、かれの行動は自発的であるときほど、決して精力的ではない。それで、他の動物の場合にわれわれが用いなければならないこれらの強制手段は、人間の場合には用いるにはおよばないし、用いるべきではない。この二つの生物種目の、影響を受ける組織と構造は、それほど違うのである。もし劣等動物に、直接的強制なしに、仕事をさせることができるほどの知能があれば、かれらをそのように行動させる際に、人間の時間と労働の節約は大きいであろう。朝、理解された動機は、かれらを終日働かせ続けるだろう。それで、獣の場合、力ずくや強制で、かれらを無理に働かせることは、人間にとって有利ではなくて、非常に大きな不利である。それは利得ではなく、損失である。それはただ必要だけに迫られて、劣等動物に対して採用せざるをえず、つねに重大な損失を伴う暴力の体系、――われわれは、必要もないのに、またその他の理由から、人類に対して損失がそんなに驚くほど増加するのに、それを採用するだろうか。

人間の性質と違った性質の劣等動物に対するかれの処遇から、かれの行為は、かれ自身の性質にまったくよく似ている性質の他人に対しては、どうあるべきかということまでの類推が上述のように処理された以上、われわれの見解にまだどんな異議があるのか。強制の弊害に関する一般的事実は容認されているが、特別の場合には、なお、「労働またはその生産物は、生産者が、無知のため、その等価物の真価を認めることができなくとも、真の等価が与えられるなら、略奪されてもよい。たとえ、真の等価の一〇〇倍がかれの労働、または労働が生産した富物品と交換に、かれに与えられたとしても、生産者または労働者の身勝手な無知を満足させることは、必ずしもできないかもしれない」と主張される。このような場合、われわれはどこでも、交換するな、という。等価の利益は、知識のあるひとには真実であっても、強制の弊害にまったく呑み込まれて、失われるであろう。

われわれは勤労者から、かれの労働の一部分、あるいはかれの労働生産物たる富の一物品を獲得したいと思う。この願望をかなえるためになすべき二つの方法がある。強制、または所有者に自発的に譲渡させるような等価のオファー。普通のすべてのケースでは、強制はもっとも有害だということは認められていると思う。強制が許容される異常なケースとは何か。それは、等価が現実に十分であるところと、当事者の一方が無知なため、かれがその真実の価値を知ることができないところだ、と言えるだろう。

交換したいと欲求されている。どのようにして、この願望が知らされるのか。当事者の一方のみの願望の表明によってか。それは不可能である。なぜなら、交換をするためには、すくなくとも二者の意見の一致が不可欠だからである。二者の願望がなければ、交換もありえない。一方の願望だけでは、強奪になるかもしれない。だが第二のパーティがあらわれて、不合理な等価を手にするという条件で、交換に同意する。誰がこの不合理性を確認できるか。この克服できない困難を不問にして、われわれは、この主張を現実に不合理だと認める。不本意なひとに、合理的な等価を受け取れ、と強制しようとするのか。暴力的な略奪の弊害は、すでに指摘されてきた。所有者または労働者が納得するまでは、略奪は、かれにとっては金額いくらで、の強要である。そして、暴力の通常の弊害がその後に続くであろう。この場合、何がこれらの弊害を相殺する利益なのか。かれに暴力的に押しつけられた等価の、明らかに上等な真実価値。非自発性が、それから、そのあらゆる価値を奪い去り、その恩恵を毒薬に変えてしまうであろう。ところで、もし事物の本質上、現実に上等な等価を使用することによって、不合理な交渉相手に暴力、暴力的略奪の弊害を招かないで、譲渡できる方法があるならば、この方法が追求されるべきであることは、明らかである。この方法は実存するし、たんに不合理なひとの心を啓発することである。不合理なひとは、親切にもかれに上等な等価を受け取ってほしい、と思うひとの知能と等しい知能を持っているか、持っていないかである。もし知能が等しいならば、交換の長所は——それは真の利益だと思われるが——、かれに確実に立証できる。もし、かれの知能が劣っているならば、優れた知力の長所は理性を擁護すると思われるし、そのような場合には、説得が確実ではないだろうか。然り、このような優れた知性が、不合理な、きわめて不合理な交換さえ、理解力に劣ったものに対して合理的にみせる蓋然性は、圧倒的ではないのではないか。利益に唆された理性は——あらゆる自由交換において、利害が互換的であるので——これを成し遂げることができるのは、疑いない。では、なぜ、それが普遍的に使役されないのか。仮定により、理性を持っていて、さらに優れた知性をも所有している人々に対して、真理を説明し、実証するために、真理を証明する労苦を省くために。真理を知っているひとたちに労苦、つまり説得の労苦を省くために、暴力のあらゆる弊害を蒙らなければならない、どんな理由が可能なのだろうか。この労苦とは何か。その総計はいくらか。この弊害、つまり説得のこの労苦の構成部分は、どこで見つけられるか。説得は愛想のない、為にならないものなのか。真実を解明し、物事の真の内容と関係を、そして行為の直接かつ将来の真の結果を示すことによって、説得は、それをするものよりも、されるものに為になるのではないか。当事者のどちらに、それはもっとも有益か、を言うことはできない。無知なるものに、それは、かれの真の利益を教えることによって、かれに知識と幸福を与え、かれに、受けた恩恵への感謝の快感を与える。知的なものに、それは、かれの才能を働かせ、改善する機会を与え、かれを寛大かつ情け深くし、暴力行為や不正義への性向を克服する。こうして、うわべだけの労苦、このこけおどしは、検討すると、変換して、真の利益、つまり自然がそれを規定していないならば、知恵が発明するであろう利益になる。正確に分析すると、理性、説得、寛大の利益は絶大で、強制と暴行の影響が非常に致命的だと分かるので、正義に悖ることなく固執している結果だ、と誤って伝えられている弊害そのものでさえ、恩恵だと分かるのである。交換当事者の双方が、かれらの受け取る等価に納得するまで、交換を延期することで、なんら悪影響が生じないことは証明されている。大多数の交換は、それなしでは社会的交流が行われないし、人間生活もほとんど維持できないが、まったく自発的である。その自発性がなければ、富の対象も生産されえないし、その結果、幸福も生じてこないであろう。普通すべての場合に、思慮分別のあるひとには、非自発的交換は一種の用語矛盾であり、交換の一方の当事者は、他方の当事者に満足する平等な権利を持っているということに、問題はありえないのである。しかし、この原理があまねく行われれば、暴力のうわべだけの権利、不正義の侵入はすべて、完全に絶滅されるから、交換の一方の側に、まぎれもない知恵と仁愛、他方の側に、無知と自己中心主義、の極端なケースが前面に出てきているのである。この場合にさえ、暴力行使が要求されているというのは、なんとまったく根拠がないか、また理性が、このような交換を遂行するのに適切な手段であり、交換が行われる過程は、あらゆるパーティに等しく有益であることは、すでに証明されている。このような説得をするのは、膨大な時間の浪費だ、理性が働いている間に、このような交換の利益がすべて、双方の当事者にとって失われる、と言えるであろうか。以下のように、いまも答えなければならないのだろうか。このような交換の現実、実際の利益といわれているものは幻想だとか、問題は、交換の利益に気がついているので、譲渡する気になっている当事者間に、もし交換が行われるならば、どんな役に立つのか、ではなくて、当事者間の一方が等価の価値を否定して、その嫌悪感が交換のいわゆる利益全部を無にするであろう、と。あらゆる通常の交換におけると同様に、真の等価が存在するところでは、この等価が普遍的にあらわれ、受容されている、と。当事者の一方を納得させる努力が必要なあらゆる場合に、想定した利益について、大きな疑問と不確実性があるはずだ、と。ひとは、かれらの利益に影響するものについて、普通、鋭く洞察する、と。そして、強制することが、どんな場合にも正当化されるなら、それは強制されない場合も、交換の相互の利益が明々白々の場合にも、正当であろう、と。そして、これらすべての環境から、この等価が不適当であることを密かに意識していなければ、合理的なひとが労働またはその生産物の交換を強制執行する口実にしようという気になれないことは明白だ、と。

自発的交換、つまり両当事者によって、等しく納得のいくと思われている交換の原理が、あまねく普及していることの利益、取るに足りない利益をみよ。それは、交換を装った、いかなる形の暴力、詐欺または不正義をも阻止するための、単純かつ万全のチェックとして機能する。それは知性と仁愛の働きを必要とする。そして、物事の本質からみて、それに替わるべき、ほかのチェックはありえない。一例として、交換をする際に、説得原理ではなくて、暴力原理を容認してみよ、あなたは留まるところを知らなくなるであろう。一つの交換を強制する同じ判断、同じ権力が、いま一つの交換、そしてまた次の交換を強制し、ついには、全交換が、一方では気まぐれになり、他方では勤労への思慕になる。絶対に間違いのない判断が、有用な交換だけを実行するために、不可欠であろう。反面、このような、まったく有用な交換の強制執行さえ、それから期待される好影響を雲散霧消させてしまうであろう。自発的交換原理にもとづいて、等価が、自分にとって本当に有益であっても、相手にとって納得のいかない、どちらかの当事者によってオファーされるだろうか。それよりもっと強力な、どんな動機が、交換を望むひとたちの知能の行使に対して、考えられるか。かれが目的を果たし、欲求している等価を手に入れるためには、説得をしなければならない。説得するためには、かれ自身の判断力を磨かなければならないし、納得してもらいたいひとの気心を、研究しなくてはならない。かれは、等価がどんな用途に使用されるのかを、教えるであろうし、この交換を実現するために、自分自身の願望と対抗する願望を刺激するように、知識を交流するであろう。かれはまた、納得してもらいたいひとの感情を研究するであろう。変転定まらないようなことや、気分を害するようなことをしたり、言ったりしないであろうし、かれをひたすら宥めて、喜ばそうとして、慰め、親切にする習慣を身につけようとし、利益によってまず衝動を受けたものを、習慣が追認するであろう。交換はひとを自分自身から外界へ向けさせ、こうして知的教養とともに仁愛の産みの親になるのである。自発的交換が普遍的に行われることによって、不正義を有効にチェックできるようになるのは、普遍的に適用されるのと同じく、その極端な単純さによってもそうである。勤勉なひとが、かれの労働もしくはその生産物と交換に、かれにオファーされた等価に満足しているときに、間違いをするかもしれないということに気がつかないほど無知で、理解力のないひとがいるだろうか。本節の表題を誤解するひとがいるだろうか。自発的でなければ、等価を手渡せない。両当事者が納得するまで、暴力が排除されているところには、暴力行為はまったくない。それは人間の取引業務のうちでもっとも平明なことである。真の等価を強要する正反対の強制制度とは、なんと相違の大きいことか。ここにはチェックがどこにあるのだろうか。ここには単純さがどこにあるのだろうか。チェック、それはない。なぜなら、納得のいかないパーティは、無知なるがゆえに、沈黙しているか、もし、不満があっても、聞き入れてくれないからである。意志、つまり利害関係のある当事者の一方の自由意志が法則である。そして、この意志は、いつも交換を強要しようとするひとにとって、その交換の適否について、かれの考えが変化するたびに、変わるにちがいない。それ自身の孤立した排他的利害の見地から生じる動機より、他のどんな動機にも左右されない決断とともに、正しく判断し、正義にもとづいて、永遠に行動し続けるのは、一体どんな人間か。他人の感情と欲求の変化を知るために、かれらの環境に一致すべき適合性を浸透させることは、全知の神より劣ったなにものができようか。どんな人間が、こんな複雑な、こんな不可解な仕事を手がけたり、思いつくことができただろうか。もし、自発性か、相互納得が単純化の極点であるなら、強制は確かにその反対、つまり複雑と混乱の極点であろう。

もっとも明快な理性の演繹法によって支持された自然が、ここでわれわれに、富の問題における、あらゆる不正義に対するチェック手段を与えてくれる。このチェック手段は非常に単純明瞭で、有効なので、それ以上のものはなにもいらない。それではなぜ、厳正な正義の法則、つまり交換当事者双方の相互かつ完全な納得、から離反することを容認するときに、われわれが自発的に許した詐欺と暴力の行使を抑制する、気まぐれで人為的なチェックを探し求めるのか。そのほかのチェックは思いつかない。なぜなら、理性、それに続いて道義心が進歩すると、一方の当事者が、双方のために判断して、一方の直接的利益だ、と仮定したものと対立した、両方の真の包括的利益を究極的には証明するだろうと言われるならば、この異議を唱える当事者が、理性の影響と道義心の修得とを等しく容易にするのを妨げるのは何か。いや、仮定によると、異議のある当事者は、理性の影響をより受けやすいであろう。なぜならば、交換は現実にかれの利益であり、他の当事者は真理、つまり交換の真の作用を解明することを切望しているからである。そのような真の利益は、確かに直ぐに理解されるはずではないのか。それゆえ、このような交換を独占したいと望んでいる当事者の場合、自分自身に有利になるように、自分自身ともう一人の当事者との双方のために決定する権力が自分自身の手に委ねられている、と直接的利害が誤って判断しようとする誘惑に絶えず曝されているのである。等価が真に一つであり、お互いに納得できるはずのところでは、すでに納得したひとの心に、理性が影響をおよぼす余地はない。しかし、強制原理がひとたび確立すると、このような環境におかれた精神に、理性がおよぼす影響力は、それを陶冶する必要が全然ないなかで、増大しないで徐々に減少し、ついには、それは役に立たない労働だ、と終局的に規定されて、気まぐれに支配された暴力が全能になるであろう、というのがいつも起こりそうなことである、いや、きっとそうなるにちがいない。

富の対象、つまり労働の生産物のどれもが、生産者から、かれの納得すると思われる等価なしに取り上げられるべきではないとはいえ、かれの労働が、その生産物とともに、等しく尊重され、それに対しても、十分な等価が与えられるとはいえ、なお一部分、すなわち、これらか、労働もしくはその生産物か、どれかの小さな一部分は、生産者が与えられた等価に納得がいかないかもしれないが、権利を侵害せずに強制的に略奪されるかもしれないということは、確かに言えないであろう。

これらと同じような態度に気づくのは、異議異論があれば、何事も穏便にそっとしておこうとしないためだけである。これらは、理性の基準で測られるとき、揚げ足取りで、馬鹿馬鹿しく見えるとはいえ、もっとずっと非合理的な立場が真理として受け入れられ、非常に有力視されてきたし、現に人事においては非常に影響力が大である。人類はいままで行動してきたし、かれらの本性の必然から、生きていくために、非常に行き当たりばったりに行動しなければならない。いろいろな共同社会が置かれている環境によって、社会的実存、社会的慣習と制度におけるさまざまな実験が余儀なくされて、はじめてそのような結びつきが産み出す諸結果、善悪の影響を知り、予知し、予言することができるようになった。自然科学的諸問題における事実と実験の欠落と同じように、道徳的諸問題に関するこの経験が欠落しているときに、ひとは、この経験とそれら諸問題に欠けている事実との代わりに、思索と理論とを必然的に用いる。この二、三〇〇〇年の間に、しかしながら、人口が地球全体に拡散したので、事実が蓄積され、実験が行われてきたし、ほとんどあらゆる可能な、ことわざ、慣習や制度の思いがけない結びつきが、いろいろな地区や地域で、競合する利害やそれらを形成するものの、多かれ、少なかれ、制約された見解によって、創り出されてきているのである。その結果は予想されたとおりのものであった。膨大な量の誤謬が犯されてきたし、有利な環境、または相対立する傾向の諸制度によって、多かれ少なかれ中和されるような悲惨を多かれ少なかれ産み出したのである。人類は、公共的精神をそれ以前のこれらの資料に活用できるや否や、すくなくとも、これらのすでに経験した弊害を繰り返さなくても済むようになるであろう。愚かな制度が永年絶えることなく産み出してきた悲惨な状態の普及と、それさえなければ幸福に生活し続けてこられたことを考えると、そのような利益を安価に見積もれないであろう。ひとたび正しい道を歩み、経験の教えに従うなら、総計最高の幸福を生みだすようにもっともよく計算され、相互の攻撃と抑圧、つまり無知と抑制できなかった情欲の所産に尻込みせず、この唯一の意中の目的と沈着に整合した手段を考え出すことに、人類はそれ以降腐心するであろう。社会改良の経歴は膨大で、自然科学的発見の経歴と同じ広がりを持つものである。障害物をたんに排除するだけで、即座に社会的幸福が完成するであろう、と想像できないのは、観察と実験とから思索する正しい方法を発見すれば、即座に自然のすべての自然科学的謎を解明できる、と考えられないのと同様である。功利の原理、すなわち、普遍的道徳の至高目的として、人間の幸福の最大可能量の生産を最初に打ち立てた人物〔J. ベンサム〕は、現在なお存命中である。だから、これまでに、たいていの場合、正義に悖る行為を行うにあたって、それを正当化する必要がないと思われてきたのに、それを行うために言い訳がましい理屈がつけられると、的はずれで、他愛もないことが分かっても驚くにあたらない。

「労働生産物、ないしは労働それ自体の一部分が、満足な等価もなしに略奪されてもよい」。いかなる理由で、この一部分の略奪が正当化されるのに、もう一部分、もう一部分と、ついには、富物品全部ないしは労働日全部が、強制的に奪い去られるまでは、正当化されないのであろうか。このような報酬のない略奪を要求するひとたちの、利害に囚われた考え方に迎合すると、一時間がいいなら、なぜ一日がだめなのか。一日がいいなら、なぜ一月がだめなのか。一月がいいなら、なぜ一年がだめなのか。一年がいいなら、なぜ一生涯はだめなのか。一パイントの穀物が強制的に略奪されるなら、すなわち十分な等価なしに、つまらないのと交換に、略奪されるなら、なぜ、そのものがもっと重要なところでは、一ブッシェルを主張しないのか。または、請求権者が緊急と考える場合、必要ならば、なぜ一〇〇ブッシェルが主張されないのか。同じ理屈、つまり、労働生産物の一原子、あるいは骨の折れる労苦の一要因の略奪を正当化するであろう契約当事者の一方の功利という偏見は、それらのどんな部分の強制的略奪をも、正当化するものであろう。たとえ要求された略奪がある場合に小さいからといっても、利得総額が、それと同じ場合には、等しく取るに足りないからといっても、反面、不安全の感覚は、略奪が小さい場合も、大きい場合と同じ大きさのままである。この小さな部分が、ほかの小数位の部分と一緒になって、一個人にとって、明らかに大きな楽しみの集合体になっていくとしても。この仕組みは、ただ被害を拡散させるだけであるのに、一方、楽しみを非常に不公平に増加し、この増加は常に部分が追加されるごとに減少していき、小さな贈り物を自発的に与えることから生じる同感と仁愛の快楽がまったく全滅していることは、すでに証明されている。強制的略奪、ないしは強制的交換のための部分を、この損失を感受できないほど低く減少してみないか。非自発性の不快感はすべて残るのに、徴収費は取得価値よりも高くなるであろう。これらすべての小さな交換、または安い貢納を自発的にしてみよ。貢納者の心に、これら同一の少額で、取るに足りない割り当て分を、返却したいという真意を伝えてみよう。その結果はなんと違うことだろう。暴力のマイナス効果ではなく、有益な目的のために、自発的に働くうれしい影響が周囲に広汎に広がるであろう。不安全から生じる、勤労の不安と弛緩ではなくて、再生産のエネルギーが更新されて、将来、同じ様に有益な性向に満足感を与えるための手段になる。暴力行使によって生みだされた恐怖と不信と悪意に替わって、信頼感と親切心が、説得という優しい影響を受けて、芽生える。

一つの奇妙な誤りが、本節の標題でのわれわれの議論の非常に単純な命題に、相変わらず反対している。労働の生産物と労働それ自体は、その性格上、非常にさまざまであり、非常にいろいろな度合いの注目に値する、という観念が広まっている。富物品と富裕層はどこでも自己満足で見られており、他方、蓄えがなく、ただの労働能力しか持っていないものは、冷淡に、嫌悪感をもって見つめられる。富と貧困、すなわち富と富の生産者は、お互いに区別して対比され、和解しがたい敵対関係にある、とみなされている。富をその所有者に保護するあらゆる手段が考案されている。富を生みだした生産的エネルギーを保護することは、余計なことだと思われている。いや、あらゆる所で、労働の自由行使を管理するための制度的団結が形成されてさえいる。そのため、富物品、すなわち労働の生産物のどんな分子も、いかなる口実のもとでも、その所有者によって十分と思われる等価なしで、かれから略奪されるべきではないことを自由に認める、いや、主張する大勢のものは、労働、つまり富の生産的源泉が、その所有者から、納得できる等価なしで略奪されても良い、と激烈なほど主張してきたのである。

本書をこのページまでずっと読み続けてきた読者は誰も、一瞬たりとも、このような表面的な差別の詭弁に惑わされることはありえない、と思われる。労働が生産した意識を持たないただの無生物を尊敬するだろうか。そして、それを生産した理知的頭脳によって指導された根気強い手をもっと尊敬しないのだろうか。高価な品物、絹、（高位顕官が着用する）紫衣、金から、それらの生産に雇用された労働を取り去ってみよ、そうすると、それらはどんな価値があるか。労働の加わらない物質は、富の物品としては人間の役に立たない。空気か水のように、いくら有用でも、それを専有するのに労働を必要としなければ、交換価値（exchangeable value）は全然ないであろう。それらを、いまあるがままにするのは労働である。労働こそ、自然が海外に散在させて、そのままだと無用な物質を、人間にとって幸福の手段に転化する構成要素である。それらに、価値と、富の物品としての通貨を与えるのは、労働のみである。労働を抜きにしたら、たとえそれらがどんなに有益であり、われわれが周囲のあらゆる品物を区別できる光線よりも有益な富の物品はないとしても、それらは、富の物品として認められないであろう。これらの品物は、熟練と労働を体現し、象徴し、使用する際、人間の幸福を増進するのに役立つかぎりでのみ、思慮分別のあるひとから尊重される。われわれが富の物品の価値を評価するときに、評価するのは、事実、その製造とその自然物質の発見か栽培に集積した労働である。それゆえ、労働によって生産された富を尊敬し、それを生産する労働を軽蔑するふりをするより馬鹿げたことがあるだろうか。それはミルトンの『楽園喪失』（Million's Paradise Lost）を賞賛すると同時に、それを想像した知性を軽蔑するふりをすることだ。

さらに、——労働生産物の自由処分が尊重されなければならないのに、労働生産物を自由処分するために、なぜわれわれは労働自体の自由処分を尊重しなくてもよいのか。再生産、道徳性および幸福は、労働とその生産物がすべての暴力、ないしは非自発的交換から保護されるべきことを、等しく必要としている。労働が生産したものを奪い去れ、または労働が生産しようとしているものを予想し、いわば前もって奪取せよ。このやり方のどこに相違があるか。この有害な結果のどこに相違があるか。もしあるとすれば、その違いは、前もって生産物を予想するよりも、むしろ生産した後に、生産物を強奪するほうが選ばれるであろう。けだし、生産物がすでに実存しているところでは、勤労が生産している最中に弛緩することが回避されるし、落胆の影響は将来の生産に及ぶだけだからである。しかし、労働が強制されているところでは、略奪される生産物そのものが、減衰したエネルギーによって育まれ、完成するのである。われわれが富物品の強制収奪に反対を唱えるのは、あらゆる弊害、あらゆる悪影響が、その品物自体、無生物の対象に刻印されるからではなく、知的行為主体、生産者の精神をその弊害が蝕むからである。その品物自体は、必ずしも損傷するわけではないし、自発的に譲渡されようが、非自発的であろうが、同様に役に立つけれども、警戒心、不安全の感覚、将来の生産意欲阻喪、報酬を誤魔化される労働への嫌悪が、強制労働、または労働生産物の略奪、ないしは、それに対する納得できない等価交換によって、等しく生みだされるのである。勤労者の心情に、将来の生産を制限し、これら経済的弊害と並んで、その他の道徳的弊害――これらについては、ただ触れるだけに留めておく――を生みだす有害な影響は、労働が襲撃されようと、労働生産物が襲われようと、いずれにしても、同じことである。そして、労働生産物はどんな場合でも、労働自体の象徴としてしかみなされない。無機物は無である。活動的な精神と手は、われわれの現在の見解では、哲学的、道徳的考察の唯一の対象である。いかなる人間の労働も、わたくしの利益のために強制的に行使させられるべきだ、とわたくしはどんな口実を使って要求できるだろうか。このことは当の人物によっても、わたくしの報いられない労働の利益を要求するさいに、同様に弁護できるものではない。それに加えて、あらゆる社会で、絶対的に蓄積された富が、生産と幸福におよぼす影響は、その同じ社会の将来の生産諸力と比較して、如何にちっぽけなものか、が指摘されるであろう。

自由かつ自発的交換原理が、普遍的に行われるようになると、どんな場合でも、この規則から離脱することを擁護するひとたちは、この場合の離脱から生じる特別な利益が、この規則の一般的利益よりも圧倒的に大きいことを証明する責任があるであろう。

第11節

富の素材、すなわち労働の生産物は、楽しみの最高可能な平等と最大可能な生産とを促進するという、二重の目的を実現するように分配されるべきである。すなわち、安全と両立する最高可能な分配の平等を促進するようにである。そして安全だけが肉体的、知的なあらゆる有益な人間エネルギーの完全な発達を喚起する

すべてのしっかり組織された人間は、同様な取り扱いによって、幸福、とりわけ富物品の利用によって生じる種類の幸福の平等な部分量を楽しむことができるし、もちろん、このように同じような体格をしたひとの最大多数の幸福は、お互いに共存できない、と分かったとき、――そのようなことは、賢明に調整すれ

ば、ほとんどありえない——つねに、より少数の幸福よりも優先されなければならないことが、証明されるように企てられてきたし、成功するよう期待されているので、ひとをまったく差別しないで、万人の幸福を平等に推進することがわれわれの目的であり、平等な幸福が目指す目的であるべきだ、という結論になるように思われるのである。なぜなら、かれらがみな等しく楽しむことができるなら、なぜ一人のひとに、もう一人のひとより多くのものを与えるのか。もし、この絶対的平等制度が生産と矛盾しないなら、あまねく世界中でその制度は固持されるべきである。富の分け前が、連続して同一個人の割り当てに追加されるとき、その幸福生産力は減少するが、多くの個人の間に分割されるとき、各部分の生産力は、その結果が人目を引くほど際だってはいないけれども、驚くほど増大するものである。そこで、正義は、社会の富の総量がその構成員の間に等しい分量で分割されることを要求しているように思われる。

この議論は、もし労働が富の生産、実存に必要でないなら、反論の余地はないであろう。この環境は平等に制約をもたらすが、この制約は、しかしながら、その適切な目的のもっとも厳しい枠内に留まるように監視されなければならない。平等が生産を減少しないところではどこでも、それは追求される唯一の目的であるべきである。平等が本当に有益な生産を減退させるところでは至るところで、（その生産は、生産者に圧倒的な善をもたらす。）生産はみずからの存在を徐々に蝕んでいき、死に至らしめる。この制約を解説しよう。これは、自然が、仁愛の広汎な願望、つまり正義の公正無私な作用を妨害してきたように思われる制約である。

任意の品物、いまは欲求の対象で、小麦、砂糖、あるいは帽子のような、その生産に労働を必要とするがゆえに、富の一物品であるものが、人間の努力とは関係なく、自然の仕組みやその他の手段によって、生産されると仮定しよう。それは、万人の欲求に対してあり余る空気とか日光とは異なって、共同社会の各個人に制限された供給量で生産されると想定しよう。供給が、人口の増加とともに、その住民のいかなる部分からの努力もなしに、とはいえ、欲しいひとすべてに豊富に与えるほどでは決してないけれども、規則的に増加すると想定しよう。水、空気および日光は、小麦か、砂糖か、または帽子と同程度、もしくはそれ以上に有益であるが、その大部分について、供給のために、人間の協力に依存していないとはいえ、それらは、いまのわれわれの例証の手段にはならないほど、過剰に存在している。それで、帽子が、もし平等に分配されるなら、この共同社会の各個人に、年間消費のために一個ないし二個、供給できるほどの個数で、人口の増加とともにつねに増加し、毎年、人間の努力なしで生産される、と仮定しよう。これらの帽子をどのように分配したなら、消費の最中に、最大可能な幸福量を生産するであろうか。幾人かの個人には毎年三個、または四個、または一〇個、ないし二〇個与え、その他の人々には帽子をかぶらせないで、気候の変化、湿気、寒気そして夏の太陽の炎暑に曝しておくだろうか。追加数の所有者は、――交換を問題にしない――その過剰から、何の利益をも得ないで、自分の着用するものがいつも新品、たとえば毎月一個の新しい帽子、という子供じみた虚栄心を満足させるだけである。もし一年間一二個の帽子を愛用する人が、均整の取れた知性の持ち主で、同感の快楽をよく知っているならば、かれは、自分が着用したため、割り当て分の帽子をもちろん受け取らずにいた人々が蒙った弊害をつくづく考えて、自分が不必要な帽子の追加分を着用することで、虚栄心の快楽を感じるより以上に限りなく多くの苦痛や不快を感じるであろう。しかし、それはともかく、このたくさんの帽子を持っている本人が、無知な自己中心主義のために、そのような原因から生じると想像できる、あらゆる満足を感じる、としよう。かれが利得した善の追加量は、これらの帽子をかぶらないで済ますように強制されたひとたちが、失った善（あるいは我慢した悪）と比較すれば、何だろうか。毎日の悪評と不愉快とは無関係に、やむを得ず帽子なしで済ますようにさせられている人々の、健康に対して生じる重大な弊害には際限がない。それゆえに、この問題はただ一つの解答しか許されない。完全な平等は、それから乖離すると、いつも即座に幸福を侵害し、その物品を略奪されたひとが蒙った損害と比較すると、この利得者に対してなにも追加しないような物品の分配の際に存続すべきである。厳密な平等は正義と仁愛の不変の規則である。もし、この物品――小麦、または砂糖、または心地よいので有益な他の品物――が、毎年驟雨のごとく降り注ぎ、あるいはそうでない場合には、労働をしなくとも手に入るとするならば、（もしも悪影響を相殺しないで続くとすれば）この規則は同じく分配の絶対的平等であろう。もしも共同社会の各個人にとって、一日、一月、一年の食物、または食物の甘味料の供給に十分な小麦か砂糖の供給を、ただで、労せずに得られたとすれば、あらゆる場合に、過剰の限度以内であるための量が、多かれ少なかれ、分配の平等が最大の幸福総計をもたらすものであることが分析してみて分かるであろう。もし、労働せずに得られる小麦の供給が、共同社会の各消費者の、わずか一日の消費に十分であるだけなら、各人は、その半数、ないしはもっと少数のひとが、多くの日数をエンジョイするより、むしろその一日をエンジョイすべきである。というのは、エンジョイする容量は同じで、この品物を労働によって所有していないから、なぜ二人ないしはもっと多人数の部分の幸福、または幸福の手段が、かれの隣人を犠牲にして、一人のものに与えられなければならないのか、理解できないからである。もし、小麦が、この場合がそうであるように、欲求と稀少性の対象であるならば、それを連続三〇日間、あるいはこの三〇倍の量を使用するひとは、（他のすべての事情が等しい、とすると、）それから、単一の分け前を持つ三〇人の消費者と、同じだけの楽しみを得られないであろう。なぜなら、かれらの一人一人は、この獲得物の物珍しさをエンジョイしているのに、一方、最初の部分以後は、割り当てが増すごとに、その質をますます落としていき、三〇個分全部を消費するひとには、どうでもよくなるであろう。さらに、飲食という、たんなる肉体的楽しみは、同じ様にエンジョイしている周囲の人々の満足に同感する快楽によって増進するであろう。しかし、三〇人分の分け前を持つ、ただ一人の消費者の楽しみは、等分量の分け前を奪われた人々の妬みと憎悪によって、ほとんどゼロにまで減少するであろう。一日のうちで、一人またはより多人数が、他人のために、かれらの分け前を奪われている小麦に代わる他の食物がないならば、その弊害は極端になるであろう。だが不平等にもっとも好都合なケースをあげると、われわれは、小麦の糧食はアイルランドの労働者、または西インドの奴隷にとってと同様に、ただの楽しみ、より良質の食物、一種の贅沢だ、と想定してきた。この物品がはっきりした楽しみを与えうる分け前に分割できるような量であるかぎり、幸福の総計は、分配の平等によって、増加するであろう。もしその品物が、努力をしないで、限定された量だけ手に入る小麦、またはただの贅沢品でなくて、砂糖であるとしても、結果は変わらない。——つまり、幸福の減少は、いつも分配の不平等から生じるものである。贅沢品が倍増し、多数の分け前が一人のひとに与えられると、それは直ぐに、か<u>れ</u>に<u>と</u>っては贅沢品でなくなり、ただの必要品になる。と言っても、本質的に必要ではなく、純粋に因習として必要なのであり、その三〇倍もの量でさえ、かれはしばしば飽食のため、その分け前が贅沢品である一個の消費者よりも、エンジョイできないのである。そのため、贅沢品であろうと、必需品であろうと、労働がその生産に使われていなかろうと、すべての場合に、幸福の最大限総計を作り出すためには、平等が分配に際して遵守されなければならない。

しかし、富が分配されるべき物品であるあらゆる場合において、労働はその生産に必要なのである。——たとえば、真珠、宝石、その他の貴石に適用される探査の労働、家畜や野生動物に適用される捕獲と世話の労働、鉱石、サッカリンやその他のジュースの抽出とすべての手工業の製造に適用される加工と準備の労働。使用するためか、たんなる欲求の対象としての物品を、富物品に仕立てるためには、なんらかの形で労働が加えられなければならない。労働しなければ富は存在しえない。共同の井戸から水を汲み出すように、以前は誰にも強奪され専有されていなかったものを、そうするただの努力でさえ、以前無主物だったものを財産に変えるのは、労働の適用のみである。だから、労働は、前に証明したように、富の普遍的生みの親である。

富と呼ばれる欲求と効用の対象を、富という用語が当てはまらない、その他すべての使用と欲求の対象から、区別する構成分子を発見したので、労働しないで手に入れた小麦、砂糖、帽子の前例と並行して、もう一つの例を想定してみよう。

さて、従来、自然発生的に手に入れていたのと等量の小麦、砂糖、帽子が毎年生産されると仮定しよう。同一量のこれらすべての物品は、年々この共同社会で自由に処分される。だが、この共同社会の年労働の半分、ないしは他のいくらかの分量が、それらの生産、それらの原材料の探査、それらを抽出し、加工することに使われる。これらの物品の分配の際に、以前主張した、平等と公明正大の同一の規則に従うであろうか。労働によって獲得した、これらの物品の平等分配は、これら同一の物品の場合、年々、どんな個人が、どんな労働もせずに、獲得したときに、生産したであろうと同様に、最大可能量の幸福を生産するのに役立つであろうか。

あらゆるひとは、新分配法則がここで導入されなければならないことを知っている。あらゆるひとは、問題の物品の生産にひたすら雇用されてきた労働者に対して、損害を与えずに、不愉快な感情と激情を産まずに、この場合、平等の恩恵を獲得できないことを知っている。勤労者は、かれら自身のゆとりある生活に追加しようとして、これらの物品を生産するために時間を費やし、精神的、肉体的力をおのおの緊張させてきたが、かれらの労働のみが現在あるがままに作ったものを、かれら自身のもの、かれらの財産だとして、身辺のまだ専有されていない、自然のままの物品と区別して、主張し、要求している。かれらの知力に導かれたかれらの腕が生産したものを、かれらから奪うことは、かれらから、かれら自身の一部を奪うことと同然である。それは、思考力のないもの、無思慮なもの、怠惰なものよりも、かれらの方が優れていることを、明瞭な形で、象徴的に示している。かれらが努力する動機は、生産されてくる物品の使用であった。そして、その自由な使用とは、自由処分の力を意味する。労働によって専有され、形成されるものに対する、この権利の主張、この排他的所有概念を奨励するのは有益だろうか。この権利を承認しないで、それらを生産するのは明らかに愚の骨頂である。この権利を承認しなければ、生産されないであろう。労働によって生産される物品の、新しい供給が開始するや否や、労働によって生産されない物品に適用されるような、新しい分配法則、または古い平等法則の手直しが、図られなければならない。この一セットの物品は、その生産にまったく労働が加えられていないとはいえ、限りなく永遠に生産されるであろう。他のセットの物品は、労働によって実存し、富物品として、その全価値を、それらに投下された労働から得る。それゆえ、この新法則、規則あるいは聡明な示唆は、前に確証したとおり、「労働が生産したものはどんなものでも自由に処分できる保障を、その生産者に与えよ」である。それで、従前の平等規則と明らかに対立し、労働が現実に、または想像上、有益な物品を生産するために雇用されているあらゆる場合に、この規則を無効にする新行動規則がここに存在する。

では、何をしたらよいのか。平等の恩恵を観念的で、人間集団の実情に適用できないものとして放棄すべきなのか。いや、決してそうではない。まず、平等の規則は、いかなる労働も生産に雇用されていないところでは、つねに守られなければならならない。次に、「各人に、かれの労働とその生産物を、自由に使用できる保障を与えよ」という原則から離反するところでは（それは、かりにあっても、ごく、たまにしか起こらない）、どこでも、その乖離は、いつも平等に有利になるように、であって、不平等の必然的、かつ不可避な弊害を増加しないためである。

楽しみと、楽しみの不可欠な手段である生産とを、待ち望んでいる英知と正義は、勤労者がかれらの勤労生産物を、自分だけで使用する権利を全幅的に認める。これを認めることは、先見の明がなく、技術がなく、力がなく、活力がないので、生産していない残余の社会成員にとって難儀だろうか。平等規則とその楽しみの増大すべては、生産者に有利なように放棄され、不生産者は、生産者が余剰を持っているのに、貧困のまま放ったらかされていなければならないのだろうか。

生産者が余剰を持っているということは、すなわち、かれら自身の当面の欲求が充足されるよりも、多くのものを持つということである。労働生産物（つねに競争による労働、全社会の通常の労働様式を意味している）、すなわち富物品の分配の絶対的平等は、実行不可能であるか、または実行可能だとすれば、個人的競争制度のもとでは賢明ではない。このような物品の絶対的平等は問題外であるので、次に英知と仁愛の対象になるのは、平等にできるかぎり接近して、最大生産と両立するほどに近づけることである。

生産者は余剰を持っている。この余剰分をどう処分すべきか。無思慮なひと、非生産者は欠乏している。かれらは如何にして手に入れるか。ここに第三の原理、つまり「自発的交換」の原理が現れて、平等と安全のあらゆる明白な矛盾点を調停する。この原理は着実に追求されて、もっとも実行可能な平等へ導き、安全の一分枝であり、富対象の最大生産を必然化し、かくて、幸福の最大量を保障する。

非生産者は困窮している。かれらは、勤労者がかれら自身の当面の欲望を超えた余剰を生産している間、失業しているので困窮している。もしまったくの怠け者ではないなら、かれらは相対的に勤勉ではないのだ。なぜなら、生産者の技術と労働が若干の自然物質を利用できるように作り上げていく間、生産者はもちろん、非生産者も同じく、生存手段を見つけているからである。非生産者は困窮している。しかし、かれらは交換するものをなにも持っていない、富の形でなにも持っていないのである。欲求する物品に凝集している労働以外の富とは何だろう。非生産者はいまこれを持っていない。しかし、かれが労働と能力を持っているかぎり、それを生産する手段を持っている。かれはそれに、その価値を与えるだけのものを、つまり、それを、現在あるがままに作るものを持っているのである。富の、財産の源泉は、かれのうちに内在する。非生産者は、生産的労働者から勤労の過剰を獲得する、明らかに違ってはいるが、実際は同一の、二つの方法をもっている。かれは、かれの欲求する品物の生産者、所有者に、労働で等価を与えるまで、自分の労働を後者の指揮下に置くか、または、かれの労働、かれ自身を、所有者が十分な等価だと思う物品のいくつかを探し、準備することに、適用するかもしれない。両方の場合に、労働者の与える報酬が、同じであることは明らかである。いずれの場合にも、かれ、またはかれの雇用者は、具体的なものをなにも創造しない。かれらがなし得ることはすべて、それを発見して、成型するか、または化学的、植物的等々の自然の影響力に作用されるままにして置くか、である。雇用主のために働くことによって、かれに与えられた労働対象たる物品、つまり土地、木材、綿花などに、さらに追加されたかれの労働は、この物品の内部か外部に付加された唯一の追加、ないしは変化である。かれがみずから同じ原材料に働きかけて、その原材料を加工したときに、等価として売れば、そのプロセスはまったく同じである。労働は、双方の場合とも等しく、追加された物品である。雇用主が、労働対象たる原材料を供給するところでは、より多くの労働が付与されなければならないのは真実である。しかし、それはなぜだろうか。その物品を栽培したり、獲得したりすることに、または労働者に労働対象として与えられる粗製品の状態にさえ仕上げることにあらかじめ費やされた労働を補充するためにである。かれがこの原材料を自分で獲得したとすれば、この超過労働を、それに投下しなければならなかったであろう。ちょうど労働量が全体として、等価を形成する真実の価値構成要素であるのと同様に、交換したいと思う富物品の真実構成要素でもあったからである。

そこで、非生産者は、労働とそれに続く交換によって、生産者が節約しなければならないものを、獲得する手段を持っている。それをかれ自身の勤労によって生産できなくなってしまい、問題の特異な勤労の技術をおそらく持っていないので、かれは他のなんらかの方法で、等価として役立つある欲求対象を生産するように、かれの労働を固定、ないしは物象化することができる。

このようにして、労働、あるいはその生産物の自発的交換によって、平等と安全との、すなわち生活に楽しみを与える素材の最大量の獲得と、それらの素材によって幸福総計の最大生産との、二つの原理を妥協させて、調和のとれた働きをする行動規則が得られることが分かる。

富の生産――その他のすべての人間の努力と同様に、――の唯一合理的な目的は、どんな人数であれ、その生産者たちに対する幸福の増大であり、分配の平等は平等、かつ、公平な安全によって制限されている場合を除いて、この目的にもっとも効率的に役立ち、そして（安全のなかに含まれている）自発的交換の自由は個人的競争による再生産と矛盾しない最大可能な平等に直接に到達するから、平等と安全の恩恵を最大にするよりほかに、それが生産できる富から、合計最大の幸福を引き出すために考えられる、どんな方法があるだろうか。お互いに妥協できないどころか、平等に接近できるのは、（眞実の）平等な安全にいつも密着しているしかない。いままで、安全という名前で間違って崇拝されてきたものは、多数者、特に富の活動的で真の生産者全集団を略奪し、没落させるという犠牲を払った、少数者の安全であった。この偽りの不平等な安全が富の平等と敵対的であるのと同程度に、平等な安全は富の平等に友好的である。富に関する安全は、労働の自由処分、労働生産物の完全利用、および自発的交換の機能を意味する。最大限の生産に役立つ、この真実の平等な安全を維持することは、結局、極大可能な平等にも連なる。それゆえ、これら二つの追求対象は非常に広汎に合致するので、前者の最大量は後者の最大量に到達するであろうから、そんな単純な行動規則とは、いったい何か。あらゆるもののなかで、最大限可能な安全を促進せよ、そうすれば、最大生産と最大平等とを促進することになる。平等な安全から離れるかぎりにおいて、平等は減少する。不平等を促進するために干渉するかぎりにおいて、安全は減少する。

では、この二重の結果をもたらすように、これらの富物品を分配するのが適当かどうか、に関して疑問はありえようか。ほかに、(第一究極の原理はいつも幸福の生産であるから) これに匹敵するものとして注目され、あるいはそれと比較してともかく考慮されるべきどんな二次的、副次的分配原理があるだろうか。

人類を導いてきた偽りの諸原理、財産を分配する際に念頭に置いてきた有害な諸目的は、ほとんど数限りがない。ただ一点でのみ、それらはすべて一致するように思われる。——それは、かれらが持っていると想定される権力と所有への関心を高めるという点である。平等と安全を維持するために、平等が安全と一致するかぎりは、かれらはそれを重視しない。ときたま平等の恩恵についての見解が混乱したので、それを絶対的な方法で確立し、維持しようと努めてきた。だが、こんなことができたのは、ただ、スパルタや、それほど評判が悪くないけれども、ギリシアのその他の国家でのように、共同社会の半数、つまり生産的労働者を、隷従させたり、または初期ローマ時代か、最初のキリスト教共同社会制度におけるように、絶え間のない反乱と実行不可能な事業を手早く放棄する、というような犠牲を払った場合にしかない。平等と安全との間で右往左往し、これらの不倶戴天の敵の相対立する要求をどう調停するか迷って、前者または後者が、その対立者からの弊害のプレッシャーが当時たまたまもっとも痛切に感じられるにつれて、優勢になったのである。しかも、知識がないため、最善の人々でさえ、もっとも極悪非道な不正義を擁護し、推進してきたのである。このことは、最大多数の善が目指す目的だと想定されている共和政体でさえ、発生したのである。しかし、より多数の幸福というような目的が、意中の目的でないばかりでなく、制度的にも無視されて、富と権力の略奪、増大および永続性が、これらか、またはこれらのどちらかを所有している人々に対して、公然の追求目標だったその他すべての体制、制度のもとでは、またより多数の利害が、時には偶発的に、ちょうど馬の利害と同様に、かれらの仕事をかれらの親方にとってもっと利益の上がるように追求されるその他すべての体制、制度のもとでは、無知と暴力行為が共同社会の富を横領し、それを、ある時には一人に、ある時には少数のひとに、ある時には多数の人々に付与した。そして近視的で強欲な見解が、ほとんどいつもこの共同社会の全体を貧困にして、つねに御し難く、悲惨にしたのである。野蛮な、または牧歌的な部族の粗野な首領が、無制限な親の権威の比類なき実践によって、初期エチオピアの、エジプトの、アッシリアの、あるいはその他、東方の専制君主の広汎な支配へと当然導かれているがゆえに、かれの隣人たちに対する権利侵害が間違って正当化され、それから現在に至るまで、いろいろな偶然の制度すべてを貫いて、特殊な利害がたまたまより優勢だったので、富の分配は、考案者の知識に応じた技術の多寡によって、支配的党派が、共同社会のより多数、つまり生産的労働者を犠牲にして、自発的交換ではなくて、暴力によって、かれらの労働生産物を略奪して富裕になるように、いつも規制されてきたのである。たった一人の個人が、かれの助手たちと一緒になって、アジアとヨーロッパの全歴史を通じてもっともしばしばあったケースであるが、すべてを略奪したかどうか。古代ユダヤ人の間でのように聖職者が、チベットのダライ・ラマの臣下や崇拝者が、そして近代ローマ人民が法律を作り、運用していく権力をつかむほどの勢力を略取したかどうか。マホメット系のトルコ信教制度におけるような、聖職者と国王との双方の弊害を合体した、半聖職者、半王政的制度は、また（もっと低い程度では、ヘンリー八世以来の教会と国家とのイギリス王制における）あらゆる権力を一身に独占したかどうか。エジプトにおける後日の白人奴隷兵部隊のような、また相当な程度にはボナパルト軍事執権下のフランスにおける軍隊が最高権威であるかどうか。貴族、顕族、特権階級、領主、その他の称号を名乗る一組のひとたちが、長期間または短期間、あるいは終身、社会統治権を簒奪して、賢愚さまざまな子孫に、ヴェニスやその他純粋貴族政体におけるように、継承したかどうか。あるいは、これらのいろいろな利害が偶然に混合して、一種の盟約が、かれら、またはかれらのある人数の間に締結され、かれら合同の利益のために、旧イタリア・スイス共和国の大多数におけるように、分割以前のポーランド、オランダ、イギリス、そして大多数の滅亡したヨーロッパ諸政府におけるように、立法、行政権力を行使したかどうか。——これらすべての支配体制のもとでは、「自発的交換」の原理はほとんど等しく侵害されてきた。実際には、この侵害は、若干の国では、その他の国ほど、酷くはなかった。だが、この原理は至る所で無視されてきたし、自発的交換原理を犠牲にすることによって、平等と安全との原理と恩恵が必然的に犠牲にされてきた。最大幸福を、これらのそれぞれから引き出す唯一の方法は、すでに示してきたように、完全な自発的交換によるものである。イギリスの統治制度は、さまざまな特別な利害関係が連携しているもっとも完全な例で、相互の利益のためにお互いの意見を通すために団結している。一般的利害関係、つまり遥かに大多数の無階級人、すなわち生産的労働者の一般的利害関係は、偶然にも肉体的または精神的自然法則によって、生産者の利益が統治諸階級のなかの若干の階級の利害と一致するかぎりで、それ以外ではまったく無視されてきたのである。一聖職者としては特権階級の議院における聖職者の首長を通じて、一法律家としては法曹の首長であり、その他の、とてつもなく不釣り合いな巨大権力を持つ、特権階級の議院の首長でもある法務大臣を通じて、若干の大学の一員としては厚かましくも下院（Lower House）と称される議院における、かれらの代議員を通じて、馬鹿げた虚偽の称号を名前に付記されている〔貴族〕としてはこの虚偽の肩書きのある本人とかれの子孫に、法律策定の際に議決権とその他の有害な特権を与えているので、若干の同業組合の一員としてはそれぞれの組合が自己流の設立許可書と付則とでお互に差別するので、知性、廉直または金銭的価値さえもの、どんな原則にも縛られない、また一州の一定の世襲領地保有者としては上記下院における領地保有者たちの代議員を通じて、陸海軍の一員としては行政府とその長官、つまり陸海軍の長でもあり、愛好家でもある〔国王〕を通じて、しかも法律の執行についてはいうまでなく、法律の作成の際に、その他の全立法構成部局と一緒に対等な権力を持っているので、公収入の徴税官か消費者として汚職によって万事を動かす行政府を通じて、要するにこれらのどんな資格においても、一個人の利害は、より大きな利害を形成する一部分として、直接的に配慮されているかもしれない。間接的にも、もしあるひとが十分な富を持っているなら、かれは選挙区所有者かパトロンから、一年ないしは多年間、この共同社会のための立法の際に、投票権を買うことができる。あるいは、もしかれが非常に金持ちならば、かれは自分の名前に無意味な肩書きを付け加えることがほとんどでき、それによって自分と子孫に、立法参加権を永久に約束させるのである。わが国に生まれた、非常に賢明かつ知的な一男性（*a man*）として、かれの利益は、より卓越した特別な諸利害関係の統合にもとづいているが、敏感で、合理的な人間の権利と幸福とを尊重しない英国の制度によっては金輪際認知されてはいないのである。英国でも他国と同様、人類の半数である女性（*women*）の権利と幸福は、考慮されていないばかりでなく、まったく無視されてもいるのである。これは有害な重大事であり、それから社会全般の利益と幸福とに関して、反社会的で、非常識な事態が生じるので、万人に明らかになるように、まじめに検討することだけが要求される。しかも、この政治組織体制は、ありとあらゆる弊害と不条理とを持ってはいるが、アメリカ合衆国政府に代議選挙制度が確立されるまでは、環境の産物として広汎な共同社会のなかに生まれたあらゆる政治体制のなかで最善、ということは弊害をもたらすこともっとも少ないもの、であったのである。そこでは、公正な社会制度の唯一健全な原理が、最初に厳かに宣言され、施行された。「代議制のないところに課税なし」は、他所では無意味な言葉だが、そこでは逸脱すべからざる行動規則である。ただし、全人類間でと同様、米国にもある、多数の州での奴隷の不公正な実例と女性蔑視を除外すれば、のことである。生産的労働者自身から直接的にしろ、かれの代わりに行動することを委任された代議員から間接的にしろ、すべての交換はそこでは自発的である。暴力は排除されている。州のあらゆる部局における代議員と選挙権者、そして代議制と選挙だけがすべて——これこそ、全共同社会の最大可能な幸福総計を視野に入れた、すべての公正な統治の単純、かつ生気溢れる原理である。

さて、われわれの議論に関して、本論からのこの明白な逸脱から推断されることは何であるか。これらすべての共同社会において、「自発的交換」と、もちろん平等と安全との原理は、事実、制度的に侵害されてきたし、それら社会の実存そのものを保証するために、制度的に侵害されてきたにちがいないということを認めるのに、誰が一瞬躊躇しうるだろうか。それら社会はいかなる原理を、一律に必ず代用してきたのか。暴力行使である。暴力は多かれ少なかれ形を変えて、それらの全社会を支持し、生産的労働者に、かれにふさわしい、納得できる等価を与える報酬原則を完全に軽視してきたのである。

ところで、各交換当事者の納得のいく等価による、「自発的交換」原理と、「粗暴な暴力」の帝国との中間原理など事実上存在しない。行使された暴力の程度と実行された方針とは違うかもしれないが、原理は同一である。つまり、泥棒であれ、支配者であれ、生産者に納得のいく等価を与えないで、富すなわち労働の生産物を略奪するという点で。これら二つの間の中間原理など、想像もできない。半自発的とは、完全に満足することを欲求する人々にとっては非自発的である。そして、その穴埋めをするものとしては、強制が唯一の選択肢である。不平等の弊害にさらに付加された暴力と不安全の全弊害は、だから生産者の同意にもとづいたものでないあらゆる分配方法に内在しているにちがいない。それゆえに、強制的分配のいろいろな計画をすべて検討するのは、さまざまな仕方で招いた不平等と不安全との弊害を、ただ数え上げるだけにすぎないであろう。

社会組織の上記の様式すべては、人生の揺籃期と、もとより社会科学に無知な期間との、ただ偶然な実験にすぎない。これらの実験は、偶然だったからといって、有益でないとは言えない。事実関係の一定量の知識がどんな科学においても獲得されるまでは、どんな包括的な実験もおこなうことができない、というのはわれわれの自然の法則である。偶発的事件が観察に最初の素材を提供するにちがいない。それから思いつきがひらめいて、合理的な組み合わせと実験とが、意中の決定的な、有益な目的を伴って、ただ偶然にすぎなかったものの後に続く。どんな科学もここまで進歩すると、それは完成か、すくなくとも最先端へと進むことが保証される。肉体的かつ知的な人間の全エネルギーはその役目を遂行し、その合理的目的は日ごとにますます明白に現れ、その目的を達成する手段は判然としてきて、新しい応用が次々と出現し、真理と幸福の探求者を喜ばせ、驚かすのである。このようなことが、いまや社会科学の現状である。偶発的な実験が豊富に行われてきたし、理性が興味を引く分野に参入してきて、雑然と散在していた大量の物質を、功利、すなわち人間の利用と安楽な生活に適するように成型するであろう。

このような聖職者的、共和政的、王制的等々、どんな社会制度のもとでも、労働生産物の「自由交換」原理が尊重されてきたかぎり、その範囲では、財産は、そこで、その時代の知識が許すもっとも有用な方法で、分配されて、最大限の平等と安全をもたらしてきたし、その限りでは、それらの社会制度はわれわれの原理にノータッチのままである。諸個人の相互労働生産物（the products of their mutual labor）――土地を除く――の交換において、かれらの間の多くの通常の取引には、これらの制度のもっとも規制の行き届いたものは、公然と明白な方法では干渉していない。なぜなら、手数が煩瑣なため、利害関係の適当な動機が見当たらないからである。しかし、権力の座にあり所有しているひとびとの、現実のであれ、仮想のであれ、利害が関係するところではどこであれ、自発的交換は無視され、強制的略奪の手段に訴えられ、平等と安全は打ちひしがれてきたのである。納税者の許諾か同意なしに徴収された租税や関税のすべては、その本質そのものがウムを言わせぬ力ずくであるから、平等と安全を破壊する。だが、これらの税金に満足せずに、労働生産物および労働そのものは、支配者層とともに、影響力を持つすべてのひとたちの勝手気ままに、多様な方法で略奪され、型に嵌められ、監理されてきた。それは時には善行だと誤解したり、より頻繁にもっとも富裕な、権勢の強い層の蓄積を増加する目的だと公言して、である。

もし、安全と平等が、現在確実にそうであるように、富の継続的再生産を保障でき、最大の幸福総計がその富の消費から生じる、ただ二つの考えられる手段であるならば、安全の結果、人間の肉体的、精神的全機能が発達し、知識が絶えず向上し、道徳的習慣が身につくならば、また安全が、自発的交換だけでなく労働の自由行使と、労働生産物の完全利用をも意味するならば、最大生産を保障する安全と矛盾しない最大平等をもたらす富の分配方式のほかに、どんな賢明、有益な富の分配方式が考えられるだろうか。安全は暴力またはどんなかたちの強制とも両立しないし、どんな目的であれ、目的達成を促進するその他の全分配方式は、強制を意味するから、究極単純化した正義、「各人に、かれの全労働生産物の自由処分を保障せよ」、以外のいかなる分配方式もないのである。人間が分配の際にすべきことは、それだけしかない。自然の手がその他のことはしてくれるであろう。

第12節

この公正な分配を実現するためには、労働に与えられた方向、あるいは労働生産物の自由な交換に対する、積極的種類であれ、消極的種類であれ、富の本質に係わるどんな奨励や制約も、認められるべきではない

富の本質に係わるどんな奨励または制約も、安全の原理を侵さずに、また多くの場合、不平等に不可避の弊害を増大せずに与えることはできない。社会科学のこれら奨励または制約は、商業用語では、依怙贔屓の対象に適用されるものとして補助金（*bounties*）、保護（*protections*）、徒弟制度（*apprenticeships*）、ギルド（*guilds*）、同業組合（*corporations*）、独占（*monopolies*）と呼ばれている。他方、除外された人々、すなわち、あらゆる社会の個々の成員の大多数、大衆に適用されるものとして、これら奨励または制約は禁止（*prohibitions*）、密売買（*contraband*）、等々という名称で呼ばれて、与えられた有害な特権を維持するために、酷い極刑が科せられる。普遍的特権（それはまったく特権ではなくて、功利にもとづいた共同権（*common right*）である）は、共同社会の他の人々を犠牲にすることなく、どんな個人や無数の個人にも与えることができる。全共同権が刑罰によって普遍的に支持されている、と言えるかもしれない。たしかにそのとおりだ。――しかし、もし違反行為の苦痛が普遍的ならば、この権利の利点も普遍的である。普遍的善は、ときには部分的弊害があるという犠牲をはらって維持されているが、他面、特権の場合には、規則が破棄されている。部分的善は、違反行為に対してときには処罰される部分的弊害はもちろん、禁止という制約のなかでの普遍的弊害と

いう犠牲を払っても維持されている。ただの命令や宣言だけでは、社会の他者に、かれらの合法的権利であるべきものを、特権階層に有利に自発的に放棄させるように誘導できないであろう。そのため、他人以上に特典が誰かに与えられているところではどこでも、その特典を利用したり、享受するには、違反者、つまり他人の同様な権利を侵害しないで、自分が自由かつ自発的に努力する権利を放棄しない人々に対して、威嚇、つまり処罰の恐怖によって、保証されなければならないのである。かような刑罰の弊害は極度に達しているので、富のたんなる増加が特別に優遇されたものに対して与えるどんな利益（社会の富総計がそのため減少しなかった、と仮定してさえ）も、功利と幸福の尺度での正義［justice は裁判をも意味する］によれば、刑罰によって必然的に生じる破廉恥と苦痛とに比較すると、まったく取るに足りないであろう。[5] 特別優遇されたものに対するこれらの特典が、目に余るほど不公正であればあるほど、不利益な処遇を受けているもの、つまり、この共同社会のその他の人々は、もちろん、ますますそれを甘受するのを嫌悪し、かれらがそれに反対しようと努力する蓋然性が、ますます高くなるであろう。だが、この動機の強さに比例して、またそれゆえ反対しようとして、おそらく努力する強度に比例して、威嚇や暴力による抑圧手段も広汎になり、厳しくなるにちがいない。このため、特権はますます不公正になり、それを効果的に維持する手段は、ますます残酷になるにちがいない。[6] 以上の考察はすべての分野の社会的規制に当てはまるが、それだけで労働の自由な移

（5）この問題については、ベンサム氏の論文集からボウリング（Bowring）氏が整理・編集した、商業取締り制度に関して、スペイン国民に宛てた小冊子をみよ。

動と労働生産物の自由な処分とに干渉する企図を非難するには十分である。労働に与えようと提案された新指導様式が、旧指導様式よりも現実に生産的、有益なところでは、どこでも求められているのは、当事者たちに、知識の普及によって、それを採用することがかれらの利益であることを示す、親切な作業だけであるが、この作業はほとんど普遍的に無視されてきた。だが、すべての強制的独占という意識的自己中心主義を、あたかもすべての特権と独占がそうでなければならないものとして、論証するかのごとく、——なぜなら、自由労働の共同社会における、無防備な独占という恐怖は、怖い化け物よりも悪いからである——独占者とそのお気に入りたちは、かれらの全計画、全知識と、労働をより生産的にして、利潤増を手に入れる全手段とを隠匿しようと、みな一様に努力してきた。全独占と独占者の歴史がこれらの事実を証明するであろう。かれらは排他に立脚しているので、知識と努力との抑圧によって支えられているのである。かれらは知識の普及に賛同しないが、労働を、それがどんな有益な目的に向けられているにせよ、より生産的にするために、知識を普及させることは、社会のすべての支持者の義務なのである。特権がいわば無害であり、目立って他人の権利を侵害せず、刑事上の結果を全然伴わないところならどこでも、事実上、それは特権ではまったくない。そして世論は、それを有益なかぎり支持するのにやぶさかではないだろう。事実、特権に必然的に付随する機構は、非常に煩わしく抑圧的なので、実質的、排他的な利益のなかには特権によって与えられているものがあると、どんなに間違っているにしろ、考えられていなければ、特権は決して行使されないのである。だから、特権の道徳的影響は、少数者にかれらの労働を特別なチャンネルに導く排他的権利を保護しながら、——共同社会の富が当分それによって増加する、と想定してさえ、——特権を例外なく糾弾

（6）まさに、禁制が有効であるところでは、違反しようとする先天的・後天的動機の強度に比例して、処罰が同様に増加せざるを得ない、と言えるかも知れない。このような場合、忘れてならないことは、まず第一に、社会の与えられた諸環境の下で当然作用している活力に満ちた動機によって犯された犯罪は、どんな刑罰によっても根絶できないということである。なしうる唯一のことは、それら犯罪を、処罰というより重い弊害なしに達成しうるもっとも狭い範囲に閉じこめることである。第二に、これらの活力に満ちた動機の必然的結果は、法律によって、より弊害の少ない行動様式に、たとえば私的暗殺をフェアーな決闘に転換すべきである——ずっと小さな憎悪に転換された、より大きな憎悪。第三に、有害な行為の犯行に及ぶ必然的に活力に満ちた動機のこれらの事件は、総計で極度に制限がなくて、多くは不公正な制度と制約によって行われたのか、どうかは疑わしい。第四に、これらの是正策でさえ、ほとんどすべての場合に、制限の撤廃、制度の改善（むしろ新形成と言おう）、そして知識の普及であろう。アメリカ合衆国では、反逆罪や騒擾罪のようなものは全然知られていない。第五に、これらの措置がとられたとき（これらはどこでも、とられるかも知れない）、必然的に活力に満ちた動機が、現実に有害な行為に及ぶというのは真実ではない。真に有害な行為はそれ自体で破廉恥だから、各人の利害関係をよく理解することによって反対される。多分、過剰なエネルギーが真に有害な犯行に通常向けられるところでは、この過剰はすべて、立法における知恵の足りなさに起因しているだろう。しかも犯罪の弊害は、動機の緊迫性によって刑罰に追加されてない刑量を指示するに足る指標である。極悪な犯行に導くには、非常に活力に満ちた動機が必要である。けだし、あらゆる後見人的動機、みずからの感情から湧き出る同感か苦痛、傷つけられた個人またはその友人からの報復か苦痛、世論、またはわが隣人たちの非難によって損害ないしは不幸をもたらす恐怖、——法律の恐怖はいうまでもない——これらが、つねに抑止力になるからである。これらを克服するには、強い動機が必要である。しかし、よく規制された事態では、かような強い反社会的動機は偶発的で、永久的でなく、人間の本性に根ざしていない不慮の事情にもとづくものである筈だ。大部分するようなものである。富の素材、普遍的生産は、特権がなかったであろう状態を越えて、ありそうもないことながら、しかも、共同社会のその他の人々が肉体的、知的エネルギーの発達をあきらめることから、またその結果として、自由労働と自発的交換の制度のもとで、将来測り知られざる改善に導く知識を秘匿したり、断念したりすることから、当座は増加したとしても、それらが富に与える、小さな、一時的増加の利益は、計算にも値しないであろう。

しかしながら幸運にも、特権と排除の道徳的、経済的影響力は同一方向を示している。その創設時にも、その後の存続期間にも、それらは国富の総量を増加しないで、減少させがちである。それらの真の目的は、労働生産物総計を増大させることでは決してなくて、特別に優遇された個々人の利潤を増加し、必然的に共同社会の残余のものを犠牲にすることであった。かれらの不正義を取り繕うために、時々使われる口実は、まったく、自分たちは、そうでなければ存在しなかったであろう富の量を産みだしたのだ、といったていのものである。しかし、ちょっと観察すれば、この口実が嘘であることが立証されるであろう。

多かれ、少なかれ、ある人数の個々人から成立している共同社会は、労働を粗原材料に働きかけ、自然の化学的、機械的、植物的、および動物的力またはエネルギーと協働して、一定量の食糧品、衣料品、住宅用品、およびその他幸福の具体的、または、観念的源泉になる物品を毎年生産する習慣がある。共同社会は上記の全物品に加えて、その他、砂糖、木綿、ぶどう、またはポテトのような、かつて生産する習慣がなかった物品をいくつか生産して、その幸福を大いに増加させようと考えるひともいる。このひと、または共同社会全体が、これらの物品のどれかを生産したり、楽しんだりしたいと願うだけでは、たった一人の生産的労の刑罰が、このような行為の加害者に科せられるとき、それは動機の活力の結果ではなく、またはそうあるべきではなくて、行動の有害な結果である。動機の活力がなければ、――馬鹿者の間を除外して――非常に有害な行為など決して起こりえない。しかし、だからといって、われわれは動機を処罰しないで、その有害な結果のため、行為を処罰するのである。一般的ルールとして、刑罰は、有力な、自然的、または必然的に興奮した動機が、かれらを犯行に走らせたところではどこでも、重くするよりも、むしろ軽くすべきである。なぜなら、このような場合いつも、犯罪の弊害が過大評価されているらしいとか、法律が、それほど酷く有害でない行為を、犯罪として分類していないらしいとか、推定しているからである。それゆえ、行動路線をもっと無害な方向に、または環境や制度等々を変更させる方向に、実際に指示するか、転換するかして、刑罰を重くすべきではない。レイプは厳しく罰せられる。何故か。強烈な動機でそうなったからではなく、それが個人の安全と幸福にもっとも有害な影響を与えるからである。動機の強度はただ性的快楽一般に帰するものにすぎないから、修道士や禁欲主義者以外は、誰もこの自然で有益な性向を処罰しようなどと夢想だにせず、それを最大幸福をもたらすように導こうとするのみである。レイプは偶発的濫用で、それをしようとする、強いが、しかし自然的、または止むに止まれぬほど活発な、動機を要するものではない。それは、きわめて有害な結果のために処罰されるのであって、偽って主張されているように、その犯行におよぶ本能の強さのためではない。社会が文明化されるにつれて、レイプのような犯罪はほとんど聞かれなくなる。――しかし、この注釈はあまりに脱線しすぎた。

これらの議論と相反する理由については、ベンサム（デュモン訳）『刑罰と償いの理論』（*Théorie des Peines et Ré-compenses*）第一巻をみよ。

働者をも共同社会に増やさないし、労働を投下しなければならない自然産物を増大しないし、以前には存在しなかった物質を産出しないし、筋力と熟練（労働）、労働生産物の蓄積（資本）、労働手段たる道具か機械（やはり資本）、またはこの共同社会が所有している情報知識の量を微塵も追加しないことは、明白である。一人または全共同社会が新しい物品を手に入れたいと望むなら、（もし技術か機械の改良がないなら）上記のこれらエネルギーの一部分をその生産に充当して、等量の旧雇用をやめさえすればよいのである。新製品は一目瞭然で誰にも目立つが、旧製品の減産は大規模には気づかれない。この新製品は、共同社会が以前から熟知していたものか、知らないものである。もし共同社会の知らないものならば、それをエンジョイしたいとか、もちろん生産したいとか、思うこともできないだろう。それでは、どうしたらよいのか。説明書によって、その件についての情報を提供することによって、一言でいえば知識によって、かれらに使用法を精通させるだけでよい。その品物を実際に使用してみせることによって、知識はもちろん、もっと迅速かつ印象的に伝えられるであろう。これをしたら、または共同社会がすでにこの利点に精通しているなら、その生産を誘導するのに、あと何をしたらよいのか。それをエンジョイしたいという欲求、すなわち需要が高まったら、その生産を妨げるものは何か。おそらくもっとも足りないと思われるものは、その生産方法に関する知識の不足、つまり知識の欠乏である。しかし、おそらく生産的労働者は、かれらがこの新製品よりも重要と思われるものの生産にすでに没頭しているだろう。ここで、資本つまり労働生産物の蓄積、または労働をより生産的にする機械の改良か技術の向上が、新製品の生産のために、一部分の労働を自由にするまでは、その導入に反対する実効的障害がある。おそらく、それらの気候か土壌は、その生産に適していない。おそらく、かれらはその生産に必要な手の、または筋肉の熟練をまだ身につけていない。これらのすべての場合に、その品物の栽培か製造を採用するのは、等しく望ましいだろうか。そして、もし望ましいとすれば、それを採用するために、何がなされるべきか。共同社会の全生産力が、優れた効用があると思われている物品を生産するために、すでに雇用されているところでは、新製品の導入は、それみずからが欲求の対象であるとはいえ、より高級な楽しみを与えている物品の生産に、明らかに取って替わるであろう。それが取り替えられて、有利になりそうなところでは、土壌と気候が適しているなら、それを採用することが確かに賢明であろう。だが土壌と気候が適していないところでは、その生産を強行したり、強行するのに無駄骨折りをして、労働の浪費が大きいため、決して有効に導入できない。土壌と気候が適していないところでは、またこの共同社会で以前に生産された旧物品が、あり余っているところでは、この余剰物品が、外国の新製品生産者にとっても欲求の対象であるとすれば、「交換する」ことが明らかに得策である。しかし土壌と気候が障害にならないところでは、なぜそれを国内で生産しないで、交換する物品とそれと交換して得られる新製品とを生産するという二重の利益を得ようとするのか、と言われるかもしれない。これは不可能事であり、ただの間違いにすぎない。これら、交換するものとされるものと、両方の物品は、同時に国内で生産できなかったのである。不足している物品は毛織物であり、生産され、輸出される物品はリネンであるとしよう。新製品が欲求されるまでは、この共同社会に供給するのに十分なリネンが生産されていた。そのため、もし有益な交換のためでなければ、なぜ余剰に生産して、労働を浪費するだろうか。だが、新製品が国内生産されるようになっても、交換ができない。そのため、交換の場合には、等価たるリネンを生産するために、なされてきた労働は、いまや欲求されている新製品たる毛織物を、直接国内で生産するよう指導される。もし新製品が国内で生産されるとすれば、それを交換で手に入れるべき物品の等価は、必要でなくなるであろうし、それゆえに生産されないであろう。新製品が国内で獲得されようと、交換で獲得されようと、それを楽しむために必要な生産的労働量は同一である。前者の場合、たとえば一〇〇人中五人の割合で、男女を毛織物の生産に充当し、後者の場合に、かれらをリネンの生産に充当して、自分自身の消費に必要なものを超過する分、毛織物と交換する。前者は直接的に、後者は間接的に、同一目的、つまり欲求の新製品たる毛織物の供給を、（同一費用で）実現する作業である。既定のように、この共同社会があらかじめ完全かつ有効に雇用されていた、と仮定すれば、毛織物を国内生産することで、土壌か気候の障害がなんらなくとも、まったく利益は得られない。それで、このようなすべての場合に、まったく奨励が必要ないのは、奨励によって推進されるべき目的が望ましくないからである。

しかしながら、富に関して、奨励の支持者たちによって主張されている一番もっともらしい理由は、次のような陳述にもとづいている。繁栄している理知的な国では、このような手段は、すべて賢明でないと認められている。しかし、舟航可能な水路、肥沃な土壌、健康的な気候、地中の鉱物で自然に恵まれた国における、失業していて、かれらの内部や周囲にある幸福の素材を利用していないごった返す住民――かような環境にある、かような住民のために、かれらの勤労を呼び起こす奨励が要求されているのだ。

なんと悲しいかな。こんな事態は、安全と平等の原理が無惨に侵害されてきた証しなのだ。こんな事態は、労働生産物が生産的労働者から、自分の納得のいく等価なしに、剝ぎ取られている証しであり、自発的交換が無視されている証しであり、無数の失望と妨害が投げかけられて勤労を妨害している証しであり、自然科学的、道徳的知識が共同社会精神から閉め出されて、詭弁と欺瞞がかれらの心に焼きつけられている証しである。このような共同社会の努力を奨励したり、勧誘したりするために、手を振り挙げたり、下手な考えをめぐらす前に、かれらが埋もれている山のような障害物を取り除いてやるがよい。幽閉された小鳥に口笛を吹いて、金網のかごを破って、一気に飛んでいき、かごの外にある一片の砂糖をついばませよ。それまでは、こんな境遇に置かれ、こんなに従順になり、こんなに略奪された共同社会を、勤労を奨励することで蔑むのをやめよう。かれらはそんな奨励など決して欲してはいない。かれらは、がっかりさせないで欲しい、としか頼んでいない。かれらを励ますって。何を以てだ。どこからそんな激励が出てくるか。かれら自身の勤労生産物からだ。富の形をとったこのような奨励が、全共同社会に、またはこの共同社会全体の一部分に、残りの部分から以外、到達しうるのは、ほかならぬこの生産物しかない。祈祷によって、天からレディー・メイドの富を降らせ、人民の勤労の最中に激励を雨あられのごとく降り注がせるのだろうか。人民を自分のもので激励するのか。ノーだ。ただそれを人民から搾取するのをやめるだけだ。生産的労働者の手から鎖を解け。かれから、かれの労働の一部分たりとも、微塵も盗奪するなかれ、かれの納得する等価を与えずに。

だが、搾取を巧妙にすることに、まだ拘泥しているとすれば、恐喝に助けられて、結局は暴力が行使され、ほとんど全労働生産物が生産者から略奪されて、かろうじて惨めな生活をすることしかできないなら、労働者が、強制的十分の一税とあらゆる種類の強制的租税を賦課された後に、かれと利害の対立するものが勝手に、強制的に決めた賃金で、支払いを受けるなら、生産者に、かれの労働生産物の完全使用を保証する「安全」の原理――成功した勤労のもっとも完全な発達と継続とにとって基本的だ、と証明された――が、このようにして組織的に、執拗に足下で蹂躙されるなら、奨励など喋々するのは、なんとアホらしいことだろう。もし、絶対的な腹立たしい制約を除去すること、安全の原理を壊滅的に侵害するのをやめることが、奨励ならば、かかる意味で、すべての交換が自発的になり、労働も労働生産物も、生産者によって納得される等価なしでは、要求されなくなるまで、奨励されるようにしよう。これらのものや規制の多くのものは、補助金や戻し税のように、奨励と呼ばれてきたのであるが、真実は、勤労を妨害する、それ以前の強制的拘束の部分的、または全面的移転にほかならない。戻し税は、その名称が意味しているように、ある特定の条件の下で、関税すなわち一定の物品の生産、輸送、または通過の際に、賦課された強制的徴税金額の一部分、または全額の返還にほかならない。言い換えるなら、労働生産物の一部分を強制的に略奪することである。だから、これらのことは、上乗せされた奨励では決してないし、われわれが意味する奨励の概念には入らない。それらは、自由労働に対する一定の普遍的障害を、部分的に除去するだけである。これからは、あらゆる種類の輸入税が、自由労働と自発的交換とを必要とする安全の原理と調和できる唯一の方法を指摘しよう。従来徴収されてきたとおり、それらは安全とそのすべての恩恵を、明白かつあからさまに蹂躙してきた。従来は安全という言葉の意味とそれに続くすべての利点が、富裕層だけに独り占めされてきた。真実の富生産者、活動的熟練労働者がその恩恵を受け、厳格な正義、完全な平等が、富裕層と貧困層の両方に「安全」を与える際に、遵守されて、同一の言葉が、社会のより少数の有力者には一つの意味を持ち、圧倒的多数者にとってはもう一つの、正反対の意味を持つようなことを、もはやなくすときだ。

ところで、労働の自然的報酬を超過して、さらにいっそう生産的労働者に報い、努力の更新を促すために、絶対的に与えられる補助金、プレミアムあるいは報酬については、どうだろうか。ここでは、生産者の手中にかれの全労働生産物を無傷のまま残したいという気分ばかりでなく、その生産物をも増加したいという気分も明示されている。この言葉とそれが大々的にとるであろう手段とは、完璧な不条理と不可能事である。労働の報酬と満足のための基金は、生産されるものよりほかにどこにもないのである。一国民の労働は報いられなければならない。

しかし、特定の副次的産業部門は不思議なことに無視されているが、もし確立されるとすれば、共同社会の安楽を増大すること大であろう、と考える有力者もいる。まず、この有力者は間違っているかもしれない。次に、もし、かれが正しいし、この共同社会の他のひとより、知識が豊富だとすれば、なぜ自分の知識をかれらに伝えないのか。それによって、かれらのなかには、この特別有益な産業部門を受け入れて、導入するものもいるであろう。いや、否。かれらはそれを採用しないであろう。というのは、それは、この共同社会にとっては、即座にではなくて、究極的には有益だろうからである。そして、補助金、奨励が当面の損失を補填してもらいたいのである。助成金が、当面の損失を補填するために欲しいにしろ、報酬の増加に役立てるために欲しいにしろ、制限の撤廃が、問題の部門に直接影響するにしろ、その他のすべての産業部門と共通に影響を与えるにしろ、唯一合理的で実際に有効な作業であることが、ほとんど全般的に判明するであろう。疑いもなく、その他の生産的労働者を盗奪することによって、さらにそのうえ、かれらの安全を侵害することによって、かれらに、かれらの労働生産物を、そうでない場合より、少ししか残さないで、それを他のひとに振り替えることによって、これら他のひとたちは比較的多量のものを受け取るであろう。だが、どんな口実を考えれば、このように倒錯した、奇妙な事態をうまく正当化できるのか。満足していて、うまくいっていると、公言している人々から、力ずくで略奪して、うまくいっていないと、同じく公言している人々に、ただでやってしまえ。しばらくして、かれらもうまくいくように。これは知恵の変種ではないのか。これは富の不可解な増殖法ではないのか。しかもなお、こんなのが労働生産物に賦課された、あらゆる補助金の単純にして、基本的な特徴なのだ。このような徴税が、補助金として応用されるにしろ、そうでないにしろ、実施されて、汚職か浪費に悪用されるよりも、有効に使われたほうがよい、というならば、本当の手順の仕方は、勤勉なものを略奪するのを中止することである、とわれわれはもう一度答える。もし汚職や浪費が廃止されれば、ただの補助金のための拠金を擁護するひとは、少数しかいないであろう。一方、富の一部分を、このような、回りくどい、人をだますような方法で、支出することは、有害な目的のために、その金額の一〇〇倍の税金を徴収する口実として、利用されている。そのうえ、徴税を悪事か浪費に使うことから、補助金に支出するために転用することができる同じ権力は、直ちに徴収を中止して、それによって徴収、再分配機構の費用を節約できるのである。

どんな操作方法をとれば、産業の種類、労働の方向が、現在は明らかに生産的というにはほど遠いので、存在できるためにプレミアムを必要とするが、続けてこのプレミアムを適用すれば、とても生産的になって、ほかの事業のように、プレミアムなしで、続行するにふさわしくなり、自立できるようになる、と期待されるだろうか。この補助金たるや、この事業に人為的な利潤を与えて、他の事業から多くの企業を引き上げて、この事業に注ぎ込み、これらの企業に、それ特有の新しい習慣と技術を体得させ、産業のこの新路線を遂行して、成功するために不可欠な建物を建設し、道具と機械を手に入れさせるのである。これらの操作のうちどれが、つまり労働の新しい方向、資本という名の、新路線での労働生産物の蓄積が、この事業を、旧式のものよりも、もっと生産的にするのに役に立つだろうか。もし新方向の現実の機械装置とか作業工程が、補助金を受けた後に改善されるとするなら、旧方向のものも補助金なしで改良されたかもしれない。知性に働きかける有効需要こそが、新式はもとより旧式をも改善するのである。補助金、しかも補助金のみの効果を確認するために、新旧両方の作業工程と機械装置とが補助金の開始時のままだ、と想定しなければならない。それで、どうしたら、補助金は、補助金以前、それがないときに利潤をあげていなかった企業を、ついに利潤をあげるようにすることができるだろうか。「それは世間の注目をこの新職業に惹きつけるだろうし、労働者間に技術の癖を身につけるように仕向けるであろう」。だが、自由労働と自発的交換の状態では、知性をつねに改善に向けて緊張させたまま、職人を技術向上へ絶えず督励する関心がないのではないか。または、もし事情が複雑なら、補助金はこの複雑さを増幅し、判断を困惑させ、人為的、恣意的な規制を維持することで、自由な思考を妨げないだろうか。「補助金によって、品物は社会のために生産され、その価値を、社会はその効用を体験するまで知ることができないが、それを体験した後は、それを利用し続けるだろう」。結局、おそらく有益だが、望ましくないと分かるかもしれない実験に、まさしく支払われるにしては、なんと珍しく控えめな値段だろう。個人の利害と特別な筋の情報通信は、確かに適切で十分な手段であり、弊害を起こす危険のない完全に役に立つ手段である。それでは、補助金は、どのようにして事物の本質を変えることができるのか。どのようにして、それは以前、無益だったものを、有益にしたり、いま現在そうでなかったものを、究極的に有益にしうるのか。明らかに、補助金はそんな効果を産み出さない。その有用な全効果は、新製品の利用が利益であることを人民に熟知させるその仮想的媒体であることに限定されている。そして、この事実の正確な知識を産み出す第一歩は、本件の特徴を歪曲することなのである。個々人の努力、制限の撤廃と知識の普及は、この目的を達成する唯一異論のない手段である。

さて、補助金が新製品を、その始めより安い値段で生産されるように終局的にする、と思われている方法を説明することにしよう。補助金によって、資本の形をとった大量の労働が、常時補助金で維持されている新しい雇用に蓄積されていくであろう。この補助金のどんな部分が回収されたとしても、建物と機械は補助金の新方針に追随していけないであろう。もし、補助金の全部またはある部分の回収で、産業の新しい方向が断念されたり、部分的に放棄されたりすれば、建造物と原材料は、おそらく他の用途には不要になったり、ほとんど無価値になるだろう。ほかの仕事を探す時間のロスと知識の不足のため、新しい仕事に就くひとも、なお従来の仕事に従事したまま留まる。したがって、新しい事業が、補助金を撤回されたときに、自立するかもしれないが、国の環境が補助金の援助なしでも必要としていたその他の困難な事業と同じように生産的だ、という結論にはならない。事業が究極的に自立するであろうところでは、その資本は、多かれ少なかれ、多分、補助金の恩恵を受けているであろう。しかし、この資本蓄積は、もし事業が赤字なら、終局的に永くは成り立っていかないだろう。赤字事業はどんな資本金額をも呑み込んでしまうだろう。それゆえ、もし、それが究極的に補助金なしで成功するなら、社会の環境が、補助金の継続している間に、それとまったく無関係のほかの原因で変わったにちがいないし、この事業は援助がなくとも――制約が排除されていると仮定する――おのずから起業していたであろう。より頻繁に起きる結果として、特定事業を維持している補助金が撤回されると、これらの事業を継続させたいという誘惑やもちろん利潤が減少しても継続させたいという意向があるにもかかわらず、企業の解散に伴う大きな損失のため、これらの事業は衰弱し、滅亡する。長期間、補助金が絶え間なく交付されてきた結果、最後に特定産業部門が完全に発達し、みずからの資金源で自立していることを認めたとき、われわれは、この産業すべてを補助金の子供と見なしたがる。確かに、補助金なしに、もし共同社会の環境がそれを要求しないなら、この特定方向の産業は産み出されなかったであろう。しかし、もう一つの方向で――その他すべての環境、つまり土壌、気候、知性、資本等々が同一とすれば、――より大部分の産業が発達していたであろう。補助金が明らかに成功しているすべての場合でも、短い期間が経つと、補助金の弊害を全然伴わずに、元気よく突然誕生して、人民の欲求か願望にしっかりと根を張ったであろう特定産業部門を、共同社会の富を多かれ少なかれ犠牲にして、未成熟のうちに強権的に創り出すことをしているにすぎないのである。新方向の労働が、究極的に利潤を生むようになるところでは、それは補助金とまったく関係のない環境によるものである。

補助金を授与するという事実だけで、それを与える人々によって、この産業は望ましいと思われていることと、世間の注目、またはすくなくとも、もっとも思慮深い多くのひとの注目が、その方向に向いていることを示している。補助金はこの最初の注目をひくことはできなかったであろう。それはたんにその目的を達成する一手段にすぎない。補助金制度は、この注目をその目的をその他のところに惹きつけて分散させてしまう。その目的はまったく非の打ち所のない方法で、よりよく達成されるかもしれない。補助金と利害、そしてしばしば改良は共存するので、微妙な区別や精緻な分析もしないで、前者は原因、後者は結果と見なされている。諸原因の識別は、道徳経済科学（moral and economical science）が大きな困難とするところである。

ここで行った考察から、一国の生産的労働者は、直接的労働者としてであれ、機械製作者としてであれ、または資本家としてであれ、かれら自身の生産諸力をどの方面に向けるかを決めるもっとも有効な方法について、つねに判断できるとか、あるいは、事実、かれらの生産力は、かれらの個人的富、または共同社会の富の総体を増加するのにもっとも役に立つように、いつも必ず雇用されている、という馬鹿げた考えが主張されている、とは推測されないであろう。これは、知識と知恵が、絶えず変動する社会情勢の各時点での完成点にある、と主張することであろう。この現時点では、以前のどの時期よりも、より多くの知識が要求されている。しかも、毎日、変化、改善がみられる。その前のエラーは毎日是正されている。だから、生産的労働者は、親切にも、または僭越にも、かれらのためを思ってくれるひとたちと同じく、絶対無謬でもなければ、知識を窮め尽くしてもいないのである。かれらの努力は、気まぐれと、ときにはいたずらと悪意が、偶然、綯い交ぜになって、労働に対して向けられることがしばしばである。たとえば、気まぐれについては、死者のためにはピラミッドを生者の堕落のためには宮殿を造営するような目的に向けられたときに（もし自発的に向けられるとすれば）。いたずらと悪意に対しては、医療用に必要以上に多量な飲料酒精のような、また共同社会の理解力か、訓練を受けていない体力を、衰弱させるために、怠惰な聖職者や軍隊を扶養し、甘やかすような、健康に有害で、命を縮めるような物品を生産するときに。しかし、共同社会の生産力の一部、また時にはずっと大きな部分を、誤って適用したこれらの場合のすべてに、二つの事情のうち、前者または後者、そしてもっともしばしば両者が生じることが、いつも決まって認められるのである。安全の原理は、労働者に対しては、言語道断にも著しく侵害されている。すなわち、暴力によって、かれらの労働、または労働生産物は略奪されたり、間違った方向に充用される。または、かれらは自分の真の利害を見分ける知識が足りなかったりする。これらの弊害のうちどちらかに対する救済策は何か。確かに、言葉の厳密な意味での補助金ではなくて、禁制の撤廃と知識の普及である。

三人寄れば文殊の知恵、と言うが、人数が多くてもなんの意味もない。反対に、あらゆる発見と改善は、個人の才能に端を発するもので、そのあとで一般的に広がっていくものだ。共同社会の生産的労働は、ある所定のチャンネルにまったく方向づけられているし、生産者たちは、これらのチャンネルをもっとも有益だと考えるから、かれらが、だから実際にそうなんだ、とは決して断定できない。また、かれらのうちの一人、または一傍観者は、かれらの生産的労働の一部分が新しい、より有益な方向に向けられるかもしれない、と考えるから、この新しい方向は、実際いままでの方向より有益だろう、ということも確かではない。しかし、新方向が、どの筋からにせよ、提案されるときに、正確に判断する公算はどちらの側にあるだろうか。この一人のひと、かれを改善愛好者と言おう、――なぜなら、かれは善意で、ひとを鴨にしようと思わない、とつねに想定されているからである――かれは、もし真剣なら、かれ自身の計画の功利に当然、うっとりと熱中する。かれの名声と権力を愛する気持ちが、かれの博愛心はもとよりだが、その成功に関心を示す。実行の詳細と困難はかれの眼中になかったかもしれない。かれが改善に取りかかっている共同社会は、旧労働方向よりも新労働方向のほうがもっと有利だと信じると直ぐに、好んで新方向を採用しようと関心を持つものである。先入観、習慣、判断抜きの間違った思考方法、そして間違った因習的行動方式は、確かにかれらの理解力を鈍らせる。これらのことから忘れてはならないのは、しかし、改善者は必ずしも完全に自由ではない、ということである。自由な労働と平等な正義という状況で、各人は自分自身の利害に敏感になり、自分の幸福な生活に役立つだろうと信じることを、実行しようと気を配るものである。このような環境の下で、この改善者は補助金の助けを借りないで、すべて実際に有益な目的を実現する十分な方策を持っていないだろうか。というのは、補助金を与えることができる同じ権力が、禁制を撤去できるということを、忘れないようにしよう。個人のどんな私財でも、補助金として与えうるいかなることについても、それは好奇心を刺激し、研究を促進し、かつ知識の普及、ないしは誤謬訂正という有益な方法でのみ作用できるのである。この濫用に対する十全のチェックは、私的損失の恐怖である。では、改善の愛好者は、自分が提唱している新労働方向が、旧方向より好ましいことを、補助金の助けを借りないで、共同社会に納得させるだけの豊富な資金を持ち合わせていないのではないか。なぜなら、ひとたび、このことが納得されるや、この作業は終わり、補助金はいらなくなるからである。新労働方針に関する、経過とすでに得た知識を、公然と知らせること以上に、また、不自然な禁止の状態のなかで、その実行への障害を除去すること以上に、何が必要とされているか。この知識を広めよう。これらの禁制が実存しているところでは撤廃しよう。そうすれば、実験をしてみて、この利点が真実かどうかを、ためしたいと熱望している腕が、共同社会の至る所で振り上げられるであろう。このような実験の結果に、偽りの、ひとを欺く、外見を与えるために、いかなる貢納金も、かれらの安全を侵害しているその他の人々から搾取されてきたことはないであろう。自分の責任で、自分自身の資産を運用する個人の慎慮は、もし不成功でも、この実験の損失を最小限度に抑え、もし成功すれば、至る所で採択されるであろう。しかし、「執念深い偏見はその導入に反対するかもしれない」。知識と実験によって、いかに致富の点で有利であると証明されると、そこでは偏見が早々に退却するか、なんとか妥協に漕ぎつける。もしそうでなければ、補助金を与えて、魔法で、偏見をなくしてしまうのであろうか。反対に、それは偏見を否認するつもりだろうか。「おまえは、われわれの労働のうちの若干に、強制的に新方針を押しつけたくても、その無駄なことを知っているので、勤労者から強奪して、それに擬制利潤を与えて、見せかけの利潤でわれわれを欺くが、それは補助金という名称で、無駄遣いされたわれわれの稼得にすぎないのだ」と反論されないだろうか。実験ができるだけ簡単化されているときのほうが、補助金の計算で、つまりこれらの補助金を支払う際に詐欺と談合がありはしないかという疑心暗鬼で複雑化しているときよりも、偏見が取り除かれるであろうということが、ずっとありそうではないだろうか。補助金が付与されていても、しかも、知識は究極目標を達成するために、普及していなければならない。だが、補助金の存在は知識の普及をより困難にする。補助金が知識におよぼす悪影響は、ここで留まることさえしない。補助金は、新産業様式の有用性に関する情報を不必要にするだけではなく、また、かの正確な知識を獲得することをより難しくするばかりでなくて、有益な研究すべてを抑圧して、ややもすると人間の理性を衰弱させて、ひとをただの機械的生物にしてしまう。補助金が、大なり小なりの愚かさ加減で、執拗に続けられているところでは、共同社会は、労働に与えられた新方向に順応しなくてはならない。産業の旧方向は、強制的方法によってでは儲からなくなったので、個人の破滅なしにやり通すことができない。新しい、奨励された物品は、強制的手段によって、奨励を受けられなかったライバル物品より安く市場に出荷されて、使用されるにちがいない。そのため、ひとは、どちらの生産がより安いか、より容易か、に関して、また、どちらが利用したり、エンジョイしたりするのに、より適しているかに関して、まったく理解しないで、最善の条件で手に入れられるものを、無意識に使用せざるを得なくさせられているのである。この身勝手な強制的規制制度のもとで、調査を邪魔する作為的困難のためばかりでなく、まったく追求しようもないために、あらゆる比較やあらゆる計算が窒息し、放棄される。補助金によって、どんな分野の労働も、他のどの分野のものよりも、もっと儲けが多くなるかもしれないし、補助金愛好者は、当然、かれの理論が間違っていないことを、かれの特に優遇する部門が最有利になるまで、補助金を幾重にも積み重ねて、証明しようという気になる。かくて、強制的奨励を実行すると、理性の発達を無にしてしまうのである。改善そのものの愛好者の心にさえ、その影響は致命的である。作為的報酬をばらまいて、自分の好きな産業部門が何であれ、その儲けを多くするために、他の人民の労働生産物を供給されて、なぜ、かれは周囲を見回して、説得するための説明や事実を探す余計な努力で、困惑するのか。かれの仕事はすでに終わった。かれは補助金を決意するだけだ。有害な補助金になって失われた富の総額を、誰に量らせようというのか。理性を働かせたが、共同社会か、改善者かのどちらにとっても、無駄になったところでは、また権力の増加も、楽しみの増大もみられなかったところでは、理性は働かないであろうし、共同社会も機械的な、知性のない、ただがむしゃらに働く人々の集まりとなるであろう。

これらすべてを考慮すると、共同社会は、その労働のもっとも有益な方向についての判断で、一個人――政治権力を持っていても、いなくても、――と同じように、絶対に誤りがないという保証はないけれども、しかも、情報を受け取り、実験をしたあとで、共同社会が正しい判断を終局的にするであろうことは、どの個人も、実験もしないで、正確な判断をすることより、遙かにずっとありそうなことのように思われるのである。そして、このような少数の事例しかない場合には、もし、情報が与えられ、実験された後にも、なお共同社会が間違った判断をするようなことがあるなら、その唯一の救済策は、説得の手段を、実験によるか、例証によるか、論証によるかして、なお変更したり、辛抱強く続けることであり、そして勝手な報酬を、一方では、結果に関する判断を誤らせるにちがいないが、他方では、産業そのものを維持するための刺激が必要な人々を犠牲にしてのみ与えられるように提案された新労働方向に貼りつけないことである。真理、事実および論証を、みずからの利害に訴えて、受け容れ拒否することから、共同社会にとって生じるらしいと理解される弊害の総計は、補助金の濫用にはいうまでもなく、その利用に必ずつきまとう弊害とくらべれば、無に等しい。

補助金が、単純にしろ、複雑にしろ、社会的規制のどんな状態で与えられてきたにせよ、すべての補助金のいまひとつの有害な作用がある。その弊害たるや、補助金が無分別になるにつれて、大きくなるのである。補助金によって維持されている新産業部面のどれかに従事している人々は、補助金の、そしてもちろん、事業の継続性が不確実なので、それを償うために、自立した、自由な職業に従事している人々よりも、より大きい利潤を要求する。消費者は、値上げか、補助金の増額かで、この利潤増加分を支払うのはもちろんである。もし労働がこの新産業部面に向けられ、また同一の物品が補助金を全然受けずに、単純に知識の向上と習慣の改善によって刺激された共同社会の欲求ないしは願望から生産されるとするならば、生産者、あるいは以前に生産された物の貸与者（資本家）に対しては、ずっと低い利潤または報酬が要求されるであろう。なぜなら、既存の習慣にもとづいた現在の需要が確実に継続することによって、生産者たちは同様な雇用に対して最低の報酬率で、後顧の憂いなくみずからの労働を継続する気になるからである。もし、世論が、助成を受けた新産業部面に非常に大きな不確実性がある、と言うことなら、またそれが人民の意見や感情と相違するなら、その仕事に従事するのがますます嫌になり、この生産者に支払われるプレミアムは、ますます高くなるに相違ないし、この生産費は、補助金でにしろ、値上げでにしろ、ますます高騰するだろう。

「これらの考察すべては、」と、おそらく、なおも主張するかもしれない、「まったく得意満面となって、補助金の形をとった、産業へのうわべだけの奨励、という有害な傾向を立証しているが、一方、共同社会はいわゆる自然状態に、つまり自由労働と自発的交換という単純な制度のもとに留まったままでいる。だが、これらの考察は輸入税、補助金、禁止、およびあらゆる種類の厄介な問題に悩まされている現実の社会が示している不自然な様相に該当するものではない」。

しかしながら、複雑化のそれぞれの程度に、また社会の各発達段階に、これらの原理は妥当すると考えられている。安全、つまり貧困層の安全、生産的労働者の安全、各共同社会の圧倒的多数の安全が、毎日侵害されているところでは、特定産業部門に、補助金を供与することが望まれている。もし、これが若干の制限の撤廃、特定の安全侵害のうち若干の実施中止によってなされるのでなければ、どうすべきなのだろうか。すでに課せられている制限に加えて、制限を追加上積みすることよって、また新しい安全侵害を実施することによって、だろうか。補助金の金額を獲得するために、新たに略奪して、かれらの労働生産物のうち、より少ししか、勤労者を犠牲にして、特に優遇される新階層以外の全勤労者には残されない。それは以前悪かったものをますます悪くし、以前強圧的だったものをいっそう強圧的にする。もし所定のある金額が補助金となって節約されるなら、確実に、同一金額が、若干の制限緩和で、産業の自由な発展に対する若干の障害を撤廃することで、節約できるだろう。非常に複雑な制度のもとでの補助金の方針について、判断の誤りがある可能性もまた大変増加している。補助金または奨励が、私的資金源から与えられて、これらの資金源が、直接的に、または間接的に、どんな暴力も行使されずに、自由労働と自発的交換によって獲得されるところでは、この運用は良好であり、つまり自発的贈与であり、すくなくとも贈与者の仁愛を証明するものであって、もし、この奨励された職業が、本当にもっとも有益ならば、かれらの知恵もまたそうである。しかし、援助するために調達された資金が、公的であれ、私的であれ、安全、つまり自由労働と自発的交換を犠牲にして、獲得されたものであるなら、功利の単純なルールは、「このような基金を徴収するのを中止せよ。生産的労働者の手元に、かれの勤労の果実を残せ。そして、もしかれが間違った情報を与えられているなら、かれが知恵を働かすことのできるもっとも有益な方向に関する知識で、かれを啓蒙し、導いていけ」である。社会の事情が、もっとも自然な状態か、またはもっとも人為的な状態か、どんな複雑な状態にあろうと、労働を補助金によって指導する制度は、道徳的観点からにしろ、経済的観点からにしろ、いつでも賢明ではない。もっとも複雑な事情では、補助金は複雑さを増大するだけである。あらゆる環境の下で、それは一組の生産的労働者から略奪して、いま一つほかの組の生産的労働者に与えるだけなのである。生産増強を目指して、という口実で、補助金は安全を侵害しているのだ。補助金は、自分の労働生産物に対しては有効需要がある生産的労働者から略奪して、自分の労働に対しては有効需要がない人々に与えて、かれらの生産力を低下させる。補助金は説得しようとしないで、強制的規制をする。そして、補助金の授与者と受取人との双方の、また共同社会のその他のひとの、知力行使の動機を除去することによって、あらゆる精神的進歩の障害になる。自由競争を壊滅することによって、物品全体の物価をつり上げる。つまり、過度に深入りすることによって、特別優遇措置を受けている品物の物価を吊り上げ、その他の生産的労働者の勤労に対する租税として作用する補助金徴収によって、かれらの品物の物価をつり上げる。補助金は方針を誤ると、再生産と釣り合いのとれない消費を全面的に支えて、公的富の途方もない浪費を引き起こす。補助金は、このような場合に、唯一適切な奨励手段として用いられる知識の普及の代役を務めることはできないが、正確な知識をますます必要とする、と同時に、それを獲得するのをますます困難にするのである。

競争は、強制された事業の利潤を、通常の事業の水準にまで引き下げる、といわれている。ある意味では、これは正しい。競争はそれらの利潤を、同様な環境に置かれ、同じように補助金奨励の気まぐれに左右され、またはその他類似の不都合に悩まされている他の事業の利潤にまで引き下げるであろう。だが競争は、それらの利潤を、補助金依存に悩まされていないで、社会の通常の欲求によって支持されている事業の共通水準に引き下げるであろう、というのは正しくない。いかなる事業であれ、努力、不確実性、またはその他の不都合のあらゆる部分に対して償いがなされなければならない。そのためにこの命題は次のように書き換えられるべきだろう、「競争は同じような環境におかれている全事業を、利潤の均等化にまで引き下げるであろう」。

すべての事業が補助金によって奨励されるなら、生産費はそれら全部の取引で増加するであろう。しかし、誰がこの増加した、無駄の多い生産費を支払えるのだろうか。誰が消費者になるのだろうか。しかしながら、補助金による全事業の奨励のようなケースは不可能事だ。というのは、補助金がどこからくるのか。労働が富の基本的源泉である。全共同社会の労働は、その労働生産物の完全利用より（富として）ほかのものでは、返済されえないし、報いられえないし、奨励されえない。労働はみずからの手で報いられなければならない。意志だけでは、富物品を創造しないし、補助金の素材を産み出すこともしないであろう。もし全部が平等に、かつ公平に補助金によって奨励されるなら、なぜ、それらのうちのどれか一つを特に好んで、依怙贔屓するのか。多くの場合、それは発育を妨げられ、浪費され、その他の依怙贔屓の弊害に罹るであろう。かような、うわべだけの病的な奨励を、それでは放棄しよう。自由、安全、平等、知識――ここで生産と幸福の護符を、すなわち、唯一の普遍的な、全面的に支配する補助金を見つめよう。

もし補助金の作用が、非常に多様な方法で、平等と安全の恩恵を台なしにし、富に関する知識の普及を、ただの気まぐれに変えてしまうように思えるなら、人類の無経験によって案出されてきたその他の方便――補助金の弊害に加えて、共同社会のほかの人々の崇高な努力に関する制約と刑罰――に対して何をか言わんや、である。しばしば相互に妨害し合い、無効にし合う傾向を持ち、その果てしなき規制で、人間の勤労のほとんどすべての行く手を、苦悩と当惑で満たしてしまう独占、同業組合、ギルド、強制的徒弟制度、そしてそのような仕組みについて、何と言おうか。

あまり深追いし過ぎると、この問題の非常に限られた議論にしか立ち入って論じられなくなるであろう。とはいえ、この問題の正しい理解と説明は、われわれのこれまでの原理すべてを例証したり、確認したりするだろうけれども。望むらくは、これらの諸原理が、補助金について行った観察とともに、このような方策の本当の性格を理解するのに十分であろうことを。

法律の干渉、または共同社会の公的暴力は、独占を形成するために基本的なのである。すべての労働が自由で、すべての交換が自発的であるところでは、独占はありえない。このような作用は現在の考察から除かれる。独占にはさまざまな種類がある。ある時には、独占は、少数の個人にしか、嗅ぎたばこ、たばこ、陶器などの製作のような、特別な産業部面でもっぱら働くことを許さなかったり、ある時には、共同社会全体の誰にでも、またはすべてのひとに、特定の事業に従事することを許可するが、外国、または同じ共同社会の植民地または従属国を、この共同社会の消費のための砂糖精製については、閉め出す。またある時には、独占は特定集団の人々だけに、一定の、またはすべての物品を外国に輸出することを制限し、ある時には、若干の、またはすべての物品を、東インド会社が、以前にも、または新たに規制したような諸国から、輸入することを制限する。ある時には、独占は特定の植民地だけに、この共同社会にヨーロッパ全列強の東、西インド植民地からの砂糖、ラム酒などのような一定の物品を供給する機能を制限して、各共同社会は、自分の植民地生産物を、もっぱら自給するためだけに許可している、またある時には、独占は、イギリスにおけるポルトガルのワインと、ポルトガルにおけるイギリスの毛織物との相互特恵のために、イギリスとポルトガルとの旧（メスエン）条約のような、一定の物品の供給における、相互、互恵独占を制定することもある。

補助金が報酬の点で、奨励と過剰支払いの点で、まったく完全に効果があるようにみえるかぎり、独占は補助金よりも品位が低く、反感を催すものである。独占は陽気な性格で、見かけは気前がよい。その有害な影響は偽装されており、他の諸条件や原因と混同されている。補助金は、しばしば、産業を指導するのに適当と考えるようなひとをみな、補助金の追加でそれらの指示する方向に誘引する。だが、独占は、至る所で、はじめから、禁制と処罰の無情な容貌をしている。独占は、補助金を正当化するのに利用されているのと同じ口実で、つまり、当分は有害だが、それは、そうでなかったら、存在しなかったであろう有用な事業部門を、終局的に確立するであろう、という口実で、多数者を犠牲にして、少数者を公然と、かつあからさまに依怙贔屓する。

独占は、補助金に対して力説されてきた反対論の、一つを除いた全部に該当するように思われる。そして、そのうちの非常に多くの反対論に、補助金よりも遙かに強烈な仕方で、曝されそうである。独占には、補助金に対しては強調されていない反対論が、追加される。独占が免れている反対論は、直接税、または直接税によって調達された公収入の一部分は、補助金の支払いに充てられるのに、他方、独占を成立させる際に、金銭的援助の点で、公的資金はなんら必要不可欠ではない、ということである。独占は他人の権利を排除することで作動する。補助金は、あたかも産業に人為的な報酬を上乗せするかのように作動し、かような報酬が、共同社会の残余のものの成功した産業の唯一の源泉、生産物、報酬から搾出されうることに気がつかない。規模の大小に拘わらず、補助金と独占との双方が産み出す弊害は、おそらく以下の項目に集約されるかもしれない。

1. それらは安全の原理を犯す。

2. それらは平等の原理を犯す。明白に成立しているこれら二つの弊害は、補助金または独占のような手段を非難するのにまったく不足はない。なぜなら、もし全社会の生産物が安全の侵犯によって減少するなら、またもし幸福総計が安全にとって必然的でない不平等によって減少するなら、それらから生じる副次的影響は、それが全部良いとしても、不安全と不平等とのもっとも重大な損害からの部分的控除たり得るにすぎない。しかし、補助金と独占は、次の弊害を追加する点でも一致する。あるいはおそらく、もっと正確に言うならば、次の弊害は、平等か安全の侵害をただ例証するにすぎないし、そのうちの前者か、後者かに、それらすべてが終局的に分解するのかも知れない。

3. それらは両方とも、それらの賛成者の立場に立って――それらがいつもうまく処理されると仮定して――、避けがたい不完全な事実認識と判断から、国富の不正流用とその結果として損失との巨悪を招きやすい。

4. それらは両方とも、それらが特恵を与える産業部面は、その他の雇用方法の平均より利潤が少ない、という自認にもとづいている。

5. それらは両方とも、それらの特権の持続が不確実なことを償うために、より高い利潤を要求する。

6. それらは両方とも、他の無援の産業部面よりも不経済に運営されがちである。また、それらの必然的に複雑な組織の作動で、詐欺と依怙贔屓を産み出す。

7. それらは両方とも、それらに通常雇用されている労働と資本とを人為的に回収することによって、他の諸商品の物価をややもすると吊り上げる傾向がある。

8. それらは両方とも、自然科学的、経済学的知識の獲得と普及を著しく妨げる。

9. それらの手段の双方、つまり補助金と独占は、上記の弊害のいずれを伴わなくとも、まったくなくもがなである。というのは、全然弊害もなく、それらから期待されるあらゆる善を成就するための適切な手段は、手近にあるものだからである。

独占にありがちな、それが補助金と共有する弊害を超える弊害は、以下のように分類されるかもしれない。

1. 独占は、それを維持するために、たいてい残酷で、血なまぐさい刑罰を必要とする。

2. 独占は、それを維持するために、独占に委任した権力の濫用によって、特権を与えられた事業者に、極悪な貪欲と不正義を産み出す。

3. 独占は、事実上ほとんどあらゆる場合に、投機取引のように、破滅的な結果になる。そして、仲介業者の味方になって、国内の共同社会の取引会社と、独占の権力の手が届く外国人とを犠牲にして汚職と略奪の劇場に堕落する。

すでに述べたことのあとに、若干、言葉を補って、独占はここでみずからに帰せられる全弊害の責を正当に負うべきであることが、立証されるであろう。

まず、独占が補助金と共有する弊害について。独占は、補助金と同様、安全原理を目に余るほど侵害するが、正確に同じく目に見える方法で侵害するわけではない。独占は、補助金がするように強制的貢納を徴収し、つまり、繁栄しているものからかれらの産業の生産物を略奪して、自立できない産業部面にそれを気前よく浪費することによって、安全を襲撃するのではない。しかし、独占は、労働者の腕を、職人の技術を、運搬人の冒険好きなエネルギーを引っ捕らえて、かれらの生産力をかれらにもっとも有利と思われる方向に向けて使うことを妨害することによって、安全を侵害するのである。独占は生産物ができあがるまで待たない。独占は、生産物の前途を案じて出産時に絞め殺す。独占は排他主義に従って行動し、特に優遇された少数者以外のすべてのものを、かれらの労働の雇用や、特定分野の労働生産物の交換から排除する。こうして、共同社会のその他のすべてにおける自由労働と自発的交換の権利を制約する。一人の労働職人が、一個の帽子か一足の靴を自家用に、またはそれと交換して、何か欲しい品物を手に入れるために、生産しようとする、と仮定しよう。この品物が、またはその等価が、またはその等価の一部が貨幣で、補助金支払い用の基金を調達するために、生産者から強制的に略奪される。しかし、独占の場合に（たとえば、帽子製造のような）、職人は、靴または帽子の製造を制約される。では、使用することと楽しむことについて、ある物品を生産されたとき略奪することとその生産を妨害することとの相違はどこにあるか。もしその物品が生産されたときに略奪されて、その場で盗奪が止むならば、また生産されるかもしれない。しかし、禁止の場合に、生産力自体が阻止され、全滅する。だから、安全に対する襲撃は、労働自体、生産力、あらゆる富物品を形成する特質に直接向けられるとき、ますます目に余る。財産すなわち労働生産物の略奪を、かくも悪質にし、嘆かわしくする環境とは何だろうか。それによって産み出された不安全と悲惨な境遇以外の何だろうか。他人の心中に発生した警戒心、挫折、および勤労とすべての肉体的、知的営為の弛緩、人間の無気力だろうか。それは、多くはそれ自体無機的な財産たる物品に作用する有害な影響の結果ではまったくない。それは、帽子と靴が、他人の持っているものより、自分のもののほうが良くないからではない。それは、それらによって知的動作の主体、つまり生産者、所有者の精神と感情に作出された弊害のためである。それは、かれの再生産し、蓄積する性向が、弛緩し、辛抱しても、それによって破滅するからである。それは、かれのいまの幸福が、不当な待遇を受けた、という感覚と、かれがその品物を使用したり、交換したりして得られるであろう、肉体的、またはその他の快楽の喪失とによって、侵されるからである。しかし、これらすべての弊害は、労働への干渉と同じくらい強烈に、労働生産物への干渉にも妥当するし、労働が生産したものに妥当するのと同様に、強烈に労働が生産するであろうものにも当てはまる。安全の原理は、両方の場合に等しく侵害され、等しく破滅的影響を受けるが、違った方法でなされる。そして、もし財産をその本来の生産者から奪い取る弊害が、労働の自由な展開に対する制約から生じる弊害より、小さいことが可能なら、財産が、その勤勉な、称賛に値する生産者から派手に奪われるのではなくて、数々の複雑な交換、暴力または詐欺によって、その財産を自分の所有にしてしまったひとから取り上げられるとき、かかる弊害はなんとまあ激減することだろう。このようなものに対する弊害はこの物品が与えたかもしれない楽しみの喪失にすぎないし、それは不安全の弊害の小さな一部分にすぎないのである。個人の利益のための労働の自由な権利、つまり精神的、肉体的全機能の方向の自由な権利――他人の同様な権利を妨害しない――は、最高の功利にもとづいているので、人間のもっとも神聖な権利である。たいていは、特定の方向から労働を制限することは、（つねに他人の利益のために）特定部面に労働を強制することほど、有害ではないのは確かである。その弊害の相違は、程度だけの問題であって、種類ではない。もっとも有益な、もっとも生産的な種類の労働が制限されているところでは、その弊害は、前者の場合、後者の場合とほぼ同じくらいである。

独占は、補助金と同じく、平等原理の侵害でも断罪される。ここで主唱されている平等とは、絶対的、強制的平等ではなくて、安全、自由労働と自発的交換と合致した、最大限可能な平等の程度である。補助金は、勤労者から、かれらの稼得の一部を略奪して、それを少数の特に優遇されたものに与え、自由競争の錦の御旗のもとで、みんなを保護するのではなく、共同社会を犠牲にして、かれら少数者を豊にすることによって、平等を侵害するのである。独占は、有益な努力と、それゆえ幸福の手段と思われるものを、特権のある若干の個人を除いた、すべてのひとに禁止することによって、平等を侵害すること、なお目に余るものがある。かれらが生産する富は、当然、不公平の極みであり、もっとも普及していない個人の努力と技術にもっとも依存していない富である。そして、それゆえ、以上とその他の理由により、もっとも幸福を産み出することが少ない。所定の量の富が普及すればするほど、――富のそれぞれの部分が、楽しみを刺激することがかなりできるほどの量のままであるなら、またその部分のわずかな労働が、わずかな楽しみとバランスを崩さないなら、――富は幸福を、ますます多く産み出す、ということが分かっている。人類に生産と生存を保証するための安全という、この最高の権利は、この優雅な原理の普遍的作用に対する、唯一の正当と認められる限界を形成する。安全が与えられているならば、平等は正義の普遍的法則である。それによって、あらゆる制度の効用が試されなければならない。それでは、多数者、貧困層、弱者を略奪したり、制止して、それを少数者、富裕層、強者に与えることによって、まず安全の原理を侵害し、次いで平等の原理を完膚無きまでに蹂躙する、独占組織のような制度に対して、何と言ったらよいだろうか。もし、それが安全を尊重していたなら、その平等への攻撃は緩和されていたであろう。もし、それが安全を保持するために本当に必要なら、その平等に対する攻撃は正当化されるであろう。しかし、このような正当化、ないしは緩和がなにひとつ見られないで、それは、人間の幸福にもっとも基本的な安全と平等との原理を、二つながら等しく蹂躙する。

独占と補助金とに等しくつきまとっている安全と平等とを侵害するこれら二つの有害な性向だけで、以前に考察したように、富、あるいは富の分配による幸福の生産増大というまことしやかな目的のために、それらを利用することを拒絶するのに十分である。しかしながら、なお、それらが産み出した細かい弊害を一瞥することによって、このような方便が富のもっとも公正な分配にとって、如何にまったく不必要か、ばかりでなく、それらが、このような公正な分配と如何に完全に矛盾しているか、ということも十分に、かつ未来永劫にわたってますます納得がいくだろう。

それで、補助金ばかりでなく、独占も「それらの誤った適用によって、限りなく濫用されやすいし、その結果、それらが不完全な情報と判断にもとづいて着手されるかもしれないので、国富の大きな浪費になりやすい」。この主張を否定することは、歴史の全証言を否認することであり、このような計画立案者の全知と無謬を主張することでもある。これは、私的個人もまた判断を誤り、知識が不完全かもしれない、ということを正当化するものでは決してない。もちろんだ。だが、かれらの間違いは、ちっぽけなもので、直ぐ訂正され、私的利害の監視の目で最低限に減小するものだ。他方、独占の実験は、必然的に大規模であり、共同社会の財産の大部分を危険に曝し、独占の誤謬は、容易に是正されず、その事務は、個人的不安に代わって、代表によって、必ず執務される。既存の単一の独占ならば、どれも現、未来のその影響をすべて総合的に調査して、善の残高を作り出している、と断言するのは冒険だろう。独占の半分が、富の生産に関して有益だと想定しよう。思慮のある独占によって、取得されたのと同じくらい多くの国富が、思慮分別を欠いた独占によって、犠牲にされたままであるだろう。富に関する収支残高の均衡は、不安全と不平等との全弊害が除去されたわけではないから、独占体制に対して異議が出るはずである。個人的努力、自由労働と自発的交換の体制では、この自然体制を、部分的でさえ採用しているあらゆる共同社会における、富の規則的、直線的増加によって証明されるように、平均的国民損失の危険はまったくないのである。というのは、一個人の努力が新路線の調査に失敗したり、旧路線で不手際な経営をしたりしても、二〇人の努力が成功するかもしれないし、その結果、この共同社会では、いつもプラスの収支残高があるからである。他方では、全国民の平均的勤労は、独占が暴力によって必然的に支えられているとしても、それによって麻痺させられているのである。だから、前者の体制では、絶対的損失の危険は絶対ないが、大なり小なりの程度の進歩の確実性があるところでは、また後者の体制では、成功の場合には、当てにならない利得というギャンブル的約束を伴った、絶対的損失の大きな危険があるところでは、国富を危険に曝すようなあらゆる方策は放擲することこそが、賢さの証しではないか。

独占が補助金と共通に関係している次の弊害は、「それらは二つながら、特に優遇している産業部面が、その当時、その他の雇用方法の平均より利益が低い、という認識にもとづいている」ということである。普通に、率直に理解すれば、この事情だけで、その唯一の目的が富の生産と蓄積だと公然と認めている独占と補助金とを、このようなどんな計画にも充用することを断念させるのに、十分であると思うであろう。なぜなら、富を生産したいと欲する人民に対して、ある外国産品を追加しなければ、その生産が減少するだろうと認められる一つの計画が提案されているからである。これらの対外手段の本質は何だろうか。自然のある生産力が看過されてきたことか、不経済的に使用されてきたことを示すことだろうか。与えられた環境のもとで、労働の協働と団結(the co-operation and combination of labor)の効用を、また、その他の環境では、労働の分割と細分化(division and subdivision)の等しい効用を、証明することだろうか。否。このような手段は差し支えないし、完全に有益であり、安全と平等を攻撃するものではないし、補助金と独占の精神とまったく無縁である。思慮のない暴力は補助金と独占の唯一の道具であり、権力の濫用はこれらが頼りにする唯一の手段である。補助金と独占は、他人の労働生産物を暴力によって略奪し、他人が自分の労働をみずからもっとも有利と思われる方法で雇用するのを妨げ、特に優遇する産業分野に不自然な報酬を与えるのである。この不自然な利潤追加の環境そのものが、この企業が有害か、未成熟だということを証明している。将来つねに疑義を呈されるべきこの利益の可能性は、現在の損失の確実性と比較検討されるべきものではない。

さらに、「補助金と独占とによって営まれる営業は、それらの存続の不確実性を償うために、より高い利潤を要求する」。ミル氏は、自著『政治経済学綱要』の補助金に関する章［chap. 3 interchange, sec. 17 bounties and prohibition］で言う、保護された事業に従事しているひとは、その他の事業での資本利潤より高い利潤を得ない。競争がかれの利潤をそこまで引き下げるからである、と。競争は、社会における利潤、または労働賃金の絶対的平等を、決して作り出すものではなくて、リスク、技術、職業の不愉快さ、等々のすべての事情を勘案すると、相対的平等だけである。誰も、危険がほとんどなく、特別な熟練を必要としない、しかもその継続がほぼ確実な、普通の職業に雇用されるよりも高い利潤、または賃金を期待しないで、不潔、不名誉または危険な仕事に従事する気もないだろうし、従事しない。これらの諸不都合に報いるであろう最低限に、保護された事業も、その他の事業も、その賃金または利潤は、競争によって押し下げられるであろう。ただし、奨励または制約に伴うこの追加に対しては、社会が支払いをする。一方、保護された部面の関係者には、この追加は、正当な報酬の真実の増加として感じられない。それは、それだけ喪失したものであって、共同社会にとって真実の損失、保護行為によって創造された損失である。特恵事業が、国の事情でごく直ぐに、そうなるようなものであるとすれば、リスクはゼロと思われるし、利潤はほとんど増大しないが、これらのようなすべての場合に、保護は作動しないし、無用だし、またすぐに中止される。維持に外国の援助を必要とするあらゆる産業部面は、まったく実験段階にある。もし有益だと確認されたり、信じられたりすれば、それは、他の生産的労働者の欲求と等価によって与えられた援助より、ほかのどんな援助もなしに、経営されていくであろう。それはすべての実験に似てややもすると失敗する。このリスクに対しては、特恵事業をその他の事業と均等化する人為的な報酬を上回る等価がなければならない。それは、通常の事業の利潤より高い利潤の形をとって出来しなくてはならない。このような物品の消費者たちは、もちろん、それらをエンジョイするためには、かれらのより多量の労働、または労働生産物を与えなければならない。確かに独占は、取引している物品の価格を、この共同社会に対して騰貴させるとはいえ、そのメンバーに通常の事業利潤をほとんど与えていない。これは現在の悪徳を呑み込み、それに取って代わる、もう一つ別の悪徳から生じる。その管理者と代理人が、不誠実にも、自分自身の私的利益を、召使いとして、この事業独占体の一般利益より計画的に優先させるからである。もし、一般利益よりも私的利益を優先するということがなければ、もし全事業独占体の利益が、その召使いによって追求される唯一の利益であるとするならば、当然の結果として、独占体は通常より高い利得を求めているという結論になるだろう。そしてこの欲求に対して、いまひとつの不吉な充足方法がしばしば与えられるけれども、真実の事業主は、その悪賢いリーダーにたいていだまされ、犠牲にされるけれども、もし独占が正直に運営されるなら、当然その結果、利潤が上昇していくかぎり、また召使いの私的利益が独占の公然たる表向きの目的でないかぎり、――かれらの公正な経営に当然ついてくる弊害は、全面的に認められるべきだ。それは、その召使いにとって、ずっと大きな弊害を犠牲にして、つまり公衆と独占との双方の利益を犠牲にしてのみ除去される。もし公衆が独占によって供給される物品にもっと高い価格を支払うならば、このより高い価格が誰のポケットに入るかは、この公衆にとってはまったくどうでもいい問題だ。

補助金と同様、独占から生じるいま一つの悪影響は、「独占は、他の助成されていない産業部面よりも、不経済に経営されやすいし、それらの必然的に複雑な機構が作動して、詐欺と情実とを産み出す」ということである。注意と節約をすることは、他の事情が同じならば、他の資質を働かせることと同様に、その生産に払われた関心の程度に依存している。私的金銭問題に関して、この警戒心、この浪費防止は絶頂に達する。というのは、その性格が何であれ、怠惰であれ活発であれ、個人的事業が、それ自体で重大だと思われているようなものだとすれば、それに従事しているときに、もっとも用心深くなるだろうからである。補助金に支えられている事業は、個人的警戒心によって管理されるかもしれないし、そうすれば、その不正使用も少なくなるだろう。だが、その悪用はほとんど独占と不可分なのである。この悪影響のほんの一〇〇分の一、ないしは一〇〇〇分の一が、警戒を緩めたり、浪費したり、または浪費の被害を受けたりする代理人に個人的に降りかかるところでは、この怠慢から生じる全弊害が、怠慢なひとの上に降りかかるにちがいないところで、当然予期されるだろうものと同一の不安と、同一の努力とが、浪費を予防するだろうとは予期できないのである。大会社においては、道徳原理が個人的利害に取って替わる、とは主張されないであろう。全人類史が証明するのは、これらの二つの原理が、偶然にであれ、宿命的制度からであれ、お互いに対立するとき、道徳原理は直接の私的利害に屈服するであろう、ということである。さらに、すべての独占の主要な究極的目的は、利潤を作ることだから、その究極の目標はややもすると、他社すべてを排除しようと専念しがちで、原則は、このような会社の利得に反するときと同じほど、か弱く弁護することは決してない。その支配的原理が相互協働と仁愛であった制度のもとでは、社会的動機は私的動機と合致しているので、行動規則になることができるが、私的利益が唯一の動因であるところでは、それを増進する機会を見過ごすことは、道義心としてよりも、むしろ暗愚と見なされ、会社を犠牲にして私的利益を追求する方法が容認されると、召使いまたは親方=管理人の間のお互いの利害関係に関する同感から大きくかけ離れて、食い違ってくるので、公正で正直な、という言葉がその本質を変えて、咎められずに実行できる役得の怠慢か、他の利得方法に適用されるようになってくる。補助金は、詐欺予防のために、しばしば複雑化した機構にもかかわらず、部下の予防監視員が詐欺に加担しているので原告に味方する詐欺になりやすいという悪評が高いのである。他方、独占には地位役職をばらまく情実がキリがないので、その一つでも手に入れたり、回してもらう影響力を得る機会を窺って会社にへばりつく唯一の動機にしばしばなっている。

独占は、補助金もそうだが、「それら二つとも、それらに雇用されている労働と資本をわざと引き揚げることによって、他の商品の物価を引き上げる傾向がある」という弊害にも陥りやすい。もし同一の労働と資本が、自然に、つまり補助金とか、独占とかの干渉なしに、引き揚げられるとすれば、新しい対象は古い対象より望ましい、ということがそれによって証明されるであろう。そしてもちろん、古い方針に従っている人々は、欲求や需要の変動によって、部分的にそこから解雇されるので、削減されうるし、新しい方向に必然的に転向し、旧部面には、減少した用途に必要な割合の労働と技術を残すことになる。供給は、それゆえ、他の事情が同じなら、需要に順応し、物価は以前と同じままであろう。もとの雇用はそれらの物価を、競争によって、騰貴させるよりも、むしろ低落傾向に導く。しかし、労働と資本が、人為的に引き揚げられるところでは、事態は非常にさまざまである。全部古い労働方針で生産された品物に対する欲求、需要は、仮定により、従前通りである。一方、新しく奨励された産業部面に与えられた作為的な報酬によって、旧雇用分野のどれか、または全部から、労働と資本とを引き揚げようと異常な誘因が生まれる。それで需要に変化なく、その需要を充足する手段が減少するから、必然的な結果として、物価が騰貴する。この結果は、もちろん、新方針に向けられた労働と資本の量に比例して現れる。そして、補助金と独占との大きさと、約束された特典とに比例して、これらの有害な影響が続く。もし、それらが、たまたま、ほんのわずかでも生じるならば、補助金、独占、口先だけの奨励は、かなり実施不可能となる。

　これらの方策から生じる、いま一つの悪影響は、「補助金と独占との双方は、自然科学的、経済学的知識の獲得と普及とを著しく妨げる」ということである。補助金と独占は、共同社会に対しては、思想と打算のあらゆる自由を萎縮させる性向がある。これらの手段ともっと直接結びついている自然科学的、政治経済学的知識は、それらによってより特別に影響を受ける。補助金と独占は、共同社会の勤労が雇用されるべき方向に関して、形成された判断、共同社会に対して実施された指図を意味している。人民の理解力になにも要請されないし、なにも説明、解釈もなされていないし、なにも同意を懇請されないし、なにも審査が許されていない。権力を持ち、それを実施することに関心があろうとなかろうと、それらの人々の意志が、そのような産業部面を遂行し、それを実行するために、金を徴収したり、制約を課したりすることを決定する。この最高の意志を疑うことは、その権威への攻撃とは言えなくとも、その全知への侮蔑である。すべての討論、精神のすべての活動は、無益であるか、僭越だとさえ判断されるので、停止する。権力の腕でまとわれた作業に疑問を呈したところで、何の役に立とうか。理解力を商工業の立法者の絶対知に全面降伏させたいと、このような立法者は、いつも精神の包容力が欠如しているのと比例し、かつそれらのメリットと正確に反比例して渇望している。勤労、知識層が、あらゆるものが自分たちに対して勝手に規制されていることを知ったときに、富の創造に、自分たちの生産諸力をもっとも有益に向ける方法について考察し、考量し、かつ実験しても、かれらにとって何の役に立とうか。自然の手からもぎ取られ、立法者の気ままに浪費される、制約と奨励にだろうか。このような環境の下で、このような目的に指向された知的営為が、何の役に立つのか。監督主権者の憎悪をかき立てる以外に、何の役に立つのか。しかし、このような環境の下での、このような努力と思考の不効用に比例しているのが、これら同一の作業の困難なのである。あらゆるものが、自然に、すなわち共同社会の欲求と願望、感情と知識の状態に、地質、気候、および物理的、道徳的変化によって、また遠隔地の同様な環境によってさえも影響されやすい、自然生産物の諸環境に委ねられているところでは、判断、実験と思索のための広大な領域がある。そこにさえ、いっぱい誤謬の種が見つけられ、またそこでは、調査を誘導し、安息嗜好と新職業の個人的リスクとを克服するために、道案内が必要である。しかし、調査と正確な判断とに対するこれら自然の障害に加えて、知識が緩和し、除去するのを目的としている、これら自然の障害に加えて、新しい任意の障害が、実施されるべき不自然な報酬と制約と際限のない規制、およびそれみずからの所産を監視する権力の警戒心によって、調査の邪魔をするとき、いったい、健全な見識が、これらの諸問題に関して、こんなに遅れて、こんなにゆっくりと普及してきたことがあっただろうか。あたかも調査に不可避の難しさが不十分であるかのように、一歩あゆむごとに新しい複雑な問題が台頭して、同時に発生するか、相殺し合う因果関係が、非常に混然としているので、誤謬をほとんど避けて通ることができないのである。かような冷酷な干渉によって誘発されたまったくの無知を克服して、立法者は、自分自身の強制的、病的勤労以外のすべてのものを放逐するもっとも有害な制度を、崇高な知恵の結果だと見なし、そして、自分たちの身辺の無知と同じほど甚だしい無知が、どんな権力であれ、図らずも確立したかもしれないこの有益な傾向を、どうして疑ってみようとするだろうか、と不審に思う。自然科学的知識、つまり、あらゆる無機的、植物的、および動物的な自然生産物を応用し、自然の生産力とエネルギーを指導し、またはそれと協働する目的で、検討することにある知識、全勤労の基礎である種類の知識は、人為的規制と奨励によって、特に停滞する。企業の営業領域が自由であるかぎり、身体のあらゆる有用な資質、自然のあらゆる物理的エネルギーは、熱心に研究され、発見者によって実用化されるようになる。だが、補助金と制限の制度のもとでは、自然法則は譲歩を余儀なくされる。勤労は強制され、不自然になるし、自然の生産力は人間のエネルギーと同様に制約される。もし、そのエネルギーが、それ自身のために改良と発見をを利用しようとして、それらを他人に隠し、こうして有益な知識の普及を阻止して、等しく効果的に管理されることは、私的利益追求とほとんど不可分な悪徳であるとするなら、この加速化された邪悪な傾向は、権力と立法とがこれらすべての自己中心的追求を抑制しないで、促進するところでは、特に優遇された事業に、何とますます強力に適合するのだろう。この制限体制は、改良と発見とに立ちはだかる非常に克服しがたい障害となるので、それらを隠匿するぐらいでは、危害はほとんどありえないと慰めても、かえって気が滅入ってしまうくらいである。もし発見が補助金か独占を妨害するなら、それは禁止される。ほとんどいかなる自然科学的発見の応用をも、誰が知り、誰が制限できるか。自然科学的発見は、人間の幸福を増大するのに役立つかぎりでのみ、有益である。この自然科学的発見は、富の対象の数量を更新し、増加するために、労働を新しく適用することによって、これをたいていは達成する。しかし、これらの物品を生産する労働が、補助金か独占の管理下に置かれるにつれて、その報酬が先細りになり、努力するインセンティヴが減退していき、この意気消沈が特恵物品にも広がるばかりでなく、それらの物品を通して他のあらゆる産業部門にも及ぶのである。制限体制にもかかわらず、またその他の原因からも、営業の問題についても、他の問題についてと同様に、自由な研究が、多かれ少なかれ、これらの国々で広まってきた。たとえばこれらの国々における代議選挙制度への最近の前進と、その結果の善良な政治以前には、スペインとポルトガルにおけるように、対抗し合う原因が全然働かないところでは、(7) 知識と勤労を殲滅するという、強制的、人為的な計略の恐るべき結果に目を向けなければならない。ひとの願いとエネルギー、そして自然の賜物と力は、同

(7) 本文は一八二二年に執筆したものである。ヨーロッパにおける若干の支配者家族は、目先の利益にこだわってずうずうしくも、ヨーロッパの生産的労働者の平等と安全とから略奪した富を利用して、これら諸国の息絶え絶えになっている無知蒙昧と迷信を籠絡して、かれらの訓練された野蛮な傭兵隊と結託して、これらの制度の進歩を暫時停止させたのである。

「愚かな甘ちゃんよ！　お前は彼方の血の色をした雲を想うか。
お前の吐く息によって湧き、太陽を消した、と？
明日には、太陽は金色の洪水を復活し、
諸々の国民をさらに燦然たる陽光で暖めん」。

じように狭量な独裁の精神に屈服させられた。そして権力が規制するために決意するだけでよいなら、説得したり、賢く判断するための労を執ろうとするどんな動機がまだ残されているのか。諸国民のうちで、もっとも商業に長けたブリテン自体の支配者たちでさえも、最初は制限体制を興し、後にそれによって恒久化した、国民経済の酷い無知蒙昧に反対する原理にもとづいて、行動し始めたのはまさにこの瞬間である。

補助金と独占とに対して等しく妥当するものとして主張された、最後の反対論は、「補助金と独占は、前述のどんな弊害を伴うものではないけれども、双方ともに余計なものである。なぜなら、弊害を全然伴わないで、それらから期待できるすべての善を実現する適切な手段が手近にあるからである」ということだ。労働の方向を決定するこれらの人為的諸手段が生産や改善にとって有害であるのと同様に有益だ、ということが証明されたとしても、それら諸手段を利用するのが賢いなどということは合理的な結論ではないだろう。というのは、それらは費用の嵩む、ないしは、反則的な手段、あるいはその両方だからである。それゆえ、それらの長所をそれらの許容される弊害と比較考量して、その結果に従って、慎重に事を進めていくことが必要であろう。これらの方策、つまり租税と制限という重い負担をかけずに、同一の長所に到達する他の方法が考えられるなら、それを躊躇せずに採るべきであろう。そのような方法を利用するのに十分賢明な共同社会はすべて、それを自由にすることができる。その方法は、万人の平等な権利を公平に保護し、有益な知識を普及することにのみ存する。人間の全規制体系は、従来、一つの階級がもう一つの階級に対して行う制約と権利侵害との組織とほとんど同然だったのである。奨励または制約が人間の勤労の発達にのために、（それらの多数の悪影響と比較考量して）部分的にであれ有益だった唯一の場合は、それらが知識を普及し、人間の欲求と行動を活発にして、努力させる手段であったときだ、ということは十分証拠があり、証明されたものと希望する。有用な生産手段の知識を普及すること、充たすことによって幸福の総和が増加するような欲求を刺激し、もしくは創造すること、化学、機械学およびその他の自然科学的、道徳的技芸の進歩によって、技術と労働の力を向上すること、これらすべては成就すべき立派な目的であり、往々にして権力者が意欲旺盛な事業者の計画に認可を与える際に、おそらく心中で有力な動機になっていたであろう。しかるに同時に、これらの善良な目的のうちの若干のものが達成されたのは、金銭的奨励、または刑法上の禁制、制度の確立と時を同じくしていたことも確かなのである。ところで、これらの制度は、共同社会における生産の増大と技術の進歩が望ましい、という、多かれ少なかれ、一般的な納得が得られた結果だったにちがいない、ということは歴然としている。奨励もしくは制限は、この納得の結果だったにちがいない。その計画立案者の頭の中では、その原因たりえなかった。それで、唯一の問題は、この納得、すなわち、それを行って何の役に立つかとそれをどうやって行うかの知識、を共同社会全体に普及する件についてである。強制的干渉が、ややもすると判断を惑わせ、混乱させること、と特権の所有者は、かれらが特にその特権の分野でどんなにわずかな知識しか持っていなくても、その知識について、その特権そのものについてと同様に、おしなべて妬むということとが証明されている。だから、技術と勤労の大きな進歩と新しい楽しみへ導く新しい欲求とが、これらの制度と共存してきた時はいつでも、それは、保護と制限の確立に導き、これらの新しい欲求の刺激にも導き、そして共同社会における技術と勤労の、この新しい発展に導く、まったく同じ環境の変化——それが何であろうとも——であり、そして、これらの既成組織がずっとそうであったような障害物がなければ、改良の進行はもっとずっと急速だったであろう、と信じて疑わないかもしれない。

問題のこの部分に関して重大な誤謬が、しばしば広汎に広まっている。奨励と制限、および同業組合、徒弟制度などの人為的全制度の有用な傾向は、ヨーロッパのあらゆるところで生じた大きな進歩の事実によって立証される、と考えられてきた。ヨーロッパでは、このような方策によって、封建的怠惰、迷信そして強奪という恐怖の旧制度に替わって、勤労と独立が台頭した。一つの考察が、この反対論にとどめを刺すだろう、と期待されている。全封建体制は、暴力にもとづく大量の権利侵害、安全と平等の原理の、全体としてであれ、個別としてであれ、全面的に広まった侵犯にほかならない。それゆえ、このような制度に続き、それと比較して、同業組合の設立とその加盟者への特権の設定とは、事実上広範囲に、封建的制約の撤廃であり、封建的未開状態に反対して、安全と平等の原理を主張することであった。また、かような既成組織の良好な結果すべては、われわれが規定した原理にそれらが従うことから生じたのであるが、それらが、この原理を無知にも侵害したため、産み出した弊害や、封建制の怪物がほとんど退治されている新事態になおも発生している弊害を誘き寄せているのである。これら既成組織が押しつけている制約は、正義、安全および平等の規則と比較すると、きわめて有害なもので、廃止すべきである。それらが押しつけている制約は、封建時代の特徴である完全な不安全と略奪的な暴力規則とくらべると、煩わしい悪戯として、完全な荒廃になぞらえられる。これらの反封建的組織が純粋な善を産み出さない理由は、それらが制約をなお手放していないか、発明しているからである。どんな社会状態においても、このような奨励ないしは制約は、賢明ではないが、産業の規制に関する絶対知が、知性の封建的禁止の最中、直ちに発生しただろう、と期待することは、蒸気船が、蔦編みの革張りボートが波の上に進水したとたんに、生まれたと期待するのと同じく合理的ではない。機械工学と化学の進歩によって、水上に浮かんだ蒸気船は、時代の進歩した知識にふさわしいが、一方恥ずかしいことには、野蛮時代の同業組合と制約、蔦細工と革製の政治経済学は、理論的には何であれ、実践的社会科学においては、まだわれわれの理知の極致である。それで、制限的、不公平な保護制度そのものでさえ、その起源は、その継続に反対で、わが原理に賛成の議論であることは明白である。

残虐さにおいて封建制度に見劣りしない野蛮な暴力体制によって荒廃した国では、すなわち、エジプト、シリアでは、あるいはトルコ的専制主義のその他ほとんど何処の地域においても、そこでは、いわゆる政治の日常の原則と実践とは安全の組織的侵害であり、無知な強欲が生産者の手から、かれの労働の果実を奪い去って、ついにはすべての産業が消滅し、意気消沈の末、生活手段を再生産によって維持していくのに辛うじて足りるか足りないくらいの乏しい努力しか見られないが、そんな国々では、制約的保護制度でさえかなりの恩恵なのである。その制約は無法な、あるいは法に管理された暴力の制約と比較すると非常に少数しかないので、かなりの産業はこの差異からただちに回復するだろう。しかし、理性のあるひとなら誰でも、こんな不公正な制約によって、それらの国々に繁栄を取り戻そうと、いまさら努力しないであろう。かれは、生産的労働者の完全な安全を、かれがもっとも有利と思うところにかれの労働を導くことで、また労働生産物を自由に使用することで、直ちに確立するであろうし、法律は、万人に公平な保護を与え、誰にもどんな排他的依怙贔屓もしないだろう。自由労働と自発的交換の影響により、そしてあとで述べることになるが、人事の現状では、これらの生き生きした原理から当然引き出される結果の影響により、これらの立派な国々は、それらの灰燼から再び立ち上がるであろうし、土壌、生産物および境遇は、勤労の活動的な手に、生命、美、そして楽しみを以て報いるであろう。また、この立派な種族の残党、現在の奴隷たちは、畑に列をなして悲嘆に暮れているが、自由な知的な人々の国民に発展していくだろう。もし、ボナパルトが、ヨーロッパに戻ってきて荒廃させるのではなく、そのままアジアに留まり、そこで自由な産業を確立したとするならば、かれが、そこで人間の思想と行動の発達に従って、排除していったであろう制約に比例して、人類はかれに恩恵を蒙ったであろう。普通のヨーロッパの禁制でさえも、アジアではかなりの自由であったし、不公平な安全が封建制度に作用したと同じように、作用したであろう。だが、そのことから、好ましい結果をもたらすのは、この制度の制約的役割であって、反制約的役割ではないと結論するのは、馬鹿げているであろう。

制約の排除と自発的交換の保護のほかに、立法が国民的富の増加を促進するために採用できるであろう唯一残っている、全面的に十全の措置は、知識の普及である。しかし、それはあまりにも重要な問題なので、ここでは付随的にしか言及できないから、この主題に関する章を参照してもらいたい。

かくて、制約と奨励、独占と補助金が、おおかた共通する弊害を略述したので、あと残っているのは、独占にほとんど特有の害悪を指摘することである。

最初に指摘する弊害ないしは害悪は、「独占は、その維持のために、もっとも残酷かつ血生臭い処罰を必要とする」。刑罰がない立法と制約は、無益であり、あらゆる法律は道徳的拘束力を持たなければならない。(市民法の場合は、賠償が道徳的拘束力となる。)そして、独占にもっとも有益な法律とは、それに最大限排他的な特権を与え、かつ人類の共通の権利と同感とをもっとも甚だしく侵害するものとして、もっとも恐ろしい道徳的拘束力を要求する法律がまさにそれである。このため、見せしめの処罰が、独占の不正義に正比例して必要となる。すべての独占、ヨーロッパ、アメリカおよびアジアにおけるオランダの、スペインの、イギリスの、独占は、しばしばもっとも残酷な刑罰によって、強要されてきたということは、歴史が証明している。このような既成の制度を維持するために、かような処罰を必要とすることは、きわめて自然であり、明白である。真に不道徳な、すなわち有害な行為、窃盗、詐欺、放火または殺人のような行為に対して、法律が刑罰を科すとき、刑罰が厳しかったり、残酷であったりして、人民を残酷、かつ無感動にしてしまうとしても、なおかつ、犯罪の現実の弊害、もし抑制されなければ、その蔓延から発生する不安全と不安は、穏やかで勤勉なひとに非常に強烈に影響して、刑罰が引き起こす恐怖と相殺され、苦痛を受ける犯罪人に対する同感を弱めてしまう。もし、感情が鈍感になり、冷酷さが、人間虐殺という冷血行為を目の当たりにして、生じるならば、この弊害たるや、このような恐怖の結果生じた真実の犯罪の減少ぐらいでは、絶対的には償いがつくものではない。だが、冷酷な刑罰、または独占を維持するために負わされたどんな刑罰の場合でも、人間の感情に対して加えられた暴力行為に匹敵するものは、どこにあるだろうか。被害者への深刻な同感に匹敵するものは、一般に法律と結びついた残忍と不正義とに、また、その結果、すべての法律に対する憎悪に、匹敵するものは、どこにあるだろうか。処罰される行為は、厳密に道徳的な称賛に値する行為であり、労働をもっとも生産的なところへ導く行為である。この犯罪は架空のものであり、法律の作り事である。正義のすべての概念はひっくり返され、共同社会の知的機能は惑わされ、道徳性はその判断の依るべき基礎を失う。もし処罰という脅しがうまくいけば、――誘惑が強くて、違反する利益の方が高いところでは、決してそうはいってないが――それは、共同社会の活力と知性との退廃という犠牲を払ってのみ、うまくいったのである。刑罰が軽いときは、その唯一の理由は、なんらかの原因で禁止された産業部門に従事するに値しない、ということであり、その場合、独占は、特恵を受けた少数者にとって、何の利益も与えないし、無益だからである。社会は、それゆえ、このような刑罰に見合う対価を受けていない。しかし、対価の代わりに、それらの結果はすべて非常に多くの膨大な量の弊害で、法律軽視、知性の当惑、仁愛の絶滅、有害な行動力、または奴隷的無気力、それらにさらに加えて、処刑の無茶苦茶な苦痛、または不都合があり、常に安全と平等の大原理を侵す。

特に独占に帰せられる第二の弊害は、「独占は、みずからを支えるために委任された権力の濫用から、特別優遇されている事業者に、酷い貪欲と不正義とを産み出す」ことだ。歴史は、ここでもまた、事態の趨勢と一致してこの害悪を追加していることを立証している。東西両インド諸島とインド本土のオランダ大独占会社の総督、東インド諸島におけるイギリス独占会社の総督、およびアメリカにおける永久的禁制を維持するスペイン独占会社の総督たちの残虐行為は、これらの会社、またはそれらが所属している国々の歴史を読んだことがあるひと各人に周知であるはずだ。投機家が、かれの同胞の病気と瀕死の状態を作り出すであろう物価の上昇によって、富裕になるために、飢饉とか、飢饉に近い状態を作り出すことは、無責任に権力を委任されたときに、貪欲によって行使された方策の一見本にすぎないのである。独占が、行政府のためか、個人のためか、どちらにしても国内で確立したところでは、政府がみずからの目で独占体（monopolists）を見張り、独占体の権力掌握を妬むので、または、もし政府自身が独占行為を行うならば、ただ貪欲で遂行している事業からその注目を逸らすために、なお一層重要な目的を持ち、配慮するので、この種のそんなに酷い残虐行為は実行されない。この制度の不公正がもっともどぎつく正体を現すのは、主権のうち、いわゆる文明国民が、事業を営んでいるその市民の会社に、その親社会が決して持ってもいないし、付与することもできない、うわべだけの権利、つまり、航海で発見された種族か国民に君臨するその主権を、貪欲を満たすために役立てようとするだけのために、法律によってにせよ、または瞬時的な専制君主的意志を通してにせよ、住民の労働、財産および人格を支配し、制約する、うわべだけの権利を委任する外国の独占体の場合においてである。

いくつかの環境が、この独占に関する一般大衆の判断を迷わせ、独占の不公正を一時和らげるのに役立ってきた。これらの権利侵害をこととする会社が、アジアであれ、アメリカであれ、君臨した国民または種族は、つねにただの野蛮人であったか、半文明化した専制政府に従属したか、はたまたかれらの弱さのため軽蔑されたのである。そして、すべての場合に、ヨーロッパの独占体と比較して、かれらは無知、無気力である。そのうえ、かれらの迷信に陥りやすい感情と偏見のため、ヨーロッパのそれらと違って、――当時それらが馬鹿げていて、残酷だったと同様に凶暴であった――かれらは、贅沢信仰の共同社会によく見られる強い同感を失っていた。強制的取り立てや強盗が、見知らぬ他人によって、権力のヴェールに包まれて行われたのか。馬鹿げた、悪意のある商業規制が、制定されたのだろうか。同様な強制取り立て、同様な、またはそれよりもけばけばしい馬鹿さ加減が原住民自身の間で普及している例証として挙げることができるだろう。かれらは高望みをしなかったし、もっと学ぼうとしなかったし、もっと稼ごうともしなかった。原住民は、不条理と悪政に慣れっこになっているし、そのためより良い制度には不向きだと思われてきた——あたかも、病気を治す最良の方法は、毒を以て毒を制す、であるかのように。だが、独占体の目的は、その取引相手や権力で支配する相手の、道徳的、または政治的非行を正すことではなく、金持ちになることであり、出会った悪徳または美徳を、損得勘定に変換することである。さらに、効き目抜群の即答は、「かれらはわれわれと信仰を共通にする仲間ではないし、信念を共通にするものでもないし、そしてわが天国の目で見ると、不信心で、忌まわしくて、それだから、わが儀式と教理とに無知な、ミゼラブルな不信心者たるかれらに対して平等な正義を説くのは愚かだ」ということである。こうして金銭欲は狂信によって、みずからの知的、肉体的優越感によって、かつまた時に応じて残忍さの度合いを規制と行動で変えたいと願った、できればさらにもっと悪意に満ちたこれらの制度と規制とを軽視することによっても下支えされたのである。独占体自身のように、国内の狂信的な、貪欲な、半可通の公衆は、かような環境を、海外で事業をしているかれらの同胞が商業上の権力を強固にしようとして、きわめてちっぽけな、当たり前の努力をしたことについての十分な釈明になる、と思うのは不思議なことだろうか。かりに、これらの排他的諸会社が、自分たちよりも、もっと知識があり、より賢明な組織の、より有力な共同社会との関係を発見したか、確立したとするならば、海外で食べる食糧を持たないし、また国内で意地悪を喜ばし、無知なるものを騙し、知識人を侮蔑するための弁解もできないから、それらの酷い貪欲と不正義の噂を聞いたこともなかったであろう。

特に独占に帰せられている第三の弊害は、「独占が、事実ほとんどあらゆる場合に、投機取引のように破滅的になったし、国内の営業や共同社会を、そしてそれらの勢力範囲に組み込まれていった外国人を犠牲にして、仲介業者の汚職と略奪の劇場に堕落させてしまったのである」ということである。これらの事実は、権力に支えられたほとんどすべての独占の、確たる歴史的結果であるが、（というのは、暴力がなければ、独占はなくなるし、すべての自発的交換は潔白であるばかりか、歓迎されるからである。）これらだけで、このような方策を、文明開化したすべての立法から、永遠に放逐するのに十分な理由である。実験は、地球のほとんどすべての営業地域で、つぎつぎといろんな国民によって、もっとも広汎な規模で、幾度となく試みられてきたし、この問題は、商業利得を保証する手段としては、独占に否定的結論が出ている。風車の力は、蒸気の巨大な規則正しいエネルギーによって、凌駕されたのと同じように説得的に、経験は、私企業の活動性と経済性によって経営されている営業と比較すると、独占が資本の浪費と破滅の手段であることを証明している。イギリスの東インド会社で終わる大独占は、すべて破産した。その商業上の損失にも拘わらず、この会社は、一部分は、その損失の穴埋めを援助するために、ヒンドゥスタンの不幸な住民から暴力で略奪したいわゆる収入により、一部分は、絶対返済できない負債契約を結ぶことにより、まだ存在している。収入を支払う共同社会を通して、正義、道徳、教育などを施すために、収入を公共的組織維持に充てるという、ありふれた見せかけの口実とはすくなくとも非常に無縁な目的のため、収入を徴収することが、厚顔無恥な営業会社に留保されている。あらゆる種類の浪費と濫費によって生じた損失の収支を相償うため、独占が取引している人民を合法的に略奪するとは。ではなぜこの東インド会社は存続しているのか。邪悪な私的利益と政治的思いやりがそれを支えている。その元来のただの商業的目的は、これら新見解と利害のなかに、いまや完全に埋没している。もともとは、商業上の邪な嫉妬心から、そして後には、南アメリカに対する、いまは跡形もないスペイン専制政治の残忍で、復讐心の強い、脆弱性に勝る規則の愚かさから、それはこの独占体に雇用されていないイギリス人をその領域に参入することさえ排除するとは。これこそ、まさに活動的、知的なヨーロッパ人導入手段であり、国中に知識、新芸術と文明を普及し、ヨーロッパ人種とアジア人種とを混交するのに、もっとも貢献するであろうのに。オーストラレーシア（Austral-Asia）の無人地域に、われわれは、盗賊を強制的に輸出し、正直者に補助金を与えて、そこに核心となるべきあらゆる種類のブリテン人を移民する一方、自己中心的、冷酷、かつ愚かな不名誉な政策は、ひとが居住して営業しているヒンドゥスタンの海岸へ、教養のある、勤勉な勇敢な人々が接近することを禁止している。こうして、間髪を入れず、地球上のほぼ半数の人民のもっとも神聖な権利たる安全、ヒンドゥスタン、ヨーロッパ、アメリカ、とりわけブリテン諸島の何百万の人々の自由労働と自発的交換の権利を蹂躙している。ああ、これらの看守たちに、何の権利があって、おまえたちはかれらの同胞、何千万のヒンドゥスタン人の世界との交流をまったく閉め出す暴挙を、こんなにも長い間続けるのか、と直ちに詰問する大胆な天才がいればよいが。このような手段によって支えられている既存制度など、存在するに値しない。では、なぜそれらの制度は支持されているのか。なぜ、この変則的な営業独裁制が、存続を黙認されているのか。取引のためではない──それは、収入の名目で、強盗によって維持されているとはいえ、名うての悪である。国内消費者のためではない。なぜならば、かれは自由貿易によって半値で入手できるものに、独占に対して二重に支払うからである。まず、この東インド会社の軍事的、市民的、および商業的召使いの邪悪な利益のために。次ぎに、現在構成されているような国内政府が、いわゆる、任命権をさらに悪用しないように予防するか、いずれにしても、この任命権をこの会社の理事会の権限にしておくために。しかし、誰にも、つまり、会社にも、政府にも、この任命権は委ねられるべきではない。

こうして、これらの独占は数限りない弊害を伴っているということである。この方面で影響力を持っている人々の支持者と関係者たちのために、またかれらの利益だけのために、つまり、インド住民が自分自身の問題に全然口出ししないで、みずから統治者、またはその代理人になれる国で、かれらが蓄財することによって、自分の生活を支える利益のために、アジアの分捕り品、すなわち公然たる略奪か、租税の苛斂誅求によって搾取された分捕り品を続々とヨーロッパに持ち込むことを宿命としているこれら代理人の汚れた利益のために、ほぼ何億の理性ある人々の安全、平等、政治的自由の権利が意図的に犠牲にされている。というのも、かれらは、おそらく、われわれが到来する以前とほとんど同様に、とてもみすぼらしかったからである。そして、海外掠奪によって非常に金持ちになったこれらの人々が帰国すると、かれらの富、優柔不断、そして同胞の権利と感情を抑圧し、侮辱する東洋的習慣によって、かれらは母国内では奴隷根性と堕落とをまき散らす見事な道具になる。あたかも英国的自由と幸福を懲らしめて、東洋の計り知れない悲惨と退廃の仇を討つかのように。まさしく、これこそまったく道徳的復讐であり、人類の宿命を担った架空の生物の気まぐれな戯れではなくて、われわれの肉体的、精神的組織の法則の誤りのない作動であり、汚職、残忍な行為および弾圧を習慣的に行ってきた人々にとっては、たどらなければならないいじめのコースである。

だが、話をもとへ戻そう。独占制度のもう一つの方式、一部門がある。それは、収入のためではなくて、ただ保護のために、外国の競争相手の全財貨に関税をかけて、外国の競争全体を犠牲にして、母国の営業を奨励する制度である。それは重要だから、簡単に個別の考察をすることにしよう。

第一に、われわれが外国共同社会の安全、自由労働と自発的交換の権利を侵害することは、われわれが住んでいる共同社会のそれらと同様、功利の原理によって、許されるものではない。というのも、それは仕返しや報復を招き、そのことで、われわれ自身の産業も、仕返しに、かれらによって同じように束縛され、また見せしめの機会がかれらにあれば、別のどんな方法にせよ、かれらの反感を招くからである。その結果、かれらの権利を攻撃することは、間接的にわれわれ自身の権利を襲うことになる。言葉や政府の相違によって、自由競争と交換の利益は微塵も減じるものではない。これらの相違は、土壌、自然産物、気候の違い、そしていろんな物品の生産における便宜（獲得されたものとはいえ）の難易に依存しているからである。言語や政府の相違は、ほとんどいつも、国内よりもずっと高度に技術と生産物の相違を伴っているかぎり、むしろ、これらの対外交易に有利な前提である。いまひとつの理由は、未知のひとや、われわれの同胞の誰に対しても、なされた不正義は、判断力を鈍らせ、道徳感情を無感動にしたり、散漫にしたり、こうして性格全般の品位を落として、仁愛の喜びに不感症になり、われわれの周囲の人々に対して同様な不正義をする下地になることである。

第二に、外国産品に対するこのような商業関税は、国内全消費者にとって、物価を騰貴させ、他方で保護を受けた物品の質を落とす。それは物価を騰貴させる。けだし、国産品が、外国産品と同じく安く、国内で生産できるなら、関税やその他の保護は、余計だから。そして、それは品質を落とす。けだし、それは国内競争にプラスされた、対外競争の完全な影響を予防するからである。

第三に、それらは、国内製造業者になんら追加利潤（中止などのリスクを考慮した）を支払わない。それらの間の競争が、すぐに利潤を、同業の利潤レベルにまで引き下げる。それらがより多く得たものは、何であれ、新規事業でのリスク、無知、等々を補償するために、共同社会の残余のものから不当に略奪したプレミアムにすぎない。

第四に、全一体としての国民資本、つまり個々人の資本の合計に、悪影響をおよぼすものとして、それらは、国民資本の一部を、その従来のより利潤の多い事業（それが何だったにしろ）から、新規事業（その自然利潤は、関税によって競争を排除しなければ、その事業を維持しないであろう）に転換することによって、国民資本とその総生産物を減少する。

第五に、もし保護関税が高いなら、すべての悲惨、悪徳、同じことになるはずだが法と正義の軽視、財産等々、密輸の浪費をもたらし、そして関税の徴収を強行する必要がある経費、処罰、煩わしい制約をもたらす。もし反対に関税が低くて、密輸がリスクに値しなくなれば、保護はまさにそれとまったく正比例して役に立たなくなり、要請されなくなるだろう。これらすべての弊害は、平等か安全、または双方の侵害に分解されていく。

見かけ倒しの論理の誤りが、人類を欺いて、安全と平等の大原理の侵犯を賞賛するために、多数のもっとも見事な金儲けになる商工業部門は、人為的な制限、奨励制度に助けられなければ、特定の国に存在できないと断言したり、本気で主張したりすることにしばしば用いられる。いかなる種類の産業も、それがどれほど華やかに繁栄していても、自然の方法で、つまり知識の普及、わくわくする欲求、そして向上する技術によって、採り入れられないところでは、その場所、その時においては、それがどれほど豪華に海外で繁栄していても、それを導入するのはきわめて有害にちがいないという証明なのである。もしそれが自然の方法で導入されえないなら、それはどうしてなのだ。そのわけは、その製造に必要な自然生産物——たとえば相互に近接地にあるイングランドの炭坑と鉱山のような、より温暖な地域の日当たりの良い丘の斜面のぶどうのような、——が不足しているか、または、資本か機械装置が不足しているか、または、これらが不足しているわけではないけれど、そのほかにも、若干の品物があり、その製造のためには、われわれ自身の欲求を満たしたあと、その品物自体を生産しうるよりも少量の労働で、その外国産品と交換する等価を、自然からか技芸からか、生産できるような特別な設備があるからである。これらのすべての場合には、手に入れることの不可能なもの、または新商品を強引に採り入れようとして使うかもしれない、いろいろな手練手管に従って、既述の弊害という代価を払って、手に入れられるものを、穏やかに見合わせるのが、われわれの利益に適うことは明らかである。これを強引に採り入れる結果は、自然体系の下で、より少量の労働でその等価を生産したのとまさに同じ労働者、または労働者数が、強制的制度の下では、もっとずっと多量の労働で、その欲求されている外国産品を生産するということになるだろう。外国産品の国産化強制の場合、安い等価は必要がないので、生産は中止されざるをえない。

財政的奨励ないしは刑法の制約によって、自由労働と自発的交換とに干渉する制度は、富の公正な分配が立脚している安全と平等の大原理を侵害する、と頻繁に非難されてきたにも拘わらず、広汎に実行されてきたが、この検討を長々とおそらくあまりにも長すぎるほどしたので、あらゆる都市の、いろんな小さいギルドが、自由勤労の原理を何百もの方法で侵害している些細な方策について、詳述する必要はないだろう。どんなひと、または多数の人々も、自分が成し遂げたいと思うことを説明し、推奨するのに熟練していなければ、いないほど、かれらは、ますます説得の補足または代用として、暴力を利用する傾向がある。このゆえに、また他人の労働を犠牲にしてではあるが、普遍的権力愛と利得願望とから、勝手気ままな、見当違いな拘束が課され、人間の勤労が、大なり小なり、到るところで衰退している。北アメリカ合衆国でさえ、最大限の不公正、人格的虐待、植民地保護の貴重な遺産の一つである、呪われた忌まわしい奴隷貿易がいまだに実存しているのである。そうでなければ、自由で幸福な人民が、かれらの国民性である道徳心に対する一大汚点を除去するのに、かくも緩慢であるとき、強制的徒弟制度、団結禁止法、賃金規制法、職人、道具拘禁法、買い占め、売り惜しみ禁止法、魔女禁止法あるいは狩猟法が、混沌としたヨーロッパの諸規制のなかで、なお存在しているのは驚くにあたらない。とはいえ、世論は、正直と人間性が撤廃を求めているこの卑劣な悪意によって、それらの規制が頻繁に強行されることを思い止まらせているのだ。それらはすべて、大なり小なり、安全の神聖な原理（われわれの味方であり、富裕層のみを依怙贔屓する偽善的原理では絶対ない）を侵害するが、これは、富裕層が所有する労働生産物の保護と同じく、貧困層の労働の保護にとっても神聖であり、万人に公明正大である。これらの法律もまた、平等の姉妹原理――それは安全から決してはずれずに、安全に従う――を侵害する。けだし、それらは強制的に貧困層から略奪して、富裕層の蓄財ないしは楽しみを増加するからである。それらの特別な目的と環境から生じるより小さな弊害については、読者の洞察力に委ねられざるをえない。

さて、金銭的報酬も暴力の行使も、奨励も制約も、必要なのではなくて、反対に、労働による富の生産にとてつもなく有害なのである、ということを立証したので、次の命題に進もう。

第13節

各人に、かれの労働とその生産物の自由な使用、およびそれに続く自発的な交換を保障することから発生する富の分配における不平等、しかもこれのみは、維持されるべきである。けだし、この程度の不平等がなければ、安全はありえないし、安全がなければ、生産はありえないし、生産がなければ、分配すべき富もありえないから

食物とその他のすべての富の対象が、日光、空気のように、また大部分のところでは水のように、それらの生産に人間の努力をまったく必要としないほど、万人に豊富な量で人間に供給されるならば、またそれらの物品により多くの幸福を産出させるため、共同社会のより多数の個人がそれらを消費するのを制限して、残余の人々が自分たちで消費できるよりも多量のものを持つことにしようと提案されるならば、このような馬鹿げた提案に、誰もが声を大にして反対を表明するだろう。あるいは、もし、それらのものが、万人には、ぎりぎり必要な利用には足りても、過剰にはないほどの限られた供給量でしかなくて、しかもまだ人間

の努力が及んでいないなら、この場合もまた、一方の人々からかつがつに必要なものを略奪して、他方の人々にうんざりするほど与えるという不平等な分配によって、共同社会の幸福総計を増加させよう、と提案するひとは、道理に反すると思われないだろうか。後者の場合に不条理と悪影響は最大になるだろう。けだし、せいぜいかつがつの必需品だけしか持ってない人々は、他の人々の余剰を増加するために、自分たちが略奪されていることに、以前から飽満に所有しているひとたちよりもっと苦痛を感じるものである。第三の場合は、とにかく人間が労力を加えないで手に入れたほんの少し、万人に楽しみを与える一定量が、毎年、毎月または毎日、共同社会によって獲得される、と仮定しよう。どのような個人にしろ、同時にその五〇〇、一〇〇〇、またはその他ある数の部分量を使用する楽しみは、われわれ人間組織の法則から、たった一人の分け前分の一を略奪された人々のうちの誰か一人の楽しみの二倍にはほとんどならないであろう。このことは、すでに第8~9節で明らかにされているが、富の甚だしい不平等が共同社会の幸福に与える影響を研究するときに、もっと詳細に証明されるであろう。

さて、人間の努力が生産に関与していないところでは、大なり小なり、供給のすべての場合に、分配の平等が正義のルールである。読者よ、一休みして思案、思索せよ、そして同様な体格をしていて、均等な幸福度が得られる人々の間で、分配の平等法則からの乖離について、生産にとって人間の努力が必要不可欠である、ということよりほかの理屈で、できるなら、正当化させてみよ。なんら分配の平等から乖離するための正当化はありえない。その恩恵はとてつもなく超大型で、快い感情、平和と仁愛の計り知れない高揚を引き起こすので、継続的生産の必要性によって正当化されるとき以外に、決して乖離すべきではないのである。

このより高度の必要性に、しかもこれのみに、その恩恵は譲歩しなければならないのである。そしてこの必要性に、その恩恵は厳密に制限されなければならない。

楽しみの手段としての富の対象を、富に分類されないその他の楽しみの手段から、はっきり区別する状況とは何か。その生産のために、労働が必要だということである。人間労働の創造物である点以外に、富は、ほかの楽しみの源泉となんら違いがない。労働しなければ、それらは存在できない。安全がなければ——それは各人による、かれの労働の全利益の排他的所有をいう——労働は喚起されない。それゆえ、労働が雇用され、富物品と呼ばれているこのような物品の分配に際して、また、これらの物品のみに、平等は、安全によって制限されなければならない。というのは、その他のどんな場合でも、平等と生産は、お互いに相対立しないからである。この理由は何か。その平等は、どこで手に入れられようとも、望ましくはないのか。平等自体は正義に立脚しないし、幸福を産出しないということなのだろうか。それどころかまったく反対である。そして、一つの特別な種類の欲求対象、この対象の源泉、供給を破壊せずに、労働によって生産され、富対象と呼ばれるものに適用されたときに、平等の最高の恩恵が受けられないからである。もし労働によって、平等に消費された物品の再生産を保証することができるなら、平等の全利益は、富対象の平等分配から、その他のあらゆる欲求対象、もしくは何であれ、幸福の物質の平等分配からと同様に、完全に引き出せるであろう。ある著名な理論的、実践的研究者は、再生産と平等とは、労働によって生産された富の対象（全部そうなのだが）に適用されたときさえ、矛盾しないことを実証的に証明した、と思っている。かれは、自分が個人的必要性と富の優越性という人為的な快楽の愛好以外にも、他の動機を発見することができて、共同社会全体が平等に利用するために豊富な富を断え間なく再生産することを保障するのに十分なエネルギーによって、その動機を作動させることができる、ということを証明したと思っている。ほとんどすべての虚偽と暴力行為、またすべての窃盗が、富の分配の不平等から生じるのだから、かれはかれの種族に対するけちな恩人では決してないことは確かであろう。そして、かれは、これらの最高に多数の人間の超悲惨と悪徳とを、その原因を除去することによって、徹底的に根絶できる実行可能性を証明できたのである。われわれの食欲、情欲および欲望の間違った規制と知識の不足、知的教養という快楽の喪失とから生じる悪影響は、社会の注目がその時、不安気に向けられる唯一のものであろう。そして全注目がこれに向けられるので、不確定な進歩の先行きが本当に魅惑的になるものである。別の章では、オウェン氏の見解が検討されるであろうが、これは決して幻想的な思索とはみなされないで、人類の考察にかつて付託された、社会科学のもっとも重要な問題のうちの若干と見なされるものである。

本研究の論議のなかでは、しかし、われわれは、個人的競争による労働を想定して終始論じてきたし、オウェン氏と反対に、富の再生産と安全とは、富の平等と矛盾しないことを当然とみなしてきた。全共同社会に影響を与えるどんな計画、または団結によっても、これらの調和しない諸原理が、いまだかつて人間の実践で一致したことはなかった。しかし、これらの諸原理は、道徳的知識が進歩するにつれて、調和しうるとは解明できなかった、と主張することは、物理学で、（またそんなに何年も前ではないが、筆者が、経験豊富な海軍士官で、いまは一隻の蒸気船を所有して、かつて実現不可能だ、と発言したことを実行しているひとが、この主張をしたのを聞いたことがある。）蒸気航行を、海洋または急流河川に応用するのは不可能であろう、と主張するのと同じくらいに、道徳論では、無知にもとづく大胆な論法であろう。われわれの議論のどの部分も、これら安全と平等、またはむしろ再生産と平等との二つの従来敵対してきた原理を一致させることが実際にできるという前提にもとづいて、決して立てられていない。なぜなら、平等は、略奪の動機を取り去ることによって、一人一人に、かれの平等な分け前の所有を安全にしておくかもしれないけれど、このような環境の下では、なお生産に対して意欲を与えることもしなければならないだろう。これは実に困難である。しかもこれを、オウェン氏はもう解決していると思っている。それゆえ、一方では、非常に多くの譲歩をしながら、他方では、この譲歩によって濫用されたり、間違った推論をしたりしないように厳重に監視しなければならない。貧困層の生存手段そのものに加えられた権利侵害行為を見逃している反面、どのようにして手に入れたにせよ、ただの所有だけを保護して、富裕層の被害妄想を鎮静化するために不公平に適用されている偽の安全ではなくて、万人に等しく平等で公正な安全――このような安全は明らかに必要不可欠なので、この安全のために不平等が必要でないところではどこでも、平等は分配から生じる最大幸福の手段として追求されるべきものである。極悪非道の行為をところかまわず行うために、安全と平等の原理を等しく侵しながら、これと真っ向から対立してきたのが現代哲学である。安全原理の侵害はほとんど見当たらないが、その口実として、安全原理の維持が役立ってきたわけではなかった。安全という言葉は、ひとたび、排他的特権と所有との愛好者によって使用され、偏った理解しかされないか、または故意に間違った説明をされると、富裕層と有力者の、どこで獲得したにせよ、所有物を保護するために、その共同社会のほかのものたちの平等ばかりでなく、安全をも犠牲にしてではあるが、かれらだけを守護するために取って置きの用語であった。そして、また富裕層によって、あらゆる抑圧を隠蔽するものとして、否、極悪非道な残虐行為、最悪の非行を正当化するものとして利用されてきたのである。この極めつきの極悪非道な行為、その中には、安全原理の侵害から生じるあらゆる複雑な複合害悪を含む奴隷貿易を正当化するために、同じ安全原理の名目が厚顔にも、不条理にも、冒涜されてきたのである。差し当たり、唯一本源的所有権が自由労働と自発的交換に立脚しているという、われわれの立証が間違いであるとしよう。財産が共同社会成員によって、暴力か詐欺によって獲得され、この取得が暴力か詐欺によって永久に維持されるということが、共同社会の幸福に貢献するとしよう。しかもなお、安全という簡単な問題がここで現れる。ここに二人の人間、奴隷とその所有者がいる。二人とも同じように、この安全原理の維持に関心があるとする。もし奴隷が家屋か雄牛、またはそのような種類の財産で、その所有者のような感情のある生物でない、とするなら、安全原理は所有者のみに妥当するであろう。しかし、ひとと労働が関与する至る所で、安全原理は妥当するであろう。所有者に対して、安全原理は言う、「汝の財産、すなわち（他人の同様な権利を侵害していない）汝の労働と汝の全機能の自由な使用と方向、およびこの労働生産物との自発的交換の権利、そしてまた汝のこの財産の一項目として、生きている機械（それは自由労働または自発的交換によって入手されたとする）の利用から、それなりの幸福を期待する権限が、汝に褒賞として与えられよう」と。しかし、この奴隷に対して、同じ安全の原理はこう言う、「汝の財産、すなわち（他人の同様な権利を侵害していない）汝の労働と汝の全機能との自由な使用と方向、およびこの労働生産物との自発的交換の権利は、汝に褒賞として与えよう」と。この場合、正義は安全を安全とどうやって調和させうるだろうか。つまり、マスターの安全を奴隷の安全と、である。それは不可能だ。だがこのような場合とこれに似た何千もの場合、そこでは二つの道義的義務が相互に邪魔し合い、それら双方の義務を果たすことはできないので、最大善の原理に従って、必要に迫られる行動とは何か。より少数者の義務が、より多数者の義務のために犠牲になることである。そして、ほかで圧倒的な損害を伴わないような補償を、できるところで、いつも被害者にすることである。本件のように、不正義が公的規制と公権力によって承認され、支持されている場合には、その補償は公的機関によって支払われるべきである。補償するにせよ、しないにせよ、より小さい弊害、より小さい義務不履行が、より大きいそれらより、優先されなければならない。感覚と理性のある実存、つまり奴隷のより大きい安全が、感覚と理性のある実存、つまり奴隷所有者のより小さい安全より、優先されなければならない。奴隷の安全には、かれのすべての権利とすべてのかれの幸福の手段、つまり富から生じるものばかりでなく、その他のすべての源泉、奴隷制によって譲歩し、抹殺されたすべてから生じるものが含まれている。マスターの安全には、奴隷の強制労働が、雇用労働者の自発的賃金労働を超過してマスターに与えることができた楽しみの差額増が含まれている。この差額は、原価に対する高い利子を計算に入れると、多くの場合、明らかに奴隷所有者にとって、全然順調［黒字］ではなくて、逆調［赤字］の収支である。どんな場合でも、かつてないほど有利な条件の下でも、農業者または製造業者にとって、同じ費用でも、利潤の収支が、自由労働以上に奴隷のほうが有利であるかどうかは、全然確定できないように思われる。総生産物の総額、つまり消費と幸福のための総量の額はつねに強制労働か奴隷制によって減少する。唯一の問題は、雇用主の割り当てに関して、総生産物は、強制労働者、つまり奴隷の利子または楽しみを、ゼロに引き下げても、必ずしも自発的労働を奴隷に替えることによって、減少はしないのかどうか、ということである。制圧と虐待という敵意のある満足感を、奴隷所有者は喪失するが、それを、強制労働を維持するために不可欠な、騒擾、警戒および努力によって相殺されるより以上のものとして無視する。マスターの安全は、人間について回る幸福の多数の源泉すべてのうち、一品目の楽しみの大変信憑性の低い差額を、かれに保存しておくことにある。奴隷の安全は、奴隷制がかれから奪い、もう一人のひとの恣意に預託した幸福のあらゆる可能な源泉の全品目を、かれに保存しておくことにある。そこでこうして、奴隷所有者と至る処でかれらの同胞の権利を強制的に保留しているものとによって、知らず知らずのうちに荒々しく冒涜された安全原理のみについても、かれらの行いは断罪されている(8)。

「安全」原理は、奴隷制と全不正義の不倶戴天の敵である。取得財産、つまり労働生産物の安全は、労働の安全の、唯一の分野である。そして労働の安全は、同様な組織にもとづいた、感覚と理性のあるすべての実存に対して、平等な権利と、万人にこの権利の平等な功利とを保証する、全般的安全の唯一の分野である。この二大安全量が相互に対立するところでは、より少量の犠牲が優先されるべきである。

極悪非道の事例として、安全原理に敬意を表するという口実のもとに実行され、正当化された害悪をすでに明らかにしたので、その他のすべての場合に、その濫用を見破るのは容易であろう。分配の平等から生じ

──────────

(8) コロンビア大統領ボリヴァール将軍下の代議員議会の最初の決議の一つが、ほぼこの基準──奴隷に自由。この不当な処遇を支持し、この非道に加担した国による、奴隷所有者に対する賠償──にもとづいた、この国の全奴隷の漸次的解放であったことを、述べるのは喜ばしいことである。

る楽しみの平等は、真実の、幻想でない安全が要求するとき以外、つまり、安全の真の収支バランスが再生産に必要なため犠牲を要求するとき以外、決して犠牲にされるべきではない。生産に必要でない不平等のいかなる最小の部分といえども、何のために維持されるべきなのか。不平等によって利潤を得る人々の幸福を維持するためになのか。だが、あなたはそれによって、不平等の犠牲になった人々のずっと多量の幸福を破滅させるのである。分配の不平等のどんな部分に対しても、生産への意欲を与える必要があるから、というよりほかの理由はない。再生産に不十分なおそれがないならば、自発的労働が再生産の不可欠な構成要素でないならば、なぜあるひとに、他のひとより、当の他人を犠牲にして、万人に等しく必要なもので、あるいは等しい楽しみを与えるもので、より多くの報酬を与えるのか。もし人類が、その他多くの種属の動物に似ているならば、たとえば、猫属では、ライオンか虎は、普通の猫の一〇倍の食物を必要とするように、身長二フィートの人間のリリパット［ガリバー旅行記の小人族］に、もちろん、身長六フィートのもっと背丈の高い人間の衣食住と、それに相応した欲求と違う、リリパットに釣り合った衣食住、を割り当てるのは正しいかもしれない。このような場合に、欲求が同一でないとすれば、同一の支給品は、不平等が現在犯しているのと同じ間違いを犯すであろう。あるひとにとっては飽食であり、ほとんど楽しみの追加がないし、他のひとにとっては欠乏であり、窮乏の道徳的、肉体的苦痛を伴う。人間は、実際には、富の源泉から等しく楽しむことができるので、平等は望ましい目的であるはずで、生産への動機を破壊するものでないし、衰弱させるものでもない。

分配の不平等がこの自然的限界を超えるのは望ましくない、という反論する余地のない理由は、――それ以上の理由がないなら――この限界だけが、暴力と詐欺によって分配の不平等を増大するのを完全に抑制してきたけれど、富の大きな絶対的不平等を相変わらず維持してきたからである。それでも、現在実際に起きていることと対比すると、それは平等に相対的に接近しているのだろうが。自由労働と自発的交換との完全な発展に対する暴力と詐欺の妨害すべてが除去されたとき、また知識が共同社会の全メンバーに平等に普及するとき、それが平等の恩恵にどれだけ接近してくるだろうか、それを予言するのは至難の業である。とはいえ、それが、オウェン氏の共同労働（common labor）による相互協働制度にきわめて近くまで接近している、ということは疑いえない。そして最大の生産と一致するこの状態に接近するように、おさおさ怠りなく留意すべきであるから、それゆえ自分たちが生活している共同社会の最大幸福を追求している人々の、安全が要求している不可避な不平等の弊害を増やしがちな、あらゆる制度、規制および努力に反対すべき特別の義務が発生する。もし平等と安全、もしくは生産が、知識の普及によって調和できるとするなら、換言すれば、もし個人的利得から生じる動機と同等か、より効率的な諸動機が、等しい大きさの生産を保証するために作動しうるならば、疑いもなく、社会的動機が自己中心的動機より優先されるべきである。しかしながら、この現象はまだ実際に現れていないし、理論によって証明されてもいない。その作動はすべて際立って、本質的に自発的でなければならないので、またあらゆる暴力行為や詐欺行為は等しく実行したり、存続したりしてはならないので、ここで主張されている自由労働と自発的交換の制度は、その中で有益なあらゆるものを静かに受け入れていくであろう。

われわれは、当面、安全ないし生産と、分配の平等とを調和させる可能性を容認すれば、われわれの議論の基礎そのものを認めている、と言ってよい。まさに、個人的競争による労働制度、普通の人間労働制度とまだ論述中の唯一の制度に関するかぎり、安全は分配の平等と調和しない。われわれは、これまで、個人的競争による自由労働制度を暴力、強制またはあらゆる種類の制約と対比してきた。個人的安全にもとづいた相互協働による生産、または団結した労働（united labor）の生産物の分配と享受における自発的平等については、次章で詳細に述べるであろう。これまで必然的に付随した不平等のこれらの弊害に苦しめられることなく、今後、生産ができるなら、確実に、それだけ人類はより幸福になるであろう。われわれの目的は、現実的か、自然の為せる業か、あるいは人間によって人工的に作られたか、いずれにしろ、これらと他のすべての障害物にも拘わらず、文明化した全共同社会が、どれほど膨大な幸福を意のままにできるか、を示すことである。それは、避けることのできない、または除去すれば、次々と圧倒的な弊害をもたらすような障害物以外の、あらゆる障害物を除去することが、社会の利益であると同様に、義務であるから。

それで、概して、平等な安全を維持することから必ず生じる富の分配における不平等の部分が、何であれ、富から派生する最大幸福を生産するために、甘受されなければならないのは歴然としている。

第14節

その他のすべての種類の分配の不平等は、生産を刺激するために不必要なばかりか、有害でもあるから、抑圧されるべきである。なぜなら、それらは平等の恩恵を必要以上に損ね、かくて幸福の総計、つまり富の分配によって目指す目的、を減少させるからである

われわれが考えてきた理由と違う理由で、しかもわれわれの意見では、間違った理由にもとづいて前節の命題を支持している多くの人々は、本節の命題をまったく否定するであろう。不平等の諸利点、つまりそのかなりの部分が、生存を衣食住の年々の生産に依存している個々人の努力によって労働している各共同社会の存在自体にとって必要でさえあるということを証明したので、またこの不平等な分配において、より大きな分け前、つまり賞金をエンジョイしているので、かれらはややもすれば、不平等を、必要な限度内でのみ我慢すべき必要悪ではなくて、積極的な恩恵とみなしがちなのである。それゆえ、平等な人権への侵害をほとんど全面的に支持することに、政治経済学は賛同しているように思われてきたし、それを悪用して賛同してきたのは間違いない。不平等がひとたび恩恵だと証明されれば、この恩恵が普及すればするほど、ますます良くなり、この恩恵の量を少数の有力者がより多く独占できればできるほど、ますます良くなるであろう。最大可能な不平等の、このような架空の恩恵を永遠に維持するためには、安全原理を等しく悪用することによるに超したことはない。かくて、暴力と詐欺の現存制度すべての存続に科学を協力させる。このよう

な理論家たちが、みずから病的な喜びを感じる突飛な思いつきで、生産に必要な種類の不平等が必要だ、と主張するばかりでなく、すべての可能な程度の不平等も必要だ、と主張するのは、なんら驚くにあたらない。不平等な富という理由で、共同社会の多数の被害者の権利が侵害されていることに同情を寄せる声が聞こえたか。「それは政治経済学の無知に由来するのだ、」というのが答えだ。「このような不平が平等と略奪を呼ぶ。安全、富裕層の安全が、知りもせずに愚痴をこぼしているまさにその弊害を必要としているのだ」。

この非難は当たっているか。それは真実か。この非難は非難したものに返ってこないか。望むらくは、そこまで深く研究した人々は、正しく理解された政治経済学とヒューマニティが、権利と幸福との不平等を支持するひとたちがそれを喜んで認めるよりも、もっとずっと親密に団結する、と確信することを。望むらくは、不平等を容認する理由――それが安全と再生産に必要だという――をはっきりと確かめ、それが制限されるべき限界にも気づいて、それ以上に不平等を拡張するなら、すべて生産を損ない、安全を縮小するから、その拡張がほどほどに生産を増加し、安全を強化する範囲内に留め、それ以上に拡張するときには、それは常に安全原理を支持しないで、侵害する――ちっぽけな非現実的な点で、少数者の安全を維持するために、多数の致命的な点で、多数者の安全を侵害する――ことに気づかれんことを。平等な安全と再生産に必要である以上に、維持されるべき種類の不平等とは何であるか、とわれわれは尋ねたい。このような不平等が幸福を破壊することは、すでに知っているし、次章でもっと詳しく、富の極端な不平等の結果について明らかにするであろう。全共同社会の幸福のためでなく、最大幸福のためでなければ、何のために、このような不平等が維持されるべきなのだろうか。共同社会は、華麗で壮大な建造物を、そうしなければ、持てないからだろうか。もし、このような建造物が、共同社会によって、その幸福に役に立たつと分からなければ、造ったり、維持したりすべきではないだろう。もし、それらが、共同社会によって、その幸福に役に立つように思われるなら、共同労働と努力とによって、公共の利用のためにそれらが提供されるであろう。多数者の抑圧のうえに築かれ、少数者に満足感を与える、かの華麗と荘大は非難されるべきである。なぜなら、このような満足感は悪意のあるもので、少数者の豪奢とかれらを取り巻く人々の窮乏との対照から生まれ、またこのような豪奢が産み出す、羨望と影響力から生まれるからである。自由労働、その生産物の安全および自発的交換は、生産と幸福にとって、望ましいかぎりの個人的華麗と荘重をもたらす。われわれが、華麗と荘重は富対象として望ましい、と言うときには、二つの違ったものを意味し、それらは往々にして一緒に混同されているのである。この対象それ自体が、熟練技芸の作品とみなされ、楽しい連想を刺激し、共同社会にとって、または個人にとって望ましいものか、または、その所有者が、私的所有の場合、それらから得る快楽が非常に大きいので、強制的不平等の弊害を相殺する以上であるか、と言うことかもしれない。この華麗と荘重は、費用をかけずに、つまりわれわれに労働を要せずに獲得されたとき、たとえば、若干の自然の作品における、森林、山岳、海洋、火山、太陽系や惑星いっぱいの天空のようなものは、期待すべき賛美と願望の対象であるのは疑いもない。そして、これら賛美と願望の感情は、そのような対象が、その近所、有用な土地の占拠などから、われわれに警戒心か損害を与えるときには、いつも崩壊する。自然の作品において、われわれ自身の労働がその生産に支出されていなくとも、それがわれわれの安全か安楽な生活を損なうときには、われわれは荘重さを破壊したり、それから逃避するのと同様に、芸術作品においても、ただの荘麗さだけのために労働し向けることによって、共同社会は堅実で快適な生活を犠牲にしなければならないので、われわれはこの費用を入念に計算して、幸福の余剰を伴うときにのみ、それらを有益だ、と言明すべきである。壮大なプロポーション、熟練した職人技、そして洗練された素材、これらはみな荘重さを構成するが、爽快な感情か観念連合を刺激する役目をするのでなければ、それら自体何の取り柄もない。それゆえ、それらのために、より多くの幸福を産み出す感情と連想を断念するのは馬鹿げている。共同社会がみずから判断するなら、このような方法で、つまり、ただの荘重さのために自分の労働を間違った方向に使うような虞は、現在の楽しみを愛好する普遍的な感情からありえない。しかし、個人が、直接的か、間接的な暴力行使によって、他人の労働を自分たちだけの楽しみのために支配するなら、荘重さを口実にした気まぐれに、まったく歯止めがかからなくなる。それで個人的荘厳といったような目的のためには、富の不平等は、富の最大生産を保証するのに必要である以上は望ましくない、と結論して差し支えないであろう。審美、味覚と荘厳の対象が、公共の利用のために、生産費に大きな弊害がなく、調達できるところでは、幸福増大に役立つものとして、それらが望ましいことになんら問題がありえない。とはいえ、富の強制的不平等は、共同社会の幸福総計を減少しないでは、決してこの目的を実現することができないのである。

富裕層が、華麗なものから、強制的不平等の弊害を相殺する以上の幸福増大を受け取るかどうかという、第二の質問について、確かに、誰も肯定的に断言するものはいない。そのようなものから富裕層が受ける現実的快楽は、技術、プロポーション等の快楽ではない。というのは、これは所有とは何の関係もないからである。しかも、あまり頻繁に繰り返すと、かような快楽はなくなる。それは、虚栄と、このような壮観が与える、他人の意見や行動に対する影響との快楽にすぎない。この快楽も日常茶飯の楽しみになると、食欲にも飽きがきて、ただの欲望に成り下がり、それでいつもの満足感が得られないと、怒り、軽蔑、憎悪とあらゆる邪な激情を産む。これは、名声の意図的な出所すべてに必ず付随する弊害であり、うわべだけの楽しみの差引残高をほとんどゼロに減少する。共同社会に対しては、観光だけのものとみなされる、ただ壮観な個人的物件を展示する点で、差し引き苦痛の大きな余剰になる。羨望と畏敬は、同感の快適な全感情を完全に凌駕する。所有者にとっての、非常に疑わしい楽しみと比較すると、不安全と生産減少との全弊害は、これらの原因から生じうる肉体的欲求というプレッシャーは言わずもがな、労働の単なる浪費にすぎない。

自由労働と自発的交換（それは、富の最大生産と富から生じる最大量の幸福にとって、不可欠であることが証明されている）に必要であるより以上に大幅な富の不平等の格差を正当化しようとして提唱されているもう一つの幻想は、この強制的不平等がなければ、ある組織、ある特権団体、ある信仰様式、ある物理学体系または道徳体系が、共同社会で存在することはできないであろう、ということである。このような強制的手段がなければ、このような多くの制度と組織の存在を維持することができないことは、直ちにはっきりと認められる。だが、これを認めると、即刻簡単にこう返事がもどってくる。このような制度と組織は、重大な実害を伴なわないで可能なところでは、直接的占有者の感情と幸福とが尊重されるので、もはや存在しないに越したことはない。

どんな目的で、人間の組織、制度、階級が支持されているのか、またはむしろ、どんな目的だけで、それらは理性のある人間の共同社会のなかで支持されるべきなのか。共同社会の他の人々の幸福を忘却し、または故意に犠牲にして、かれら自身の排他的、個人的利益のためにだろうか。公衆道徳心は、いまや聞き捨てならぬ暴言を撤回して、すべての制度、組織の支持者は、できるだけうまく功利、つまりかれらの推奨していることが共同社会の幸福増進に貢献することをいまや立証しなくてはならない羽目に立たされている。さて、この目的のためには、個人的安全と富から生じる最大幸福とを犠牲にすることが必要とされるであろうこれらの事柄のうち、どれが、どんな方法で、国民の幸福増進に貢献できるのか。これら安全と富の対象との楽しみを取り除こう。そうすれば、その他何の目的のために、また、共同社会に対してその他どんな種類の幸福をもたらすために、これらの制度、カーストあるいは体制は役に立つことができるか。われわれの楽しみのその他すべての源泉――もし、それらをバラバラにすることができて、それらが個別に存在し、あるいはエンジョイされうるならば、――をひっくるめて、富、労働から生じる楽しみと果たして比較されうるだろうか。安全と富の快楽を保持しよう。そうすれば、その他すべての楽しみの源泉は、われわれのほうで自発的努力をしなくても存在するものとしてか、あるいは富の公正な分配から生じるものとして、自然にスムーズに流れるだろう。同感と愛の快楽、わが動物性有機体組織の健全な働きの快楽、そして空気、知識、われわれの嗜好規制の快適な支給、すべてがこの種類に入る。この公正な分配は、安全と一致するかぎり、平等を維持するが、これらすべての源泉から生じる最大の楽しみを直接または間接にもたらす。しかし、これら源泉のどれか、またはすべてから生じる最大の楽しみは、安全によって制限された平等と矛盾する、と仮定し、また特別な組織、制度またはカーストは、この特別な原泉から生じるこの最大の楽しみを維持する必要があると仮定し、またこのような組織、制度あるいはカーストは、強制的不平等によって支持されなければ存在できないと仮定すると、問題は、このようなあらゆる源泉から生じるこのような増加のために、自由労働と自発的交換の利益が犠牲にされるべきかどうか、ということである。富あるいは富の分配に直接は依存しない幸福のすべての原因を、一つ一つ調べるとすれば、それらのどれ一つとして、安全によって制約された平等の規則に縛られていない共同社会が、その最大規模と強度でエンジョイできないことが分かるであろう。そうでないとすれば、これらに密着している主要な恩恵は、ほかのどんな原因からも利益が生まれる見込みがないから、それとは慎重に手を切るようにすべきだ、ということである。平等な安全によってのみ制約される平等の快楽を犠牲にすべき、うわべだけの善とは何であるか。それは天の恩寵を受けることだろうか、来世で幸福をエンジョイすることだろうか。また、天の恩寵を受けるのは、安全の侵害によってだろうか、あるひとから暴力によって略奪して、もう一人のひとに、惜しみなく与えることによってだろうか。現世で平等な、または、ほぼ平等な幸福を楽しむことによって、われわれは悪徳への誘惑を取り除かれ、仁愛への誘因と手段が与えられて、来世で幸福を楽しむことができなくなるだろうか。人類は、来世の幸福のため、または苦悩を避けるために、自分たちの全存在を含む現世の幸福をわざと犠牲にしなければならない、とあえて主張しようとする厚顔な、私心のある偽善者か、狂人が、いま現在どこにいるだろうか。われわれの現世の幸福についてこのように喚き立てるのは、神に罵詈雑言を吐くことだ、と気づかないものがいるだろうか。しかもそれは、来世にはわれわれに仁愛が恵まれると推測する権利が与えられた、ということである。暴力と強制的不平等の帝国は、このような無気力な不条理を支持しなくてはどうにもならないのだろう。どんな富の分配方法であれ、最大幸福に貢献するものは、仁愛深いひとにとって、もっとも喜ばしいものであるにちがいない。それゆえ、天国は、強制的不平等にまったく関心を持ちえない。自分自身の自己中心主義のために天国の名を濫用するものは、関心を持つかもしれないが。

強制的不平等、つまり安全が必要としていない不平等が支持されなければならないのは、特別の統治制度を、あるいはどのような統治制度のどのような部門をも支持するためだろうか。すべての公正な統治の目的は何か。一〇〇中九九が、直接または間接に、富と関係がある公正な法律によって、全共同社会の、または、それが実行不可能なところでは、共同社会の最大多数の最大幸福を増進すること以外の何だろうか。だが、この目的自体は、わが分配が目標としている目的である。いかなる政府も、いかなる政府の組織、または部門も、どんなカーストも、この公正な分配と矛盾する社会によって支持されるべきない。なぜなら、そうすることによって、それは唯一の有益な、それゆえ唯一の公正な、その存在目的と矛盾するからである。政府が直接関係しないわれわれの幸福の原因が多数あるが、政府の影響力は間接的にはほとんどすべてのものに及ぶ。道徳的という名のつくわれわれの自発的行為の全領域のうち、政府が犯罪に陥れるのは、比較的少数の行動——そしてわれわれが賢くなり、善良になればなるほど、常にますます少なくなる——だけとしか関係ない。われわれの熱情のなかには、自分自身より他人を傷つける、より熱烈な発露もあるが、それは富の領域を超えた政府の干渉の、ほとんど唯一の契機となる。そして確かに、どんな富の強制的不平等も、このようなときたま起きる衝動的な熱情の諸弊害とはまったく関係がありえないし、とにかく、それを克服することは簡単にはできない。反対に、安全によって制限された平等は、幸福に対するこのような異常な攻撃への機会と動機を除去する際の、もっとも強力な味方であろう。共和制であれ、君主制であれ、貴族制であれ、またはその混合体制であれ、いかなる政治制度、またはそのいかなる部門といえども、それとはまったく無縁である。それはただの手段、目的のための手段として、みなされなければならない。その目的とは最大幸福の促進であり、その最大幸福とは主に富の分配に依存しているのである。この目的に違反する、そしてこの分配を邪魔してきた制度すべてが時代を遡れば遡るほど、それは人間をいっそう惨めにし、幸福をいっそう妨げたにちがいない。そして、それが早く存在しなくなれば、それだけ、――その被害を受けている人々はその悪質な傾向を確信し、それを除去したいと願っているので――ますます良い。それで強制的不平等は、すでに証明したように、人間の幸福を非常に強力に減衰させる傾向があるので、それが人間の幸福を増進する傾向があることによってのみ、存在そのものが正当化されうるにすぎないようなどんな制度でも維持するためには容認されるべきだ、と主張するのは、用語矛盾であり、目的を手段のために犠牲にするようなものであろう。もっとも有力な議論で、共同社会の特権カーストを支持する哲学的または経済的だ、と従来特に言われてきた議論は、かれらによって簒奪されたか、しからずんば獲得された大量の富の支出によって、かれらは生産的労働者を養い、かくて生産を支えるのに役立っている、と想定するのである。これらの特権カーストは、安全という言葉を、あたかも安全が存在するのは、特権諸階級と過剰な富が存在していなければならないかのように、利用してきたのだ。かれらの病的な恐怖心に即応した警戒によって、かれらが不安全だと思ったことが発生したり、不安全が生産を根絶するから、そのため、生産不足から共同社会は破滅に苦しむので、これらカーストは必要であり、永久に支持されるべきだというのである。このような破れかぶれの主張が稚拙であることが立証されたので、貴族制度はその忌まわしい無礼な自己中心主義の重圧に押しつぶされているのである。

では、ほかのどんな目的のために、強制的不平等、あるいは安全が必要とするもの以上の不平等度を維持することが必要であろうか。真理を維持するためだろうか、一定の理論、道徳哲学体系への信念を永続させるためであろうか。まず哲学的真理、自然科学的真理について。自然科学的知識から得られる全利益のうち、はるかにもっとも重要であるのは、われわれが、人間の労働を、楽しみの手段の生産にもっと利用できるようにして、究極的に自然の物質とエネルギーを、富物品の形で利用できるようにする力である。知識の他の利用、つまり知的探求の快楽と、ほとんど常に自然の法則（または規則的過程）の無知にもとづいている迷信的畏怖を、頭脳が克服することとは、いずれにしても、富の極端な不平等には確かに依存していない。逆に、極端な不平等は、富から生まれる幸福の源を狭小にし、それら幸福の源を、たまたまそれらが何になろうとも、それらの排他的目的を保持するためのただの手段に、少数者の手中で、変換するのである。そうでないならば、知識のこれら副次的利益、つまり探求の快楽と迷信からの自由は、それ自体で大きいとはいえ、すべての富対象から生じる楽しみ全部と比較して、なお非常に小さいので、もし、それらが強制的不平等によって、まだまだ増加するならば、幸福の総計、知識と分配の共通究極の目的は、それによって減少するであろう。人類はまさにその性格から、幸福を維持し、増大したいと欲するので、また、知識はこの幸福の手段なので、かれら自身にまかせておけば、この有益な知識を維持し、増進することを等閑にする気遣いはない。社会が、知識の獲得と普及における個人的努力に干渉すべきかどうか、どれほど干渉すべきか、は別個の重要な問題であるから、別の章で論じるつもりである。いま、われわれがたんに証明しなければならないのは、他の尺度で、もしあるとすれば、この目的に必要なのは何であろうとも、この知識が手に入れることのできる最大量の恩恵を、必然的に帳消しにする数、尺度ではありえない、ということである。強制的不平等を全然含まずに、反対に、すべて知識を普及して、その領域を拡張するために、富の分配の平等に役に立つ、無数の制度と方策があるかもしれない。それらについて、われわれの問題に関係があるかぎり、論及するであろう。だが、これらがいかなる利益を約束しようとも、われわれの道徳的、知的感情をどれほど見せかけで慰撫しようとも、それらがその主要な点で感情を損ない、この強制的不平等、この安全侵害が、その存在に欠かせないならば、公共の善はそれらが存在しなくなることを要求しているのだ、と心に留めておこう。知識のさらなる獲得については、不可能な例を述べるかもしれないし、いっそうの発展、またはほんの少しの発展も、富の強制的不平等がなければ、なしえないと仮定するかもしれない。そのような場合でさえ、共同社会は、かれらが持っている知識を利用し、公正な分配によって、それを最大限活用することによって、このような場合、さらに有害無益な知識――それを少数者の利益にもっぱら適用するので有害――を追求するよりも、もっとずっと賢明に行動するであろう。社会は、膨大な量の富と同様に、知識のたんなる存在によってではなくて、その普及によって、それらにより、より幸福になった人数によって、利益を得るのである。自然科学的真理、または真の自然科学的知識は、富の強制的不平等、つまり安全が要求していない不平等に助けられなければ発見、証明、あるいは永続することもできないということを、現在、ほとんど誰も主張しようとしないであろう。経験と日常的事実との成り行き全体が、まったく完全に、そのような見解に反対しているのである。新しい真理の探究、または古来の真理の証明の際に、思考を逸らす非本質的な物事はどれも、結果の正確性を大変損なうにちがいない。当面の問題に関係のない考察は注意力を弱め、間違った結論に導くにちがいないので、また強制的不平等または富の不平等は何でも際だって不適当な話題なので、知識を発見したり、普及したりするさいに、有害な影響力しか持つことができない。ほとんどすべての有益な発見は、普通の、または下層の環境のひとによって為されてきた。困窮のプレッシャーさえ、しばしば天才を飛翔させる初期衝動となってきたから。過剰な富はすべての努力への動機をほとんど抹殺する。十分な収入は煩わしい思考を取り除くのに必要かもしれないが、ここで富の影響力は停止する。そして、十分な資産にとって、強制的不平等より大きい敵はない。納得のいくような、適当な証拠にもとづいた、十分な確信がなければ、どんな命題も、われわれに認めさせたり、信じ込ませたり、または、むしろ信じる振りをさせたりする畏敬とか尊敬はどれも、真理の発見とか伝達にまったく有害であり、心して警戒されるべきである。明証（evidence）、しかも明証だけが、知力に影響するはずである。富の強制的不平等は、自然科学的真理を発見し、普及するために、と同様、永続させるためにもほとんど必要ではありえない。一旦知られ、普及した有益な知識、または真理は、ことによると、あらゆる種類の暴力によって助けられた富の強制的不平等によって、知られなくなるかもしれない。しかし、有益な真理を永続させる、確実な方法があるとすれば、反対の手順によって、すなわち、暴力を排除することによって、そして知識の保管を、その利益を共有することによって、関心を持っているひとをできるだけ大勢維持することに委ねることによってである。事実、安全のもっとも異常な略奪と濫用によるほかは、有益な知識は人類にとってかつて失われたことはなかった。安全の権利侵害は、知識の発見または維持に対する不倶戴天の敵である。

富の強制的不平等が、自然科学的知識、つまり機械工学と化学の知識、自然または自然史の対象の知識の発見、普及、恒久化に役立たないならば、それは、道徳における進歩に役立つであろうか、そして道徳性の発達のために維持されるべきであろうか。道徳性、すなわち、われわれの自発的行動を、有益な、もっとも有益な目的に方向づけることは、それを行動に移すための適当な動機を必要とする。善、悪に対するこれらの動機の本性とエネルギーは、共同社会における富の分配が、公正か不公正か、賢明か愚かか、強制的か自発的かに、その他のどれよりも、またはその他すべての原因を合わせたものよりも、ずっと多く依存している。道徳性を、富から、富によって得られる幸福の物質を所有すること、または所有しないことで与えられる、善悪の行為に対する堅実かつ有力な動機の考察から切り離そうと働きかけるのは、最悪の愚行であるか、最悪の言行不一致である。結局のところ、ほとんどどんなときでも、道徳性と不道徳性、法律と犯罪との間の大きな抗争は、何のためなのか。富対象の所有のためでなければ、何のためか。富は、同時に、悪徳と美徳とにやる気を起こさせ、追求の対象であり、報酬の手段である。暴力が排斥され、理性が、十分な収入に訴えた説得によって、その目的を達成しなければならないところでは、社会的、個人的美徳を実践するための最大限の動機が存在するであろう。まさにこれこそ、安全によって制約された平等の、自然的分配の下での事態にほかならない。強制的不平等は、それゆえ、道徳性に対して破壊的である以外の、まったくなにものでもない。道徳性によってわれわれの自発的行為が目指す有益な目的は、ただたんに最大幸福を約束する行為である。その際、現在と将来のすべての環境と結果が考慮される。その他の束縛と恐怖の制度や、他人の無知と悲惨から奪い取った楽しみで生活している偽善者が、道義心とか、美徳とか、呼んでいるらしい、自発的、かつ故意の禁欲の制度さえ、あるかもしれない。このようなすべての慣習は、等価の増加を期待しないで、あるいは、ときには、このような等価の期待を放擲することさえ、口実に利用して、幸福を意図的に破壊するので、それらの慣習は、最高に悪意のある不道徳だ、と思われても仕方がない。もしこのような慣習が道徳的だとするなら、人類は道徳的であるためには道理に合わず、かれらの感覚的本性を放棄したのである。疑いもなく、富の強制的不平等は、かような制度を維持しなければならないだろう。あれこれの形を纏った暴力だけが、このような道徳体系を維持できるのである。そして、この道徳体系は人間の幸福を大量に、主義に従って、意図的に犠牲にするので、富の不公正な強制的分配によって幸福を増進できなかったことを強調するのはまったくどうでもいいことだろう。

われわれの議論を完璧にするために、沈黙はわれわれの原理の普遍性を敵に負けて放棄することだ、と解釈されるかもしれないという理由で、われわれの論敵に相まみえるために、われわれは問う。安全のために必要でない程度の不平等は、いわゆる宗教的学説または信条を支持するために、それを支持するために挙げられる証明の厳格な緻密さ以上の何かを信じるために、固持されるべきなのか、と。イスラム教、ユダヤ教またはキリスト教のような体系の支持を、富によるにせよ、そうでないにせよ、強制することの理不尽さは、自然科学の平凡な物理学的真理の支持を強制することより一〇〇〇倍も目に余る。全知識または似而非知識は人類の興味を惹くし、それが確実に与える利益の程度、確実性および近似性に応じて、注目されるべきである。これは、人間によって重要だと判断された、宗教的研究または思索であろうか。かれらは自分の利益を尊重するから当然それに注目するであろう。それを人間は、自分たちにとって非常に重要だ、と判断しないだろうか。かれらはそれを重視するよう強制されたくないし、されるべきでない。だが人間は無知で、意地悪で、その重要性を知らない。よろしい。では、人間は自然科学のすべての主要な真理の重要性に、同様に無知、不案内でいなかったであろうか。一般的には重要だとは思えない自然科学的真理の発見者もしくは賛美者が、富の強制的不平等によって、または何であれ、その他の強制的手段によって、その真理を宣伝したり、主張したりする権原を与えられることが、かれらのほうでかつて提唱されたり、望まれたり、夢想されたりしただろうか。いかなる種類の知識、または研究にしろ、その重要性を認識させようとする適当な手段とは何であろうか。理性と納得以外の何か。一人のひと、または一組の人々が、いわゆる自然科学的真理が重要で、重視すべきだ、というならば、なぜ、他の人々、または果てしなく何組かの人々は、かれらの同じ考えを主張しなくても、また、かれら皆が、それらの矛盾した権利を主張する力を要求しなくてもよいのか。自然科学ではこのような理不尽は、かつて一度も耳にしたことがないか、すくなくともヨーロッパでは、もう耳にすることはない。富の強制的不平等、またはその他の暴力が、人類に、「動物の熱は空気から抽出したものだ」とか、「われわれが呼吸する流体は二、三の異なる種類の空気から構成されている」とか、「水は二種類の空気からできている」とか、「多数の石は、多くは純粋な石灰、空気、水からできている」というような命題が、かれらの福利にとって重要だ、ということを確信させることが必要だ、と誰がかつて聞いたことがあるか。しかも、これらは重要であるとともに珍しい事実である。それらの証拠に加えて、暴力に頼らずに、その重要性について、世界が納得しないのではないか、と誰が不安を感じるだろうか。

さてそれで、ひとにどんな重要な学説であれ、承認するよう説得するためには納得させる以外のなにも、いかなる暴力も利用すべきではない。とりわけ神学理論と信仰についてはそうである。そして、妙に辻褄が合わないのに、それらの唱道者たちは、神学理論と信仰がすべての思索のうちもっとも重要だと主張する。もし本当にそうであるなら、確かに、かれらの推理力を自由に行使することだけが、同胞にこれを説得するために必要であろう。そして、かれら自身の話から推して、かれらが、自然科学的真理の支持者たちより無限に優れていて、後者の思索を、かれらは格段とつまらないものだと思っているようである。

それで、人々に神学的教義の重要性を説明するためには説得だけしか容認されるべきではない。人間にその真理を証明するために、さらにそのうえ何が必要だろうか。自然科学的真理は、いわゆる宗教的知識を除いたその他あらゆる種類の知識と同様に、受容されるためには、証拠の単純な提示、感覚の使用、および比較考量の機能に完全に依存し、また必然的に依存している、と言わざるをえない。それが、ひとにしっかりと記憶される自然な一般に認められる方法であり、その他の方法はない。いや、このことすらも、しばしば受容されてこなかった。神学的事柄といわれるものが真理だ、と主張する人々が説得する仕方は、何とさまざまであることよ。その主張と普及に、かれらは、神自身、つまり信じろ、と訴えかけられている万物の創造主が関心を寄せていることを信じている、と言っている。かれらは証拠を持っているにちがいない、すくなくとも自分自身の意見としては。なぜなら、真理は証拠なしではありえないからだ。ここでは、かれらは自然科学的知識の教師と対等である。しかし、この証拠を精神に応用するとなると、神学の教師はなんと、とてつもなく優れていることよ。かれらの意見では、万物の創造主は、人類の善、幸福のために、かれらに開示された学説の著作者であったし、その普及に協力している。一方で、普通の真理の支持者のように、通常の自然の証拠によって、だが、普通の真理の支持者とちがって、他方で、人間理性を導く神の協力を得ながら、かれらは、如何にして失敗することがありえようか。普通の自然科学的知識は、証拠を提示するだけでは説得できないかもしれないが、神の影響力と協力に助けられたそれ自身の証拠に固有の力をはるかに超えた超人的知識なら、どうして説得ができないことなんてあるのだろうか。ありえない。もしこのような学説が真実なら、すべての普通の有機体は、適切な証拠があれば、その他の自然科学的、または道徳的真理について、その学説に賛同せざるをえないだろう。だが、神学的教義の場合、普通の人間の説得手段に、これを遥かに超える一〇倍の効能を与える神秘的影響力がある。そして、実証されていない人間の知識の発見、維持、普及を援助するために、財産の強制的不平等なり、その他の種類の暴力を許容することが愚の骨頂であることはすでに立証されているように、その主張は神聖であるというようないかなる干渉をも認めて助力することは、信じられないほどもっと馬鹿げたものだ。歴史と日常の経験とは、神学的教義を維持するためには、その不条理に比例して暴力を行使することが必要だということを、心から大声で言明している。また、暴力は、証拠が不足しているのを埋め合わせるためのただの代替物であるということを。そしてそれを支持するために、そのようなどんな助けをも必要とする教義は、すべてみずからの弱み、無用さ、そして虚偽を立証しているということを言明してもいるのである。このような教義はか弱い。というのは、大胆不敵に、傍若無人にもみずからの説得力に頼るのは、真理の顕著な属性の一つであるからだ。それらは無益である。というのは、その教義が、人間の幸福にとって重要であることが証明されれば、ひとはその他のどんな福利手段についても、喜んでその教義に耳を傾けるであろう。かれらが、富と暴力という無関係な堕落した、かつ脅迫的手段をとらずに、説得させることができないと悟るかぎり、かれらじしんが間違っていることを告白しているのだ。地表上の一人のひと、または一組の人々に対して、富と暴力が、かれらのいう真理を発見し、支持し、または宣伝することを許容するとせよ。そうすると、その他のどんなひと、または、どんな一組の人々でも、かれらがチベットのラマ教徒からアフリカの偶像崇拝者まで、誰であれ、かれらの超自然的概念を支持し、普及するために、同様な手段に恵まれていない理由はなぜか、説明できるだろうか。自然科学的、道徳的、または神学的真理は、適切な明証の提示と暴力の排除、またはその節欲以外のどんな説得の手段も決して許さない。

従来、いろいろな目的のために富の強制的不平等は維持されるべきであると強調されてきたが、それらの目的のうちのいくつかについてこれまで解説してきた。上述の解説は、提唱できるような目的に多分もっとも適合しそうなので、これで十分なはずだ。同じ理由は、それを支持するために富の強制的不平等を要求するその他の目的は何であれ、その目的に適合するであろうと思われる。われわれの幸福は、比較できないほど圧倒的に富の公正な分配に大きく依存しているので、他の原因から生じる見込みのある利益はどれも、万一その利益が実現しても、富の公正な分配の喪失による損害を補填できないだろう。とはいえ、それらの利益の見込みたるや、検討してみると、すべてが、まったく誤りか、歴然たる損害に満ち満ちていることが分かるであろう、と思われる。

本節の冒頭で、平等な安全が必要とする以上の、他のすべての種類の不平等は、社会によって鎮圧されるべきべきである、と言った。このような表現は、社会はこんな種類の不平等を支持して、暴力を振るったり、不自然な援助をすべきではない、ということを意味しているにすぎない。本研究の原理は暴力をまったく排除している。不公正な保護または支持をただ撤回するだけでは暴力ではない。それは暴力の除去である。安全によって制約された富の平等、または安全が要求する不平等は、暴力行使を必要としない。すなわち、ただ暴力の排斥、暴力の禁欲だけを要求する。その作業はすべて自発的でなければならない。その唯一の手段は説得の手段である。

*

労働者はかれらの労働生産物のうちのどの割合を、資本と呼ばれる物品の使用に対して、資本家と呼ばれるそれらの物品の所有者に支払うべきなのか

本章第6節で、労働生産物の完全利用が、あらゆる生産に対して与えられうるもっとも強烈な刺激だ、ということが証明されている。かれの労働生産物のこの完全利用でさえ、文明社会の無一物の労働者には、なんと、か弱い奨励しか与えられないのか、ということも証明された。文明社会では、かれの身辺のすべてのものは専有され、また、かれの労働を生産的にするようなものは、自発的交換の仲介を通じて、十分な等価

を与えなければ、なに一つかれの手に入らないのである。労働者が、生産に先立って準備するもの、すなわち、土地、家屋、衣料、道具、原材料、食糧の使用、または購入のために、提供すべき唯一の物品は、やはりかれの労働の一部分である。しかし、かれの労働のうち、これらの準備品の使用または前払い金のために、資本家という名称でそれらを専有してきた人々によって要求される割合が普通非常に高いので、かれの労働生産物のうちはるかにより大きな部分がかれの自由な処分から奪い去られて、これらの物品が蓄積され、実際に働いている生産者に対して貸与されているかぎりでしか生産に関与していない人々によって、消費されるのである。これら生命のない生産用具の怠惰な所有者は、現実の能率的な生産者たちのうち、もっとも勤勉で、熟練したものと同量の楽しみを、自分の所有によって保証されるばかりでなく、かれの蓄積額に比例して、獲得したあらゆる手段よって、このような能率的な生産者たちの最大労働量が、かれらのために手に入れうる、一〇倍、一〇〇倍、一〇〇〇倍の富物品、労働生産物と楽しみの手段　を手に入れることができるのである。第6節では、土地または他の物品の使用に対して要求される賃料または利潤という名目で、資本家によって生産的労働者から搾取されたこの補償額が、実際に研究されている。

一見すると、労働生産物から、この源泉だけから膨大な控除をすると、――国債の項目で現在使用するために、あるいは以前に浪費された富の債権者に対して補償するために、政治権力が行使する強制的窃取とは無関係に、また労働者から、かれの労働生産物を奪取するのにすべて役立つ無数の不安全の方策とは無関係に、――富物品の平等な所有と享受とに接近することが、分配の自然法則に保護されていてさえも、あたかもまったく絶望的になるのに足りてなお余りあるかのように見えるであろう。自由で自発的な交換のルールは、一見して、生産能力のほかまったくなにも持っていない生産的労働者に対して非常に不利に作用するように思われるであろう。なぜなら、かれの生産諸力が、その対象として、またはその手段として利用できるようにしうる自然的素材すべてが、かれと対立する利害関係にある他の人々に所有されていて、かれ自身がどんな労力を行使するためにも、あらかじめかれらの同意を得なければならないから、かれ自身の労働果実のうち、かれの労苦の償いとして、かれの自由処分にまかせるのが適当、とこれらの資本家が考えるかもしれないどんな部分に対しても、かれは、これらの資本家たちの意のままにならないだろうか、また、必ずしも意のままになっていなくても差し支えないのだろうか。生産的労働者のこの状況は、回復不可能だろうか。自由労働の保護の下でさえ、労働生産物の完全利用と自発的交換は、回復不可能だろうか。勤労に対するこのような課税、資本家たちのこのような搾取にとっての制限は、全然ないのだろうか。これらの搾取総額はまったく勝手気ままなのだろうか。または、その行き過ぎに対して、何か自然的制約があるのだろうか。

　このもっとも重要な問題を考察する際に、二つの視点がある。第一に、労働者から、かれの労働生産物を控除するのは正当だろうか。これらの控除は、生産を増大し、生産から生じる楽しみを増加するのに貢献するか。

　第二に、有益か無益か、これらの控除は、圧倒的な弊害もなく、全生産を抹殺する暴力行使もなく回避できるだろうか。

　公然たる暴力によるにしろ、一種の自発的黙従を強要する欠乏の間接的強制によるにしろ、労働者から、かれの労働生産物を搾取するたびに、それに比例して、かれの生産に対する意欲を減退し、結局、生産総額を減少させるにちがいないことは、まったく歴然としている。生産意欲減退の影響は議論の余地がない。労働生産物の一部分を搾取したり、または、それらの取得を妨害するのは、豊かであろうと、貧しかろうと、あるいはいかなる名称で呼ばれようとも、下手人が問題なのではない。利潤、または税金、または窃盗、またはその他どんな損失の名称で呼ばれようと、奪い取られた生産物総額に比例して、再生産の意欲が減退するであろう。労働生産物がその生産者から収奪されて使用できなくなるので、幸福増進への心地よい欲求ではなく、生存を維持する必要性だけが労働への有力な刺激になる。これが事実なので、資本家だけによって、労働者から奪われた労働生産物の割合は、どのくらいだろうか。また、これらの収奪が存在しなくなれば、生産への意欲はどのくらい増加するだろうか。

これらの収奪は、国が違えば異なるし、同じ国でも、時代が違えば異なる。また、それらの収奪によって搾取される労働の種類に従って異なるものである。だが、この収奪は、資本がもっとも豊富で、資本家間の競争が——このような競争が労働者たちを助けるかぎりでは、——もっとも活発なところでさえ、生産者の使用から、すくなくとも二分の一の労働生産物を搾取しているように見える。まず労働者——羊毛か木綿の機械工としよう——は一日約二シリング、または一年約三〇［一ポンド＝二〇シリング］ポンド稼ぎ、かれの家、または住居に年約五ポンド支払う。かれを雇用している資本家によって控除されるにしろ、もう一人の資本家に支払われる労働によって控除されるにしろ、この賃料を支払うための基金として、かれは、かれの労働生産物よりほかのものを明らかに持っていない。次ぎに来るのが、この機械工が作業する建物、かれが製造すべき未加工原材料、そしてかれが作業に使わなければならない機械（道具）、および既製品が交換されるまで、前貸しされる賃金を所有する雇用者の請求額である。固定資本と流動資本との総額は、各雇用労働者あたり三〇から一〇〇ポンドであろうし、その平均利潤は一〇ポンドとみなされよう。原材料に投下される熟練に導かれた労働によって、その未加工素材に付加された価値よりほかに、この利潤の源泉はありえない。原材料、建物、機械、賃金は、それみずからの価値になにも付加することはできない。付加価値は労働のみから生じる。資本を構成する品目のどれにしろ、製品の親と呼ばれるくらいなら、鋤が、それを使う労働者の腕の代わりに、穀物の親と呼ばれる方がましだ。これらのものが機械工の手中に入る前に、富としてのその価値を、これらのすべてに与えたのは労働である。また、かれが付加した労働によってのみ、それらの価値はますます増加することができるのだ。それで、ことの普通の成り行きから、生産的労働者は、かれの労働生産物のすくなくとも半分を、資本家によって奪われる。かれの労働総計は三一〇ポンドであり、かれの賃料とかれを雇用するといわれているストックの利潤は一五ポンドだからである。

職工労働者（operative laborer）が、かれの労働果実をこのようにして削減される仕組みを理解せずに、その操作を不可避だとみなして、自然の成り行き上かれに認められる最高額を交渉によって得られた、と言っても始まらない。資本の所有者は、ほとんどいつものことだが、働いている機械工と同様、この問題についてあまり知らない。しかし、労働者が無知ならば、資本家の欲望が満たされた後、かれに残された報酬の絶対額は増加しないのである。かれの将来の努力は――生活必需品を除く――この報酬総額次第である。もちろん、もし生産的労働者が知識を獲得して、利潤の名目で、かれらの労働生産物から搾取した膨大な総額を追跡することができるなら、かれらは、このような取り決めの不正義を知り、資本という名目のすべての物品、または、かれらの労働を生産的にするのに必要な、このような物品を自由に使用する手段をみずから所有するようにしようと努力するにちがいない。事実を知れば、ますます落胆するであろうが、代償が少ないことが、どうあろうとも、その実質的原因である。どんな言葉でも、現実の生産物の欠陥、生産を刺激するのに必要な楽しみの欠落を埋め合わすことはできない。自然の吝嗇によってにせよ、人間の正義、不正義によってにせよ、楽しみという非生産性が労働から控除されると、生産への意欲と生産総額は減少するにちがいない。

「機械、原材料などの形態をした資本がなければ、ただの労働だけでは、かなり非生産的であろうし、それゆえ、誰に所有されていようと資本がなければ、労働者のただの生産力では非効率的だろうから、資本の使用に対して、労働者が支払うのはまさに正当だ」と主張するであろう。

もちろん、大変不運なことに、労働者が、自分でそれらを所有していないなら、それらの使用に対して支払わなければならない。問題は、かれの労働生産物のうちのどれほどが、それらの使用に対して差し引かれるべきか、である。

この資本の使用価値の二つの尺度がここで現れる。すなわち、労働者の尺度と資本家の尺度と。労働者の尺度は、資本が消費されるであろう時期までには、資本の損耗と価値を、より効率的に雇用されている生産的労働者と同等のゆとりある生活を資本の所有者兼監督者が維持できるような代償の追加で、補填するであろうような金額の献金に存する。資本家の尺度は、反対に、機械またはその他の資本を使用する結果、等労働量によって生産された付加価値であろう。つまり、資本家がかれの資本を蓄積し、労働者に対して前貸しするか、またはかれの資本を使用する点で、かれの知恵と技術が優秀なためにエンジョイできる剰余価値の全体である。

労働者が、自分の生産力を働かすことができるために必要な、資本の使用に対して支払う金額の差額は、これら二つの違った尺度次第で巨額になる。それは、ほとんど完全な平等と、富と貧困双方の過剰との差額である。それを、いま行った計算にもとづいて例証してみよう。労働者は、かれの家に対して年五ポンド支払う。この家は五〇ポンドの費用をかけ、耐久五〇年ないし一〇〇年と計算される。この資本品目の使用について、労働者の尺度によると、かれは、この家屋が消耗する時間に従い、価値の年々の減損に対して、それに、家主が、どの職工労働者とも同等にエンジョイできるように、かれの管理労働の返礼として若干の剰余――一〇〇棟の家屋、一棟ごとに年五シリング、または一人のひとを雇用して、管理させる費用、年額二五ポンド、としよう――を加えて、一年間の価値減耗に対する年家賃一ポンド、ないし一〇シリングを支払わねばならない。この家の一年の家賃として一〇〇シリングではなく、一五ないし二五シリングが、この労働者の負担分となる。かれの雇用主の資本使用に対しては、これはほぼ同じ割合か、雇用された資本の性質として、より耐久性が低い結果、若干多めであろう。機械となっている資本部分は、家屋と同じ耐久性がないので。稼働資本総額が五〇ポンドで、平均耐用年数が三五年とするならば、一年二ポンドがこの年の減価償却に支払われなければならないし、資本家の労苦のために、――ただの家主の労苦よりも大きく、より多くの技術と時間とを要する――たとえば、五シリングではなく、一〇シリングが追加されるべきである。年利潤、二〇〇シリングではなく、五〇シリングが、これら残余の項目に対して労働者の負担になるであろう。家賃と利潤とを合算して、労働者は、三〇〇シリングないし一五ポンド（これは、かれが現在支払っている、かれの労働生産物総合計額の半分）ではなく、一〇〇ポンド資本の使用に対して、年当り六五ないし七五シリングを支払わなければならないであろう。労働者が農業に雇用されているなら、農業労働者の力を生産的にするのに必要な土地とストックとの価値が、製造業資本の代わりに、評価されなければならないであろう。そして、その使用料金は若干安いであろう。労働者がもし自分自身の資本の所有者だったとすれば、この家の家主に対する年補償費五シリングと、この資本の所有者に対する年補償費一〇シリングが、かれにとって節約される。かれ自身の資本を維持するのに必要な配慮は、かれ自身にとって、苦痛であるよりも、むしろ楽しいので、報酬が要らないから、現実の損耗は、かれが負わねばならない全必要経費である。この一〇〇ポンド資本が、かれ自身の労働生産物であるなら、もっと低費用であろう。そして、現在資本家に支払っている労働年総計の半分で、若干の資本項目を、それぞれが消費される時間までには労働者の手元で十分補填するであろう。

このようなものが、労働者の労働を生産的にするのに必要な資本の使用価値についての労働者の尺度であるが、資本家に使われている価値尺度とは何であるか。機械の発明以前、院内労働が行われている救貧院の収容施設以前、労働者の力だけで生産した生産物総額は何だったたか。それが何であろうとも、卓越した道具と建物による保護とによって与えられる生産の容易と快適との追加で、なおかれにエンジョイさせておこう。建物または機械の製作者に、または自発的交換によってそれらを手にしたものに、生産された品物の全剰余価値を、それらの生産か取得における、かれの優れた知性への報酬または刺激として渡そう。かれの労働対象たる原材料の前払いに対して、労働者に、同じ割合で、かれがそれを保持している価値と時間に応じて、支払いをさせよう。原材料がなければ、建物も機械も利用できないから。そして専有と蓄積のメリットは、原材料の場合、建物や機械の場合と同じく大きい。かれの改良された住居は、かれの健康と体力とを、その中に含まれている物品と同様に維持して、かくて、その他の資本とともに、かれの労働をより生産的にするか、かれの健康的な労働時間を延長するために貢献する項目の一つなので、他の資本の利潤率によって、これを同様に決定させよう。または、労働者が利子や利潤を支払っている全資本を、かれの労働生産力を増加する共通の手段として認めさせるようにしよう。そして、この資本の数人の所有者に、その総額と耐久度に比例して、無知な生産者の労働にこうして与えられる付加価値を、かれらの間で分け合うようにしよう。労働者に、より容易に、快く、自分が以前エンジョイしたことをエンジョイさせよう。だが、優れた知性の全報酬が、それを所有している人々、つまり資本の蓄積者に保障されるようにしよう。

これら相反する要求に対して、正義は何と言うか、功利は何と言うか。平等はまったく生産的労働者のために弁護する。安全は中立の立場をとり、どちら側にも強制しないように命じる。もし労働者の尺度が普及すると、どういう結果になるか。労働者各人は、自分の労働を生産的にしうるために必要以上の資金蓄積を、現在広まっているような止むに止まれぬ意志によって駆り立てられないであろう。しかし、この点に到達すれば、さらにもっと蓄積したいという欲求はかなり弱まり、見栄にしろ、快適さにしろ、職工労働者がもっている楽しみ以上のものを希望する意欲をほとんど感じなくなるであろう。蓄積に対する主な代償は、精神的、穏やかな筋肉的努力が、より効率的な、おそらく、より健康的な肉体労働にとって替わることであろう。真にゆとりのある生活については、職工労働者の生活のゆとりは非常に増大するので、蓄積者は、現状が示しているほどには、職工労働者の水準に落ち込んで、損害を受けることはないであろう。もっとも富裕な資本家は、富の点で、かれの現状と現在の没落した労働者の状態との中間的状態に陥るだけであろう。真の幸福の点では、労働者と資本家の状態はおそらく等しく改善するであろう。しかし、蓄積への意欲が、この点を超えて、たんなる見栄と栄誉のためになって、その力強さを失うにつれて、労働を生産的にするのに必要な程度の蓄積への意欲は強まり、増大するであろう。全労働生産物が生産者に保証されると、最大エネルギーが生産に、そして必然的に、労働を生産的にするのに欠かせない資金や手段の獲得と保持に、使用されであろう。年生産高と、楽しみを増加するための労働生産物の消費とは、合理的努力の真の目的なのに、その生産力の程度と比較すると、蓄積の程度がゼロに等しいので、蓄積がたんにこの大目的への手段としてしか考えられていないので、楽しみに導く唯一の道として、楽しみと生産の普遍的欲求は、一人一人に、このような目的のために必要とされる資本の所有を保証するであろう。毎年、人間の労働は、機械ないしはその他によって、ますます生産的になっていくので、労働の報酬は増加するであろう。家屋、機械、衣装、食物は、少数の蓄積者や資本家のためではなくて、万人のために改良されるであろう。資本は、集団では、ほとんど平等で、万遍なく普及するけれども、一〇倍の比率で増大するであろう。けだし、各人は、その蓄積に興味を持ち、本当に有益であるかぎり、つまり、合理的人間がそれを生産する苦労の甲斐があるかぎり、資本を蓄積できるであろうからである。国民の富の総和は、現在よりとてつもなく大きいであろう。

誰もかれの隣人より一〇倍も多くの蓄積された資本を所有しないかもしれない、とはいえ。分配の平等から生じることが証明された幸福の増加全体は、あまねく行き渡るであろう。そして、ひとは、ただ相対的にゆとりのある生活のためではなく、すなわち自分の優越性を同胞の惨めさと比較するためではなく、富から生じるはずの絶対的にゆとりのある生活のために生産するであろう。

もし反対に資本家の尺度が普及するなら、その結果はどうだろうか。際限のない欲求を満たす刺激、身辺の困窮に対する無限の優越感の刺激によって駆り立てられ、蓄積の欲求は、資本家には、楽しみの欲求にさえ取って替わる。富の不平等には際限がない。それは支配的熱情となる。富が与える栄誉、それが刺激する嫉妬は、ひとを駆り立てて、何としてもそれを手に入れようとさせる。才能、美徳はその犠牲にされる。暴力とずる賢さが他人の労働果実を略奪するために、また大衆を無知で、不平を言わずに、こつこつ働くものに変えようとして使うあらゆる手練手管は、習慣または法律に変身する。資本家──当然もっとも知識のある層──の普遍的かつ常に用心深い陰謀はどこにでも存在していて、普遍的に存在する利害関係に立脚しているので、労働者をできるだけ最低の賃金で骨を折って働かせ、かれらの労働生産物のできるだけ多くのものをもぎ取って、資本家の蓄積と浪費を増大させるのである。しかもなお、これらの人々は差別を、そして直接的楽しみの手段としてよりも、むしろ差別の手段としての浪費を非常に渇望するあまり、何千人もの労働の生産物が、かような非本質的な欲求を満たすためだけに呑み込まれてしまう。このような共同社会における富の蓄積は、少数の手中に集中しているし、それは、その大きさからも、周囲の貧困とのコントラストからも、衆人の目を惹く。労働を生産的にするすべての資本、道具、家屋および原材料を剥ぎ取られている生産的労働者は、かれらの報酬が勤勉な習慣を存続させうる最低限に据え置かれているので、困窮のため、生存に必要なため、あくせく働く。個人的富の蓄積は平等に近い分配のもとでよりも一〇〇〇倍も大きいかもしれないとはいえ、国民的富の集積は、もし、労働を生産的にするのに必要なより小部分の資本を生産的労働者、つまり万人が所有しているとするならば、そうであろうと思われるものと比例しないのである。極端な絢爛豪華がはびこる。不平等の弊害は絶頂に達する。蓄積の欲求が際限なく猛威を振るい、生産は主に困窮によって刺激される。

事実上、生産者の尺度も、資本家の尺度も、普及しないで、この二つの間に、一つの尺度が、これらの相反する利益の衝突から形成されて、あらゆる社会で一〇〇〇もの偶発的環境によって変化した。資本家の、資本の使用価値の尺度は、その極限にまで推し進められると、資本が労働生産物を蓄積しようとか、略奪しようと熱中するために、生産を根絶するであろう。知識と正義があまねく普及せずには、労働者の尺度は普及しない。暴力と詐欺が富の発展過程で除去されるにつれて、労働者の尺度へと傾斜していき、法律的な、またはその他のあらゆる方策が取られて、この傾向を抑止しようとするが、これは自己中心主義か無知の結果であり、楽しみの総量を減少させている。資本の使用のために必要な総額は、蓄積された絶対量よりももっとその分配方式に依存する。資本蓄積総額が高かろうと、低かろうと、なんであれ、もしそれが生産者の手中に残るなら、そのどんな部分にしろ、使用するのに当座必要な価格は、資本をもっていないひとが少数で、もちろん、その使用に対する競争が微弱だから、必然的に最低であろう。だが、共同社会の全資本が、資本家と呼ばれるひとの手にあり、生産者の手にほとんど残っていないところでは、その使用価格は非常に高いであろう。けだし、資本の絶対量が大きかろうと、小さかろうと、共同社会の庶民、大多数が資本をもっていないので、それを使用する競争が、いうまでもなく激しいからである。資本家間で資本の供給が大きければ大きいほど、その使用価格は、持たざるものの人数と競争が同一のままであるから、もとよりますます低くなるであろう。だが、どの共同社会の資本家の手中にある資本の絶対的総額も、富の効率的な生産者に、かれらの労働報酬が増加するであろうとか、労働生産物のより大きな割合がかれらの手中に残され、かれらの自由な処分に委ねられるだろう、という保証を与えるものではない。不安全の制度の下では、資本家は、自分たちの資本を増加させて、その利潤またはその使用費用が実質的に減少する機会を許容することが、自分たちの利益だとは分からないであろうし、そう思わないであろう。この点まで蓄積が進むと、楽しみの欲求は、豪華な出費の増加で示される。対外戦争では、公債によって、政治権力は資本を支出する。それはまったく消費され、跡形もなくなる。そして、今度は、その所有者が政治権力の保証で、現行共同社会の年労働生産物に対する請求権を受け取る。一方、この資本が公債となって消費され、かくて競争市場から取り除かれないで、生産的労働の維持に充てられるならば、生産的労働者に負担として残らずに、それはストックの利潤を低落させ、かくて、より多くの労働生産物を、生産者の手中に投下する傾向になるであろう。等価なしの負担、すなわち公債利子をこの勤勉な共同社会はまったく免れるであろうし、かれらの労働に対して資本家は、かれらにさらにより気前のよい支払いをせざるをえないであろう。――事物のこの当然の成り行きを抑制する新方策が案出されないので。

資本家が、かれの資本を構成する物品を使用するために奪取した労働生産物からの控除に関するわれわれの第二の問題は、「有益か無益か、これらの控除は、暴力を行使する際に、とてつもない弊害を引き起こさずに、回避できるだろうか」である。もし、たんに制限を撤廃するだけで、その結果、知識が普及しても、これらの控除を減額するにはいたらなければ、ともかく減額しなくてもよい。なぜなら、どうしても暴力を行使するしかないので、このような手段を使うのは生産を根絶するだろうからである。ここで規定された分配法則に相反する制度と方策がすべて撤廃され、生産者がかれらの真の利益追求を許され、かつ知識の獲得と拡大が万人にとって容易くなると、これらの控除は再生産が可能な最低限度にすぐに低減し、生産者は徐々にかれの労働生産物の完全使用を回復するか、ないしは、全生産者の利益が増大する究極点で可能になる生産物使用にきわめて近くまで接近するであろう。さまざまな生産と分配の方式によって、合理的人間としての生産者が、分配の自然法則の名目で明記された平等な安全に保護されて、かれら自身の全労働生産物をエンジョイする目的を実現すると思われるが、その生産と分配の方式は以下で指摘されるであろう。さしあたっては、生産者の労働を生産的にするために必要な資本が、かれら自身の手にではなく、他人の手に蓄積されるところではどこでも、生産者に覆い被さっている強大な諸弊害を一瞥するにとどめよう。

第15節
前述の諸前提からの一般的推論。つまり「分配の自然法則」、あるいは一般規則または原理の説明。その遵守は、富から派生する最大幸福を達成するために、必要である

もし、われわれがきわめて真剣、かつ細心に、本章における数節の見出しの命題を立ち入って立証してきたとすれば、富の分配における第一原理として役立てるために、若干の単純な、知的かつ最重要な諸規則を樹立することが目的だったのである。われわれは、これまでに、それら諸規則の真理、すなわち、それらがひとの組織と環境と一致することと、それらが富から生じる最大幸福を促進する傾向があることを直接証明してきたように、次の諸章では、これらの単純な諸規則をしっかり固守することから生じるように見える人類にとって興味あるその他すべての結果が展開するなかで、真理がわれわれをどこに導いて行こうとも、率直に迷わずについて行くであろう。これらの単純な規則は分配の自然法則といえるかもしれない。これらの規則または法則を遵守すれば、たいした弊害もなく、すなわち安全を蹂躙することもなく、かつ安全に、生産そのものを短縮し、究極的にはまったく廃止したりして、手にすることのできる平等の利益の最大部分を、努力しないでエンジョイするようになるであろう。それらの法則を遵守するひとなら誰しも、言うまでもなく、共同社会の他の全メンバーの同じ権利を尊重しなければならない。解明された極秘とは、富の分配において、他のすべての関心事におけると同様に、暴力の代わりに理性と自発性とを働かすことが、全共同

社会の利益であるということである。また富の分配においては、他のあらゆる分野の道徳におけると同様に、諸個人の義務と利害関係が、国民の幸福総体と渾然一体となり、かつ、それを形成するということでもある。

先の諸節では、われわれは何を証明したのだろうか。第一に、もし、われわれが富から、それを生産するものに与えられうる最大幸福を引き出したいなら、「すべての労働は、その方向と継続について、自由で自発的であるべきだ」という意見であることは歴然としている。

すべての労働は、その方向と継続について、外部の強制から「自由」であるべきだ。誰にも専有されていない全物品について、労働は自由であるべきである。けだし、専有されていなければ、対抗する権利請求は成り立たないし、同意も求められないからである。専有された物品については、労働はすべての外的強制から自由であるべきだ。専有の同意がすでに得られているからである。なぜこの同意が必要とされるのか。同意がなければ、暴力が行使されなければならないからである。しかも暴力行使は、それが行われるかぎり、再生産の意欲を根絶して、その結果、生産そのものをも根絶するからである。それなしに、生産者は、自分の労働生産物をエンジョイすることができない。それがなければ、労働者は、かれの労働が生産物に価値を与えることによってか、それが以前に獲得した価値に追加することによって専有してよいものなら何であれ、かれのその生産物を略奪される羽目になる先例をみずから作ることになるであろう。

すべての労働はその方向と継続について「自発的」であるべきである。すなわち、いかなる外的強制によっても、専有されていない、ないしは専有を認められたいかなる物品に対して労働を投下することを禁止すべきではないのみならず、労働をこれらのどれかへ導くためにさえ、理性、愛情またはその双方を通して、意志決定しうる動機以外のどんな動機も、また働かせるべきではない。ひとは、意志または暴力によって、行為を誘発させられるだけで、ほかの選択肢はない。妄想はなお自発性であり、知識はその適切な療法である。妄想を取り除くためには、知識が使われるのであって、暴力ではないが、一方、どんな暴力も、妄想を維持するために、直接的にしろ、間接的にしろ、行使されるべきではない。かりに労働者が、全然または与えられた方向で労働したくないなら、かりにかれが、かれの利益に従わずに、説得にも耳をかさないなら、暴力を用いてかれを強制しないで自然の懲罰にまかせよ。それが公明正大な正義の、そして最大幸福を追求する功利の命令である。

最広義に使用され、いままで使われてきたいろんな意味を含んでいる自発的という言葉は、おそらくわれわれの目的にぴったりであり、「自由」という付加語を使用しなくても済むだろう。この意味が、付加語の使用でもっとはっきりするなら、それを使用することは妨げないであろう。分配の第一規則または法則の長たらしい証明に関しては、読者は最初の五節を参照して欲しい。

前述の事実と推論が証明してきた第二規則とは何か。「全労働生産物はその生産者に保証されるべきだ」ということが立証されているのである。

目的は幸福、もとより最大量の幸福を増進することであるから、またこの量は、その他の事情が変わらないなら、この幸福を増進するために生産された富物品の量に依存しているから、この最大幸福と最大生産とを招く労働生産物のこの使用量は、この労働者によって、エンジョイされるべきなのである。富の使用によって、生産者たちの幸福が増加するにつれて、この増加分の快楽を産み出す資質が継続的に減少していくであろう、というのは真実である。だが、この生産から生じる楽しみの減少に正比例して、その生産を継続する意欲も減少するであろう。意欲の活力が減退すると、刺激の増加が必要になる。しかし、最後の労働時間の生産物は、いつも、それ以前の時間の生産物よりも楽しみをだんだん少ししか生みださなくなるので、これらの生産物を使用するためには、この絶えず減少していく努力性向を刺激し続ける必要性は減少しないで、増加していく。食べて生きていくために必要不可欠な絶対的欠乏によりせざるをえないであろう努力の量が疑いもなくある。機能が過労になるほど非常に緊急に迫られているので、楽しみのどんな快楽によっても長時間同じ程度に継続することができないような強度の努力もある。しかし、これら両極端の中間にしか、どんな程度の勤勉な努力も位置づけられないのである。そして習慣によって意欲が起きるのではなくて、適当な意欲がともかく影響するような傾向が持続するだけなので、またこれらの意欲がややもすると凋んで努力しなくなるので、それゆえに、中間生産物のどれを使用するよりも最終労働生産物を使用するより切実な必要性が生じ、それより以前に生産された生産物のあらゆる部分が、増加傾向にもっと強い刺激を与えるのである。

疑いもなく、人為的かつ偶然に結びついた現社会では、知識の独占と、暴力と詐欺が不安全の動因になっている無数の朝令暮改の弥縫策とによって、労働者は、もし自分自身のものになるなら、自分の生活費に十分あり余るほどであろう最初の生産物を超過して、自分の生産力を生活のためにやむを得ず行使せざるを得ないのである。やはり、もし、かれの全労働生産物を、自分自身で消費することが任されているなら、かれが絶えず（新しい環境の下では、潤沢に報いられているが）労苦を辛抱することなど、おそらくないであろう。ところが、いまは窮乏と死との苦痛にあえいで、かれはその労苦を搾取されているのである。現制度の事態では、生産者が何時も努力をしているにも拘わらず、一貫して置かれているのは、幸福についての目盛りの最低点である。生産については、不安全の方策が技術の獲得と資本（生産の素材）の使用を非常に少人数に制約して、生産にまったく役に立たないような人数にするので、現在少数者の悲惨な処遇から搾取されている労働の半分で、全体で四倍か、おそらく一〇倍の生産量が、等量の情報と熟練をもった全員が個人的努力の全生産物をエンジョイしている共同社会の活発なエネルギーから得られるであろう。現実の職工労働者たちより他の人々の手中に、共同社会の資本全般が蓄積されると、――なぜなら、少数の偶発的例外だと、少額で、気がつくほどの混乱が生じないから――時間と環境によって規定される通常の資本報酬として、資本の所有者のものになるであろう産業以外、すべての産業は必然的に行われなくなる。何百万人が、もし熟練して、同一共同社会の非常に少数の熟練労働者が、直接的、間接的手段によって、かれらの楽しみをゼロに制限することによって、資本保有者に譲渡させられうる利潤より少ない、たとえば四分の一か、どんな比率の利潤でも、どこかの共同社会の現存資本――土地、食物、家屋、機械――を使用することが許されるなら、この現存資本で雇用されることによって幸福になれるかもしれないとはいえ、なお、一組の人々が生産力のみを所有し、もう一組の人々が、その生産力を稼働させる物理的手段を所有するかぎり、後者つまり資本家は、かれらの自由になる手段を使って、全労働者の労働と幸福を、かれらの利益を最大にするために役立たせるだろうし、全人類の幸福は、資本家の評価上必要ならば、四分の一パーセントの利潤増を出すために犠牲にされるであろう。労働者も、かれらの立場になれば、同じことをするであろう。皆同じように、かれらを取り巻く環境の創造物だからである。二つの敵対的利害集団、すなわち一方の労働の所有者と他方の労働手段の所有者、が社会になんとか存在しているかぎり、この不自然な分配が暴力によって維持されているかぎり、——なぜなら、無知が振るう暴力がなければ、それを維持することができないから——達成できる人間生産物のおそらく一〇分の九ほどのものは存在しないであろうし、達成できる人間の幸福の九九パーセントは犠牲にされるであろう。富の分配からまったく暴力を排除することによって、この弊害を回避するためには、われわれの第二のルール「全労働生産物はその生産者に保証されるべきである」が、遵守されなければならない。それによってのみ、有害な不平等はすべて、すでに存在していないところでは、発生を予防されるだろうし、存在しているところでは、富に関するすべての作業で、将来の暴力行使を放棄することだけで、徐々に絶滅するであろう。

上記のルールにおける、「保証される」という言葉は、強制概念を伝達されるという意味だ、とは解されないであろう。生産者に対して、かれの労働生産物を保証するためには、暴力行使は必要ない。暴力行使を慎むことだけが必要なのである。労働者の労役生産物を略奪する暴力を撃退して、かれを保護することは、「保証される」という言葉が適用される、唯一の意味である。財産または富に関する、平等な安全の、この第二ルールの詳しい例証と証明については、第6、8、9と10節をみよ。

先行の諸節から演繹されるべき、もう一つ第三のルールがある。それは前の二つのルールとともに、いわゆる「分配の自然法則」、あるいは財産または富に関する安全原理を為す。「富の生産物の交換は、すべて自由かつ自発的であるべきである」。第7、11節とそれに続く節で、この命題は証明されている。自由に交換する機能は、労働生産物の完全利用に含まれている、といわれるかもしれないが、交換という重要問題をいっそう展開するのに必要な余地をもうけておくために、別個に論じなければならない、と思われたのである。それゆえ、無制約の交換の功利と、交換への強制的干渉、説得と知識の普及とから生じるもの以外のあらゆる干渉の有害な結果とを証明するために十分なスペースを留保した。

労働の方向と継続とに関する第一規則、原理または法則におけると同じように、労働生産物交換に関するそれにおいても、「自由」という言葉が、「自発的」と同じく、使用されている。交換は外的束縛について言えば自由でなければならないように、知的動因を重視すると自発的でなければならない。もし、「自由」という言葉が使用されないならば、おそらくこう言ってもよいであろう、「認容される交換はすべて自発的であるべきだが、認容するに相応しくない交換が数多くある」と。だから、この意味が誤解される可能性を避けるために、まっとうな意味合いで、最初の言葉だけで、意図した意味全部を伝えるのに、十分かもしれないけれども、第二の言葉が導入される。第12節ではこの交換のルールが展開されている。

われわれが詳述してきた論議の唯一の目的は、暴力に依存する労働と労働生産物への全規制と干渉を除くことでなければならなかった、ということは理解されるであろう。またそれらに替えるに、富関連のあらゆる問題で、行動の知的、簡単な第一原理、または規則によって、知識と説得を以てすることにある。その行動の第一原理の遵守は、いわゆる財産に関する安全を構成するので、自ずから努力しないで富分配の最高可能な、ほぼ完全に近い平等と、かくてそれから生じる最大幸福とに到達するであろう。

先行の諸節で例証され、証明されたように、これらの行動ルールないしは分配の自然法則は、——これらを支持するために人為的、または作為的な調整をまったく必要としないので、そう呼ばれている——上述の三ルールである。

第一、すべての労働は、その方向と継続に関して、自由かつ自発的であるべきである。

第二、全労働生産物はその生産者に保証されるべきである。

第三、これら生産物の全交換は自由かつ自発的であるべきである。

これら分配法則の字義通りの公平な実行は、それ以上の努力をしなくても、共同社会に対して最大幸福をもたらすであろうし、最大限の富の再生産を保証するであろう。この最大幸福たるや、共同社会がたまたま所有したのかもしれないし、または年々生産し、消費する習慣であるのかもしれない富の部分——それが何であろうと——から得られるはずなのである。自然によって、これらの分配の自然法則違反に処せられる刑罰、または率直に言って、人間とかれらを取り巻く事物との構成が原因となる刑罰は、富の対象とそれらから生じる幸福との損失であり、違反の大きさとこの法則から離反した程度とに比例している。

第2章　富の強制的不平等により現実に生じた諸弊害について

富の大きな不平等、つまり、少数個人の手中に富、すなわち土地に固定されていようと、いなかろうと、労働生産物の膨大な量が蓄積されることから生じる弊害は、富の生産、政治的、私的道徳、そしていうまでもなく幸福に与えるその影響力が非常にすさまじく、非常に微に入り細にわたるので、個別に、明確に解説する必要がある。知識の恒常的進歩と普及とに助けられ、人間相互間の公平な正義に守られて、自然の成り行きがもたらすであろうような、分配に当然付随する利益を証明してきたこととは別のことである。逆コース、つまり、富を強制的にあるひとの所有にしようと目論んだり、または富を不公正な規制によって、これらの人々の手中に維持する弊害――そして、このような強制的で不公平な規制なしには、富をそのように維持することが決してできない――を明示することは、われわれの主要な議論を、われわれが道徳的論証と呼んでもよい最核心に触れさせるであろう。なぜなら、富の強制的不平等さえ、もしなんらかの良い結果を伴い、なんら積極的弊害を伴わなければ、この強制的不平等から生じる善の量を、これまで擁護されてきた自由な状態――これをもしよければ相対的平等と呼ぼう――から生じる善の量と比較考量して、その差引残高に注目することが、われわれの仕事となるだろうからである。というのは、われわれの判断はその総額に左右されるからである。しかし、強制的不平等から生じる良い結果が少ししかないため、問題がすでに解決しているこの場では、さらに無数の積極的弊害がこれらの結果に加えられるとき、どうにも反論する余地がないであろう。それらの弊害のなかには若干、以前やむをえず言及したものもあるが、獲物に、またはもっと適切かつ真実には、他人の将来の労働生産物にやみくもに飛びかかろうと狙っている無知蒙昧な近視眼的、それゆえ、有害な自己中心主義への対策として、それら弊害全部まとめて提示するのは有益である。富の過度な不平等から、すなわち直接的暴力か、ないしは不平等な法律かのどちらかによって招いた不平等から発生した全弊害は、おそらく次のどれかの項目に、うまく当てはまるであろう。

Ⅰ、その道徳的弊害について

1、富の過剰な不平等、すなわち分配の自然法則――自由労働――労働生産物の完全利用――および自発的交換――を維持するのに必要であるより以上の全不平等は、より多人数の幸福量から略奪することによって、人間の楽しみの総合計を減少させる。

2、それは、その結果の差引勘定で、より大きな分け前を持つ少数者の幸福を増加しない。

3、それは、より大きな分け前を持つ人々、つまり超富裕層のなかに積極的悪徳を生じる。

4、それは賛美と模倣とをかき立てる。そして、このようにして、共同社会の残余の人々のなかに、富裕層の悪徳慣習を普及させるか、かれらのなかに、超富裕層に対するかれらの相対的地位から生じるその他の悪徳を産み出す。

Ⅱ、その経済的弊害について

1、その年所得は不生産的労働者によって消費され、そのため国民的勤労生産物の非常に多くの年損失である。

2、それは、かれらの報酬においてもっとも不安全かつ不平等であるような技芸と職業を、消費に先立って、その所得の交換の際に奨励する。それゆえに、国民の福祉にもっとも役に立たないのである。

Ⅲ、その政治的弊害について

それは、行政的、司法的権威の簒奪ばかりでなく、当然、立法権力の簒奪を招く。しかもその簒奪は、教育によってこれらの権力を正当に行使する資格を持っていない、そして一般的、または、国民的利益と相反する利益を持った人々によっておこなわれるのである。

第1節
富の強制的不平等がもたらす道徳的弊害について

もし、かようなものが事柄の本質上、富の分配における過度の不平等から、また明白な暴力や詐欺によって、あるいは労働の自由、全労働生産物の安全な享受、および、自発的交換の完全自由に干渉する不平等な法律の施行によってもたらされる不平等から、生じる弊害であるなら、またもし、これら弊害の改善が、簡単なために立派に、ただ制約とうわべだけの奨励とを除去するだけで済み、またあらゆる種類の真実の、それゆえ有益にちがいない知識をできる限り広く普及することにあるので、改善を志向する知識と美徳とを持っているすべての共同社会に可能ならば、——このような結果を導いた道徳的、政治的、また経済的真理に関する虞を知らない議論に、なんと強烈な敬慕をわれわれは感じるのだろう。過去の時代にわれわれが有害な経験を積んできたのは無駄ではないであろう。過去の時代は、伊達に誤りを犯し、苦悩したわけではない。――これらの実験は、連綿と幾世代、幾世紀にわたって、道徳科学、政治学、および経済学で行われてきたが、われわれはそれを理解するであろうし、それらから引き出された善も、われわれが有益なことを昔の化学者の自然科学的実験から得るのと同様に、得られるであろう。しかし、まず、これまで指摘されてきた悪影響を立証することにしよう。

すでに述べてきたことの後に、富の分配の際、過度な、または強制的な不平等や、安全のために必要でない不平等の部分に起因する、とわれわれが最初に主張した弊害を証明するために、もはや、とやかく解説したり、詳細を整理したりする必要はないだろう。幸福が富を所有することから生まれる快楽であるかぎり、より多数の人々の幸福総量を削減することによって、極端な不平等が、人間の楽しみの総和を減少させるにちがいないことを、いったい誰が否定するだろうか。もし、なんらかの物品集積のうちの数ヶ所が摘発されて、それぞれから少量が略奪されるなら、個々の集積は、それぞれ減少するであろうことほど明確なことはない。幸福についても、事情はまったく同じである。幸福自体を形成する感覚やその他の感情を直接測定できないが、物理的手段、つまりこれらの快楽感を刺激する道具を測定することはできる。これらの手段はそれぞれに減少すると、個々の幸福のみが全般的幸福を形成するので、その総和は減少する。あたかも、そうだったと想定するかのように議論するひともいるように、超富裕層が、かれらの支出手段を独立の源泉から得たり、家屋、四頭立て馬車、絹、葡萄酒、宮殿や絵画が、定期的にかれらに天から雨のように降り注ぐか、可愛らしい、子供っぽさのある東洋の精霊によって与えられることが事実だとすれば、もし粗原材料に、または動植物の成長の際に自然生産力に加えられた労働によらない、ほかの富の生産手段、または増殖手段が自然に存在するならば、もし富裕層の財宝が共同社会のその他のものの毎年の、または他の定期的労働生産物よりも多いなんらかのものであるなら、――そこで、またこの幻想的な事態で、超富裕層の富が、共同社会のその他の部分から、正確に同一額を削除しなくても存在するかもしれないということが、たまたま起きるかもしれないだろう。それで、共同社会のその他全員の個人的労働生産物から削減することによってのみ獲得できる超不平等は、この共同社会の富から生じる楽しみの総和を減少するにちがいない、という結果に当然なる。暴力か不平等な法律によって生じたこの不平等を正当化するために、法外な巨富を所有する人々によってエンジョイされる幸福の増加は非常に大きいので、この富を生産してきた人々、つまり社会全体の幸福からの個人個人の削除を相殺する以上に多い、ということを立証する必要があるだろう。しかし、このことはすでに前章、第8、9節で示したように、事実から隔たることほど遠いので、以下のことに気がつくであろう。

富のこの不平等から生じる第二の弊害は――そして、それは暴力か不平等な法律によってのみ生成しうるし、富の所有を継続するための努力を不必要にする――ここでは極端な不平等と呼ばれているが、より大きな分け前を持っている少数者の幸福さえ、増加しないということである。この結果は、われわれの肉体的器官が活動する際に観察される「自然法則」と呼ばれる因果関係として、絶えず繰り返される若干の事実から生まれるのである。成功した勤労の自発的交換、ないしは、そうして獲得された富を無料で贈り物にするより他のいかなる方法で手に入れた富の不平等も、それが努力を無用にするように、それは努力を止めるという結果になりそうな確率がきわめて高い。努力の究極目的が達成できるまでは、ある程度の不快感を伴う苦闘を含む努力は、若干の適当な意欲によって発奮しなければできない。石を動かすためには、ある衝撃、運動のある伝達が応用されなければならない。ただの感覚的動物を行動に駆り立てるためには、食物のようななんらかの誘引が差し伸べられなければならない。将来を見通せる結論を洞察できる、感覚的、思惟的動物を努力に駆り立てるためには、意欲がなければならない。さて、これらの意欲とは何か、またこれらは、競争と個人的努力の普通の社会制度の下では、どこで発見できるか。われわれの肉体的欲求や願望を満たし、われわれの情熱を燃やし、われわれの道徳的感情あるいは同感を満たすために、これらの意欲は主に富、権力と名声の対象を追求することにある。今度は、超富裕層の状況を見てみよう。かれは人間の努力への意欲として役立つ、人間行動の主要推進力たる対象を、すでに飽満に与えられている。あらゆる肉体的性向は無節制な充足手段を手にしている。希望が生まれるだろうか。それは満たされている。必要なのは意欲だけである。努力はもうしなくてもよい。過度な富は権力も、または他人に対する影響力をも与える。過度な富の所有者は、自発的交換の点で、かれの同胞のサービスに提供する等価を何時も手に持っているが、それによって、かれは同胞を、かれの激情を満たすために利用するのである。事実、感覚は一定の点を超えて興奮できないし、急速に飽満になるので、過度な富は興奮を維持して、存在感を持続する手段を探して、自然的かつほとんど必然的に、他人に影響を与えて、その激情を満たす方向に向かう。だから過度な富の所有は、事実上、われわれと同じ体格をした生物に影響をおよぼすので、権力の所有である。名声の快楽も、または他人の好評の、または、富裕層の大部分によってより重んじられることの周囲の群衆の羨望と空虚な追従との快楽は、富の必然的結果である。優越性、とにかく幸福の手段を持っているため、富裕層に非常に普遍的に認められている優越性への敬意ないしは黙認は、かれらにとって名声であるし、かれらによって、少数者が才能とか美徳とかに払う敬意よりも、もっと実質的で、より良いものに好意的に解釈されている。それで、富裕層を行動に駆り立てたいと欲するなら、それには明らかに根気がほとんど要らない努力をしようという意欲を富裕層に与えたいと欲するなら、人間が努力する普通の意欲はおしなべて、われわれの手から奪い去られていることに気がつく。権力と名声とを伴う富を、かれらはすでに持っている。何を手に入れるために、かれらは余計なエネルギーを費やすべきか。自分たちは豊富に、努力もせずに、所有していると思っている良い物のうち、ほんのわずかな部分のためにあくせく苦役をしていると軽蔑されている実存の哀れむべきライバルたちは、何のために見るからに不幸になるのか。これらの環境が、超富裕層に完璧に影響して、この心境に誘うので、かれらは良質の生活用品を手に入れるために、有益な労働をせざるをえないことを、卑しい、浅ましいとみなすようになる。怠惰は、かれらの権利、特権とみなされて、傲慢と征服感との吐き気を催すような標的になる。こんな事態の結果どうなるか。それは富裕層の幸福にどんな影響を与えるか。ここでわれわれは、いまひとつのわが自然法則に注意しなければならない。すくなくとも若干のわが心身の機能を常時働かさなくては、永遠の満足、真の幸福はありえない。当面の目的、われわれの努力の究極目的がなければ、われわれは幸福になれない。これが超富裕層の境遇だから、努力への意欲がなければ、かれらは、自分本来のエネルギーを発揮できないが、かれらにとって、このような意欲は見当たらないのである。このような意欲がないところに努力はない、努力がないところに幸福は続かない。人生は熱病的、超官能的興奮と無関心とのただの交替にすぎなくなる。そしてこの点で、富分配の悪用は、野蛮人の占領と同じ結果になる。過度な富には、努力することが満足を感じる手段であり続ける必要がないから、人間が現在と同じ体格であるかぎり、努力が伴わないであろう。それゆえ、満足もしなければ、幸福も長続きしない。偶然の環境が、あらゆる階級と専門職との少数の個人に影響を与えて、かれらを一般のルールの適用外に置いて、かれらの同僚のレベルより上位に引き上げるのである。とはいえ、これらの例外を一割とするならば、それは——超富裕層には、人生の目的、行動がない、またそれゆえ、幸福もない、と宣告されている、という——われわれの一般的見解を無効にするものではない。

この見解の結果を誤解しないようにしよう。富裕層は貧困で惨めな階層よりももっと不幸だから、後者の物質的窮乏は陽気に耐えるべきだとほのめかして、かれらを偽善者的に慰めて、うまく取り入ることほどその意図から遠く外れていることはない。まさに不愉快な程度では、極貧困層は、超富裕層より、もちろん比較にならないほど情けないものである。だが、われわれの制度は、これらの生存状態のどちらかを避けられない、と主張するどころか、この双方から生じる有害な結果を証明しているのだ。前者の弊害は後者の弊害を産み出し、支持している。過度な富が存在しているところでは、どこでも、過度な貧困がほとんど何時もその宮殿を築き、その勝手気ままに委せている。過度な富は、適度な資本を所有している中間階級の数を、常にきっと、減らすけれど、それは社会の膨大な過半数を、殆ど何時も、絶対的赤貧ではなくとも、相対的赤貧に貶める。暴力と不平等な法律による取得が、自由労働、自由交換と、自由な討論と知識の普及に、多かれ、少なかれ接近している状態にいわば接ぎ木されているような社会状況においてのみ、富の過度な不平等は、社会全体を超悲惨にしないで、存在しているのである。

それで、超富裕層は、一集団としては、努力しようという動機がないから、怠惰、無関心と非難される。かれらは、どうして過ごしたらよいか、または（きわめてどぎつく言えば、）どう暇つぶしをしたらよいか分からない。かれらは生存の空虚、疲労を感じている。かれらのために、肉体的、精神的無感動が絶えないという、やるせなさを表現する退屈（*ennui*）という言葉ができたのである。[9] 希望はかれらにとっては輝ける前途では決してない。願望は努力によって実現される期待ではない。この思想と感情の虚空から脱出するために、かれらが必ずすがりつく方策とは何か。感覚の快楽を永遠に更新し、繰り返すことか。味覚、音響、容姿と色彩、香気およびさまざまな全感情の、永遠の饗宴をエンジョイすることか。嗚呼、自然は、幸福については言うにおよばず、このように興奮の連続によって満足する企画に干渉し、挫折させるのだ。一定の時間または一定程度以上に興奮した神経が、休息と節制によって回復するまで、エンジョイする力を失うのは、つねに繰り返される事実であり、いわゆる自然法則である。もし、われわれの体組織がいろいろ違った構成を持ち、欲求充足の対象が現れると、素早く欲求を喚起し、更新することができるなら、またわれわれ

（9）心の涸れた砂漠だ。
感情の使わずして捨てた老廃物だ。
惨めなものの見いだす傷心、
それはわびしい空隙への歓喜だ。

が、マホメットの楽園の住人のように、絶え間なく発生し、絶え間なく飽食する食欲を持っているとすれば、この計画は成功するであろう。しかし事実はそうではないから、毎日二四時間のうち、睡眠に充てられていない、はるかに大きな時間が、官能的楽しみのために、神経がその調子と能力を回復できるように、官能的快楽に耽らずに、満たされなければならない。否、われわれの自然のこの法則、われわれの組織のこの事実は、さらに先へ進む。官能的快楽を更新するための能力を回復するには、休息と節制が不可欠であるばかりでなく、もしこれらの快楽を過度に推し進めると仮定すれば、もし自然を強制して、より強烈にエンジョイしたり、楽しみを延長させたりすることによって満足感を一歩でも超えるならば、自然は憤然として、われわれをその胸からはね除け、倦怠と嫌悪と嫌忌が必ずあとについてきて、将来の官能的快楽をエンジョイする能力すら、多かれ、少なかれ損なわれる。将来、病気に罹りやすくなり、寿命を縮める体質的影響については言うまでもない。知恵か慎慮がこれら後者の弊害を回避する、と仮定すると、暇な富裕層は、かれらの生存の恐るべき日常的空隙を如何にして埋めるのだろうか。散歩、無駄遣い、うわさ話をして、有害無益な詮索をして、たとえば、あらゆる時代、あらゆる国民の経験、そしてわれわれの器官組織の性質そのものの詮索をして。自分の馬丁か御者と、猟犬の世話で、または鞭の当世風の当て方や、自分の栗毛か白馬を御すことで競争することに、興味を自分自身に持つことができる人々は、自分たちの間で幸福である。もし、馬鹿馬鹿しい、派手な浪費が、このような娯楽に伴わないならば、とにかく暇はつぶせるし、生活のやるせない索漠感は取り除かれる。遊惰なひとと馬鹿に忙しいひとに続いて、致命的に忙しいひと、つまり好色家と公言しているひと、陰謀家、賭博家が来る。存在感を眠らせないために、より強烈な興奮が必要な人々は、この階級である。かれらの追い求めるものが、まさに悪徳と言われているものだから、我が身と他人に降りかかる悲惨さのため、かれらは多数で哀れむべきなのである。

なぜ、超富裕層は、自分たちの暇な時間を、知的探求または活力のある有益な仕事か慈善事業に費やさないのか、と聞かれるかもしれない。ごく少数のひとがそうしているのは、紛れもない事実である。すでに述べた理由に、つまり目的が未来で、直接自分のためにならない、努力への意欲の欠如に、いま一つの理由を付け加えなければならない。それは超富裕層の教育方法から生じる。従者に取り巻かれ、欲求、欲望は満たされ、尊大な自惚れ、そして誇張された自己中心主義が必然的に芽生えてくる。かれら以外の人間は劣等動物のようにみなされる。かれらの困窮と環境に、かれらの窮乏と生活様式に、超富裕層の甘やかされた若者たちは、注意も同情もしない。だからほとんどまったく、かれらは慈善の動機のような、高尚な道徳的動機に影響を受けるような心構えを、教育によって持たないであろう。これがかりにも事実なら、善行をしようという意志だけでは駄目である。それを遂行する方法についての情報が、やはり必要だろう。超富裕層の教育は、この情報を発達させるどんな見通しを与えるか。因習的型式と制度によって、年長のもの、つまりその情操について、とやかく議論してはならない両親によって、ちょっと年長者のすべての愚かな行いと性癖に附和雷同する年少者によって、囲まれた幼少期に、精神的発育の大きな原動力、好奇心は決して育たない。青年期、幼少年期のこの原動力の刺激は、比較、推理能力の発達が、もし好奇心と探求心の習慣を早期に形成することによって適時に予防されなければ、外的諸環境の影響で、われわれに錆のように成長してくる休息癖、努力不適応症を克服するために必要である。学校教育が始まる前に、このような子供たちはたいてい、精神的発育不全症になってしまい、それらを刺激することによって、遠い将来の繊細な行動誘因が役に立たなくなり、まだ時間の重要性を知らないただ生命力の発露に夢中になって日々を送る青年にとっては、怠惰な生活時間を充実させたり、有益性を増大する手段を手に入れる、というような非常に不可解な行動誘因が役に立たなくなる。

それで、超富裕層は適度な富裕層ほど幸福ではない、と結論してもよいだろう。その理由は、官能的快楽の点では、適度な富裕層がその欲求を充足すべき資金を持っていてすること以上に、超富裕層が度を過ごすことは当然できないからであり、適度な富裕層と有職者が地位の保全と向上のために持っているような、生涯変わらない究極的努力目標をかれは持たないからであり、さらに、被雇用者の——努力の後の——短時間の余暇は、散歩、大気、日光、天空がかれらの爽快な歓喜の唯一の原因かもしれないが、快楽に転化するのに、長時間の余暇は、愚かで有害な道楽に費やされるからである。

しかし、われわれの議論をもう一歩進めるときだ。というのは、われわれは、過度な富が、超富裕層を、適度な富裕層より幸福にできないばかりでなく、「それが、これらの過度な富の分け前を所有するものに、明確な悪徳（*positive vices*）を産む」ということを、証明しようと試みてきたからである。贅沢の悪徳という名の、過度な富が産む悪徳は、ほとんどあらゆる国と時代で、道徳家の顰蹙を買うテーマであった。この問題に関する、道徳家たちの長広舌には、誇張が到るところで頻繁に喋々されてきたのは真実である。かれらが富の使用をほとんど法的に禁止したのも真実である。それらが過度になって明白な悪徳、悲惨な境遇が産み出された結果、かれらが楽しみとか、快楽そのものをほとんど否定してきたのも真実である。人間の肉体的、精神的組織に無知で、富の生産、蓄積、分配方法と人間の幸福に対する、それらの影響の比較に無知で、反社会的反感、しばしば迷信的ドグマか理論によって強調されて、いつも一面的にしかそれらの問題を見ないために、富と幸福が人間の生存の唯一の知的目的だ、と大胆に提唱されずに、道徳性から一瞥して、悪徳だの、陥穽だの、いろんな種類の窃盗だの、と非難されたのは不思議ではない。過度な富の自己中心主義や臆病と対比して、禁欲生活とか、窮乏とか、（途方もない狂信者によって）自虐さえ、美徳として、提唱されてきたのも宜なるかな。しかし人間の本性と、人間と周囲の諸対象との関係、および、自分自身と他人とに対するかれの行為の結果にもとづいた、真の啓発された道徳性は、偏見、もしくは誤謬、あるいは、あらゆる形態をとった詐欺という、裏切りと有害な助けを必要とせず、人類の尊敬と賞賛とに値する。それゆえ、誇張なしに、過度な富の特別な産物たる悪徳を、厳粛に指摘しておこう。盗み、日常生活の関心事についての嘘言、すくなくとも、かれらと同等なものに対する吝嗇は、超富裕層の悪徳ではなくて、官能過多、慎慮の個人的美徳すべての無視、自分自身の重要性や、自分自身の幸福の価値が優れていることを過大評価することから生じる手のつけられない自己中心主義、日常生活の弊害と不慮の災難に耐える不屈の精神の欠如——これらは大多数の場合、過度な富の所有と不可分の悪徳である。官能過多は、他のすべての悪徳と同様に、悲惨になるというだけで有害であることは誰も異論はないだろうと信じる。努力もせずに、官能過多にいわば溺れる資金を持っているものは、楽しみの手段をそんなに多く持っていない（あるいは、代わりに他の道楽を与えて、それを習癖にする努力手段を持っているとすれば、）人々より、もっと官能過多の虜になりがちであろうことは論を待たない。貧困層のなかでは、かれらの生活必需品、中間階級のなかでは、十分な資金が欠如していることが、それぞれ官能過多に陥る可能性、または蓋然性を制約している。他面、超富裕層のなかでは、将来の弊害の拡大予想図以外、向こう見ずな欲望充足に対する歯止めがない。ところでその拡大予想図であるが、一方で、富裕層だけに全然限定されていないのに、他方で、かれらはそれに影響されるような感受性を持っていないのである。世論の抑制的動機、つまり宗教、法律の影響については、これらは富裕層と同様に、社会のほかの部分に対しても均等に影響するとは言えないが、さらにはるかに影響力がある。それで、富裕層には欲求充足手段がより多く残されているし、またそれゆえ、他の事情がすくなくとも等しいならば、官能的快楽のより過度な放蕩が残されている。もし過度な官能に溺れるのが、超富裕層に特徴的であるなら、かれらの立場に立って、かれらに個人的慎慮の習慣を教え込むには、何があるだろうか。不足していいるひとは、ほとんど浪費する気になれないであろう。けだし、浪費によって楽しみの手段そのものを失うからである。不足のないものは浪費に無関心になりがちであろう。欲求が溢れるほど満たされるばかりか、希望そのものも、先を見越して満たされる人々は、あらゆる種類の無思慮と浪費の将来の弊害について熟考させる強度の外的動機を必要とする。即座の満足感という魅力と反対に、非常な富裕層は、この動機をどこで見つけるのか。結果を予想するには努力が要る。将来の弊害という名称そのものが、甘やかされた耳や食欲にとって不愉快である。それが身近に接近する蓋然性は、なんと高く見積もられることよ。だが、かれらが思慮分別なく手筈万端を整えたことに、時が経つとともに後悔し、当惑するが、そのため完全に没落するような例は、ほんのわずかにすぎない。過度な富があらゆる種類の贅沢と無分別に駆り立てるこの自然的傾向を避けるために、限嗣相続と遺産贈与制度——純真なものをつねに犠牲にした意向——が正当化されてきた。これらのほか、他の多くの有害な目的が、それらを制定してきたし、その他の多くの重要で、有害な結果も、それらから生まれたのである。過度な富が、無思慮になる傾向があるのは疑いない。無分別とはそんなに大きな悪徳ではないので、それが破滅ではない貧困層についてはいうまでもなく、適度な富裕層に対してと同様、非常な富裕層にとっても、そんなに大きな弊害を与えないとはいえ、過度な富には必然的に起こりやすく、かれら自身に、あるいはその他の人々には間接的に、悲惨を誘発する傾向があるかぎり、有害である。国民的視点では、この贅沢は、——現在の所得が雲散霧消してしまうが——もし、富裕層が枠組みを施した不正な法律が、かれらの財産を勤労者の正当な要求から保護して、みずからの悪徳の影響から、みずからを守らないならば、富の平等化へと導くものとして、有益であろう。官能過多と過度な富の無分別は、生命の不慮の災難に耐える不屈の精神に必然的に欠ける。何事にも優れているためには、鍛錬と習慣が不可欠である。人間のあらゆる工夫を凝らして、非常な富裕層から、苦痛と不安の芽を摘もうとする。苦痛か不愉快が芽生えるのを回避することが、かれら一生涯の勉強である。そして、かれらの幼児教育では、瞬時の身体的危害をかわす、この原則が徹底的にたたき込まれる。その結果どうなるか。かれらは、身体的危害を経験するリスクを冒すことは決して許されないので、それをじっと耐える習慣を身につけることができない。特定の筋力のように、不撓不屈の精神は、訓練と早期の習慣とによって、獲得されなければならない。農夫自身が富裕層の幻想する欠乏や貧窮を笑い飛ばすように、農夫の子供が、放蕩息子を不安と心配で尻込みさせる驟雨か危険を笑い飛ばすのを知らないものはいない。もし苦痛と損失を誘発する不慮の災難が、生活から、または非常な富裕層の生活からなくなったなら、苦痛に耐え、損失をじっと忍ぶことは、多分、美徳ではなくなるであろう。しかし、こんな事態は問題にならないし、臆病風は難儀している瞬間にあらゆる弊害を倍加するので、——前途を永久に嫌悪するのは言うにおよばず、——不幸は身から出た錆だし、それゆえ、悪徳は過度な富のなれの果てである。このような傾向にも拘わらず、超富裕層の一人が、苦痛と危険を克服して、英雄になれるような事情が考えられないとは言えない。だが、立法家、道徳家、そして経済学者が、小説家になれるはずがないし、偶発的例外を一般法則と誤解するはずがない。また過剰な遊休的富のこのような傾向を妨害するような事態は案出され得ないと主張する議論もなくもがなである。もしこのような事態が案出され得るとするなら、それはこの傾向を誘発するような環境を単純に除去するよりも、やっかいで不経済だろう。さて、そのため安易に遊蕩三昧に耽り、慎慮と不屈の精神の習慣がない結果として、超富裕層はかれらの仲間たちの幸福と感情と比較して、自分自身の幸福と感情を不当に重視しようとする気持ちになる。みずから快適な暮らしをするための蓄えがない人々の尊敬と賞賛を終生受けることに慣れているひとが、かれらの幸福を自分自身の幸福と事物の天秤にかけて、等しく重要だと考える心持ちは、きっとこの世のものとは想えないほど、輝きを増すにちがいない。超富裕層が、心身の苦痛を非常に軽くしか悩んでいないときでも、周りの人々は皆、有給の召使いや、採用予定者は言うにおよばず、かれに同情しているか、同情しているように見える。貧困層が悩んでいるとき、同情は、期待された行儀のよい行為としてではなく、仁愛の行為とみなされる。このような不均等な同情がつねに行われると、超富裕層自身のみならず、人類の大半、かれらを羨むもの、賛美するものの心中にも、かれらの同胞の残余のものの幸福と比較して、かれらの幸福の重要性が必然的に過大評価されるにちがいない。しかし、この過大評価は自己中心主義の悪徳そのものである。なぜなら、もし、われわれの論証と、わが同胞との交流において、われわれが、自分自身の幸福に与えるのと同じ重要性を、かれらの幸福にも与えなければ、われわれは、かれらに対して、どのようにして公正に行動できるだろうか。それは自己中心主義対自己中心主義の闘争であり、相互に嘘と言い逃れの言い争い、陥れ合いであり、お互いに納得する等価という自由主義的な、本当に賢明な捷径ではない。本当に、非常な富裕層が、つまらない富物品の小包を普通譲渡するときには、しばしば気前がよい。こんなことが、たいていの場合、無思慮、無分別のために、または与えるひとにとって、与えられる物が比較的僅少な価値であるために生じるとき、自己中心主義がまったく貫徹しているのである。自分にとって無価値同然の物を放擲するだろう同一人が、他の人々が快適な生活を送るのを決して我慢できないで、現実の楽しみを多少なりとも譲り渡すことを頑なに拒否するだろう。地方を荒野のままに放置しておくとか、勤勉な労働の生産物を一掃することになるが、世界中のほとんどの国で、非常な富裕層の独占的娯楽とされてきた狩猟を、快楽と誤って名づけられている事実を直視せよ。世界中の至る所で、超富裕層によって、自分自身に有利になるように作られた不平等な法律を直視せよ。あるものにとっては、ただの戯画であり、その他のものにとっては、破滅である、一定額の罰金による刑罰を直視せよ。私生活では、このような自己中心主義の原理は、行為の記録によって証明することができないが、各人が自分自身の感情と性癖を詮索するだけで、自ずと明らかである。われわれが、富裕層の感情と願望に、貧困層のそれらより、ほとんど機械的に敬意を払うのはなぜだろうか。われわれが機会さえあればいつでも非常な富裕層に競って示す礼儀正しさを、環境が卑しい階層がわれわれに期待するならば、われわれはそれを僭越とみなさないだろうか。

われわれの動機は何であれ、われわれの方にこのような敬意を呼び起こすのは、かれらの楽しみにおけるたんなる同感、かれらの快楽がわれわれ自身の心に与える気持ちのよい反響、あるいは好意を得たいと願うさもしい願望かもしれない。ここでの問題は、富裕層の性格に与える必然的な影響は何か、ということである。かれらが、一階級として、自分自身の幸福の重要性を過大評価せず、またこの問題について、通俗的思考系列に従わずにいることはできるだろうか。ところで、かれらが、自己中心主義や自分自身の幸福の方が重要だと過大評価する、こんな間違いに陥るならば、どんな結果になるだろうか。またこの間違いの弊害は奈辺にあるか。それは超富裕層にとっては、仁愛の快楽を喪失することにある。共同社会の残余の人々にとっては、博愛と正義を実践することから生じる快楽を喪失することにある。これらは自己中心主義の悪影響のうちのいくつかであり、いまは、これについて詳述しないであろう。それを描写することは、好意を無にするだけではなくて、他人に対する無数のむごい仕打ちで満たされることになろう。

それで、以下の不道徳的諸傾向は、過度の遊休的富に固有のものである。つまり、充足手段が絶えず手元にあるので官能過度になる傾向。放蕩と浪費に起因すると案じられる諸弊害は将来のことなので、つい不謹慎になる傾向。甘やかされて、すべての欲求と願望が満たされ、苦痛に曝されたことがないから、不撓不屈の精神が欠如する傾向。このような過去の諸環境の複合作用と、非常な富裕層が経験する普遍的敬意と偏った同感から生じる自己中心主義になる傾向。われわれは、かれらの境遇の中にこれらの欠陥を相殺する何か良質の源泉を見つけられるだろうか。わたくしが知覚できるこの種類の唯一の資質は洗練されたマナーである。このマナーが、かれら相互の交際のなかでは、かれらの傲慢な自己中心主義の影響を回避させるが、あまりにもしばしばただの因習の問題なので、それが精通している比較的些事にさえ、誠実さの魅力に欠けているのである。真実に徳の高い階層との礼儀正しさは、「着心地のよい着物を着た仁愛」である。しかも、特に日常の問題で、高められ、改善される仁愛の魅力でさえある。しかし、この種の丁重さは、善良で、かつ洗練された人々に限定されている。非常な富裕層は、知的卓越性を幸福の一源泉としているかぎり、中間階層ときわめてしぶしぶとしか分かち合おうとしないので、中間階層は全力で努力をしなければならないのである。非常な富裕層の間で、困窮の恐怖から解放されることは、幸福になる原因ではほとんどない。というのは、このような困窮は決して感じられないか、予期してもいないからである。このような恐怖がたまたま起きる、と万一予想するならば、本当に努力を要することであろうが、他人と比較して、自己満足するためだけにすぎない。

われわれの次の命題は、以下のとおりである。「過度な富は、共同社会の残りの人々の間に、賞賛と模倣を呼び起こし、こうして富裕層の悪徳の行いを普及させるか、または、富裕層のなかに、超富裕層と比較して、かれらの境遇から生じるその他の悪徳を産み出す」。この点では、人間の天性のもっとも共通の原理、つまり観念連合の普遍的作用ほど一目瞭然なものはない。超富裕層の、幸福の手段としての富は万人に賛美されるか、羨望される。豊富なこれらの良い事柄と関連した行儀作法と性格は、つねにそれらとともにひとの心を感動させるし、富が引き起こした賞賛は、当然それに随伴して起きる現象にも広まっていく。このような喜ばしい事柄と結びついた資質は、喜ばしくないだろうか。もし、われわれが非常な富裕層の富を手に入れることができないなら、少なくとも行儀作法や行動で、かれらを真似ることができないだろうか。そして、このようにして、かれらの同感を得るか、かれらの好意に与ることはできないだろうか。こうして、われわれは、かれらとある種の平等な地位に、立身出世しないだろうか。ギャンブルをし、気むずかしい美食家を気取り、好色に耽溺することは、通俗より上級の、上品ぶった悪徳であり、貴族的心意気を示し、われわれに対して富裕層の愛情と門戸を開放する。人間の天性のこの原理に決して逆らってはいない。過度な富が願望、賞賛の対象であるかぎり、過度な富の所有によって生じる資質が良かろうと、悪かろうと、それと関連づけられて願望され、賞賛されるであろう。さて、官能性、無分別、臆病および自己中心主義のような資質は、非難されたり、避けられたりするよりも、むしろひとを惑わすような媒体を通してみられたり、一時和らげられたり、言い訳されたり、そして模倣されたりすることが、社会、すなわち、社会を構成する個々人の幸福に貢献するだろうか。社会構成員のうちのもっとも影響力のある人々に対して上記の諸資質を確実に実践させることによって、これらと同様な資質の世間的評価を高めるように、社会の富、つまりその勤労生産物を分配することが、社会の幸福に貢献しうるだろうか。これらの資質を間違った目でにらみつけているため、油断できないほど有害だから、ますます危険な悪徳としてよりも、むしろ、気だての優しい優柔不断として、またほんの些細な欠点として、それらの資質をみなすひとさえ大勢いる。これらの悪徳の直接的影響によって心が癒される。ひとは苦痛や心配や危険から逃避する。将来に対して目を閉じる。こうして、あらゆる詳細な見通し、あらゆる将来の興奮の高ぶり、行為の直接の影響と共に、もっとも遠い将来の影響を比較することにまで展開するあらゆる道徳的判断が失われる。富裕層自身には適用されない超富裕層(the over-rich)のこれらの資質を賛美し、模倣する人々に対して、弊害が追加される。富裕層が官能的で、先見の明がないならば、そうなる手段を持っている。自己中心であっても、かれらのなかでは看過され、容赦されさえするし、それにも拘わらず、かれらがより高い尊敬を要求する権利がたいてい容認される。もしかれらが臆病なら、人生の通常不可避の苦難より以上を耐え忍ぶ必要はない。これらすべての点で、かれらの模倣者については、そうではない。かれらの自己中心主義は、至る所で、身の周りの人々の同じような権利の要求によって反撥され、挫かれる。かれらの好色と贅沢は、健康と財産、おそらく自分自身と他人との生存手段を消耗するであろう。そして、かれらの臆病は、困窮と損失――肉体的性格と統制し損なった激情とのそれらに加えて――を怖れるはずである。ただし、超富裕層はそれらの大部分と無縁であるが。

富裕層みずからがこれらの有害な資質を模倣して実践するほかに、それが模倣に依存してない富裕層自身が必ずしもその手本を示してもいない共同社会の残余の人々のなかにその他の諸悪徳が生じるのは、過度な富の存在に伴う不思議な不幸な事態である。あまりにも富を切望して追い求める行為は、――肉体的快楽、つまり富のより適切な目的を実現するためばかりでなく、権力と名声の手段として、その他のすべての手段を除外して、個人的メリットになる天才とか、有徳とかの手段のようなものを獲得するためにも不可欠な一事として――万人によって熱心に行われ、社会の活動の原動力になる。「富を得よ、できれば正直に。だが、何が何でも富を得よ」が、揺るぎない格言となる。富に関係ない幸福の源泉よりも優先して、唯一の実質的価値あるものとしての富を選好する害悪は、社会の際だった特徴となる。そして、その他の道徳的、知的資質、すなわち幸福の安価で、豊富な増幅器は、富の増大に直接的には役立たないので、過小評価され、ないがしろにされるばかりか、ときには貧困の付き添いとしてか、とにかく流行遅れの乱入者として、馬鹿にされ、鼻であしらわれる。道徳的、知的資質は、いまや成長しすぎた富とさえ対等に歩み始めていると言えるだろうか。このことは、富の影響力にも拘わらず、世論の影響のせいにされるべきであり、適度な分量の富の所有者数が徐々に増加し、こうして超富裕層の影響力が減少してきたからである。過度な富のこの傾向は、何時も変わらないけれども、一時的に、その他の原因で妨害されることがある。もし、このような過度な不平等な量の富がまったくなく、社会に、二倍ないしは一〇倍の絶対的富が、より少量に分割されているなら、富の過大評価とあまりにも切実な追求の弊害は存在しないだろう。というのは、少量の時には、富は必然的に欲求と生活を便利にする物とに支出され、影響力を行使するためには残っていないからである。しかも、多数のものに分けられて、不当な賞賛を誘発しないからである。過剰な富が存在する共同社会全体にあまねく卑屈と腐敗が発生するのは、あまりにも切実な富の追求心の結果である。富は影響力の唯一の媒体となる。そして富と交換にあらゆるものが売り飛ばされる。真理、名誉、色恋、興奮した尊敬と愛情の賞金である肉体、膨大だが、今すぐには役に立たない政治的権利、人生に金で買えないほど神聖なものなんかなにもない。だから、この普遍的善を魅惑する望みのある免罪の希望を伴ったあらゆる悪徳と犯罪に、誰もが突進することになる。過度な富が存在しないところでは、人間は、かれらの同胞に賄賂を贈って、不公正という卑劣な、または残酷な行為を行わせる手段を持たない。けだし、悪徳は、非常に不愉快で、傷つけられたものの反撥、社会の屈辱感と反感を非常に煽動するので、過度な欠乏、奔放な激情、または過度な富が与えなければならないような対価なしでは、実行されないだろうからである。しかも、これらのうちの最後のもの［過度な富］は、その他の二つよりずっと効力があるので、きわめてしばしば、それらのもっとも多産な親なのである。それで、貧困層の汚職と超富裕層の、良かれ、悪しかれ、道楽を卑屈に黙認することとは、富の強制的不平等の必然的結果である。生存を維持し、せっぱ詰まった欲求を満たすためには、ひとは、もしみずからの目前の欲求が満たされるとするなら、潔しとしないことをもするだろう。過度な富は、この貧窮に、この欲求に、すごい効き目で影響をおよぼし、万事をさもしい自己中心主義に変える。なぜなら、肉体的欲求は、われわれの本性のうち、もっとも傲慢であり、安易な通常の充足方法が見つかるまで、他人に対する感情とか、同感とかを期待したり、仁愛とか、正義の尊重とかを求めることは、無駄である。共同社会大衆の生活環境が容易になるにつれて、この効き目はより不明確になり、過度な富の影響力は衰退して、より融和的な管理方式に向かわざるをえなくなる。しかし、これらの膨大な量の富は、この生活環境を安楽にならないように妨害したり、または遅らせるようにする傾向をつねに持っていて、それによって、これらの影響力は根絶されないで、他の目的に向けられ、概してより無害になる。それは、より遅れている社会状態では、卑屈な雇われ人の暴力によって、実現するであろうことを、汚職と富の対価によって達成しようと努力する。現代のダヴィデは、少額の賄賂では、美しさがかれの欲望を興奮させた彼女の夫を殺害させることはできないだろうが、夫の優雅な黙認と完全な見て見ぬ振りを買うために、何千金をも支払うであろう。こうして、全社会至るところで、富が悪徳を買収するのに活躍するだろう。過度な富のこの結果は、非常に普遍的で、悪名高く、不可避なので、傲慢な汚職常習犯自身が、かれら自身の制度と誘惑との道具と創作物に対して、軽蔑感を抱いたり、感じたりすることや、かれらの汚職そのものが絶滅させた全道徳的資質の欠如から、かような手段を使うことを正当化することなど当たり前のことだ。あるいはむしろ、このような事態のもとでは、それは決してセンセーショナルたりえないだろう。

もし、かようなことが過度な富の道義的結果だとしたら、もし、それが共同社会の残余の人々の幸福手段を減少するだけでなく、もし、それが適度な富裕層よりも超富裕層をより幸福にしないばかりでなくて、かれらの心中に特別な悪徳を刺激することによって、かれらをより不幸にするなら、そして、もしそれが、社会の大衆を通じて、あれこれの悪徳を広めるなら、その政治的、経済的影響は、これらの弊害に対して、相殺、帳消しするような精算的性格のものであるか、どうかを検討してみよう。非常に大量の富が存在することは、富の再生産か蓄積に特別役立つか、または、富を生産する人々の生活維持または幸福状態に特別役立つものがあるか、どうかを検討してみよう。その政治的影響は、賢明な、平等な法律の形成に、また国民の幸福は、富からばかりでなく、その他あらゆる富の生産的資源からも派生するので、最大量の国民的幸福の生産に貢献するか、どうかを検討しよう。これらは実体験した、過度な富の影響とは大変に違うので、われわれの次の命題は反対のことを立証する。

第2節
富の強制的不平等の経済的弊害について

この種類の弊害のうち、もっとも明瞭だが、もっとも誤解され、またはもっとも奇妙に誤り伝えられているのは、過度な富の年収入は不生産的労働者によって消費され、それゆえ、同額の国民的勤労生産物の年損失である、ということである。

一つの種類の労働が生産的と呼ばれ、もう一種類の労働が不生産的と呼ばれるのは、なぜだろうか。そのわけは、前者の労働者は、自分の労働に対する等価によって、受け取った富部分の替わりに、またはそれと交換するために、目で見て、手で触れられる富物品を生産するからであり、一方、後者の労働者は、見たり、さわったりできるものを生産せず、交換に富物品を返さないからである。二人のひとが一日の労働に対してそれぞれ二シリングを得る。つまり、前者はその日の終わりに一個の具体的、有用なバスケット——将来の経済と快適な生活の源泉であり、それと交換に、他の等価の欲求対象を獲得するであろう——を生産し、後者はかれの二シリングと交換に、お辞儀と顰め面、そして時には動作が終わり、その日が過ぎたときに、競売にかけられるならば、等価として与えるべきものはその動作の記憶しかないので、買い手を見つけることがほとんどないだろう、という曖昧な返答を貰う。この二シリング、または肉、飲み物、ないしは衣服での、その値打ちは、後者の場合、収益なく消費され、社会はその分、貧しくなる。しかし、バスケットの製作者の場合、生産は消費と同じペースで行われ、社会の富は、この消費で減少せずに、若干多くのものが概して生産され、資本の名で蓄積されるので、一般的には増加する。同様に、富裕層自身によって消費されたり、また、かれらの扶養者、つまり、消費している間、かれらの労働によって生産された富物件の具体的等価なしに、富裕層が自分の富を分割してやる人々の一人一人によって消費されたりするあらゆるものによって、この社会の富はかような消費の全額まで日々減少する。一日一〇〇ポンド、または一年三万ないし四万ポンドが超富裕層の一人によって、かれの家族全員の食物、衣服、家具、馬車と供回り等々に支出されると仮定せよ。この富の全額が、社会に対して等価なしに失われた、と言える。従僕の無礼な行為、主人の傲慢、そしてことによると、かれらの慇懃無礼、後足で立った馬や華美な衣装の光景は、社会が受け取る唯一の等価である。富に関しては、この消費は絶対に、なんら等価を産まない。あたかも、それは海に投げ捨てられたかのように、失われたのも同然である。ほかの分配方法で、年当たり各一〇〇ポンドの支出で、その年内に同額、ないし、より高額の富を再生産している、三六五勤労者家族を幸福に扶養できるかもしれないものが、二〇人または三〇人の贅沢な一家族によって、収益なしに消費されるのだ。それで、どうなんだ。超富裕層は生産的労働者を養うことをしないか。もし超富裕層なるものがまったくいなかったなら、生産的労働者は生活し、生産し、消費し、エンジョイすることができるだろうか。もちろん、できる。富裕層を食わせ、着せ、欲しいままにさせるのは、生産的労働者だけだ。超富裕層が収益、すなわち、生産的労働者が交換の際に与える富の部分と価値が完全に等しい等価を強要しないで、かれの富を生産的労働者に与えたことがある、とかつて聞いたことがあるだろうか。もし、超富裕層が、穀物または帽子の生産的労働者に、一ブッシェルの穀物と交換に、穀物の生産的労働者に五シリングを与えるか、一個の帽子と交換に、帽子の生産的労働者に五シリングを与えるかするなら、帽子または穀物の同一生産者は、超貧困層が、かれと同様な交換をしたとするときと同様に、利益を受けないであろうか。貨幣、交換手段、または価値章標(the representative of value)、または交換に与えられる価値物品は、富裕層、あるいは富裕層の奉公人の手から出てきたから、貧困層の手から出てきたものより価値があるのだろうか。交換される金はより重いだろうか、または穀物はより滋養分に富んでいるのだろうか、それらが怠け者の手を経てきたという理由で。どちらの場合も、販売者は超貧困層に、または超富裕層に、交換を義務づけられていないのは、かれらが販売者に、交換を義務づけられていないのと同然である。自発的交換はすべて、双方で、与えるものより、受け取るものを選好していること、を意味するのである。超富裕層が貧困層を養う、という無礼な、有害な罵詈雑言は、さっさと消え失せろ。かれらはなにも貧困層に与えはしない。かれらは貧困層と交換するだけだ。ちょうど貧困層が相互にしているように。超富裕層が勤労層から交換の際に獲得した物を与えているのは、まさに自分自身と自分の奉公人とに対してにほかならない。勤労者層は、超富裕層が消費している間、ずっと再生産し続けているのである。だが、超富裕層みずからとかれらがあてがっているかれらの奉公人たちは、かれらの飽くなき消費の見返りとして何を生産しているか。なにも生産しない。富の点では、全然なにも。それゆえ、経済的視点にこそ、超富裕層は生産的諸階級の労働が生産したものを与えてしまい、かれらの不生産的召使いたちと一緒になって、ただで浪費し、消費するという、かれらの消費の悪徳そのものは存するのである。かりにこの全部ないし一部分でも生産的労働者に与えられ、何か本当に有益な仕事に思慮深く投下されるならば、社会の富はずっと膨大に、このように応用されることによって、増大するであろう。しかし、富物品が食物であれ、衣服であれ、家具等々であれ、等価つまり等量の富の生産なしに消費されると、すべてが経済的視点では、それだけ、共同社会にとって損失となる。不生産的消費者がエンジョイするのはどうでもよい。エンジョイすることは生産ではない。楽しみは富の有体物ではない。生産的消費者、つまり勤労層も、またエンジョイしないのか。いや、する。だが、怠け者よりも、有用にエンジョイするのはいうまでもないが、よりずっと心地よく、健全にだろうか。生産的労働者の消費は決して社会の富を減少しない。けだし、かれは、再生産の条件でのみしか、消費しないからである。不生産的消費者についてはそうではない。かれが消費する富は、微小といえども、それぞれその分だけストック全般から控除される。富は消費されるためにのみ生産される、と言ったところで的はずれだ。まったくだ。が、消費する人々は、なぜ、怠けていたり、不生産的であるかわりに、消費している間、忙しかったり、有用であったり、再生産したり、しなくてもよいのだろうか。超富裕層は、一年につき、かれの三万ないし四万ポンドと交換に、勤労者階級から獲得した富や楽しみの物質を消費するか、ただで与えてしまう。かれは勤労生産物の年総量をただで与えてしまう。富の形をとって、ただで。――そのとおり。だが、ほかのどんな形をとって、ただなのか。とんでもない。では、富はかれにとって何の役に立つのか。では、かれが獲得すると主張している等価とは何か。病的に想像された欲求の興奮と充足、あらゆる欲望を完全に燃焼するまで満足させること、体裁の良い、しばしば幻想的なアパートメントと家具の光沢、馬車と供回りの摩耗、召使いの媚びへつらった随行、これらである。一言で言えば、かれが最終的に得る、または得たいと欲する、唯一の等価は楽しみだけである。楽しみの源泉のような、あれこれのものが、超富裕層、不生産的消費者が、かれらの富、すなわち、かれらの所得の年支出と交換に得る、唯一の等価である。さて、富裕層とかれらの扶養家族は、これら人間の勤労生産物を消費し、それだけの国民の富を消耗している間、同時に、富の形態をした等価の再生産に従事しているのだろうか。一〇〇日の労働が雇用されて生産した果実が、たった数分で消費され、肉づきの良い、勇ましい花馬車の御者と牛が、自然と協働する勤労によって創造された穀物とワインを消費する間、富の点では、どんな等価が、果実の消費者、つまり花馬車の御者、または馬によって、それぞれ生産されるのか。花馬車の御者は、鞭を捌いて、かれの離れ業を行うことができるために、かれがすでに消費した格好なものに等しい価値を、交換により得ることを証明する具体的ないかなるものを、その日の終わりに、持っているだろうか。ハンターは、いかなる土地を耕して、かれが、すでに消費した果実と物質とに正比例して、またはより高い比率で、有益な収穫を生産する可能性を増大してきたのだろうか。あるいは、一〇〇日の労働が凝縮している高価な果実自体をむさぼり喰うものは、いかなる魔法の労働力と生産性を持っていて、その果実ばかりでなく、かれが毎日消費するその他のすべての対象とも、交換価値（exchangeable value）において等しい、その他の果実、またはその他の物質の等価を、かれの食事の後に、再生産するのだろうか。さて、この仮定をひっくる返してみよう。すなわち、この大量の過度な富の所有者が死に、その富量を一人のひとに残して、例のとおり、いわゆる贅沢に支出されないで、かれがそれを生産的労働に使われるように残す、と仮定しよう。結果はどうなるだろうか。社会は毎年三万から四万ポンドより豊になるであろう。毎年末に、全所得が、まさに年頭にあったと同じだけ実存したままであるか、増加するであろう。そして三六五家族が、その間毎年一〇〇ポンドを消費し、幸福になるかもしれない。年収入総額は従前と同じになるだろう、と思われる。交換が行われて、貨幣が従前と同じく、消費物品に転換するが、違う消費物品に、であろう。一〇〇日の労働果実、稀少で、高価なワイン、豪華な馬具は、もはや需要されないし、交換されない。だが、実質的な食物、衣服および勤労者のために生活にゆとりを与えるものは、所得と交換して獲得される。これらの好ましいもののどれも、これらの富物品のどれもが、実質的な等価なしには、与えられないであろう。スマートな、美しい競走馬は、栄誉とギャンブルに役立ち、その機会を提供するが、これらのことは、穀物とか、その他の物品となって、かれの消費と等しい交換価値を再生産しないであろうから、まぐさとか穀物の蓄えのどれも、かれの使用のために節約されない。従僕はお辞儀しながら、コートにブラシをかけたり、馬車の踏み台を片づける役目で来るけれども、これらの資質は椅子を生産するわけでもないし、金物を生産するわけでもないので、かれのサービスは、なんら具体的な報酬を与えなくてもいいものである。五分間で一〇〇日の果実を食べるというとんでもない才能を継承したいとか、同様な有益な職業で成功したい、と願うひとでさえ、かれがこの膨大な消費の報酬として与えようと意図しているかれの労働生産物は何か、富物品は何か、とぶっきらぼうに問い質される。かれは偽医者、政治経済学のいかさま師の即答をして、自分は、果実などを生産した貧しい労働者たちに、それらのものを恩着せがましく、食べたり、消費したりすることによって、パンを与えてやるのだ、と言う。このような等価の謙虚な提供に対して、なんと答えるべきだろうか。もし馬と従僕が、かれらが消費するものと交換に等価を、富物件で生産することを要求されるなら、なぜ、この際限もなく費用のかかる消費者に、同様な要求がなされないのか。かりに、知的な類人猿が話ができて、一日に、過度な富の候補者が消費できる一〇倍の量の高価な果実とワインを消費することによって、貧困層の雇用に、無限に愛国的で、有益になるように、役に立とうと申し出た、と想定しよう。両者のうち最高の愛国者で、もっとも教育のある消費者として、またより多数の勤労者を、類人猿に喰わせるために、せっせと働かせておくものとして、われわれは、公平に判断して、類人猿を選ばなければならないのだろうか。類人猿も、遊惰な富の人間的消費者も、かれらが消費している間、なにも生産しない。またこのような不生産的消費のうち、ますます多くの量が犬、馬、類人猿または人間に許されるなら、国富はますます多量に浪費されることになる。もし猿が消費するために、果実が無限に購入されなければ、それは、これらの果実を生産する手段である労働者、道具、肥料および土地を絶滅するであろうか。または、それは、この猿が使用する品物を、交換によって獲得するために、存在しているはずの富を全滅させないか。もし、この価値が、猿や貴族が使用するための果実と交換に与えられないならば、そのためにそれは無駄になり、もっと賢明に雇用されるために、ほかの物品と交換されないだろうか。何時も決まって特別の果実を生産している労働者は失業するであろう。さもあらばあれ、かれらは自分たちの将来の農業労働を、もっと一般的に需要のある生産物へ、おそらく向けるにちがいない。支出の方向が変わるであろうし、もちろん、需要のある生産物の方に、労働の方向も変わるであろう。類人猿属が、費用のかかる果実を、将来供給しなくてもよくなり、いままで消費してきたものの価値が、かれらの勤労と交換に、生産的労働者にのみ与えられることが、一度知れるとせよ。そうすると、もうこのような高価な果実は、生産されなくなるだろう。しかし、もし同一の価値が、なお支出されるなら、同一労働量が行使されるが、この果実は需要されないであろう。果実ではなく、購入された有用な物品の処分方法について、なんと相違のあることよ。消費者（猿、キング、または司教）は、報酬なしで果実をむさぼり食う。かれらが、生産で雇用した創意や労働の跡形は全然残らない。だが、生産的労働者に与えられた果実の価値は、報酬なしで失われはしない。かれは全等価を要求する。全等価はかれが生産し、社会は、かれの労働が再生産し、恒久化し、または増大したかれの消費総額だけ、豊になるのである。

それで、過度な富、まさに不生産的労働者によって消費された全所得の支出は、社会にとって年々の損失であることは、明らかである。富の形をとったどんな報酬も、それによって与えられない。過度な富の所有者のために、空想的な、空虚な手柄を立てようと求め、それゆえに、また、その支持に同感を得ようと求める、官能に耽る小心者は、この問題について非常に多くの詭弁を弄してきたので、この単純な真理に対して、多数の反対論が述べられ、披露されたのかもしれない。真の功利は、富の何か特別の分配、またはその他の人間の制度を、今後、左右する唯一の基盤である。それゆえに、すべての誤った支持を拒絶して、真実かつ善良な支持を取りつけ、それに依存することは賢明である。富の分配に関するかぎり、これらのことを指摘して、説明することが、われわれの目的である。「どんな方法でわたくしは社会の役に立つだろうか。わたくしが再生産もしないで、生産的労働者が消費するもの以上に、過剰に消費した富物件に対して、わたくしは、どんな等価を社会に与えるだろうか。もし、わたくしが再生産の点で、なにも収益を与えないならば、他のなんらかの方法で、公衆の利益に役に立つようにしよう」という問いかけが、かりそめにも富裕層の間でしばしば発せられるのであれば、嬉しいのだが。

過度な富の量、つまり一年に三万ないし四万ポンドの所有者が、それをただ消費するだけに専念するのでなく、生産的労働に配分するために残すという、上に述べたばかりの想定は、とても現実にはありそうもない、というのは本当である。監督は、俸給としては、エンジョイしたり、それゆえ消費したりするために適当な報酬もなしに、毎年所得全額だけこの分配を増加し、資本を蓄積するので、この所得を受け取り、そのように分配することに納得できなかったのも間違いない。しかし、このような事情とは、所得の五〇分の一では監督にとっては不十分だろうけれども、また監督は生産的労働者なので、適当な報酬を受け取る権利があるだろうけれども、この仮定は全然関係ない。その目的は、この過度な富の消費が年間の浪費と損失であるのに、一方、勤労者の消費が富物件の損失をまったく生じないという、事実を証明することに尽きるからである。もっと自然な想定は、おそらく、こうであろう。すなわち、過度な富の所有者は、それを有益にしようと願いつつ、富の集積を止め、それを生産する勤労者の手中に残せ、と命令すればよい、ということである。そうすると、どんな結果になるだろうか。全勤労者にとって生活の快適さと幸福との追加であり、生産の追加ではあるが、決して蓄積の点で、第一の想定に見合う程度のものではない。各勤労者家族は、それ以前の支出から年間五〇から一〇〇ポンド、またはそれ以上が節約されると分かると、努力に対する新しい刺激を感受するであろう。感覚のある生物として、かれらは、かれらがエンジョイする手段の増加による、楽しみの増加に刺激されるだろう。努力の習慣がある勤勉な生物として、かれらは自分たちの勤労と、その結果として蓄積とを増大するだろう。過度な全所得が一家族の手中にはいると、生活の基本的快適さに加えて、贅沢といわれる立派で、稀少な富物品となって消費され、そのため比較的、幸福を生産しない一方、後者の場合には、分割された所得の二分の一か三分の一だけしか消費されないで、しかも生活の実質的快適さの物品に消費されるのだが、残りの所得は生産的労働者に支払われ、かれらは、家屋、機械、食物、または個人的、国民的富を構成する若干の物質を増加する際に、消費するものを再生産するのである。国民的富の増大に、年間、この所得のわずか半分しか蓄積しなくても、その影響は膨大である。勤労者による所得の半分の支出追加が、再生産を増加しないで、消費を増加する点で、効果があるかぎり、かれらによるこのような消費は、この富裕な一家族による違った物品のではあるが、同一の消費とまさに同じく、共同社会に対する富の損失であろう。その相違は、多数の家族間の、あるいは一家族のなかの幸福を創造する際の、この支出の影響に関してにすぎない。しかも、それは、さまざまな種類の消費のために、これらの物品それぞれを生産する、さまざまな熟練工によって形成される、習慣の相違である。蓄積された富についての大きな相違は、勤労者層によって、生産的労働を経由して、蓄積に年々転換される（そして、それゆえに、人口増大と幸福増幅に導く）所得の半分、または三分の二に集中するであろう。一方、それは超富裕層によって、残余の所得と共に報酬もなく、消費されるであろう。

過度な所得のうち若干の部分は、直接的消費から節約される可能性があるかもしれないし、富裕層が生産的労働を雇用することによって、蓄積に充当されるかもしれないということは、大いに認められる。そのような出来事は、確かに起こりうるが、ほとんど起きないことも確かである。一階級としての富裕層、特に非常な富裕層は、周知の通り浪費家である。もし、かれらがそうでないとしたら、かれらは、浅はかな人々によってさえ、つまり多数の人々によって、むしろ軽蔑される。かれらは節約し、蓄蔵するために、どんな事業をすべきか、と問われている。かれらが貯蓄を、貧困層と努力者層に委ねるようにさせよう。気前の良さと猟色を、雅量と取り違えた、あまりにも一般的な偏見によって勇気づけられ、かれらを取り巻く興奮によって刺激され、かれらは、国民的富の総額を追加するよりも、むしろ年々減少させていることは周知の事実である。かれらは、自分たちのために年々生産されるものを、年々消費する。そして、組織体としての非常な富裕層全体は、かれらが実存しているすべての国で、楽しみの物品に支出するのを節約して、生産的労働を雇用するための資本を増加するよりも、むしろ過剰支出によって、つまり自分たちが所有していないものを支出することによって、国富あるいは資本を減少させる傾向がある。国民的富の素材、すなわち国民的資本が蓄積されてきたのは、これらの膨大な不生産的消費者によってではなくて、かれらにも拘わらず、なのである。産業は、かれらの専制君主的搾取にも拘わらず、勃興してきたし、徐々にその少額の貯蓄を蓄積して、ついにその蓄積過多なるがゆえに、暇でぶらぶらしている富裕層の放縦によって生じた使い込みを、埋め合わせることができるほど、増加してきたのである。もし、結婚によって、富の自由交換を不当に制約する法律の適用によって、公衆を略奪して、青少年メンバーのために支給することによって、富を入手することがなかりせば、巨大な無頼徒食の消費者層は長く実存できなかったであろうし、少なくとも、かれらの膨大な所得を自分たちの子孫末代まで永続できなかったであろう。それで、「過度な富の支出は、社会にとって、消費された全物品の年損失である」という、われわれの一般的命題から導き出される控除額たるや非常に小さくて、しかも社会が勤労者層の貯蓄を浪費することによって相殺されるどころではないほど大きいのである。

　それで、もし誰でも、広く国民的富の規模で、自分が生産的労働者か、ただの消費者かを知りたいならば、「交換価値物を、自分が消費している一日、一月、一年の間、少なくとも自分が消費したものの全額に達するまで、生産しているかどうか」とだけ、自問してみよ。もし、かれが直接、自身でなにも生産していないなら、かれは、道具、機械等々の製作によって、生産的労働者を仕事させてきただろうか。あるいは、かれは、なんらかの工夫をして、生産者と消費者の間で、仲介者または代理人の役を演じることによって、またはその他の手段によって、かれらが、かれらの注意力を集中することによって、そうでないときよりも、より多くの生産ができるようにしてきたか。もし、かれが実体的富物件を、自分が消費しただけか、それ以上を再生産するために、直接または間接に、役立っていないなら、国民的富の増大、いな維持に関するかぎり、かれは社会に対して有害無益である。超富裕層が、かれらの莫大な消費に対して、社会にどんな道徳的等価を与えるかを、われわれはすでに検討してきた。

「過度な富は、消費に先立って、その所得と交換する際に、それらの報酬がもっとも不確実で、不平等であるような、技芸と営業を奨励し、それゆえ、国民的福祉にもっとも役に立たない」ということを、いまや証明しなければならない。贅沢なひとは、自分の胃袋のサイズや四肢胴体の容積を増加させて、貧困層か適度な富裕層よりも、より大量の洗練された料理を作らせたり、あるいは、より多種類の衣服を需要したりすることはできない。では、かれは何をするのか。かれは、量を増加することはできないから、質で卓越するであろう。あらゆる場合に、かれは、ほかの人々と違った、もっと高価なものを使用して、道徳的、または知的優越性よりもより少量の労働しか必要としないなんらかの方法で、かれらから傑出しようとするであろう。共同社会のなかで、製造業か商業のない、食物の点でゆとりのない、みぎれいな衣服のない国々では、生産的労働者が全然、資本蓄積できないばかりでなく、資本（その将来の進歩を容易にする労働生産物）を持った中間階級さえいない国々では、知的教養、知識、世論のない国々では、全東洋におけるように、またヨーロッパ専制主義では最近まで、富裕層は華美な服装、異常に光り輝く宝石の幼稚な装飾品、そして見てくれの華やかな服装品に、かれらの富の莫大な部分を支出した。だが、資本とゆとりのある生活が、統治と称する愚劣と略奪にも拘わらず、共同社会で増加してきた国々では、庶民等々と称する中間階層が、羽毛と貴石と同様な安ピカものを購入する手段を獲得して、かれらの身につける装飾で、超富裕層と競争する国々では、超富裕層の間での華美な衣装は、流行のあまり、かえって目立たなくなる。なぜだろうか。なぜなら、それが使われたそもそもの目的に、もはや役立たないからである。それは、着飾ったひとがもはや目立たなくなったからである。衣装を纏い、着飾ったひととして、羨望の目で、他のひと以上に、俗人の注視の的に、もはやならないからである。立法の助けを借り、道徳の衣に隠れて、富裕層が、みずから生産的階級、勤労階級に洗練された着こなしの点で、打ち負かされるかもしれない、と気づいたときに、訴えてきた卑劣な、残忍な仕打ちをみたいものである。かれらは節倹令（sumptuary laws）と呼ばれてきたものによって、自分たち自身に属さないすべての人々、すなわち、慣用句を用いると自分たちの階級（rank）またはカーストではないすべての人々が自分たちの洗練された衣装を真似することに対して、贅沢禁止刑を科すのがいつもの性癖になっている。このようにして、きらびやかな衣服を自分たちに独占するのである。このような努力が為されないところでは、つまり法令が全然競争を禁止しないところでは、（このような国々でのように）富裕層は、服装のきらびやかさを競争することを公正にもあきらめて、ほかの手段に訴えて、かれらの富の優越性を示そうとしてきた。多数の馬と古代のシャリオット（二輪戦車）、高価な馬と供回り、おそろいの豊かな装い、かれらの個人用の優雅な装飾品を不断に取り替えることが、富裕層にとって差別手段となる。これらのものはそう簡単に真似できない。模擬大型四輪馬車や馬は、ダイヤモンドの模造品のように作れないし、常人または理性的なひとは、服装の流行のめまぐるしい変化について行けない。食料品でもまた、かれらが使用するのは高価で、華美だが、いずれにしても、異常なもので、共同社会のほかの人々よりも上位にかれらを引き立てて、かれらの意見によると、出世するのに役立つものである。かれらの家具もまた、かれらの周囲のものすべては、同じ理屈、つまりかれらの富を差別の手段にしたいという願望から、趣味または気まぐれの変化を受けがちである。なぜなら、もし古典ギリシア型が普遍的なら、超富裕層はそれらをはねつけるであろう。多様性は、気まぐれに導かれていてさえ、かれらの崇拝する偶像でなければならない。というのは、かれらの一生の主目的は、人為的手段によって、飽きるほど過度な富のため、普通の興奮では起きなくなっている感激を刺激し、高揚させること以外に何があろうか。外的事物の変化と多様性は、この目的実現の、かれらの自由になるもっとも有効な手段の一つである。それで、かれらのすべての快楽のなかで、多様性、斬新性、希少性が主要な構成要素となるであろう。この事態は、富裕層が、消費に先行して、かれらの所得の一部分を交換する職人の種別と性格にどのような影響をおよぼすだろうか。

それは、さもなければ存在していなかったであろう生産的労働者を生み出すことはないだろう。それはなにも創造しないだろう。では、それは何をするだろうか。それは生産的諸階級の一定数の労働に、新しい方向性をただ与えるだけであろう。それは、かれらを、日常使用するための普通の、実質的なものの生産から、高価で稀少な、流行の変化に流されやすいものの生産に転換させるであろう。もし、過度な富がまったくないか、ほんの少ししかないなら、当時流行の最善の概念に従って、真の功利、または永遠の美がないものに対して、需要はないであろう。ただの目新しさや気まぐれでは、真のゆとりのある生活を犠牲にしてまで、のめり込むわけには行かない。しかし、すべての真の欲求と生活にゆとりをもたらすものが、個人的な努力をしないで、たっぷり与えられているところでは、幻想的な欲求が刺激されなければならないか、または過剰な富を使う方法がないであろう。そうでなければ、それは遊休のままになっているか、公益に役立つ仕事と交換に、生産的労働者に与えられるであろう。余剰な富を除去するため、後者の選択肢に訴えることはきわめて稀にしかない。いわんや前者はもっと稀である。それで、それは、いわゆる優雅、つまり多かれ少なかれ、気まぐれ気味の豪奢に使われる。社会の普通の欲求とゆとりのある生活は、年代を通して、ほぼ変わりがない。食物と衣服と住宅の建築、形態と様式は、緩慢にしか変化しない。それらは気候の自然科学的環境、自然生産物、外国民との交流の範囲などに左右される。これらすべては、時代の知識によって修正される。これらの全条件は、非常に緩慢にしか変化しない。それらによって発生する生産の本質と形態は、もちろん堅実な性格をもっている。欲求が変わらないから、品物の流行が変化するのに一世代かかるし、この緩やかな需要の変革の間、生産的労働者は、この変化に順応する余裕がある。多くの場合、変化は、より健康的、ないしは、より快い種類の食物または衣服を、より不快な、より不健康なものの代わりに使うように、形態だけにすぎないので、同一労働者は、さしたる努力、または熟練を加えなくても、需要されれば、新しい物品を生産する。社会の富増大の結果、新しい生活便宜品、食物、衣料または家具に対する需要があると、いままでの労働者はそのままかれらの通常の職業を続け、新しい生産的労働者階級が、もし国内生産するなら、新しい生活便宜品を提供するために誕生する。あるいは、外国産を輸入するなら、追加労働者数は、交換に輸出するために、従来の物品の量を増産したり、外国の生産者の欲求に合致する新しい物品の生産に雇用される。着古された毛織物や消費されたビールの量は、木綿国内製造の導入、または中国と西インド諸島からの茶と砂糖の輸入以降も、これらの国々で減少していない（または、もし減少しているとしても、その減少はほかの原因による)。しかも、これらは、いかなる国の地上でも、いまだかつて生じたことのないほど、国民的需要、供給において、広汎で急速な、かつ普遍的に起きた変化である。知識の増大、または良かれ悪しかれ、習慣の変化から、一国民が一般的消費物品の一つを使用しないで、ほかの物品と取り替えるなら、何時も、この変化、つまり知識または新しい習慣の発達は、常に非常に緩やかなので、勤労者の習慣と熟練は、それと共に変化する。それゆえ、実質的な使用と普遍的消費との物品の生産者につきまとう、これら二つの好都合な環境がある。それは、需要が一定で、ほとんど不変であることと、ほとんど変動しない正当な社会的規制下にある報酬はつねに公正であることである。かような環境が誘発した習慣は、規則的で道徳的である。人民の欲求は、勤労の努力によって規則的に、公正に満たされるので、悪徳への誘惑は排除されている。十分満たされた共同社会においては、嘘つき、窃盗、および、相互嫌がらせをする動機はない。だから、これらの悪徳は滅多に起こらないし、偶発的、異常な環境でのみ起きるような事態が発生する一般的見通しは、ほとんどない。各人は、ある大事なもの(*something*)、つまり、法律によって保護されるべき自分の労働生産物を持っているので、法律の健全な施行を維持する点で協力するであろう。犯罪、すなわち法律違反は、悪徳よりずっと異常でさえあるだろう。けだし、犯罪を犯すためには、もっとずっと強烈な誘惑か動機がなければならないからである。人民の欲求とゆとりのある生活を規則正しく満たすことが、かれらの習慣における、それに相応しい規則正しさを保証するし、このような規則正しい習慣が、いわゆる生まれつきの性癖より、ずっと価値がある。そして、この性癖たるや、事実上、社会的衝動によって容易く影響を受ける優れた肉体的組織を意味するにすぎない。

以上が、人民大衆と適度な所得のある人々のための、実質的かつ有用な消費物品の生産に従事している共同社会の道徳と幸福に与える影響だから、これらの諸環境の中で、富の過度な不平等によって、どんな変更が生じるだろうか。これらの労働者の一部分を、富裕層がかれらの究極的消費として需要するような稀少かつ高価な物品の生産に、雇用することによって、どんな変更が生じるだろうか。新しい労働者は一人もこの場合生存しないので、――逆に、それによって、生存することを妨げられているので、――この変更は、生産的労働の一部分に与えられた新方向性では、一組の物品を、もう一組の物品に完全に代替することにあるのだから。

贅沢品は当然、稀少かつ高価である。この二つの環境は、それらの属性または付属物と同様な物品に当然付随する。原料、それらが形成され、または時には、それらの価値をほとんど完全に構成する自然産物の供給は不規則で、不確実であるし、その需要も同じく不規則かつ不確実で、非常な富裕層の運勢の気まぐれか、変遷に左右される。宝石と貴金属はこれらの品物のリストに入る。そして誰でも、鉱山、水産業等々に生じる資源枯渇か事故のため、それらの供給がどれほど不確実かを知っている。ただの物価騰貴という環境のため、高騰したレートで買いつける資力をなお持っている人々の数を減らすバイヤーの気まぐれ行為が行われないときでさえ、需要はしばしば減退するにちがいない。もし、バイヤー側に何の気まぐれもなく、供給の払底のため、需要が頻繁に減少するなら、贅沢の気まぐれが、たまたま原料供給の減少と同時に起こり、かくて特定の一物品に対する需要をほとんど全滅することになる（しばしば偶発するが）とき、それは何であるべきか。これらの物件は、気まぐれの仕業にしては、あまりにも高価なので、それらの価値そのものによって、これらの物件を簡単に求めたり、手放したりすることができないように保障されている、と言わないようにしよう。この議論は、金銭的手段を普通に持ち、非現実的欲求、必要でないまったく余分なものを、生活のゆとりを犠牲にせずに、買うことができない人々に向けられると、反論できない。しかし、われわれがいま論じている階級、つまり超富裕層に向けられると、それは完全に不適当である。不必要な余分なもののなかには、かれらが、富の臨時支出をしなければならないか、消費しないで、残しておかねばならない種類のものもある。それらを所有、または誇示することで、意図する主要な目的は差別である。この目的は、それらをどんな組み合わせで所有しても、同じように達成できるし、バラエティーの魅力があるので、組み合わせを変化することが推奨される。そのため、選択の実質的理由がないところでは、また真珠、ルビーおよびレースのように、その本質がまったく違う多くの物品によってこの目的が等しく実現されるところでは、功利にもとづかないより簡単な動機が、その選択の手引きをするにちがいない。ところで功利にもとづかないで、その時の若干の空想的観念連合にもとづいた、これら単純な動機の影響力は、まさに、いわゆる気まぐれである。それで、過度な富によって要求される、これらの臨時贅沢品全部に対する需要には、まさに必然的にいつも気まぐれの原因がある。もし、これらのものが、明白にゆとりのある生活に必要であり、役立つならば、自然またはわれわれの組織は、これらの物品を手に入れるようにつねに指示するだろうし、需要は絶えずあるだろうし、特にこのような物品に対する需要は絶えることがない。だが、すべての欲求がすでに満たされ、なにひとつ不足ないところでは、ただのチャンスか気まぐれ、すなわち取るに足りない動機が、選択を決めるにちがいない。その結果、ある年には、生産的労働者は、いわゆるカシミアのショールを生産し、次の年には、真珠を探して海に潜ったり、他の年他の時期には、ダイヤモンドを掘ったり、探査したりするというように、活動的な勤労を要求される。そして活発な需要を起こす気まぐれが強いと、かれらの報酬は非常に気前よく与えられる。なぜなら、この気まぐれな需要は直ちに満たされるか、さもなければ、ほかのもっと素早く手に入る下らないものを代わりに熱望しがちだからである。気まぐれが切迫すると、奇妙な種類の労働需要や物品の需要がますます高まる。また、このことによって、多くのひとは、他の勤労分野を去って、当然もっと気前よく支払われる新部門に、仕事を見つけようとする。しかしながら、ついに、病的な流行熱は沈静化し、安ピカものは流行遅れか馴染みになって、喜ばれなくなり、なくてもよい余計な物の取引は最近、非常に活発だったが、いまはかなり停滞している。需要が高い間は雇用されていた固定資本と流動資本に対して、それを他の雇用に振り替える際に、多かれ少なかれ、損失が生じるに相違ない。このような事業は、一種の富くじ、ギャンブル業である。高物価は熱病的需要を伴った。生産者たちは高く支払われ、不規則な供給のためと、支出をこのような気前のよい支払いに調整させる習慣が、それ以前になかったために、おそらく馬鹿馬鹿しいくらいに、不摂生に、十分エンジョイした。突発的需要は軽率と放蕩の習慣を産む。需要の突発的停止は、多数のひとを完全な欠乏に投げ込むか、万人の賃金支払いを通常の労働価格に、またはそれ以下に低下させるか、あるいは、同時にこれら双方の結果を、おのおの、より小規模にもたらす。慣習的楽しみの没収、大なり小なりの程度の惨めな生活はこれらの変化によって生じる。欠乏は、常に、多数のひとに悪徳を産む。突発的支払い過剰が、過多と不摂生を産むなら、突然の賃金切り下げは虚偽、窃盗、残忍を産む。高賃金の節約は、将来の切り下げの欠乏に備えるためではなくて、高賃金の記憶が、現実の窮乏を辛くし、不正義を感じさせるのである。働きたいという性向や能力は相変わらず以前のままである。にもかかわらず、労働者は、何の過失がなくとも、雇用を奪い去られる。かれらは、如何様にして、失業に値するのか。不正義を糺すために、かれらは他人の勤労生産物を略奪するであろう。どんな方向にも使えるエネルギーを持ちながら、失業しているので、かれらは、自力で、または他人が編み出した政治的、熱狂的、あるいはその他の種類の計画が産み出すかもしれないあらゆる衝動に駆られてしまう。富裕層ないしは貧困層の、自発的、または強制的遊惰は、悲惨と悪徳の多産な親である。

適度の分け前で分配される、かなりの分量の富があり、過度な富の階層ばかりでなく中間階層も存在し、そして最貧困階級さえ、生活必需品ばかりでなく多数の生活にゆとりをもたらすものをも所有している共同社会では、共同社会全体の生産的労働者のかなり大きな割合が、ここで指摘された弊害に犯されているだろう、と言うつもりは毛頭ない。この共同社会全体にとって、とりわけ勤労生産者層にとって、主な弊害は、悲惨な生活、悪徳、犯罪の光景と実例にある。もし、この社会が、反対に、極度に繁栄しているなら、生産的諸階級によって創造された有用な物品に対する需要が絶えることなく、非常に大きいので、超富裕層の老朽化した事業で解雇された労働者に対して、若干の種類の雇用を吸収し、提供するかもしれない。過度な富は、みずから作った弊害を軽減するこの救済策を、自分の取り柄だ、と主張できないことを、つねに留意しておこう。過度な富が引き起こすこれらの弊害が救治されるのは、過度な富によってではなくて、それにも拘わらず、なのである。この弊害は、過度な富の本質そのものに固有である。というのは、もし過度な富が、その気まぐれを放棄し、必需品や生活に本当にゆとりを与えるものに、その全所得を支出するならば、それは、もはや適度な富と区別されないし、飽くなき追求の対象たることを止めるであろう。もし超富裕層が賢明ならば、かれら自身の幸福のため、共同社会の幸福のために、過度に富むことを止めるであろう。共同社会が貧困で、独裁政治下の如く、中間階級がいない国々では、この弊害は極端に大規模で、救いようがない。その弊害が緩和されるところでは、それは、定期的雇用を与え、富の気まぐれによって、不規則な間隔をおいて、やむなく暇でぶらぶらしている失業労働者を吸収する勤労と生産的労働の利益に由来する。規則的雇用は規則的習慣を産み出す。生産的職工階級の貯蓄手段はきわめて少ないので、より幸運なものがほとんど思いつかないような、規則性と経済性とがなければ、かれらの少ない稼得から貯蓄など全然できない。不規則な習慣はかれらの最大の敵である。だから需要と雇用の不規則性を意味する全職業は、つまり、超富裕層に特有な職業のようなものは、生産的階級とそして共同社会のその他のものとの道徳と幸福にとって有害である。

さらに、流行の気まぐれによって、固定資本が投下される事業で、周期的にその資本が浪費される。固定資本は景気が繁栄している間、一部分は、利潤の節約によって形成されるかもしれない、というのは正しい。だが、こんなことは滅多にない。なぜなら、不規則な利得は、利潤の形をとろうが、賃金の形をとろうが、でたらめに、行き当たりばったりに支出されるという、一般法則を強く主張しないためには、資本家は、需要が継続するであろう期間について、どんな計算もすることができないし、もちろん、かれの全手段は、かれが従事している特定の供給ラインの原罪を犯しやすいからである。それは、すべて気まぐれであり、不確実性である。

それで、わかりやすいのは、過度な富の年所得の究極的消費は、この共同社会にとって、労働生産物の一部分の年損失であるばかりでなく、反面、この労働生産物の大部分は、より賢明な分配によって、永続的な資本蓄積に転換するであろうが、その過度な富が、消費に先立つ交換の際に、特に奨励する種類の勤労は、公益にもっとも役に立たない全種類の事業と労働でもある。

さて、いまや最後の弊害、つまり少数者の手中に過度な富が集中する労働生産物の分配から発生するといわれる政治的弊害に移ろう。その政治的影響、つまり法律の執行、立法、わが社会制度全体に対する、その影響を考察することにしよう。

第3節　富の強制的不平等の政治的弊害について

本標題の下では、次の圧倒的弊害を指摘するだけに留める。過度な富によって、必然的に、行政と司法当局の権力とともに立法権力をも、それらを正当に行使する教育を受けていない一般的または国民的利害に敵対する利害を持った人々が簒奪するに到る。

経済的規制とともに、あらゆる政治的規制が役に立っている立法で、意図する目的は、共同社会、すなわち、共同社会の最大多数の最大幸福を増進することである。ところで、この目的を意図している規制を作ろうと手がけている誰にとっても、持つべき基本的必要条件（*one essential* requisite）など、一つとしてないだろうか。もしこの目的がなければ、知識も、活動も役に立たずに、むしろ害悪の手段になってしまうだろう。これらの規制作成者が、共同社会とともに、つまり、この規制が形成される共同社会のより多数の人々とともに、同感し、仲間意識を持ち、同一の利害関係を持つことが、基本的必要条件ではないのか。あるいは、もし、かれらが、この利害同一性、ともかく、この生き生きした同感を持つことができないなら、かれらは、自分たちが代弁している利害関係を持っている人々の、また自分たちが自由処分権を行使しているそれらの人々の労働生産物と全権利との、正真正銘の管理下に入ることが必要ではないのか。または、むしろ、この事業を完成するために——この事業者が、常に年齢相応の知識を持っているとするなら——この二重の保証が課せられることが、また同感と責任と二つながら、法律を制定し、司法、行政権力を執行する厳粛な責務を付託された人々に対して、要求されていることが、共同社会の安全のために必要ではないのか。

もしこのことが事実なら、もしこれらが明白な政治的真理ならば、超富裕層に、それらが当てはまるかどうかを、どのようにして知るのだろうか。かれらは、共同社会と、すなわち、共同社会のより多数のひとと、同感、仲間意識、帰属性、また、どんな明確な点でも、共通の利害関係を持っているか。まず、かれらの富について、(自由労働と自発的交換によって獲得されないかぎり、または、その維持のために、活発な勤労を必要としないかぎり何時も、)それは、共同社会のより多数の貧困と、資本を所有している社会の活動的なメンバーの適度な資力とさえも、まったく対照的である。かれらの富は、その大部分が、もともと略奪によって獲得され、有害な法律によって永続的に維持され、勤労や自由競争と自発的交換によって手に入れたものでもないのに、かれらにとっては、何時もプライドの根源であり、富を持たない人々にとっては、羨望の的でである。かれらの富、かれらの年消費は、共同社会の残りの人々の富、つまり楽しみの手段からの、基金横領である。かれらは、お互いに面と向かって敵対している。かれらは、双方同時に、各自、エンジョイすることができない。一国の賃貸料は年間五〇〇万、ないしは五〇〇〇万、ないしは五億であるが、それがどれかは問題にならない。この所得、これらの自由に使える賃貸料、または価値、労働生産物は、過度な富の制度下では、五〇人、ないしは五〇〇人、ないしは五〇〇〇人の間で年間一人当たり一〇万ポンドの厖大な分け前で分割される。一方、自由交換の制度下では、それらは五〇〇〇人、五万人ないしは五〇万人の間で、年間一人当たり一〇〇〇ポンドに分割され、あるいはその二倍の人数の間では、年間一人当たり五〇〇ポンドに分割され、あるいはその一〇倍の人数の間では、年間一人当たり一〇〇ポンドに分割される。いずれの分配方式が最大幸福を与えるか、という問題はすでに解決されている。現在の問題は、それが、利害関係の当事者たちの同感と観念とに如何に良い影響なり、悪い影響なりを与えるか、ということでなのである。どんな仰々しい道徳的格言や、ご都合主義の総合的、政治的判断も、一集団としての超富裕層に影響を与えないし、与えることはできない。かれらのうちの少数の個人はかれらの階級の衝動を克服するかもしれないが、これらの少数者に加えて、社会のその他の英雄と哲学者たちだけが、公平無私な個人がそれを評価しているのと同様に、自己評価して、はやる衝動をおさえることができるにちがいない。一階級としての超富裕層も、あらゆる共同社会のその他の全階級と同様に、自分たちの置かれている固有な環境の影響に従わなければならない。すなわち、生まれたときから、自分たちを取り巻く事態から生じる、良かれ、悪しかれ、性向と性格を身につけざるをえない。いつも労働しないで富を所有しているので、かれらは、富をつねに同じ条件で所有することを、かれらの権利であり、かれらの家族の権利である、と見なす。かれらは、共同社会の生産的労働者を、自分より劣等なものと軽蔑するばかりでなく、成功した勤労と自発的交換とによって作られた蓄積で富を購入する人々より優れているという優越感を誇示するのである。地球上のあらゆる国における、全歴史と現状が証明していることは、特定階級に専有された過度な富がこのように、相も変わらず、処分されているということである。幸福への権利と、共同社会のその他全メンバーに配慮をする要求とを、かれらはまったく軽視する。かれらは人間社会の大目的がかれらの膨大な所有物にあり、それを維持することだ、と履き違えている。富を持たないものは何であれ、かれらの同感を分かち合えない。「貧困層で悪戦苦闘しているものは、かれらの境遇に泥んでしまい、その歴然とした難儀を感じない」と富裕層はいう。このことは、貧困に適用されるなら、誤りであるのと同程度に、資産に適用されるなら、真実であるとはいえ、いやまったく真実であったとしても、超富裕層と社会のその他のメンバーとの間には、同感が欠如しているという事実を、変えるものではない。かれらの優越性を際立たせる手段としての、かれらの富は、誰がそれによって影響を受けようとも、そのひとを犠牲にして、その富と影響力を維持し、永続し、かつ増大することがかれらの主目的である。このことはどのようにして達成されるか。労働によってか。勤勉によってか。かれらはそれらを軽蔑しているのである。もっと端的に言えば、政治権力を奪い、いろいろな国々の環境によって異なる共同社会のその他の人々を抑圧しようと画策された体制を支持することによって、かれらはつねに周囲から受けている羨望を分かち合うことなく、自分自身の富の優越性を永続させようと努力する。

それで、富の点で、共同社会の自分たち以外の人々に同感することなく、超富裕層階級の性向は、正反対の性格である。プライド、悲惨な生活への嫌悪、損失の懸念は共同社会の労働、勤労階級との同感、または利害の共通性よりも、むしろかれらへの反感を産み出す。「教養のある専制君主は、神の如く統治するであろう。けだし、そうすることは、かれの真の利益だからである」[10]と、われわれは、これまでずっと永い間語り伝えられている。おそらく、それは大変正しい。だが、これらの教養あり、慈悲深い人々を作り出すのは、専制独裁制度の本質なのだろうか。または、まったく正反対なのだろうか。過度な富の、教養ある所有者は、かれの富を幸福配分の偶発的出来事、手段とみなして、最貧困層の要求と感情を自分自身のものとして評価するであろう。さもあらばあれ。だが、努力もせずに取得し、エンジョイしている過度な富の所有は、これらの開明的な見解を産み、それ以下の人々への尊敬と愛情の衝動に精神を開放する傾向があるだろうか。専制独裁制と過度な富とのこれらの傾向が変わるまでは、——そして、これは、当然、人間とかれの周囲の対象との構成が今のままであるかぎり、不可能である。——それらが変わるまでは、専制独裁制と過度な富が、もし賢明なら、善だ、というのは、貧困層と被抑圧者層にとって、いわれのない侮辱にほかならない。もし賢明なら、もちろん、それらは善であろう。その場合、それらは専制君主であることをやめ、過度な富を欲しがることをもやめるであろう。だが、かれらが賢明であることは、不可能である。富の点で、超富裕層と共同社会のその他との間に、感情と利害の対立が明らかにある。両方の性格において、富が直接関係しないその他の特徴に関する問題はどうなっているか。超富裕層の習慣と趣味は、共同社会のその他のものの習慣と趣味とに非常に良く一致しているので、富の不平等の傾向があるにも拘わらず、相互の幸福に同感し、配慮するだろうか。否、これらはこの不平等を一〇倍も酷くする傾向がある。富裕層と貧困層と

の、非常な富裕層と勤労層との、生産的階級と極度に飽食な不生産的階級との道徳的、知的資質の相違、習

(10) 不可能と認められたことが、万一成し遂げられるなら、何が起こるかを予言することほど、実際に無益な主張はない。「もし、ハイエナが残忍性を失うなら、羊か、飼い犬と同様に、有益になるであろう」。性格が変わるや否や、まさにその通り。そして、ハイエナは、ハイエナ以外の他の何にでもなりうる。しかし、このハイエナが、千頭のハイエナを自分に協力する部下として持つなら、親方のハイエナの従順さと優しさは、かれの部下たち全員の性格が同じように変化をしなければ、また親方野獣が、これら部下どもの補佐を必要としなくても良いほど、全知全能の才能に恵まれていないなら、ほとんど何の役にも立たないであろう。――しかし、それでもなお、われわれは、この新型の奇跡的産物のハイエナと関係がなくなるわけではない。正当な（普通選挙代議制）政府の恩恵のごく僅かな部分しか、統治問題に関して、国民の代理人としての性格の改善に、またはかれらが策定する諸規制の有効性にさえ、含まれていないことが分かるであろう。これらの恩恵のずば抜けて大きな部分は、共同社会の個人個人が政治的権利を行使することによって、かれら自身の性格に及ぼす有益な影響となって、つまり知識、活気、とかれらの同胞の不特定数（つねに同一国民の不特定数であるが、しばしば他国民の不特定数も）との同感の拡幅を獲得することとなって見出されるであろう。けだし、政治的権利を絶えず行使することが、これらを獲得するのに当然役立つからである。この多くの利益について、われわれは、たったいま、前途の展望を持つようになり始めたのである。――これらの利益が賢明な制度（普通選挙、代議員制は正当な政府のＡＢＣ、つまりほんの初歩であるから）によって施される範囲については、少数のひとしか全然考えてこなかったし、いわんや、正確な概念を持っていなかった。これらの利益は大変大きいので、それらの利益のない、より賢明な法律さえ――不可能事――それらの利益を伴う、またはそれらの代替としての、――もし発見されるとすれば――同様な結果を生む他の制度を伴うより賢明でない法律よりも、より少しの幸福しかもたらさないであろう。だが、これらの問題はここでは詳説できない。

慣の相違、マナーの相違、つまり全人格に注目せよ。かれらの美徳、かれらの悪徳、かれらの苦楽、かれらの職業、かれらの娯楽、すべてにおいて、かれらはお互いに似ていない。かれらはかつて一緒に連帯したことがあるだろうか。非常な富裕層は貧困層と連帯したことがあるか。かれらは何の目的で連帯するだろうか。富裕層の趣味と行為を、一日、貧困層が真似をしても、一生を破滅に巻き込むだろう。他面で、それは富裕層にとって、わずか一日の気晴らしにすぎない。富裕層にとっては、軽蔑の的である爪に火をともすような吝嗇は、貧困層が生きていくためになくてはならないものなのである。しかも、貧困層がお互いに対して行う気前の良さは、かれらの資産と比較すれば、たいていの富裕層をして、恥ずかしさのため赤面させるていのものである。与えられた現実の金額は少ないので、富裕層がそれを軽蔑する素振りをし、金額的にはもっと多く与えるので、自分たちはもっと気前がよい、と思うけれども。非常な富裕層は、貧困層と、どのようにして思想とか感情を交流できるだろうか。詩がかつて調合した知恵と仁愛のすべてが、貧困層の性格に刻印されているとすれば、それらは、過度な富が尊敬しろと要求する全主張と結びついた大部分因習的なマナーを伴わないので、富裕層にとっては、どんな魅力を持つことができるだろうか。超富裕層の間での、マナーの影響力は絶大である。そして、この影響力は必ず継続するはずである。冒険的、精力的、かついかがわしい探求心がかれらの一生涯から消失し、かれらは時間をもてあまし、その時間を埋めるために軽い娯楽を必要とし、実質がかれらの職業から追放されるので、これらに替わって、形式とマナーが採り入れられたにちがいない。細かい点では相違するとはいえ、イギリス人のと同様、中国人の超富裕層のマナー、形式、そして儀式を産み出したようなものが、主要な原則の一つである。無言劇には時間つぶしと真実の感動の代用品にするのに必要なものもある。そして、これらのマナーが仲間意識の基準になる。

知的資質の相違、道徳的資質の相違、マナーの相違が、非常な富裕層と貧困層との間の連帯と同感を妨げるならば、これらの環境が、富裕層と中間階層、つまり適度な富裕層との間で、どのように作用するのだろうか。同じ環境が作用するが、より劣弱な程度で作用する。活動的な勤労諸階級と超富裕層との間の友好的な交際と連帯は、手段を選ばずに、繁栄している階級が、より上流階級の中に受け入れられるような富を蓄積して、はじめて現れる。それで、大きな、かれらの物惜しみしない、浪費のマナーを模倣すれば、入会券は簡単に手に入る。というのは、取り柄や知性がなくとも、この連合にとって、障害にならないからである。活動的な階級は、怠惰な階級と連帯する暇がない。職業を持たない富裕層は、活動的な階級がかれらの指導的な思想と願望を没入している職業に、理解も関心も示さない。ビジネスでは、富裕層階級が貸し方、借り方の性格に何時も影響を与えている富の交換の際に、かれらの間に交流がときたま生じる。だが、友人の交際、つまり対等な人々の交際は、決して、またはきわめてまれにしか生じない。この両階級の心情は、相互に正反対である。前者はまじめで活動的、後者は陽気か、陽気な面持ちで楽しんでいる。前者は蓄積し、後者は支出し、消費する。趣味、性格およびマナーの類似性が、さまざまな個人間と階級間とに、同感と相互の心遣いを産み出すために、少なくとも一定程度必要であると同様に、また趣味、性格およびマナーの目立った対照性が、勤労階級と仕事を持たない富裕層との間に存在していると同様に、かれらの間に同感が多分にあるということは不可能なのである。勤労諸階級（the industrious classes）は、貧困層または労働諸階級（the working classes）よりも、もっと知識があり、マナーも良い。しかし、それでもなお、仕事を持たない富裕層は、勤労層を、自分たちから測り知れないほど隔たっているもの、と見なしている。ただの貧困層と一緒になって、かれらは、自分たちの呼吸する息を、あえて汚染したくない。中間階層と会話して、自分たちの品位を落としたくない。しかし、劣等者に関しては、――かれらの言葉遣い、マナー、あらゆるのが、富の優越性を意識しているかれらの自尊心を傷つける。非常な富裕層と勤労階級との間の同感の欠如に関する何千もの例証のなかで、――そのうちの多数は、たまたま世間と交流するに従って、熟知されるようになったにちがいないが、――富裕層が名誉の負債と正直の負債、すなわち事業者の負債について、比較評価することほど、明白で決定的なことはほとんどない。名誉の負債とは、富者の一人が、もう一人の富者から、どんなに不道徳であれ、競馬場で、または賭博場で、結ばれた契約を遂行するために、借りることであるが、それは返済されねばならない。そうでなければ、その階級の特質は喪失する。有益な消費物品に対して、契約を結び、礼儀正しい家庭が、部分的に生活費をその支払いに依存して、その生活費に対して完全に納得できる等価が支払われてきた道徳性と正直との負債は、都合の好いときに支払ってもよいし、このような支払いを逃れる手練手管は何であれ、すべて抑制されるより、むしろ奨励され、賞賛されるのである。善良で、高潔なひとは、確かに、いつでも名誉の主張よりも、正義か、真の仁愛の主張を好むものであるが、かれらはどの階級においても少数派で、多数派は明らかに周囲の環境の産物である。では、非常な富裕層、つまり食べ物に快適な感覚と感激を感じるよりほかに、なにも為すべきこともない人々の同感は、何処に見いだされるか。かれらは全然同感しようとしないのか。かれらにとっては、すなわち、決して終わることのない優しい快楽の、かような新しい蓄えが、自分たちの無為に過ごす時間には、特に価値があるにちがいないのだが。では、その同感は、誰に為されるのか。非常な富裕層の同感は、かれらが自分と同等と見なす人々、そしてかれらだけに要求され、為されるのである。それは、そのほかではありえなかったし、ありえない。われわれは、富裕層の地位がこれらの傾向を持っていることに対して、かれらを難詰しているのではない。ただ事実を解明し、これらの事実を作り出した環境にまでさかのぼって、突き止めようとしているだけなのである。超富裕層に、超富裕層は同感する。かれらの趣味、快楽、美徳、悪徳、マナー、功利の普及している道義性の代替物としての、名誉の規則特有の制度すべて。これらすべてが、かれらの間に、団結心を産み出す。この団結心によって、かれらはもっとも重要な階級、つまり社会が自分たちの特別な幸福のために構成されていて、しかも、構成されているべきである人々として、お互いに敬意を表されるのである。かれらは相互の快楽と趣味とに関心をもっている。これらがかれらにとって世界を構成しているのである。富裕層が同感する対象は富裕層だけに限られている（かれらの状況は――もっとも同感を必要としているのに――同時に、いかなる同感の進展にももっとも不利であるけれども）。

過度な富が、ある階級の世襲財産になったときに、人間の同感の範囲を、同一階級、または同一生活状況のごく少数に絞るような不可避の傾向が上述のようにあるから、その結果はどうなるか。それは、われわれの議論にどのように影響するか。超富裕層にとって固有なのは、かれらの希望と恐怖が、かれら自身と同様な環境にある人々にとって興味があることに対して刺激され、手一杯であることだろうか。決してそうではない。社会に、同一規則が適用されない階級とか同業組合はない。貧困層、中間階層、上流階層、聖職者、法律家、全員がお互いに同感し合い、社会の他のものを、多かれ少なかれ排除する。そしてこの排除の程度は、かれらと共同社会全般との間に残っている接点の数に依存する。その他の全員と完全に無関係な人々は、かれらとの接点をもっとも少ししか持っていない。

富の分配の目的、富の分配に関する賢明な全立法の目的は、最大多数の最大幸福を産み出すことであるべきだ、ということが証明されてきた。最大多数ともっとも多く同感するのは誰か。貧困層、つまり生産的階級であるのは確実だ。なぜなら、かれら自身の趣味、マナーおよび娯楽が、自分たちをもっとも感動させるにちがいないからである。それゆえ、もし貧困層に知識、つまり、かれら自身の幸福を増進する最良の手段に関する、かれらの時代の最善の知識があるなら、――遥かにずっと多数と同感するものとしてのかれらに、一般善のための規則策定は委任されるべきである。ごく僅少数としか同感していないものとしての超富裕層階級は、それを委任するにはもっとも相応しくない。しかし、利害の同一性、あるいは相互同感のほかに、さらにいま一つ、有益な規制の策定に必要不可欠の資質がある。それは知識である。貧困層、つまり生産的諸階級の大多数は、知識をほとんど持ち合わせていない。もし、かれらの少数のものが、これまでに知識を獲得していたとすれば、かれらはほとんど例外なく、かれらの階級より出世していただろうし、貧しくなくなっていただろう。だから、この根本的欠陥のため、貧しいひとは――社会の現状では――立法という重要な任務に適した人物にはなり得ない。知識不足が貧困層を排除するなら、興味、同感の不足は超富裕層を排除するだろう。それゆえ、社会は誰を選ぶべきか、自然的秩序の下で、かれらは誰を当然選ぶだろうか。必要な知識を持っている、共同社会ともっとも広汎に同感する人々を。利害の同一性と、その結果としての同感を示すものとして、多数者の貧困と同等の貧困は、もしそれが適切な知識と一緒になるとすれば、最大の推薦状となるであろう。共同社会大衆と、利害と同感とが合致することに、もっとも反対するものとしての過度な富は、全国的規則策定を委任するには、もっとも不適任である。それが適切な知識を持っていたとしても。なぜなら、一階級としての、その利害が、その知識を誤った方向に向けるであろうからである。そして、こんな人々が知識を増せば、増すほど、かれらは独善的法律制度を形づくり、仕上げる手練に、ますます長けてくる。貧困層は、必然的に、知識不足のため排除され、超富裕層は同感の不足と知識を悪用するために排除されるので、より多数との利害共同意識を産み、かれらが生活している時代の最先端との知識の均等性を産み、さらにより多数の利益のためにこの知識を誘導する立場の人々が残る。これらの人々は、共同社会の非常な貧困層の間にも、非常な富裕層の間にも、どちらにも見いだされないで、この両者の中間の広い範囲から選ばれる。片時も忘れてはならないことは、共同社会の過半数がエンジョイしているものよりも上等な富の欠落は、他の事情（資質）が同一なら、資格剥奪ではなくて、同感の拡大を保証するものとして、推奨に値するということである。この同感がより多くなればなるほど、対抗手段の必要はますます少なくなる。[11]

(11) 説得のようなものは存在しないし、富裕層は、貧困層よりも、どんな職務にもいっそう不的確である、ということは無益だ、と想定しよう。共同社会の欲するものが誰であれ、かれらに権力は委任されるべきである。ここでの問題は単純に、「最適格者として、誰を選ぶのがもっとも賢明だろうか」ということだ。自由に選挙されたほとんど最悪のものでも、選挙をしないで、ほとんど最良のものよりも、結局はより有益である。ここで指摘された個人が、立さらにまた、超富裕層は、共同社会の幸福のために、平等かつ正義の法律を策定したり、司法または行政権力を行使する資格がもっとも欠けているのである。かれらはもっとも資格がない。けだし、かれらの金銭的利害は、共同社会のその他のもののそれと、対立しているからであり、かれらの趣味、性格、マナーは、対立しているからであり、過度な富は過度な怠惰を産み、そして努力への動機を抹殺するからであり、かれらのなかで知識がある人々の大多数は、かれらの所属する階級だけの利益のために、もっぱらその知識を間違った方向へ導くからであり、かれらが執行する行政は、かれら自身の富の等級に必然的に格づけされ、かくて共同社会にとって耐えることができるもっとも費用のかかるものだからであり、広範に及ぶ過度な富の影響力が、責任の所在を茶番に化してしまうからである。

しかし、事態がこうであるから、恣意的な富の不平等が、暴力、または不正義な、それゆえ、賢明でない法律によって維持されている、あらゆる共同社会における超富裕層の行動とは、何であったのか、いったい何でなければならないのか。超富裕層は、至る所で、また、かれらにとって当然ながら、かれらがその有効な執行にもっとも不適任であるにもかかわらず、非常に重要な機能を手に入れようとする。この現象はどこから生じるのか。単純に、非常な富裕層の教育、そして生涯を通じて、かれらを取り巻く環境からである。職業に就いていない富裕層は、なんら活発な趣味を持っていない。すなわち、生涯の目的がかれらには欠けている。感覚を満足させる手段、つまりすべての欲望と勝手気ままを十分満たす想像力さえ、かれらは所有している。権力の快楽も、なお達成できる。権力が与えうる独特の快楽に対して、超富裕層ほど鋭敏な欲求を誰が持っているか。かれらは、まさに幼少期から、支配の習慣、自分の周囲の者どもの服従、自分自身の優越感に慣れてしまっている。かれらに服従するのを拒むものは、かれらの不愉快の対象である。欲求、意欲の充足は、かれらにとって、あまりにも慣れっこになり、当然なので、満足感の不足、控えめな服従は耐え難く、窮屈で、我慢できない弊害と感じる。抵抗する人々は、一種の道徳的嫌悪感をもってみられ、不当なことをしている、と見なされる。なぜなら、富裕層の権利と欲求の充足は、かれらの目で見れば、同義なのである。制約を嫌い、反対されて不安を感じ、それゆえに、制約と反対のこれら弊害を除去するために権力を握ろうと欲するのは、自由奔放に育てられてきた人々のもっとも強烈で、のっぴきならない性向の一つである。かれらは、どのようにして、この権力を握るであろうか。まず、かれらの富の直接的影響力によって、そして富が産み出す希望と恐怖によって。次に、これらの手段が使い果たされたとき、またはこれらの手段をもっと有効にするために、かれらは至る所で統治権力を奪取し、独占しようと努力する。独裁制が存在しないところでは、かれらは、かれら自身の掌中に完全に、または、かれらが略奪する国家またはその他の集団の首長と一緒になって立法機能のできるだけ多くの部分を、手に入れようと努力する。独裁制が存在しないか、修正されているところでは、かれらは、自分たちの間で、全統治の副次的部門を分担する。かれ

法、司法、行政事務にもっとも的確であるように、かれらは合理的な人々によって、自由に選挙されるであろう。富裕層も貧困層も、等しく堕落し易い。唯一の相違は、富裕層の堕落は、貧困層のそれより、もっとずっと費用がかかる、と言うことである。富裕層か貧困層かのどちらかの廉直に、すべてを託すことは愚かなことである。もし人々が高潔であれ、と真剣に望むなら、悪徳の手段をなくそう。

らは武装兵力の指揮権、裁判官、僧職の公職、および最大の権力を与え、最小の労力しか要せず、かつ最大の金銭的報酬をもたらす、これらの全行政部門を直接的か、間接的か、どちらかで独占する。独裁制が実存するところでは、超富裕層階級は独裁者と最高の条件で折り合いをつけ、かれの権力を、協力者、代理人、またはただの奴隷として、分担する。もし、かれらの立場が、かれらに、自分たちの勢力に対する自信を与えるようなものであれば、かれらはこの独裁者と折り合って、かれらのいわゆる権利を主張する。もしかれらが弱体ならば、かれらは嬉々として独裁者にぺこぺこし、共同社会のその他の人々をかれら自身の奴隷にする権力を委任されるために、独裁者に対するかれらの奴隷根性を、誇りに思う振りをする。あらゆる国民の歴史が、過度な富の傾向とはこんなものだ、と証明している。絶対にそうなのだ。けだし、——よく注意して見よ——富裕層の多数、かれらの一般大衆が、ただの征服欲のため、権力の掌握を必然的に欲求するなら、かれらのうち、もっと精力的な気性で、職業、出来事、行動の不足を感じている人々は、政治権力闘争以外に、どんな努力の仕方、勲功の立て方もかれらに残されていないであろうからである。富裕層の暴徒が、かれらの生気のない生存に乱入し、奮起させることを、病的な支配手段として求めるならば、活動的な層は、それを職業の劇場として探求する。事実、このような精神に解放された努力の劇場は、ほかにないし、やり場のない、鬱積した、かれらの興奮しやすい性質に、十分な刺激を与える、ほかのどんな劇場もない。かれらの状態を改善したいという欲求、つまり、生活を快適にし、便利にするより多くの手段を労少なく獲得したいという欲求は、各共同社会大衆に努力を促す大きな刺激である。この万人を激励する動機に、かれらは感化されない。高い、精力的な動機として、名声欲、つまり文学的、または、その他の栄誉欲と権、力欲がまだ残っている。これらのうち、どちらが富裕層のなかの活発な人々、つまりかれらの階級の悠々自適した無気力の軛から解放された人々を、もっとも誘惑しそうに見えるだろうか。確かに、かれらに最少の努力しか要せず、同程度の努力で、もっとも確実に、実現できるものである。これらのうちどちらを、すなわち、一方では、知的もしくは道徳的栄誉か、または、他方では、権力すなわち、ただむき出しの権力かを、超富裕層は、もっとも簡単かつ確実に専有できるか、を誰が理解できないであろうか。道徳的、知的栄誉のレースにつくようにかれらを準備させ、励ますために、かれらが、人類のその他のものより優れた長所とは何か。精神的無力感と道徳的無感動を産み出す満足感、追従、怠惰の性癖は、かれらの体組織の知的、または大脳部分を識別して、作用する。協働する物質、努力への動機は、かれらにとって存在しない。かれらが過度に持っている富こそ、そうだ。生活者の善良な意見、羨望、賞賛が、かれらの富の結果として追随するのは、影が太陽の明らかな運行についてくるのと同様である。生まれてくる人々のいまわの際の善良な意見。そして、このような動機は、刹那的な興奮の奴隷に影響を与えるには、大層軽く、大変遠い将来のことで、明らかに官能的な全快楽と正反対なので、かれらがいつも軽蔑していて、必要に迫られた仕事とまだ獲得していない名望への願望とに熱心な人々と一緒に、労働と困難のレースを対等な条件で走らせられるだろうか。富がかれらに何の利益をも与えないし、富が新しい真理を解明するような影響力を持たないレースを走ろうなど、言うも愚かなことだろうか。探求の道程、つまり権力の道程はかれらの身近にある。それはかれらの教育と習慣とによってかれらが熱望しているものであり、かれらの手の届くところにあり、どんな知的優越性よりも、もっと歴然とした、明白な尊敬をかれらに与え、かれらより劣等な人々には無縁で、もちろん、かれらの競争者がほとんどいない、かれらにとって特別努力を必要としないし、しかも、それを獲得する際に富とその影響力とが全能なのである。それで、これは生涯の仕事、勤労と美徳の生涯に対立する権力の生涯、あるいは富裕層としての地位が、それに対して、傲慢にもかれらを奮起させる知的優越性の生涯に対立する権力の生涯なのである。かれらがあらゆる手段を使って獲得したものを維持すると共に、共同社会大衆の妬みと不法侵害に対する新しい安全保障の障壁を張り巡らす必要条件として、その他のすべてのものよりも優先して、かれらはこの生涯を送らざるを得ないのである。これらの人々が策定した規制、すなわち聖職者政府であれ、自称共和制政府であれ、貴族制政府であれ、独裁政治であれ、または混合政治であれ、かれらが富裕層の手中に立法と行政の高位で収入の多いポストを全部永久に握り占めるために案出した便法で、全歴史が満たされているわけではないのか。これらの財宝と権力を常にかれら自身と子孫の手に保有させておくために、人類とかれらの同胞の自発的行為の管理を個人的財産品目に変えるために、かれら自身の声以外のすべての声によって、国民とあらゆる個人の安楽な家庭生活との運命が決定されないために案出した便法で、全歴史が満たされているわけではないのか。かれらは、事実、至る所で自分たち以外の人類を排除して、かれら自身の事務管理に影響力を与えないようにしてこなかったか。富裕層階級は、至る所で、真理と道徳性、そして神に対して捧げているように振る舞っている尊崇の念を、人間の技能では不可能か、かれらの特別の技能と性格にとってまったく不適切な、高慢な肩書きと位階で身を纏い、冒涜してこなかったか。真理、つまりかれらの同胞の平等な能力と同権であるべきことに対するこの侮辱を、あたかも共同社会大衆とは違った人種かのような偏見で囲い込んで、自衛するために、間違った名称で呼んでいるこの子供じみた虚栄心を世襲にし、まだ生まれていないかれらの子孫に、継承してこなかったか。かれらの馬鹿げたプライドと無知は、あらゆる国で、かれらの大多数が、かれらの血液、つまり、かれらの生命の流れの中に、ある高貴なもの、ある肉体的資質、自分以外の人類より優れた、かくて自然を悪意に迎合するものに変換しようと意図するあるものを含む、と真摯に信じさせようとしてこなかったか。財産を恒久化する方策、かれら自身の家族の大多数を排除してまで、財産を大きな塊のまま残そうとする方策は、ほとんどあらゆる所で、この階級の人々によって採用されてこなかったか。権利とか特権の名目で、過度な富の所有者たちは、他のすべての階級を凌ぐ利益を簒奪してこなかったか。それは、租税の重荷を、つまりかれらだけが行使し、エンジョイすることを許されている行政維持費全額を、生産的階級に時には満額まで負担させるほどの利益だったこともあり、いつもは個人的功績とはまったく関係ない、共同社会のその他のものから天引きしたある利益を略奪する程度のものだったのである。貴族階級、聖職者の身分および同様な全制度は、超富裕層の手中にあって、時と環境に応じて変化し、幸福の手段を支配し、共同社会の他のものの平等かつ正当な競争を抑圧する、かれらの卓越した権力を恒久化する道具にすぎない。

　幸福の手段としての富は、人間の競争の大目的である。肩書き、立法府簒奪、説教、裁判などによる影響力のような、マイナーな栄誉は、すべて補助的手段にすぎないし、もし富、つまり幸福の物質的手段がそれについてこなければ、うんざりするものとなって、有害な願望の対象たることをやめるであろう。社会構成体における根本的欠陥、つまり他のあらゆる弊害を当然産み出すにちがいない根本的欠陥は、富の過度な不平等である。この根本的弊害が存続するところではどこでも、自由な制度、正義の法律は策定されえないし、制定されても、長くは続かない。根本的弊害がなければ、肩書きと貴族制度は、その偽装を引き剥がされるであろうし、あまりに滑稽なので、その所有者さえ、それを身に纏うのを恥じるであろう。その影響力がなければ、合理的人間の労働生産物、行動および生命を処分する法律の策定権力を、法律によってそうする権限を与えられていないのに、また非常にものすごい権力行使を法律のせいにしないで、あえて横領しようとするものはいないであろう。その影響力がなければ、立法家を僭称する集団が、未開の域をほとんど出ていない人類を、決して侮蔑しなかったであろうし、いわんや、世襲の法律解釈や法律策定の不条理を喋々することなど、夢想だにしなかったであろう。楽しみの物質的手段を富によって獲得する堅実な利益がなければ、権力行使は、超富裕層にとって、思想と活動が要求されるため、あまりにも煩わしいので、この職業の目新しさが消えた後には、あまねくかれらから見捨てられるであろう。現在でさえ、——当事者以外のすべての人々の目に、現在、非常に明白な——人類の同権に対する権利侵害を少しでも長引かせ、維持したい、という気満々でありながら、過度な富は、多くの場合、わずかな報酬で、活動的な階級に、横領している官職の労働をすべて委任して、みずからは指導するだけである。どんな目で人事を見ても、富の強制的、過度な不平等は、われわれには、人間の愚鈍と堕落の看護士、サポーターとして立ち現れる。その道徳的、経済的、および、政治的結果は、等しく有害である。

この過度な、有害な富の不平等はすべて、多様な仕様で、いろいろな共同社会のさまざまな条件に応じて、暴力と欺瞞と——何時も暴力に支えられた欺瞞——によって、分配の自然法則、つまり、第1章で証明された、自由な労働、その生産物の完全利用および自発的交換を侵害することから発生してきたのである。

この法則がしっかり遵守されていれば、後を絶たない弊害、超富裕層に対する弊害も、共同社会の他のものに対する弊害も、すべてを伴う、この巨大な不平等は決して起こりえなかったであろう。富に関するすべての法律が、これらの原理に立脚して形成されるまで、社会の根底には、何時も悪徳と悲惨という組織解体の核心が存在するであろう。ただの富が追求の主目的でなくなるまでは、人類は、有益な知識と仁愛の点で、基本的に決して進歩しないであろう。世論が、現状はともかく、現在、富の追求に向けられているのと同じ熱心さで、知識と仁愛の習得を容認する方向に向かうなら、知識と仁愛は人徳となるであろうし、人間が追求する主目的、人間の幸福の強固な基礎となるであろうし、なるべきなのである。

第3章　分配の自然法則「自由な労働、労働生産物の完全利用と自発的交換」の副次的利益について——すなわち、安全によって制限された平等について

富の分配に関する単純なルール、つまり分配の自然法則と呼ばれているものの真理と功利を確証し、それから乖離すると、有害な結果が生じることを立証してきたので、本書第1章の終結部で交わした約束を履行し、これらの分配法則が人事の規制に与えるその他の結果、つまり副次的影響を追跡していく際に、真理が導くところにどこへでもついて行くべきときである。これらの諸結果の程度と重要性とを隠蔽するどころか、われわれは、これらを最初に公然と認めたのである。けだし、これらはすべて善に、すなわち、社会における富の増加、善政、美徳、結局は幸福の増大に貢献するからである。しかし、ここでもっとも有益に見える結果そのものも、おそらく、多数の人々が、以前からの型にはまった考え方のために、これまで検討もしないで非難してきたものであろう。その他のあらゆるものより重要な結果、つまり、分配の自然法則に従うことで期待される善の実り豊かな産みの親があり、これが全社会に普及するであろう。それらは暴力を排除して、力ずくで欺瞞を排除する。理性は暴力に替わる唯一の後継者である。そして理性は、説得、つまり世論を通した発言によって、私的処世とともに、公的問題の仲裁役になる。利益に反する自己否定の道義心という考えにもとづいて、暴力を理性の犠牲にしろ、と要求しているのではない。万人の幸福にとって、富の最大生産と最有益分配を実現するために、万人と各個人の平等な安全が不可欠であることが証明されてきたのである。政治的、経済的、および、道徳的見地から、その結果を指摘しよう。まず、はじめにその政治的結果について。

直ちに、それらは普通の統治制度と矛盾する、と平等な安全原理に対して反論するであろう。けだし、もし自由労働と自発的交換が例外なく支持されるべきならば、政治権力は、非常に多様な方法で私的安全に介入せざるをえないので、どのようにして行使できるのか。この結果はなるがままに容認されているし、これら原理のもっとも重要な副次的利益の一つと信じられている。不正義な政治、すなわち最大幸福を考えない政治とは、これらの原理は矛盾する。これらの原理は正義の政治全体の忠実な支柱である。これらの原理によってのみ、行政、特に租税と私的安全との従来の耳障りな要求は調停されうるのである。安全の全恩恵は、それが至る所で尊重されてはじめて、労働と労働生産物がその生産者に保障されてはじめて、残酷な暴力の帝国が到るところで廃止されてはじめて、完全な納得のいく等価なしで行われる偽りの交換がなくなってはじめて、実現されるのだ。政令、特権または法律と呼ばれる公的行為の力をかりて、または、このような口実がいっさいなしで、一人によっても、多数によっても、私的強盗によっても、公的略奪者によっても、労働と自発的交換との取得物は侵害されてはならない。または、まさに正当に取得された財産の一片たりといえども、その生産者または所有者が納得すると思われる等価の受領に完全に合意しなければ、手をつけてはならない。このことをわれわれはすでに詳細に証明してきた。また、われわれは、このルールからのいかなる離脱についても、どんな種類のものであれ、正当化や言い訳さえできないと思う。そして、就中、支配者たちはみずからの手で直接に、あるいは統治機関を通じて、安全に対してあらゆる有害な攻撃を仕掛けて、共同社会を悲惨と悪徳にがんじがらめにしてきたので、かれらに有利な、上記のような例外を設ける妥当性はさらさらない。まさにそのとおり。社会のほとんどすべての惨状は、生産的労働者と勤勉な交換者の安全を侵害することによって産みだされてきたのである。私的略奪者は、富裕層の、つまり、これら支配者本人とかれらの友人仲間との、現実的、または、空想的安全を侵害したので、非常に見るに堪えない残酷な行為を無情にも受けたけれども、かれの隣人の安全を侵害したという罪の感覚は、あまり身に覚えがなかった。共同社会における貧困、悲惨と悪徳の主要な原因は、支配者が、法律という儀式を通していようといなかろうと、かれらが好都合だと判断した量なら何であろうと、共同社会の年労働生産物か蓄積労働生産物を略奪し、その生産者か所有者に納得できる等価を支払わずに、それらを保持し、消費するという支配者による安全の大規模侵害であり、無知、無法なトルコ人による非情な直接的略奪から、文明人略奪者の奸智に長けた、全国的に蔓延する租税に到るまで、また、法律、宗教、公的暴力等々の口実で、貨幣を搾取する際限のない手練手管、安全侵害のそれらの一つ一つまで、何千と姿形を変えた安全の大規模侵害である。私的略奪が勤労から、その何十かを控除し、その割合で、安全と勤労を弛緩させるところでは、公的略奪は同一の勤労からその何千かを天引きして、努力の希望そのものを抹殺する。私的略奪に対しては、ただの地域的規制だけで、独裁的な、腐敗した、あるいは、無知なルール体系がかつてなしてきたより一〇〇〇倍も有効に、簡単に防御するであろう。勤労者の、つまり大多数の利益は、かような規制を策定させ、その執行を保証するするだろう。私的略奪者の攻撃に対して、公私双方の力にチェックがある。圧倒的な暴力によって系統的に組織され、維持される公的略奪者の安全に対する攻撃には、防衛手段がないし、支配者の慎慮か、恐怖以外にチェックはない。そこで、われわれは、わが原理を、みじめな、つまり比較的無気力な、無害な、私的略奪者に対しては全力で維持しながら、一方でその原理を明け渡すなんていうことは、安全の、このような巨大な、日常的な侵犯者に味方することになるのではないか。かつて読者に、わが原理の重大性に目を向けるよう警告し、それは普遍的に通用すると教えた。どんな分野にその原理を適用しても、それは、公共の幸福の基盤を、現在の分野におけるほど強固な、慈善的基礎に置いてはいない。「価値を奪われた各人に、納得すると思われる等価を与えもしないで、支配者が富を略奪するか、貨幣を徴収することが安全の侵害であるならば、どうして政府は支持されうるか。政府は被課税者各人の同意を乞わねばならないのだろうか。政府と秩序の恩恵は停止しなければならないか、この無制限の意味での安全を行使することは諦め、それとともに分配の自然法則をも放棄されなければならないか、のいずれかである」と力説されるだろう。

人類にとって幸運にも、安全は立法、租税およびあらゆる有用な法律のもっとも完全な施行に矛盾しない。否、安全原理を完全に維持しなければ、分配の自然法則を無条件に尊重しないなら、なおさらに、いかなる正義の立法も、人間の富、または、人間の行為に対するいかなる正当な干渉も実行できない。安全原理の尊重はすべての正当な政府の基礎である。

このことは、どのようにして達成されるだろうか。この問題は、どのようにして解決されるだろうか。ただ代議制統治によってのみ。最大限可能な程度の平等と幸福を産み出す安全原理は、その他のいかなる種類の統治とも絶対的に両立しない。それはすべての正義の立法の試金石である。富を所有または生産している各人の、合理的、自発的業務に従事できて、もちろん、制定された法律によって行為責任を問われうる成人各自の真に誠実な（*bona fide*）代表。この安全の権利は、抽象的原理に立脚した、形而上学的権利では決してなく、同時に、富の最大生産と最有益な分配、つまり人間の幸福を実現する主要な手段を進展させるのに不可欠である。代議制度によっても、わが原理の普遍性が犠牲にされるとか、誰か個人の労働または労働生産物に干渉する行為それぞれに個別的に賛同することが、わが原理にもとづいて正義の統治を構成するために必要であるとか、個別的立法――それは大共同社会では不可能事であるが――が必要とされるだろうとか、言われるだろうか。われわれはこう答える。個別的立法と直接的自己申告税（immediate self-taxation）さえ、多数と少数との要望が合致しない場合すべてにおいて、全員が大多数の決定に従う、という事前の合意を暗示しているのだ、と。この事前の了解がなければ、どんな相互の行為も、どんな協力体制も、決して存在できないだろう。それはすべての同志（communion）にとって必要条件である。この条件を否認するひとは、誰もこの社会に所属できない。このような個人が主張できるのは、この社会から脱退し、他の社会と結びつく許可が自由に得られることだけである。その許可は大変明瞭かつ有益な個人の権利なので、あらゆる共同社会が容認するだろう。それで、他のものと一斉に投票する行為それ自体は、全体の行為に替わって、多数の行為を採択する原理の承認を必然的に意味する。さて、一〇〇万ないし一〇〇〇万人が、もっとも拡大した代議制度の下で、この承認によってのみ、共同社会の代議員の行為が、その社会における各個人の自発的行為とみなされうるのである。団結した代議員の過半数は、かれらそれぞれの選挙区の過半数の声を代弁し、この過半数の行為は、共同社会の全個人の行為となる。少数派の意志と利益が、多数派のそれらと合致する場合には、多数派のそれらとともに、少数派のそれらも追求され、推進させられるべきである。どちらかが、もしいずれかならば、もちろん、より少数派が犠牲になるのは、かれらの意見が一致しない場合だけである。そこで、もし、この大共同社会の多数が、かれらの代議員を通じて、かれらの労働生産物部分を専有することを、有益にしろ、無益にしろ、いかなる目的にも適当と考えるならば、かれらが、かような専有の際に、愚かにも、賢明にも行為するかもしれないが、かれらはそれによって安全原理を侵害した、と決して非難されえない。これは安全を立法と、すべての法律の、つまり、共同社会の安全を侵害することによっても支持される武装した群衆のテロで、法律を継続的に施行するのではなくて、労働生産物に干渉しさえする法律の完全かつ自発的な施行とを一致させる、唯一の秘訣である。いまは代議政治の恩恵を、残らずあげつらう時機ではない。他のものは、すべて安全原理と矛盾することを証明すれば、十分である。いかなる名称にせよ、たった一人の人物か、多人数かによって簒奪された、被統治者からの代表を欠如した似而非統治権なるものは、全部、労働生産物または労働の方向にあえて干渉するかぎり、安全、すなわち富の分配の自然法則に敵対する。代議制と選挙のみがそれと合致するのである。

　不安全の弊害を除去するためには、代議制以外、どんな案も思いつかない。もし代案があれば、その長所、短所を代議制のそれらと比較して、もっとも有益な方法を選択するべきだろう。自発的協働によって実現する、共同社会における財産の完全平等制度は、公的寄付（public contributions）を安全と一致させるために、代議制の必要性を否定しないであろう。なぜなら、これらの共同社会は必然的に小さく、規模が村落を越えないくらいなので、内部規則を必要とする、とは言えないまでも、やはり、交換の点で、近隣の共同社会または個人と関係を持ち、かれらが生活を営む国民的大共同社会の、その他の部分と同じように、国民的功利の全仕事と全制度に関心があるはずだからである。これらのために代議制は不可欠である。共同の目的は、一大共同社会によって、それ自体の直接的行為によってか、その他の行為を介することによってか、達成されなければならない。もし、共同体によってこの趣旨の権限を得られないで、他の手段によるならば、安全は侵害される。もし共同社会によって与えられた権限の結果であるならば、代議制度は遂行されたのである。自発的と非自発的との間の中途半端な方策はない。統治の理論的根拠には無意識的運動はありえない。

　しかも、完全な安全の愛好者は、同時に完全な自発的平等の愛好者であれ、個人的努力の愛好者であれ、こう言うかもしれない。「財産の寄付は、代議員によって有益と判断されても、寄付者の個人的自由意志によって容認されなければ、為されるべきではない」。正当な代議制度の下では、この二番目の同意が、安全原理の維持に不可欠だとは、われわれは考えていない。けだし、真実の代議員がこの寄付を法令として布告すると、目的が明らかに非常に有益で、金額が僅少で、寄付者が大変に気楽で、世論がこの高度に公共の義務を遂行するのに熱心なので、この法律が寄付の命令ではなく、全市民に対する、一定の比率での寄付金の勧誘にすぎないとはいえ、未納者がほとんど見当たらないだろうからである。もし寄付の目的が共同社会によって有益と判断されなかったり、金額が過大だと思われるなら、共同社会は代議員を罷免したり、かれらに新しい指図を与えることができる。しかし、惨めな自己中心主義制度の下で成長し、歪められた人心の現状で、この第二の個人的同意のような非常に不必要な実験を力説することは時期尚早であろう。これを究極的に実現する自然的方法は、未納に対する処罰を徐々に軽減していって、その結果、刑罰が非常に軽くなるので、世論の啓発にバックアップされて、代議制立法が、全寄付金の支払いを実際には二度目に自発的にするよう勧告するだろう。

　それで、分配の自然法則を完全に遵守することの、最初の大きな政治的利益は、そこからその他のほとんどすべての利益が発生するのだが、分配の自然法則を全部の共同社会の間に普遍的に確立することが必然的になり、その功利を受け取り、もちろん、その行為、つまり代議制統治を維持するよう、十分に啓発することである。もし、狭い見解をもった多数が、代議制統治の利益が非常に大きいので、安全を犠牲にしてさえ、高すぎて手に入れることができない、と考えていたなら、安全は、代議制統治と敵対するものではなく、そのもっとも強固な支柱であるばかりか、その他の政治制度とは両立しないものだ、と分かったとき、どんなに完全に、議論を変更したり、強化したりするだろうか。代議制統治を通してのみ、安全の恩恵を全面的にエンジョイできるのだ、と分かったときも。

　安全の、いま一つの政治的利点に進もう。分配の自然法則を尊重し、安全と両立する、富の最大可能な平等の結果である、全個人的幸福をエンジョイする共同社会は、戦争で近隣の人々を困惑させるのではないか、と心配したり、自分の財産、労働生産物を他の人々によって不当に略奪されそうだ、と心配したりすることはほとんどないだろう。骨の折れる勤労をしながら成長し、かれらは自分自身の取得物と権利の価値を評価し、残酷な暴力の損害と、知性に指導された労働の確実で、豊かな成果とに気づいていると同様に、他人の取得物と権利を尊重することに慣れているのに、どんな動機によって、これらの人々が、山賊のように、罪のないかれらの隣人を急襲しようという気にさせられるだろうか。かれらは、略奪が当然ほんの一日だけでも続く間、勤労が共同社会の唯一永遠の資源であるということ、そして、かれらの略奪行為は必然的にかれらの勤労の営為を放棄することだ、ということを熟知している。どんな常備軍をも、このような共同社会は、維持できないし、思いつかないだろうし、必要でもない。対外問題では、「他の共同社会には、かれら自身の関心事をやりくりさせればよい」。その他のことでは、理性と互恵主義が、かれらの望む唯一の影響力である。対内問題では、共同社会のメンバーの誰が、健康でなく、体力がないか、自衛の技法を知らないか、自分がエンジョイしている恩恵を感じていないか、権利が継続することで、これらの恩恵が産み出され、維持されるが、この権利を評価しないだろうか。そして、このような共同社会のメンバーの誰が、自分の立場を知らないだろうか、また協働しようと急がないだろうか。それどころか、暴力的侵略を撃退するために、反撃に挺身しないだろうか。このような共同社会は、豊かさをエンジョイしているが、労働を犠牲にして、強制的不平等や怠惰に堕することなく、外国の略奪者に対して鉄の防壁になり、国内では非常に幸福なので、みずからが略奪者に変身することはないであろう。常備軍を維持し、対外戦争を永続する機構とは、実際何であるか。それらはただのチェス・ゲームではなかったか。そのゲームでは支配者とその他の過度な富の所有者が、退屈な生存への刺激を欠いた競技者であり、あらゆる種類の安全侵害によって、惨めな貧困層を無理強いして、名誉という、とんでもない名前で、相互に大虐殺の果たし合いに突進させて、かれらより上級のものにこの事件の爽快な快楽を与える。このことは紛れもなく真実なので、共同社会の大半の人々の好戦的な力が低下しないように、かれらが自分の隣人を略奪する趣味を失ったり、大量盗奪と大量殺人のために新人を補充したりしないように、かれらにあまりにも多くの安全と生活のゆとりを与えることに、これまで反対してきたのである。これらの反対が、豊かな、贅沢な共同社会に対して、まさに、なされてきたということは、誰でも知っている。共同社会における富の対象の強制的富の不平等が退廃と臆病を産み出すかぎり、これらの反対論は正しい。共同社会における富の対象の分配に対してのみ正しいが、絶対量に対しては正しくない。なぜなら、分配の自然法則が維持されているかぎり、富が労働と自発的交換だけによって獲得されるかぎり、すべての暴力と詐欺が撤廃されているかぎり、過剰な富はこのような共同社会には存在しえないからである。富の増加は、すべて労働、または知性、または両方が合体したものの増加の報酬である。科学と芸術と労働生産力が大変に改善されて、あらゆる個人が、真に美しく、有益で、便利な施設がすべて整った宮殿に住むことができ（もし、かれが自分の時間を、かような専門の生産にうまく使うと考えるなら）、とびきり上等の、最高に着心地のよい薄衣を身に纏い、健康や寿命への影響によってのみ許される範囲で、豊富な、おいしいご馳走を提供されるとするなら、このような事態は、分配の自然法則に従い、強制的不平等が排除されるかぎり、そして、すべての楽しみが努力の報酬であるかぎり、――悲嘆と落胆の問題ではなく、歓喜の正当な源であろうし、最高の幸福な結果だけをもたらすであろう。幸運にも、それは攻撃精神がなくなるが、防衛には無敵であろう。利害関係のため、労働と教育によって身についた不屈の精神のため、無敵であろう。科学的知識のため無敵であろう。

安全原理が統治機構や共同社会の公権力におよぼす影響が、このように有益であるなら、それが刑法と正義の施政に与える影響はどうであろうか。制約のない富の分配は平等への傾向が非常に強いので、過度な富と過度な貧困が取り除かれ、現在ややもすると犯行に駆り立てるほとんどすべての誘惑とすべての動機も、また取り除かれるであろう。貧困層の悲惨な生活、欠乏、羨望、憤りから、あるいは、富裕層の怠惰と欲望を恣にする激情から、ほとんどすべての犯罪が生まれる。安全によって制限された平等は、これらの欲望と激情の餌食を貧困層と富裕層の両者から取り除くので、それらの影響は消滅する。貧困層、あるいは、むしろもっとも富裕でない層は、困窮によっても、超富裕層の簒奪を極度に嫌悪することによっても奮起せず、全取得物が万人および知識と勤労との成果に帰属することを知っていて、勤労によって、ゆとりある生活を獲得する能力と才能とを所有しているので、他人の正直な、称賛に値する取得物を侵犯しようとする誘惑をまったく感じないであろう。この原因から発生し、いろんな犯罪で例証される全詐欺と暴力は、消滅するであろう。過度な富は追放されるので、この共同社会のより裕福なメンバーのうち、少数しか遊惰三昧の生活はしないだろう。世論は勤労、努力、精神的、肉体的職業に非常に強い好意を持つので、幸運な取得物によって、無為な怠惰、倦怠、無感動で暇つぶしをするような少数者は、羞恥心と他人真似によって、何か有益な職業、実験的技芸か科学、または文学に身を入れざるをえないだろう。かれらの同胞大衆は、生活にゆとりがかなりあり、知識と道徳的習慣も大層立派なので、かれらにより尊敬され、そのため、富裕層の方に、かれらの優越性をひけらかす動機が減少したのと、貧困層の状態が変わり、この悪態に対する反抗的態度が強くなったため、この両方が精力的な世論によって支持されて、より富裕な階級の犯罪とともに悪徳も相当程度追放されるであろう。犯罪への、この動機減退の結果は何であろうか。冷淡な心の人民を教育する、すべての冷酷かつ残忍な処罰が、完全に消滅するばかりでなく、もっとも寛大な処罰でさえ、犯罪への、衰弱したまま残っている動機に反対するには十分であろうし、羞恥心の刑罰が日ごとに強く働き、その他のあらゆる刑罰の弊害のなかで、より大きな構成要素になるであろう。刑法のこの穏和な状態はマナーにも作用して、理性と有益な同感とが、無知蒙昧な権利侵害の傾向に対して絶えず新しい力を増強していくであろう。——もし刑法がもっと緩和されれば、もっと確実かつ容易に、しかも公的暴力を行使しなくても、執行されるであろう。――現在は、何が同法の当然の執行を妨げているのだろうか。より貧困な諸階級、つまり各共同社会のきわめて大多数は、法律の功利を理解していない。かれら自身の安全は、これらの法律そのものの強制執行によって、また超富裕層の直接、間接の抑圧によって、非常に頻繁に侵害されている。処罰は必然的に大変恐怖を感じるし、（かれらが同感する）法律侵犯の誘惑が非常に強いので、法律の執行を妨害しようとする一般的傾向がある。それゆえ、費用のかかる、多かれ、少なかれ、厳しい尋問者のような警察制度と武装兵力が、不満を弾圧するために必要なのである。しかし、分配の自然法則によって支持された安全制度の下では、各人が何か保護するものを持ち、保護されているであろうし、法律の施行に個人的利害関係を感じるであろう。万人の安全は等しく保護され、労働の安全も、労働が獲得した生産物の安全と同様、万人が、なんびとの権利の侵害に対しても、警戒心を感じるであろう。情報が提供され、犯人は逮捕され、証人が現れ、陪審員と判事は、かれらの当然の義務を間違いなく果たすであろう。そして寛大な処罰は、その執行のための儀式の監視を必要とするだけであろう。法律は執行されるだろうし、確実に執行されるならば、おのずから、犯罪はほとんど根絶するであろう。なぜなら、あらゆる賢明な刑罰の弊害は、通常の評価では、犯罪から生じる善より大きいにちがいないので、このような処罰の確実性は、犯罪へのすべての動機を除去し、抑制できない激情の異常な事件、または精神異常に近い見当違いが、処罰されるべき、ほとんど唯一の事件である。その他のひとに与える刑罰の恐怖――と羞恥心さえ、その次ぎに恐怖であろう――は何時も、犯罪者に対する更正手続きを伴うであろう。こうして、法律は執行されて、公的暴力は、このもっとも重要な統治部門で、ほとんど要らなくなり、正義（＝裁判）はもはや究極的仁愛の手段として権利侵害と虐待に依存している、と皮肉にも非難されることはないであろう。

分配の自然法則を厳密に遵守することから生じる次の政治的利益は、「あらゆる統治機構の全費用は、その最低点まで切りつめられるだろう。またこのようにして、毎年不生産的消費から節約される富全体は、生産者の努力に報いたり、生活のゆとりを増加することに支出されたり、至る所に普及している公益事業と公共保養事業に捧げられるであろう」。明白なことは、もし共同社会の全メンバーが、直接自分自身でか、かれらの代議員を通じてか、統治の公共的目的のために必要と思うことに寄付するとするなら、かれらはできるだけ少なく与え、できるだけ多くを見返りに得るだろう、ということである。その他の全取引でも同様に、かれらは、かれらの欲する最良の物品を、現実の市場で、それに相応しい才能のあるひとが提供できる最低の値段で、手に入れるだろう。かれらは、誰かあるひとに、かりにもう一人のひとが一個の金片と交換に、あるいは、おそらく出来映えがよいという評判のために、等しく上手に成し遂げるであろう特別の行為、または義務を果たすとしても、かれがより愛想が良くて、その値打ちのあるものを特価で売るだろうという理由で、その仕事に対して一〇〇個の金片を与えることはしないであろう。この安価のため物事がうまく運ぶか、どうかは別問題で、この問題点を見失わないであろう。ただ安さだけが、わが原理の結果だ、といって、吝嗇という名で非難されてきた。そして何千という無数の弊害がその結果生まれた、と言われてきた。——もちろん、支払いすぎて、損害を蒙ったものにとっての弊害だ。現在の、無駄の多い、圧倒的な政治の費用の理由は明らかである。寄付を直接的か、間接的に命令し、徴収する人々は、みずから消費するか、かれらとその消費を分かち合うことによって、他人に恩恵を施す人々である。こうして、二重の過ち、ないしは悪徳が犯される。自分の労働と勤労との生産物を、寄付支払いのために、強制的に略奪される人々は、金額の決定権を剥奪されるばかりか、その他のすべての人々のなかで、もっとも、このような権力の行使を許してはならない人々、つまりこの寄付の消費者または分配者が、寄付の規定者なのである。その結果は当然、かつ人間性が現在と同様に形成されているかぎり、必然的に、共同社会の支配者がこの共同社会の忍耐と窮乏を慎重に考慮して、共同社会の年労働生産物から搾取することができる最高可能な金額が収奪されることになる。しかも、この金額の最高額が、富の形態での収益という点では、不生産的であるばかりか、また共同社会に対して、その他の可能な等価も与えないばかりか、すべての有益な美徳を、できるだけ直接的に破壊して、その代わりに、過度な富と貧困と、それに加えて政治的堕落をも同時に発生する悪徳をはびこらすような方法でも支出されるのである。これら巨額の強制的寄付金が、大部分充当される主要使途は、それが引き起こす不平不満を威嚇するため、さらに支配者に戦争の偶発的娯楽を与えるために、大武装兵力を維持することである。寄付者が、自分の寄付を裁定するなら、できるだけ少なく与え、できるだけ多くを得ようとするのは、証明するまでもない。なぜ、かれらはそうしないのか。安価はどこでも恩恵ではないのか。買った物品の質がもちろん変わらないから、富物品はもとより知的、肉体的努力の安価は恩恵ではないのか。安価な企業家は、影響力も弱く、寄付者の支配下に置かれやすく、その仕事の出来映えの良さ以外に推薦すべきなんの取り柄もないので、その仕事に最善を尽くさざるを得ない。信用の裏切りと公金横領については、その機会とその便宜を除去し、あらゆる義務を簡素化し、公務員を選挙し、責任を持たせ、かれらの行為と議事録を公開し、あらゆる方法で、賞罰に関する世論の影響力を増強せよ。そうすれば、かような裏切りと公金横領とは、その最低限度にまで減少するであろうし、ほとんど存在しなくなるであろう。外国の誘惑さえ、もし贈賄すべき富が無制限にあると仮定すれば、このような手段に対して、無力であろう。全公務員は責任を負い、解任されるので、処罰を怖れて、かれらは、誘惑されたものがなにも謝礼するものを持っていないところで、誘惑するという馬鹿げたことをするのを思い止まるばかりか、かれらの権限が制限されているのと、かれらの在任期間が短いため、かれらが、敵に対して永久に有益に取り計らうことができないことも、そのような愚行をする気にならないのであろう。たとえば、アメリカ合衆国大統領の権力で犯すことができるどんな行為があるか。——かれが社会的名誉失墜と刑罰を無視すると想定して——その権力に対して、社会の敵は、自分の富を大統領への贈賄に投げ出す気になるほど強い関心があったとしても。ほとんど無きに等しい悪事を働く権力、茶番ではなく真の責任、簡単明瞭な義務の裏づけ、共同社会またはその代議員の要求に応じた公的行為と協議、抗すべからざる世論、短期の在任期間、そして名誉侵害された共同社会がみずからの意志でただちに取り消しを請求する権限。このような諸条件のもとで、賄賂を授受する馬鹿者は誰だろうか。汚職が自由に蔓延するのは、責任が茶番であるところ、官職が馬鹿と利口と交互に終身であるところ、便宜が求められたり、いや図られたりするところ、である。比較的重要でない官職では、同様な方策が同様な結果を生むだろう。誘惑的な動機は排除され、後見人的動機がかなえられ、義務怠慢の結果は失業だろう。安全はどこでも統治そのものによって尊重されているので、世論で非常に神聖視されるようになり、世論が幸福な生存に非常に必要不可欠になるので、世論による追放の脅威ほとんどそれだけで、公務員のなかに清廉、才能および活動性を維持するに足りるであろう。しかも、この世論たるや、公務員自身にも、共同社会のその他の人々と同様、性格形成上、影響力大であるのは言うまでもない。公僕全員に対する、現在の不正な過剰支給の真の秘密は何か。超富裕層は、少数であろうと、多数であろうと、何という名で呼ばれようと、みずからの技術と労働とに支払いを受ける人々の願望を軽蔑して、税金を法令として布告し、徴収するのである。イングランドは、その他の同じくらい人口密度の高い共同社会よりも、資本家の手中により多くの富が蓄積され、楽しみのための年間消費がより多くはないけれど、そこでさえ、税金の四分の三以上が、再生産的労働によって消費される物品に対して、直接徴収される。全国で、全税金が、生産的労働に対して、直接または間接に、徴収される。そのほかに、年間供給源はない。自然も、知恵も、労働しないで供給できない。富裕層、またはかれらの関係者たちを活動する気にしたり、どんな努力でもやる気にしたりするためには、かなり強い刺激が与えられなければならない。その大きさは、これら富裕者の平均的支出と身についた習慣とに依存する。かれらは、私生活における、このようなサービスに対する支給率に応じた職務価値のために、働く気になるわけではないので、支給額は、かれらが受理するに値するまで、上昇するにちがいない。かれら自身の間では指名が絶対的なので、すべての競争は、もちろん排除される。その結果、一般的にはこうなる。つまり、過剰支給の一部、非常に小部分によって、かれらは適当な才能のあるひとを雇って、真実の義務を果たし、——果たすべき真実の義務があるところでは、——そして、労働に精を出している共同社会の、こうして略奪された基金を、つねに不生産的に、またほとんど何時も有害に、消費する。過剰支給のために、より汚職の誘惑が少ない、という口実は、広く悲しくも確証された欺瞞である。あらゆる国で、しかも周知の人間性原理から、最良の物品は、真の競争価値だけが、それらと交換に与えられるところで、得られる。廉直を保証する適切な手段が顧みられないところでは、過剰支給の唯一の結果は、賄賂の高騰、または可能な形態での汚職問題の増加を必然的にすることである。物質的、または精神的物品の真実市場価値（the real market value）以上に、共同社会の方にせよ、私的個人の方にせよ、故意に支払うことは、もし深刻な汚職の動機と、この結果が公共福祉に与える致命的な影響とが有効な抑制を必要としないなら、ただ一種の精神異常として、見過ごされるかもしれない。

しかし、安全が、あらゆる種類の公務員給与と公的支給を、その有益な最低水準に引き下げるように作用する、いまひとつの方法がある。公務員給与は、かれらを雇用する共同社会の富裕諸階級が受け取っている私的所得によって、どこでも規制されている。富の大きな不平等が普及していて、私的資産が大きいなら、権力を持っている公務員は、富以外のあらゆる点でかれらより劣等と思う人々と一緒に働けるためには富の点で平等でありたいと切望するであろう。そして、かれらはこれら富裕諸階級の出身なので、かれらの友人たちは、富裕諸階級が富の点では自分たち自身と同一レベルに置かれることを、きわめて合理的だと考えるだろう。だから、分配の自然法則は、わが共同社会から過度な不平等を根絶し、多数の適度な資産に替えるので、過度な支給を望まないようになるであろう。かれらは公務員を、もっとも尊敬できる諸階級と思われている人々と平等にするために、公務員をこれらの人々と一緒に働けるようにする必要はもうなくなるであろう。このようにして、あらゆる共同社会における富の分配状態が、公僕の支給を規定する。富の大きな不平等は、その他のあらゆる略奪と損害の、そしてまさに公務員への過度な、汚職を誘発する蕩尽的給与そのものの不可欠な基礎であり、産みの親なのである。

分配の自然法則を遵守すれば必然的に伴うと認められる、次の、そして最後の有益な政治的結果は、「すべての宗教的連帯は自発的になるだろう」ということだ。ヨーロッパにおける、どんな既成宗教制度も、現在、公的暴力の援助によって支持されているが、もしその支持が撤回され、その支持のために、現在、自分の勤労生産物を収奪されている人々全員の自発的同意が、その支払いのために必要とされるなら、相変わらずその支出が現状のままに維持されるだろう、と誰が鉄面皮にも言えるだろうか。それを支えている暴力が撤回されるとすれば、明らかに、みずからの重さで倒れてしまうであろう。なぜなら、真実の勤勉な寄付者は自分の納得できる等価を、幻影的な形としてであれ、精神的な形としてであれ、はたまた、音楽か、歌唱のような肉体的な装飾を纏ってであれ、受け取ってないからである。謙遜と禁欲を説く高慢で、ちやほや甘やかされた説教師の贅沢のために、強制的に貢納させられた現在の多数の納税者たちは、個人として、自発的に納付したくないだろう、ということが認められるなら、共同社会の真の代議員の大多数は、かれらの選挙区民の過半数の願望に服従して、もしくは、それに応じて、共同社会全体から、聖職者的組織の支持を取りつけるだろう、とさえ言えるだろうか。聖職者の影響力が、——常に人民の無知に正比例して、——なお、まだ強力なメキシコでは、おそらく真の代議員は、そのように行動するかもしれない。とはいえ、そうすることによってさえ、かれらは安全の原理を蹂躙しないだろう。もしメキシコ人たちが、かれらの恵み深い創造主の永遠の苦悩を、かれが代理人として認めた聖職者を介して、多かれ、少なかれ、独創的な厳かな仕草によって、免れるために、かれらの俗界の年労働生産物の半分を与えるのを適当と考えるならば、メキシコ人をかれらの財産の、これほど賢明かつ敬虔な盗奪から護ることとは、安全の蹂躙になるであろう。代議制統治のもとで、かような知恵と敬虔さがどれほど永く続くか、は別問題である。このような制度と自由討論のもとでは、かれらの本当の利益は、おそらく、直ぐに発見されるであろう。しかし、もし、かれら自身の自由裁量に直接に委ねられるか、またはかれらの代議員を通じて、その自由裁量に間接に委ねられるなら、双頭の怪物、つまり二重の既成制度の下で、イスラム教徒、ヒンドゥー教徒またはアイルランド人の聖職を維持するために、現在、かれらに課せられている金額を支払うほど、素直で、狂信的な国民が、地球上に、他にいないのは確かである。その結果どうなるであろうか。聖職者が、かれらの労働生産物と交換に、かれらに与えることができる天国のような器物、幽霊のような気休め品を好む人々は、このような等価と自発的交換をするだろう。健康的で、美味な食物、こざっぱりした衣服と広々とした住宅が、来世の約束よりも、どんな程度にしろ、雲のうえの土地とか、王冠とか、黙想よりも、もっと実質的な恩恵であると思う人々は、おそらく、かれらの労働生産物を自分の手元に置いて、聖職者ないしは使徒たちに、かれらの正直な生活維持のため、テントとか、バスケットとかを作らせたり、その他のあらゆる職業に就かせて、かれらの余暇を、もし自由にできるならば、かれらの隣人の幻想的か、道徳的な教化に捧げるだろう。多数の人々は、団結して、いかなる制度の儀式、教理あるいは教訓、かれらの恐怖か、かれらの理性、または、かれらのただの初期的観念連合であれ、かれらに勧めて、かれらの人数のうち若干のものに、かれらの宗派の義務履行の代償を支払い、または、かれらのうちの若干のものに無償で、順番に、この義務を履行させる制度の維持に、寄付するであろう。聖職は謙虚で、勤勉のまま維持されるか、かれらのもっとも単純かつ容易な、真実の義務を、在家信者によって遂行されるように、替えられるであろう。競争と対抗が、かれらの志気を新たにし、かれらの支持者を確保し、増大するために、かれらを奮起させるだろう。真の道徳性、幸福であることと幸福になることへの愛着は、富の分配と知識の普及にもとづき、明瞭で、知的な利益の動機によって、維持されているが、偽善によって汚されることなく、繁栄するだろう。神学上の議論と非難の応酬の辛辣さと愚劣さからさえ、真理は引き出されるし、穏やかな、優れた精神は至る所で産み出されるであろう。だが、神学者は、自分たちの熱意を輝かせるために、国民の略奪品を取り合う戦いをしなくてもよいし、議論を重視したり、略奪を強要するために、残酷な暴力を意のままにできないので、かれらの論争は、有名なアラビアの千夜一夜物語ほど無性に楽しくないとはいえ、無害になるであろう。功利と自然科学的、歴史的真理の正真正銘の道徳性は、究極的にみずからの道を切り開いていき、自己卑下、屈辱そして儀式、および難解で、重要でない教義、幼年時代の作り話、という偽りの道徳性に取って代わる。弱点を意識した迷信が、至る所で、幼児の無防備な心の隅々まで猛威を振るう、卑怯で、下品な圧政は、——もし、それが、理性より以前に、恐怖の諸連想によって、その教義を強制しないなら、子供の偏見のない理性さえ、たとえ神自身がそれらの創始者であり、主唱者であっても、それらを決して受け入れないであろう、ということは周知で、不思議なことに、容認しているので、——永遠に、終焉するであろう。宗教的観念連合に対して支払われたものは何であれ、自発的に支払われ、安全に対する攻撃は、いずれにしても、野心的な勤労エネルギーを束縛することはないだろう。もし、いかなる宗教、すなわちマホメット、孔子またはイエスのどの宗教も、その聖職者に支払うために、富の強制的収奪による安全に対する攻撃なしには維持されない、と言われるなら、どんな宗教も、安全の恩恵と比較されるべき利益を全然与えることができないかぎり、このような条件で存在してはならない、と返答される。この利益がなければ、もっとも純粋な宗教、もっとも平穏な、もっとも高尚な道徳性さえ、空虚な音声にすぎないであろうし、この利益があれば、宗教で美しく、真実なものは何であれ、あらゆる幸福な、啓発された心の自由な信念と実践になるであろう。さらに、人類の疑う余地のない経験は、宗教は泥棒がいなければ存在しえない、という偽善者的口実が、完全に虚偽であることを立証してきたのである。けだし、道徳性をよく考えてみると、法律であれ、教会であれ、またはさもしい私的窃盗であれ、こそ泥であるなら、泥棒とは、理性ある所有者の同意なしに富を略奪することにあるからである。アメリカ合衆国において、ヨーロッパのあらゆる部分のあらゆる非国教徒団体において、宗教は存在するだけでなく、その信徒仲間の自発的支持に依存しているので、暴力がその収入を徴収するために行使されるところよりも、無限により神聖でもある。クエーカー教徒は、いままで自分自身の聖職者たるに相応しく賢明だったし、別個の聖職費を除けば、かれらの時間の一〇分の一をもっぱら充当して、果たすべき現実の義務がないので、想像上の義務を発明しなければならない唯一のセクトである。クエーカー教徒は、こうして節約した貨幣を、かれらの信仰仲間のうちの、より不運なメンバーのまともな扶養、または勤労施設、または援助にささげている。では、聖職者のいないクエーカー教徒は、すべての宗派のうちで、もっとも非道徳的、非宗教的、非理知的だろうか。聖職者がいないけれども、かれらは、かつての初期キリスト教共同体と同程度に、もっとも道徳的、敬虔で、理知的ではないのか。真の知識は他の全セクトのメンバーの間に普及するし、かれらは、かれらの聖職者の本当に有益な義務が、どれほど非常に単純で、短くかつ容易であるかを知っているので、かれらは、この点で、クエーカー教徒の行動を模倣するであろう。そして、この変化は、かれらの精神的、経済的自立に対してと同様、かれら自身の知性と道徳性に対しても、健全な影響を与えるであろう。宗教は、安全を蹂躙することによって、分配の自然法則に干渉することなく、存在できることが、経験によって証明されただけでなく、敵対し、憎まれている聖職者を裕福にし、または、それを束縛した暴力を育てることも、アイルランドやギリシアで幾世紀もの間、それ自身の宗教仲間から、それ自身の資源を強制的に略奪することによって、そしてそれにも拘わらず、増大してきたし、繁栄してきた。イギリスの政策は、東インドのヒンドゥー教僧侶あるいは西インドのニグロの物神崇拝制度を、強制的寄付によって支持しているのか。そして、この支持をただ与えない結果、これら二つの宗教制度が直ぐに消滅するだろう、と危惧するものが、誰かいるか。否、これらに反対する知識と権力によってさえ、かれらは一歩も後に退かない。そして神に由来し、神に支えられる宗教は、もっとも進歩した人間の才能に助けられて、泥棒しなければ維持されないのだろうか。他面、あらゆる通俗的な迷信は、泥棒にも拘わらず、毅然としているのに。一体、誰が機械工学、化学または薬学の知識を維持するために、人間の階級序列を制度化して、強制的寄付によって、これらに支払うことを思いついたのか。一体、誰が、これらの制度から利益を受ける人々の自発的寄付によらないで、これらに支払うことを思いついたのか。もし機械製作者または医師が強制的寄付によって扶養され、供給と診療がかれらの義務感に支えられ、われわれの自発的支払いによっては規制されないなら、われわれの機械と医療機器はもっと上手に作られ、われわれの骨折した四肢、またはわれわれの悪寒は、もっとよく看護されるであろう、と愚かにも誰が考えるだろうか。生命と医学の技術における進歩は、すべてこんなに酷い取り決めの下では、停止してしまうということが、分からないほど愚かなものは誰だろうか。かりに、すべての競争を排除することが、法律の刑罰によって可能だとすれば、これらの問題についてのわれわれの全知識が後退し、非常に唾棄すべき取り決めの下で喪失するであろう、ということが分からないほど愚かなものは誰だろうか。そして、すべての化学的、機械的生活方法と健康のすべての恩恵を、略奪をこととする神学者の幻想よりも重要と見なさないほどの愚か者は誰だろうか。もし聖職者が、医師か、哲学者か、鞴製作者と同様に、合理的共同社会のメンバーに、勤労層の労働生産物と交換する価値のある何かを与えるとするなら、かれらは安全の支配下では、他のすべてのひとと同様に、等価全部を受け取るであろう。かれらはこのような制度の下で、かれらの事業を繁盛させるために、かれらの製品を改善しなければならない。不幸にして、聖職者が無知な共同社会を扱うところでは、かれらの製品が劣悪ならば、それだけ、かれらの事業はますますうまくいくように思われる。すなわち、まず幼児の精神を野獣のように残忍にしてから、かれらが作ったその野獣に乗って馴らす。だが、知識の太陽は昇った、「迷蒙を啓き」ながら。

さて、分配の自然法則が命じたとする平等な安全を維持する結果、経済的視点からみて、生じるもっとも顕著で、有益な結果を若干注目しよう。

おそらく、主要な経済的利益は、前代未聞の速度と規模とで生産は増加し、資本は蓄積されるだろう、ということである。生産、つまり楽しみの手段の増加と公正な分配による幸福の増大、および全生産的共同社会による、これら追加された楽しみの手段の消費増の際にみられる安全の影響については、すでに示した。

このような共同社会の蓄積増は、これらの消費増と同一率で進むであろう、ということはまだ証明されていない。もし一年で、労働が生産した全部が、同一年内に消費されるなら、蓄積が行われえないことは明白である。資本は決して摩訶不思議なものではない。それは労働生産物のうち、直ちに消費されない部分にほかならない。直接消費されない物品は、すべて、どんなものでも、最終的消費、あるいはこの場合利用と言われるが、そのために生産される。どんな合理的生物でも、即座の、または、永続的、または、将来の消費、または楽しみのためでなければ、生産しないだろう。完熟果実は、生産され、成熟したその日に消費される。靴とその他の衣料品は、生産されてから数ヶ月以内に消費される。一収穫期の穀物は、勤労が、休眠している自然エネルギーを新物の生産に向けるまでの、次年以内に消費される。踏み鋤、鶴嘴、椅子、テーブル、織機は、その使用と手入れに応じて、数年で消費される、またはこの場合、いわゆる摩耗する（*worn out*）。家はうまく建築されていれば、五〇年経っても消耗しないか、摩耗しない。上手なペンキ塗装は、何世紀も剥離しないか、変色しないだろう。橋、議事堂、柱廊式玄関（portico）、寺院のような巨大公共建造物は、何千年の消耗または使用に耐えるかもしれない。一方、彫像、すなわち最高に優れた芸術作品は、腐蝕に対して微笑み返すかのように、みずからが象徴し、楽しい人間性を体現した創作物である不死神の不滅性を生き抜いてきた。製作されても役に立たなければ、どんな物でも無用の長物である。エジプトのピラミッドが、専制君主制と不安全の影響下での、この種の物である。――莫大な努力を要費した空虚な記念碑であることよ。他方、未開と迷信の時代を生き残ってきた古代ギリシア建築の美しい廃墟は、自由と安全の感触をもう一度吹き込み、全市民のため、共同社会の全メンバーのための、愛国的、科学的営為の劇場に再びなるのを待っているように見える。そこでは、知識と美徳を愛好する精神が、自然と芸術の壮麗な周囲の情景と一体となるであろう。それで、一分間で消費されるリンゴと何千年も持続する彫刻とは等しく労働生産物であり、それらの利用によって、楽しむためにのみ製作される。疑いもなく、どんな品物も耐久性を増せば増すほど、それに投下した労働が、相対的に少なくなれば少なくなるほど、そして、ますます多数のひとと次世代のひとにとって、建物のように雨露を凌ぐことによってにしろ、橋のように通行によってにしろ、あるいは彫刻のように単純な黙思と連想によってにしろ、それが現在の人々と続く幾世代もの人々の生活にとってゆとりをもたらす手段になり、その人数が増加すれば増加するほど、それに伴って、それはますます有益になる。もし一個のリンゴが、五〇日間連続で食べる快楽と栄養を更新できるなら、その交換価値が減少しても、五〇倍貴重になる(valuable)か、有用性が増すか、するであろう。その有益な結果は、それと同量の人間労働が他の欲求対象の生産のために自由になった、ということであろう。では、資本とは何か。そして、それは他の労働の年、もしくは月、もしくは日生産物とどのように区別されるか。ときには、その区別は、労働生産物が充当されるかもしれない用途から、または、それらを所有するかもしれない持ち主から、単純に生じることもある。しかし、もっと一般的には、生産された物品の耐久性から生じる。すべての建物、橋梁、都市、囲い込み地、土地の造成と埋め立て、船舶、機械、絵画、彫刻、そしてその他の望ましい芸術作品は、リンゴと同量の労働の生産物であるとはいえ、資本として、日常の使用において、また多かれ、少なかれ、徐々に消費されていく過程においてではあるが、単純にその耐久性によって区別される。家庭によって当面使用される、粉、ミルク、靴、帽子、精肉、コート、ガウンは資本ではなくて、消費財である。他方、粉仲買人、酪農経営者、または牛乳屋、靴製造業者、帽子製作者、精肉屋、仕立屋、ガウン製造者の手中では、それらは、それぞれ、かれらの事業の蓄財（stock）または資本を形成する。前者の場合、その利用は即消費であり、その更なる交換のためではない。後者の場合、所有者による消費は排除され、交換が所有の唯一の目的であるか、またはいかなる場合でも、所有の唯一の利用である。銀器の利用のように、物品の消耗に到らない、またはほとんど損傷しない部分的利用は、ときには、一つの物品を、同時に、利用または消費対象にしたり、資本またはストック、あるいは、ときにはいわゆる資本＝ストックにすることもあるかもしれない。では、もっとも正確な資本認識とはなんだろうか。それは「耐久性があろうが、なかろうが、利潤の用具になりうる労働生産物の部分」である。それらしいと思われるのは、労働生産物の一部分を抽出して、資本に投入する現実的環境である。しかしながら、このような区別にもとづいて、すべての富の、知識に導かれた、実の親である、生産的労働者を不安全に陥れ、抑圧してきたのであり、またかれらの同胞の生産諸力を、資本家ないしは地主という名目で、共同社会のこれら生産物の蓄積、つまり、年間または恒久的供給量を取得所有した人々が法外に強奪してきたのである。ここから、資本家と労働者との相対立する権利主張が生じる。不安全と暴力との支配のもとで、多数の労働者の翌年の消費、かれらの労働を生産的にするために必要な道具や機械、そして、かれらが住まねばならない住居を手中にしている資本家は、それらを最大限利用し、それらによって、できるだけ安く、労働とその将来の生産物を購入した。資本の利潤が大きければ、大きいほど、あるいは、資本家が労働者に、かれの食物の前払い、道具や機械の使用、および住居のための支払いが多ければ、多いほど、労働者に対して、その他のいかなる欲求対象を獲得するためにしろ残されているものは、もちろん、それだけ少なくなる。この説明につれて、自明の命題になるのは、資本の利潤が高ければ、高いほど、——他の事情が変化しなければ、——ますます、労働賃金は低くならざるを得ない、ということである。そして資本家は、製造業と取引き（または商品の交換）が、かれらの望むような利潤なしには運営できない、と断言できるので、その結果、法律は、どこでも貪欲な暴力と詐欺に力添えして、——社会的影響に関しては無知で、それ自体の邪悪な利害に関しては厳しい目で見る——労働賃金を低下させようとする。資本家は、世の中をかれの鷹揚な支出と蓄積量で幻惑した。他方、現実の生産者の窮乏は無視されたり、考えも及ばなかった。労働賃金を低下させることが商業制度の常套政策の一部となった。公正競争、自由労働、および労働者と資本家との間の自発的交換によってではなくて、この非常に道徳的かつ博愛的目的を実現するのに最適、と思われるかもしれない手段によって。

さて、物品を、共同社会の楽しみのために、安く、豊富に提供するためには、必ずしも労賃、つまり労働者に対する現実的報酬が相対的に低かったり、ストックの利潤が相対的に高かったりしなくてもよい。これは資本家と労働者との間の問題であり、一般大衆はこれと関係がない。富対象の潤沢さを真に左右する事情は、下記の通りである。すなわち、労働対象たる原材料の潤沢、労働手段たる道具または機械の潤沢、そして、これらのものから欲求対象を精巧に製作するための頭脳の知識と手の技術がこれである。当然の成り行きとして、すべての生産的労働者が、自分自身の原材料、労働期間中の自分自身の食糧供給、自分自身の道具、自分自身の住居を、これらの生産諸要素を駆使するための適当な技術と知識とともに所有すべきである、ということのように思われる。これらの生産者から誰かが全原材料、食糧、道具、住居を強奪したり、所有し、これら富物品を用意するのに必要な手やその他の器官の技術を生産者に委ねたままで全知識を独占することが、これらのものをより低廉にするために、または、より大量に生産するために、どのようにしたら貢献するのか、を理解することは難しい。しかし、このような環境が、どのようにして、それらを高騰させるか、を理解するのは非常に容易だ。知識以外の、これらの全物品は、一人の手中に投入されて、資本を形成するが、それによって、直接的欲求を刺激して、かれはその他の人々を強制的に仕事に就かせることができる。しかし、かれらは、かれのために働かねばならないし、もちろん最低可能な賃金率において、である。このような低報酬によって、かれらの頭脳の敏捷さは増すだろうか。かれらの努力はもっと活発になるか。かれらの職人としての技術が向上するだろうか。かれらの道具は、より活気のある環境下で作られたときより、もっとうまく製作されるだろうか。労働対象の原材料が、双方の場合に同一なら、生産に影響する他の全環境は、高賃金の方が低賃金より、また、もちろん低利潤の方が高利潤より、その過程を改善し、活力を増すのに、遥かにずっとよく貢献する。この二つの事例が幸福に与える影響については、単純にこう言える。高利潤は、一個人を華麗にし、おそらく（双方の当事者における道徳性は同一だとする）低賃金での生産的労働者の平均の二倍幸福にするが、他方、低利潤、高賃金は、一〇〇人または一〇〇〇人の高報酬労働者の幸福を、資本家の幸福とほぼ対等にまで引き上げるであろう。幸福の道徳的源泉が、双方において、なお同一と仮定してであるが。しかし、幸福は、人物に関わりなく、道徳学者と立法者との唯一合理的目的だから、生産的労働者に対して、賃金で支払うにしろ、現物で支払うにしろ、もっとも十分な報酬になるような事態を、安全と両立するあらゆる手段によって奨励することは、一〇〇対、または一〇〇〇対一のように、明白にかれらの義務である。さて、分配の自然法則が支配的だった、製造業または農業の仕事のそもそもの揺籃期には、その進歩とは何だったのであろうか。改良による占有は無所有地に対する自然権なので、労働手段をもち、土地生産物を欲求対象とする誰でも、自分が必要とするだけの土地を専有するだろう。かれの労働を、自分が耕作できる以上に広い土地を、将来所有するつもりで、たんに囲い込むことに投下することは、馬鹿げているだろう。けだし、もし、かれの労働が、ただの囲い込みに投下されるなら、かれは飢え死にするにちがいないし、生きるために、かれは土地が食糧を生産できるようにしなければならないからである。他人の競争があり、たんに土地の囲い込みだけから利益が発生するのは遠い将来だということだけなら、たとえ耕作して食糧を生産する必要があるので囲い込みを容認するとしても、囲い込みをしようとはしないだろう。かれが、自分が欲する以上の土地を囲い込む、ともう一度仮定するなら、この囲い込みの値段はいくらになるだろう。ちょうど、それに費やされた労働、または、その価値、完全な等価それだけである。なぜなら、囲い込みの労働によって、新しい土地を手に入れることができる人々は、すでに囲い込んだ土地と交換に、その労働の価値（the value of that labor）以上を与えないだろうからである。明らかに、これがその自然価値（its natural value）であるから、利用に必要以上の土地を囲い込むことは考えられないだろう。土地を囲い込もうとする人々は、その前に生存手段たる食糧、衣服、住居、それに労働手段たる道具と種子を所有していなければならない。さもなければ、かれらは生産することが全然できないだろう。それらの生産高は、いくらでなければならないだろうか。一年間の備蓄。とはいえ、その年間の、かれら自身の利用のためばかりでなくて、かれらが、自分では生産できないか、もしくは、交換で獲得したほうがもっと都合がよい（より少量の労働しか費やさないか、より低廉か）と分かった衣料品、家具またはその他の欲求対象を、交換で入手するためにも、十分な食糧の備蓄が、この備蓄を構成するだろう。土地は交換されるだろう。すなわち、都合のよい区画に分けられた土地に投下された労働は、ちょうどその他の商品と同様に。全労働生産物はこの生産者への報酬として与えられ、かれが与えたいかなるものとも交換に、かれは十分な等価を受け取るであろう。

だがしかし、怠惰、未熟練または思いがけぬ出来事により、その他の個人のうちには、食糧、道具等々が不足しているものもいて、他人の勤労努力により製造された等価をもたないので、耕作して食物を獲得したひとたちに、それを乞う羽目になるかもしれない。かれらは自らの労働を、自分が欲する品物と交換に与えるだろう。とはいえ、これらのケースは一般的ルールの例外である、と言うなら言え。それは、体力と偶然の出来事との平等のルールだから。この少数の例外は、また、以下の二つの環境により低減する。つまり、一つは偶発的出来事の場合、かれらの大多数の友人や家族による自発的支援と支給、そして二つは独立して耕作する手段（道具など）を容易に取得できること、である。このような労働者の報酬は、かれらが協働する家族の報酬と、ほとんど違わないであろう。共通に楽しむので、違いは少量のストックを所有するか否かにほとんどまったく限られるだろう。だが、この独立原理こそが、不愉快な待遇の場合には、これらの労働者を絶えず促して、自力で土地を囲い込み、耕作しようとかれらの労働を志向させるだろう。そして、勤勉節約に精を出せば、やがて、かれらは自分の労働生産物からなにがしかの資金を工面できるようになろう。新しい土地を容易に獲得できることと自立的所有欲は、労働者の報酬が土地所有者の報酬より大きく落ち込むのに頑強に抵抗する抑止力である。これに付け加えるべきは、他のあらゆる取引におけると同様に、社会のあらゆる段階と状態におけるその他の雇用主の競争である。平等な安全が行き渡っているなら、この雇用主間の競争は不平等に対するいまひとつの有効な抑止力になる。確かに、所有者は、なんらかの利益を得ないで、つまりこの操業によって何かを利得しなければ、労働者を雇おうとしないだろう。かれは、消費された物を回収するより以上の、労働生産物の一部たりうるにすぎない等価を、手に入れなければならない。労働者の労働は、当然これを生産するはずである。しかし、剰余の主要な部分は労働者自身に行くであろう。増大した全ストックの所有者であるという虚栄心と一緒に、小部分が、食糧の前貸しと労働者が要求してきたかもしれないその他の全必需品とに対する雇用主への潤沢な報酬となるであろう。忘れてはならないことだが、雇用主は、もしかれが、過剰生産に対する等価がまだ準備されていない、と分かったなら、この過剰生産不況による損失に苦悩しながら、この過剰生産物を労働によって生産されるべきなんらかのものと交換せざるをえないのである。かれのストックを永続させるために、かれは、労働による再生産によって、それを継続しなくてはならない。それで、ここに等しい必然性、つまり労働者と雇用主とを結合している相互の、または交互の利害関係がある。われわれは、これらの相互依存性、つまりこれらの稀少な例外を貧富双方に委ねて、相互にバランスさせ、それが自然諸力の平等性によって生じる報酬の平等化傾向をあまり妨害しない、と確信していられるとよいのだが。

　もし、以上のようなことが、食糧生産者、つまり農業者の、資本に関連しての進歩だとすれば、機械工間の不平等化の傾向は、なおさら少ないであろう。製造業品を完成させるには、農業でみられるように一年も労働が継続することはきわめて希有であるが、一月、一週間、一日かかることはますます頻繁にある。事故か愚行により、作業中、生活手段の適当なストックがないままに放置されている機械工は、資本所有者に、それだけ、ますます依存しなくなるだろう。かれの製造業労働の交換と節約によって若干の物品を獲得できれば、この機械工が失った少しのものは、直ぐに補填されるだろう。そして、かれもまた、すぐに自分自身の人格のうちに再び資本家と労働者を統合するであろう。分配の自然法則が自由に作用するなかでは永久の労働者階級はありえない、と言おうとしているのではなくて、資本をまったく持たないただの労働者は、極端に少数しかいなくて、かれの全労働生産物を受け取り、それらになされたローンか前貸しに対して少額の補償金が控除されるだけで、非常に手厚く報いられる、と言いたいのである。このような共同社会には、われわれが現在目にしているのと同様な、何千人もの労働生産物の蓄積を独り占めする資本家はいないだろうか。そんなものはきわめて少数しかいない。しかし、このような共同社会には、資本の蓄積は全然ないのだろうか。資本蓄積は巨額であり、どんな強制的、または詐欺的分配のもとでよりも大きいので、資本家のいない資本が潤沢である。このようなことが、どうしてあり得るのか。生産的労働者の大集団が資本家であり、かれら自身が、もちろん完全な所有者になるであろうかれらの小区画の土地の耕作に必要な資本（改善、食物、道具、種子）の所有者である。また、製造業者の大集団は労働者であるとともに資本家でもあり、各人が、仕事のできるような、かれ自身の小さなストックを所有している。自分自身のために働いているこのような人々の関心が、自分の全エネルギーを、自分の楽しみを増大するために行使するように仕向けるであろうが、それは、自分の生産物を増加させることによってのみできることで、その生産物の一部が、自分自身の便宜のために、必然的に固定されたり、蓄積されたりするようになり、資本と呼ばれるのであるが、さらに、かれらは不平等分配によるよりも、ずっと多くの資本を蓄積するであろうが、それでもなお、かれらの絶対的資本蓄積は大きい、と言うことにはならない。このことは、自然が与える物質の量、共同社会が有する知識、労働手段たる道具と機械、およびこれらの全部を有利に雇用する作業技術に依存する。これらの事態が、不足がちであるにせよ、繁栄しているにせよ、何であれ、資本の増加は、あらゆる変動があるなかで、ほぼ全共同社会の楽しみと技術が資本の蓄積を油断なく心がけているところのほうが、華麗な少数の資本家だけが、共同社会のその他の人々のゆとりある生活を犠牲にしたり、そのエネルギーを衰弱させたりして、いっそう自分の存在を引き立たせることに関心があるところよりも、非常に大きいであろう。知識等に関する状態が何であろうと、資本が少数者の手中に制限されているところより、資本が広範囲に分配されているところ、または生産的労働者が資本家であるところのほうが、蓄積は計り知れないほど大きいであろう。アイスランドかグリーンランドの山上のように、知識も原材料もなければ、安全と公正な分配さえ、たいしたことはできないだろう。他方、不安全は、人間の荒廃を自然の荒廃と同等にするだろう。原材料、技術、知識などの有利な環境の下、また分配の自然法則に自由に作用する余地を与えることによって維持される平等な分配に保護されて、資本蓄積の進展が非常に迅速なので、アメリカ合衆国オハヨー州とミシシッピー州の河岸沿いに、一世代で、囲い込み、村落、製造業、都市、全州が労働によって創造されてきた。少数者の手中にせよ、多数者の手中にせよ、どんなひとの手中にそれらがおかれても、これらのことが一国の富を構成するのである。他面、幸福の量は分配に依存するのである。スペインの不安全と巨大な土地所有者と資本家の下では、同一の土地が、永い年代の間、不生産的に眠っていた。確かに、これらは、この二つの原理が作用する両極端である。とはいえ、われわれが前者または後者の指令に従うのと正比例して、幸福と蓄積との双方に、この結果がみられるだろう、ということは常に忘れてはならない。

資本の利潤を規制する二重の競争がある。つまり、一つは大資本家相互の競争で、不安全の方策の下では、善良な目的のためにまったく役に立たない。それは現在行われている唯一の競争である。そして二つは自分自身の資本を所有している全生産的労働者と、これら大資本家との競争である。生産的労働者にとっては、自家消費に必要以上の資本は、かれらの労働をより生産的にする手段にすぎないであろう。かれらが大いに依存するのは、なおかれらの労働であろう。かれらの資本所有は、かれらの労働価値を増大させるというこの目的に奉仕させられるであろう。そして、かれらが共同社会の資本の一〇分の九を所有するであろうから、残余の部分の所有者は、かれらの労働者に、資本を所有している労働者の報酬に対してほぼ適切な、または公正に比例する公正な報酬を支払わざるを得ないであろう。

大資本家の競争は、生産的労働者に益するところ非常に少ないとはいえ、かれら自身には不利であるのに対して共同社会には有益であるに相違ない。大資本家の願いは、もちろん、他のすべての人々の願いと同様に、自分たちの資金をできるだけ有利に利用することである。この目的を、あるいは、かれら自身の間でかれらの利潤を調整することによって、あるいは、法律の助けを借りても、借りなくても、かれらの自由になるいかなる手段を使っても、労働賃金を引き下げることによって、かれらは実現するであろう。利潤引き上げの取り決めは、何時も、私的競争によって失敗してしまう。利潤が高騰しすぎると、需要が弛緩し、あまり豊かでなく、活発でないものは、かれらの事業が落ち込むことによって、損失をもっとも強く感じ、それゆえ、かれらは同僚の資本家より安売りし、利潤は需要がペイするところまで低落する。もし需要が大きく、利潤が高止まりしているなら、法律がそれを妨げるほど馬鹿げていないところで、新しい冒険者が生まれ、供給を、同様な環境におかれている他の事業のレベルか、それに近いレベルまで、増加することによって、利潤を低下させるだろう。一般大衆に反対する団結に挫折して、資本家たちは、一般大衆におもねり、一般大衆を騙すことに一層熱心になり、一般大衆が生産的労働者に反対して団結することを援助する。こうして、賃金が切り下げられなければ、物価は、一般大衆にとって、破滅的に暴騰せざるを得なくなる、とかれらは言う。真の一般大衆たる、各共同社会の大多数は、明らかに消費者であると同時に生産者でもあるし、そうあらざるをえない。しかも、労働が惨めな報酬しか受けていないことは、かれらの利益たりえないのである。だが、少数の有力者は、いろんな手練手管を用いて、共同社会の労働に胡座をかいて遊惰に生活する、ただの消費者にすぎないのである。これらは、安い品物を作るためには低賃金が必要だ、という資本家の俗悪な叫び声に服従しているのだ。あらゆる経験に照らして、もっとも繁栄している製造業は、常に労働者にあり余るほど豊富な報酬を与えてきたし、敏活、熟練とあらゆる種類の改善は生産を増大し、低廉にして、必然的に、このような豊富な報酬をもたらす結果になるはずだ、とかれらに説いても無駄である。有閑消費者層は例外なく資本家に肩を持つ。十分な等価なしに労働を強制することによって、安全、生産および幸福を根底から崩す、地域的、全国的法律は至る所に存在する。その結果として、労働者を生かしておくのに必要なもの以外、ほとんどあらゆる労働生産物は有閑層と資本家によって消費されるので、富の生産と資本の蓄積は、多くの国でまったく抑圧され、全体として、それらのかつての状態と比較して、脆弱になってきた、ということである。

このようにして、分配の自然法則の下で、勤労に有利に作用するのは、大資本家相互の競争と、資本を所有する労働者とこれらのただの資本家との競争との二種類の競争である。しかし、これらすべての予期された結果を裏切り、生産的労働者の賃金もしくは現実の報酬を、果てしなく生存に必要な最低限に押し下げるだろう、といわれてきた第三の競争がある。――労働者相互間の競争がこれである。しかしながら、この言葉を固守し、当然、勤労報酬にとって超えられない限界がある、と信じている人々のなかでは、さながら、かれらが自分自身の主張を裏切るかのように、それに対して、暴力と欺瞞の人為的結合を追加するのは、なんと、恐ろしく残忍であり、支離滅裂であることだろう。もし、この束縛によって、人類の大部分を悲惨な生活状態に留めておくことが十分できるなら、なぜ、その他の束縛をもするのか。過度な生産と過度な蓄積が、社会の大多数、つまり生産的労働者の潤沢な報酬と、その結果としての幸福を犠牲にして、このような条件でのみ、手に入れることができるのは本当ではあるが、それでもなお、生産と蓄積はこんな条件で手に入れるべきだ、という結論には決してならない。もし生産と蓄積が、この作業の当事者の多数に、悲惨な生活のツケを伴うなら、生産も、蓄積も、まったく願い下げだ。分配の自然法則の下で、この労働者間の競争がかれら自身の報酬におよぼす影響とは、何であろうか。まず第一に、現在の普遍的経験が、歴史とともに証明しているのは、労働者のこの競争が賃金を生存に必要な最低水準にまで引き下げるという主張が、まったくの誤りであるということである。アメリカ合衆国の非奴隷州においては、分配の自然法則がほぼ完全に守られていて、これが、他のすべての種類の競争と同様に、もっとも活発であるが、労働の賃金は最低に引き下げられないが、どこでもそれほど高くないのである。勤勉な労働者は、かれの報酬を貯金して、短期間の後、きまって小資本家になる。そのため、この比類のない繁栄の最中、アメリカ合衆国において、召使いやただの労働者をほとんどまれにしか見ない、という気分爽快な光景が現出する。資本を所有するこれらの生産的労働者は、かれらの子供が自力で働きはじめるとき、自分自身を大雇用主に身売りしなくても、勤勉努力の全必需品を子供たちに供給できるのである。あるいは、かれらが死んだときには、もちろん、かれらの子供に、かれらが獲得したストックを遺す。この点で、イングランドとアイルランドとを比較せよ。労働者の競争は、確かに、両方の国で、等しく精力的だ。それでもなお、イングランドの労働者は、アイルランドの農夫の信じられないほどの窮乏を甘受するよりは、むしろ闘争で、命懸けの危険を冒すであろう。もし競争が賃金低下の原因ならば、イングランドの農夫層は、アイルランドの農夫層と同様、生活が悲惨であるはずだ。ロシアでは、労働者間に競争が全然ない。かれらは、領主か貴族のお情けにすがって養われ、土地と一緒に売られ、しばしば土地、夫婦、父子から引き裂かれて、それぞれ違った購買者に売られる。ロシアでは、農夫層は、賛美されているイギリス憲法の下でのアイルランドにおけるより、おそらく悲惨でないことはほとんどなかろう。フランス、スペイン、イタリア、ドイツのいろんな場所では、ヨーロッパの全土、そして、ほとんど全世界では、競争は等しく活発である。というのは、支配者は、どこでも、貧困層の競争を助長することが自分の利益と思っているから。しかも、生産的労働に対する報酬のさまざまな相違すべてが、これらの国々に存在している。それで、労働者の競争だけでは、報酬を最低に引き下げるのに十分ではない。その他の諸原因、つまり、上述の分配の自然法則――自由労働、労働生産物の完全利用と自発的交換――の遵守と侵犯が、主に作用して、ただの競争よりもむしろ、一〇対一、あるいは、おそらく一〇〇対一で、この結果に影響を与えてきた。

にもかかわらず、生産者間の競争は、至る所で存在し、また至る所で存在するはずであり、さらに至る所で存在すべきなのである。だが、それは平等な安全に広く保護されて。この保護の下では、それはどんな作用をするのだろうか。それは、資本家間の利潤競争のように、共同社会に対して、物価を、最善の職人が自分たちの製品を生産できる最低限度に、引き下げるであろう。しかも、その国の環境によって、他の生産的労働者に与えられる報酬と同じ報酬を貰うのである。人数が非常に少数な資本家の間でさえ、自由営業の下で、競争原理が、一般大衆に独占か団結の想像上の恐怖に対して、完全に保証されるほど強力ならば、競争者数が全共同社会におよぶほど大きく増加するところでは、それは一般大衆にとって、一体どれほど有力な助太刀になるだろうか。だが、一般大衆が全利益をこの競争から引き出すであろう、と仮定するのは間違いである。新発見、熟練の増大、または粗原材料価格のより大幅な低落によって、物品がより低コストで生産されるようになると、まず、そのメーカーは、かれらの価格をまさにかれらの隣人に安売りするのに等しいだけに引き下げても、全利益のほとんどを引き出す。そしてついには、競争になり、利潤が生産的労働者に行こうが、ただの資本家に行こうが、徐々に利潤を引き下げるに到る。究極の結果は、全当事者、つまり一般大衆と生産者が利益を享受する、ということになる。この過程が周知になると、一般大衆は、恒久的に安値によって、あるいは同じことだが、物品の効用増大で、おそらく全体の一〇分の八で表現されるかもしれないような利益を引き出すのである。——あとの残りは、外国の妨害原因がなんら介入しないので、生産者の恒久的報酬になる。労働生産物に対する際限のない要求によって、資本家と有閑消費者全体の利益になるように、職工労働者を弾圧する不安全の圧倒的方策にも拘わらず、このようなことが、現実に、イギリス製造業の改善の際に、ときには事実ではなかったこともあっただろうか。品物が驚くほど安く、一般大衆に売られていたことはなかったか。大きな財産が、資本家によって作られていたことはなかったか。そして労働賃金がときには上昇していたことはなかったか。これらすべてが同時に生じたことはなかったか。一般大衆は非常に利得することが大きいので、増加した生産物価値の一部分を生産者への報酬として残すことがうまくできる。今後、われわれは平等な安全に護られた結果は何であったのかを判断するだろう。

生産的労働者間で競争が行われる二つのきわめて明白な方式がある。そのうちのどちらか一方が、平等な安全が維持されているか、侵害されているか、分配の自然法則が守られているか、蔑ろにされているかに従って、より重要性を増してくるであろう。これらの方式の双方が、一緒に作用するかもしれないし、作用する。一方は、技術の向上かその他の手段で、与えられた時間に、より多量の物品を生産するためとか、より良質なものを作るため、生産者間で努力をすることである。他方は、安値で売ることによって、つまり、通常の楽しみと一緒に、生産費を返済するであろうよりも少ない報酬で売ることによって、生産者に強制的に財貨または労働を販売する努力をさせることである。前者は激励するような種類の努力であり、後者は気の滅入るような種類の努力である。前者は相互に抜きん出ようとするライバル関係であり、後者は相互に押さえつけようとするライバル関係である。労働生産物の完全所有とそれらの自発的処分との爽快な動機がない不安全の影響下では、従属と欠乏の感情が、その悲惨な犠牲者を、相互にただの生活手段だけでも手に入れようと、なりふり構わず努力させるだろう。しかし安全の保護下では、信用と敏捷さが必然的に湧出し、あらゆる発明的エネルギーが喚起され、希望が恐怖にとって替わる。かくて、各人が、熟練か勤勉の営為によって、みずからの楽しみを増大しようと期待をふくらます。この競争の結果、必然的に、生産的労働者にとっては資本増加となる。なぜなら、蓄積は必要ではなく、ただ直接的消費のみ、たとえば飲食品のようなものが必要な楽しみかたもあるように、――他に資本と消費との共生、たとえば家具、住宅、器具一式などを含むものもある。このような、永く使用したり、楽しんだりする物品を手に入れることは、資本を手に入れることである。衣服はいうまでもなく、これらの物品が耐久性、端正や優雅な気品にさえ秀でていることを望むのは、これに続く欲求対象になる。生産的労働者は、資本蓄積による以外の方法でこの目的を実現することはできない。この競争は、生鮮食料品のみならず、耐久品、つまり資本を最高にエンジョイするために、誰が最高に稼ぐだろうか、である。資本を欲する欲求は、一度刺激を受けると、無限に膨張するが、それに対する自然の制約については、安全と不安全との両方の下で、この後で言及するであろう。平等な安全、つまり分配の自然法則の下では、蓄積に対する制約は、もし蓄積以外なんらかの方法に費されるなら、労働者が幸福裡に生産するだろう物と比較した、蓄積に費されたかれらの時間と努力の価値である。不安全の下では、ただ自分の優越性を誇示するための競争によって駆り立てられた資本家の蓄積に対しては、生産における個人的努力の必要性によってチェックされない生産的労働者から、これ以上は搾取できないという限界しかない。

安全の影響下で、生産的労働者のゆとりのある生活が徐々に増大する方式とは、以下のとおりである。価格または賃金の昂騰という形を取ってよりよい報酬を得るために、より多量に、かつより良質に、ものを生産する競争に成功するのは、もっとも勤勉な、熟練した、または幸運なひとである。かれが大きな改善をして、それによって一般大衆の利益になれば、安売りしても、競争によってかれの報酬がかれの改善に対して非常に適正な程度に下がるまでは、かれの目的は自分自身の利益になっている。だが、この期間中、かれはよりよい支払いを受け、かれの身辺の、他の部門の、他の生産者もまた、かれらの職業においてかれらがそれぞれに行ったその他の改善に対してよりよい支払いを受けてきたし、競争者は誰でもよりよい報酬だけで生産改善競争の最前線に加わりたいという気になるものである。この全期間中に、報酬増によって楽しみを増加させる習慣が、活動的で、知的な人々全員とかれらの幸運な競争者の身についてしまう。そして究極の結果として、社会がより安い供給で、主要な利益を刈り取っている一方で、同時に、生産者の報酬は絶えず上昇しているのである。人々は、質素な楽しみの習慣にすっかり馴染み、それから離れられなくなり、消費者は、かれらの勤労の改善から生じる利益の、ある程度、つまり若干の割合を手放して、より低廉な物品を生産することによって、かれらの利益にまったくなくてはならない人々に与えることに十分満足して、みずからにより拡充した楽しみの手段を残しておく。平等な安全の下では、社会または一般大衆は、全員、あるいは、ほぼ全員が消費者であるとともに、生産者でもある。その結果、消費者の性格を持った勤労層であって、有閑層ではないものが、お互いに、科学と芸術の進歩の全利益を与え合うであろう。ところでいま、不安全というひねくれた仕方で、これらの利益全部が、有閑層によって独占されているのである。だが、真実の安全が造り出しているような、繁栄している共同社会では、一定量の従前のゆとりのある生活が、向上しつつある生産者の巨大集団にとって、生活に欠かすことのできないものになってしまうや否や、このゆとりの一定量は、徐々に、通常の勤労の公正な報酬価格（the fair remunerating price）と見なされようになり、全生産的労働者は、それを確保するのに必要な勤労癖を、同時に、身につけることによって、それを獲得するのである。あるいは活発すぎる知識層はこの結果に不快を感じない。かれらのゆとりのある生活が、それによって低下しないばかりか、かれらに対して、新しい改良の余地がなお開かれているからでもある。かれらの発明の才をどんどん伸ばしていこう。かれらをなお活発に、かつ知的にしよう。生産と楽しみを容易にするために、未知の自然エネルギーを発見し、利用する秘訣は、かれらの身の周りの至る所にある。それらは、われわれの知るかぎり、無尽蔵である。一つの前進、一つの改善は、いまひとつのそれらの道を準備するにすぎない。しかも、こうしているうちでも、成功の可能性は決して減少しない。この安全の爽快な競争は、生産者の一般的知性を覚醒させておく。なぜなら、かれらは、覚醒していることで、支払いを受けるだろうからである。そして、勤労者大衆は、報酬等級表では、第一位の改善総額へと上昇していくのに、一方で、天才はすでに新しい研究開発を終え、生産設備の更新で報酬がなお増加することによって報いられる。消費者たちはこの余裕がある。供給が安くなり、もし、あらゆる部門で勤労がより生産的になって、労働者は、かれらが万人のために稼いだ利益のほんの一部だけを保有するからである。そして、もし、一、二の扱いがたい物品が、全般的改善によっても、そのまま残っているなら、それらは、支払いのよりよい物品の製造のために放棄され、ついには、それらに相変わらず雇用されている少数者が、自分の報酬は生産的労働のほぼ一般的平均にあるということが分かる。こうして、分配の自然法則によって、資本がただ少数の資本家だけの手にではなく、万人の手に蓄積されるようになる。資本は豊富にあるが、少数者の豪奢となって、華麗に顕示されれのではなくて、質素に住まい、健康、満足、歓喜をあらゆる個人的家庭の内奥にみなぎらすのである。

このようにして、巨大な富または資本が生産的労働者間に蓄積されるならば、かれらの中で最高額の貯蓄をしたひとで、(かれらは自分の趣味に従って志向するので)物品を、生産にとても便利な産地から、消費地まで運送する新事業に着手する人々が、たゆまぬエネルギーで、なおも蓄積を進めて行くであろう。その他のひとは、この品物を消費者に配分するために、これらの場所で仕事をするであろう。かくて、全関係者の便宜のために、仲買人、運送業者、商人と商店主、または小売り商人の階級が生まれる。そして、各人それぞれの労働生産物と交換に手に入れたい各少量の物品を探しだし、遠方に送るための、時間、労苦、およびそれに伴う費用という膨大な損失を、生産者と消費者との双方に節約させるのである。これらの人々が、それ以前の勤労で身につけた質素な楽しみと堅実な蓄積という習慣は相変わらず作用して、自分の資本を増加しようとするかれらの全努力は、自分の事業の需要に向けられるであろう。しかし、財産の有害な不平等を産み出す過度な富への傾向は、活発な、理知的な競争手段を所有し、繁栄している生産的諸階級から、毎日発生する新ライバルの競争によって常にチェックされるであろう。大資本の蓄積と悪用はさらに進行するだろうし、自分自身の事業を辞めて、自立するのに資力が不足しているか、そうする気のない人々の合資連帯(the joint-stock associations)によって、何時もチェックされるであろう。通常の場合には、しかしながら、繁盛している理知的なライバルの競争は、有害な不平等を予防するのにまったく十分であろう。

　では、大製造業と大商業企業は、大資本家がいなければ、どうやって運営できるだろうか。若干の少数企業に必要なのは、大資本であって、大資本家ではない。資本が生産されているとすれば、それが一人からか、五〇人から集められたかは問題ではない。資本は至る所で安全によって拡散するので、一〇〇株か、一〇〇〇株かが、賢い活発な人々の間で、有益な目的のために、募集されるであろう。かれらのもっとも信頼している人々が、経営者としての信頼を失墜しないかぎり、その会社を経営するであろう。そして、これらの経営者は、かれらの同志、同僚がかれらに託した信任によって示されているように、尊敬の満足感に加えて、かれらの同志の報酬に等しいか、ちょっと多い報酬によって、十分に報いられている、と自負するであろう。もしこの経営が製造業企業体で行われるなら、この合資経営（the joint-stock）は機械を購入し、建物を建造するだろう。あるいは、前者または後者は、それらを造った人々から、賃借されるかもしれない。適度な資本しか必要としない普通の製造業企業体は、現在と同様に個人によって運営されるであろう。この合資経営への出資者が、この会社から、年利益の配当を、賃金か利潤かの、どちらの形態で受け取るかは、共同社会にとって、まったく重要な問題ではない。出資者全員がこの製造業に雇用されているところでは、賃金増加の形態で受領されうるだけである。このような企業体は、有害なほど労働賃金を引き下げようとする大資本家の努力に対して、――かれらのうちの非常に少数しか、小資本を持つ理知的な人々の恒久的競争から生き残れるものは、いないから、――有効なチェックとなるであろう。製造業が、生産的労働者各人が織布の一部を家内生産できるようなものであるなら、どんな準備状況であれ、原材料を購入して、完成した暁に、それを、市場が小さいなら、消費者に、または市場が遠隔で、それを選択する技術が必要なら、仲買人に、販売するだろう。

企業体が商業、特に対外商業の企業なら、より大きな資本が必要であろうが、この会社は、このような事業には必要であっても、勤労生産者が容易に獲得できないような遠隔地の国民の欲求と生産物についての特殊な知識を要するため、個人ないしは少数の人々によって、非常にしばしば経営されるであろう。外国貿易が、——それはまれにしか起こらないが——商事会社において、少数個人の合同より大きい資本を持たなくては、運営できないところでは、製造業の場合と同様に、株式に訴えて、繁栄している生産者の全予備資本が、国内の改善、鉱山、運河、橋梁とそのような工事に、産業全般と交換とを容易にするためか、特定産業部門を発展させるためか、いずれにせよ、同一資本を雇用するよりもっと高い誘因を提供するとき、この方法で当然雇用されるであろう。これら勤労生産者のように、慎重で抜け目のない人々の貯金は、国内における、かれらの周りのあらゆるものが、園芸と安楽な家庭生活の特徴を帯びるまで、無謀にも、対外投機の冒険に手を出すようなことはしないであろう。このような、共同社会メンバーの真の内的幸福は、生産、消費の増加、交換の自由と活動性に依存しているので、強制的な外国貿易のきらびやかな見栄えの犠牲にはならないであろう。この問題について、法律はなんら必要ないだろう。勤労層の関心と知性は、もっとも有益に結果を生みだすであろう。働きながら考えている人民はまだ海のものとも山のものとも分からない企画に惑わされないで、慎重な判断をするであろう。他面、成功への素晴らしい展望が開かれたとき、かれらは、自分たちの共同社会の剰余生産物を、他国民が有用労働のもっと安い費用で生産できるいかなる有用品とであれ、交換したいと熱望して、上機嫌で船積みするであろう。小資本家たちのこれら自発的連帯は、補助金に頼らないであろうし、独占や排他的保護を要求しないであろう。この国のもっとも平凡な個人ですら、かれらとの活発な競争——もし、ずっと高度の心遣いを必要としないなら、かれら自身の利益、つまり、かれら自身の良好な経営にとって必要なチェック——に入るかもしれない。

　製造業部門であれ、商業部門であれ、多数の小資本集団の合同連帯から生じる称賛すべき結果は、それらが徹底的な損失と起こりうる悲惨を補償する保険会社の役割を演じ、前人未踏の道にはじめて挑戦する勤労と繁栄の大胆な開拓者の役割を演じるであろうということであろう。失敗した場合には、こんなことは滅多に起こらないが、完全な失敗でさえ、出資者各人の損失は、ほんの少額で、回復可能であろう。一方、今日の大資本家の素晴らしい富は、明日にはかれ自身を破滅にみちびくばかりでなく、かれと関係のある多数のひとを破滅にみちびくことにもなるであろう。

　このようにして、これら多数の諸環境の作用によって、急速に、大量に蓄積された共同社会の資本は、楽しみにとってもっとも好都合であり、有害な不平等はすべて制約を押しつけないことによって、あるいは、言い換えれば、分配の自然法則に従うことによって、簡単に防止される。生産的労働者の競争が作用する、この二つの方式のうち、われわれは、前者を追跡してきた。それは、平等な安全に保護されて生起するので、活発で、爽快な気分になるのである。不安全に影響されて生起し、ほとんど至る所に蔓延するような、気分の滅入るような後者の競争方式の結果は、どうなるであろうか。不安全と全般的に低い労働報酬の下で、共同社会全体によって蓄積される資本は、その豊かな報酬のもとでよりも、より多く蓄積されるだろうか。富裕層のなかでも、近視眼的俗悪なものが考えることは、共同社会の勤労大衆の賃金と楽しみから節約されたものは、何であれ、すべて資本にとって節約されたものだ、ということである。だが、これでは、これら節約の一〇分の九は、——その節約が、このようにしてなされたものだとしても、——富裕層によって不生産的なうわべだけの虚飾に直接的に消費されるか、病的で不健全な食欲を満たし、ほんの小部分だけが恒久的資本に転換される、ということが忘れ去られている。虚飾となるのは、消費、つまり不生産的部分の華美である。節約され、資本となり、生産的労働の報酬によって、永久に存続するものは尊重されず、顧みられない。それが分かるのは、卑しい勤労のあばら屋に、足繁く通うもののみである。だから、質素な生活をして、かれの貯金全部を、生産的労働者の雇用増によって、資本蓄積に変換する勤勉な製造業者は、これら自称資本の代弁者には、あまり賞賛されない。かれらが真実欲しているのは、楽しみであって、楽しみに必要である以上の資本ではない。その楽しみとは、多数を犠牲にした少数の楽しみであり、多数の現実的悲惨を生贄にした少数の非情な華麗である。前に述べたように、もし資本が不安全の犠牲を払って買い取ることができるとすれば、それはその価値を際限なく超えて購入されるだろうし、信用できないまがい物と交換に、骨の折れる仕事と惨めな生活を提供するのは、共同社会では正気の沙汰ではないだろう。それでは、事実はどうなっているのか。不安全とその結果、労働者がお互いに他人より低賃金で働こうとする憂鬱な競争とで、資本を潤沢に生産することができるだろうか。

安全の影響下では、憂鬱な競争が生産的労働者間に生じることはありえない、ということはすでに明白になった、と思われる。競争とは、直接的快楽ばかりでなく、永続的快楽にも、つまり感触で消費する快楽ばかりでなく、資本を要求する快楽にも抜きん出ることであり、それらをエンジョイすることである。だから、不安全は、憂鬱な競争の親であるにちがいない、とここでは想定されている。いかなる手段によってであれ、大量の土地と労働の製造品を獲得した人々は、持っているものを失うことを怖れ、もっと獲得したいと切望し、または、かれらの富を権力の快楽の召使いに仕立てたいと切望し、あるいは、何か似たような動機から、ほとんど至る所で、勤労の自由な発展に制約を課してきたし、いろんな方式の合法的強盗をも制度化して、等価なしに労働生産物を強制的に略奪してきたのである。これらの卑怯な不正行為に満足せずに、もしできるなら、貧困層の勤労が、労働によって、それ自身の幸福のために何かを獲得するのを防止するために、かれらは、これら従前からの制約と搾取との後に、賃金という名目で貧困層に残されたちっぽけな報酬を規制することまで、臆面もなくかれらの手中に収奪したのである。かれらは野蛮に、と同時に、強制的に高利潤を求めるかれら自身と、高賃金を求める貧困層との間に残された競争のわずかな残りかすを弾圧して、かれらをかれらの競争者たちの報酬の仲裁者にしよう、と法令に制定した。詐欺の常習犯は、結局、どこでも騙されるようになる。これらの合法的略奪者の多数は、それゆえに、かれらの邪な利益にまったくよく合致するので、等価なしのこれら盗奪すべて、賃金の制約と強制的切り下げは道徳的で、賢明であり、もちろん、極端に信心深いか、神の意志に副うものだ、という考えに到達していたのかもしれない。かれらは、そうあらしめよ。だが、かれらは生産的労働者にどんな影響を与えているか。その影響たるや、爽快な競争は、このような手段によっては不可能になっているので、生産者は、さまざまな程度の窮乏と悲惨にまみれて、なんとか生き永らえる手段を獲得するために、名誉の労働特権を付与される優先権を手に入れようと、か弱い努力をせざるを得ないのである。どんな国でも、たとえば、トルコが、その奴隷に対して、ギリシアの場合のように、宗教的信条の相違のため、さらにずっと過酷に、侮辱的に支配したようなもっとも未開な国でさえも、このような合法的強盗、禁制および規制が、厳密に実行されてこなかったことは真実である。かれらは生産を完全に全滅させるであろう。だから、権力は、何時も、多かれ、少なかれ、慎慮の自己中心的な示唆に耳を傾けてきた。何かを強奪するためには、生産的奴隷または労働者に生産機能を与えなければならない。とはいえ、完熟した果実や、成熟した生産物を、かれが、自分自身の利益のために、くすねないように監視するのだ。勤勉な国々のなかには、発展と繁栄の時期に、これらの妨害にあって、それは実際にあったことだが、富の増大が停滞してしまい、労働者に多少とも楽しみの競争をさせて、やる気になるような動機が与えられた国もある。こんなことは、たまたま、ストックの利潤が、特定の部門で、特定の理由で、高く、少数の大資本家間の労働を求める競争が、現在の個人的利得のために、この大競争の継続中、これら好況の事業においてのみ、これら不況の猛威を先送りさせるようなものであるときに、起きたのである。競争と高賃金によって、これら全体に対して労働者過多が問題となるや否や、生産的労働の報酬を切り下げるための昔ながらの手段が復活するけれど、生産者が、かれらの雇用主間に敵対関係が存続する期間、享受してきた相対的自由の習慣のため、エネルギー減退の多寡に従って、である。また、その他の事情で、これらの抑制と規制が、暫時、きちんと実行されるとき、その結果たるや、これらを公然と行使し続けることが不必要になるほど不景気になることである。低報酬、窮乏と悲惨に屈服する絶望的な習慣が形成される。無気力と無知とが、労働者と親方の双方を虜にする。そして、貧困と低賃金労働の競争とが習性になって、それらは、却下を運命づけられた法律とみなされるのである。だから、特に資本家の相対的な繁栄が、これらの抑制が存在する（が、休眠）期間中に、ときには生起することがあっても、または全国的衰退の期間中、かような抑制が、特に賃金規制面で、活発に発動されなかったとしても、驚くには当たらない。

生産者の憂鬱な競争下では、雇用主は自己懲罰的である。労働者から節約されうるものは何であれ、かれら自身を豊にすることになるだろう、とかれらは期待する。ひとが、あたかも道徳的原因によって影響されないで、機械工学的原因によってのみ作動する織機のような機械であるなら、これは事実かもしれない。それで、生産は所与の量なので、雇用主が何を略奪しようと、生産物総額は減少しないであろう。だが、これは事実ではない。ひとはただの機械よりも、もっとずっと微妙な力に影響されやすい。かれがふんだんに生産している、と仮定しよう。かれから、抑制によって、合法的略奪ないしはその他の方法で、重大な規制によって、かれの労働生産物の半分を盗奪するとしよう。そうすると、全生産物総額はすぐさま減少しはじめる。楽しみと独立の動機によって、かれは自分の技術を磨き、自分の全機能を鋭敏にするのだが、これらの意欲は消滅してしまう。かれは不満になり、注意散漫になり、前途の希望をなくす。かれは、もう普通の敏捷さで働かない。その生産物は他人のためのものである。かれはその他人を羨んだり、嫉んだりする。かれは、かれの雇用主を敵視して、しぶしぶ、かれに労働を搾取される。かれには、まったく快楽がない。けだし、かれは、立派に完成した仕事をみることに、興味がないからだ。雇用主の目的は、できるだけ多くを労働者から搾取することなので、できるだけ少なく、かつ悪い仕事を与えて、できるだけ多く怠けることが、かれの不変の政策となる。このようにして、全生産量は、何時も雇用主の近視眼的貪欲が増大する度に、減少する。あまりにも無知で、自己中心的なため、生産高の低落の真因（いろんな方法での安全の欠如）を理解できないので、かれらは、それを労働者の不器用、無知、頑迷の責にする。しかし、これらはかれら自身の作品だったのである。生産は減少する一方である。賃金が下がれば、下がるほど、賃金と比較してさえ、為された仕事は、ますます価値がなくなってくる。生産的労働者は惨めであり、雇用主には罰が当たる。この被害の真因が分からないので、かれらは、労働者の怠惰、不誠実、堕落を非難する。そして、悪徳を抑圧し、このような人々に対して、不当な高賃金の要求を鎮圧するために、暴力、すなわち、無知の出来合いの常套手段が用いられる。雇用主は法律策定に影響力を持ち、生産的労働者は持っていないので、以前のものよりも、より野蛮で、不合理な新禁制、新刑法が施行される。雇用主は、かれらの腐敗した利潤の代わりに、煩わしい専制政治を実施することで、気休めせざるをえない。ともあれ、生産者はこの不公正な法律を打破する方策を講じる。かれらは、自分たちに不利に制定された権利侵害に真っ向から反撃しようと、反対勢力を結集して努力する。かれらは、法律の名目で、かれらの精神、かれらの精神とともに、かれらの勤労をも永遠に抑圧しようと求める権力という暴力を打破すべく、暴力行為の陰謀と団結に訴えるのである。かれらは、自分たちのメンバーに対する不公平な権利侵害と、かれらの雇用主に対する陰気な恫喝とによって、憂鬱な低賃金競争を沈静化しようと努力する。かれらは、かれらの雇用主が、自家製の一方的法律によって、かれらに押しつけている労働賃金を強制的に規制するための法令を発布する卑劣な模範に従っているのである。国家と同業組合との法律が労働を鎮圧するのに、一方、かれらの小さな連帯（little associations）の法律は、労働を支持しようと努力する。もっとも煩わしい種類の諸規制ともっとも野蛮な略式刑罰（summery punishments）は、かれらの賃金を保持するために、かれらによって実施される。国の法律は、規制された雇用条件では働こうとしない生産的労働者を処罰する。団結禁止法（the combination law）は、機械工自身が規定した賃金条件でなら、働いてもよいとする生産的労働者を処罰する。こうして、共同社会は戦争の劇場と化した。雇用主と労働者との敵対的陣営が、至る所で形成された。平等な安全の影響下で、知識、技術と応用の増進によって、生産増大に投下される敏捷さと活力とは、ここでは合法的であれ、非合法的であれ、相互妨害と迫害の手段を考案することに集注される。当事者同士、相互にカッとなって、資本ばかりか、生命も犠牲にされる。再生産と楽しみの手段である資本は、狂信的な無知によって、気まぐれに消費される。そして、殺人は、当事者相互に対して、申し立てられた不正義に報復するために、法律があるにも拘わらず、また法律によっても、犯される。このようなことは、低賃金を求めて気の滅入るような競争をしているなかで、社会が貶められる状態である。これら暴力手段の反作用が、利己的、近視眼的雇用主の合法的略奪と権利侵害を妨害するために、生産的労働者によって追究されないとき、共同社会の労働者は憂鬱な悲惨のどん底に沈み、勤労と繁栄は、かれらの発展に必要な努力と競争との自由とともに、消滅する。

次ぎに明らかになるのは、賃金を低落させる労働者の憂鬱な競争は、希望と努力を全滅させる結果になろうが、団結反対制度の制定や、労働者と雇用主との間でお互いに怨恨を持ったり、暴力行使をする結果になろうが、資本蓄積の希望に対しても、ほとんど等しく致命的だ、ということである。労働者は資本家の蓄積を意地悪な目で見る。資本家は貧困層の節約を嫉妬して調査する。低賃金、ないし報酬削減競争が、資本蓄積に反抗的であるように、報酬増のための爽快な競争は、生産の増加と向上によって、資本蓄積に有利である。分配の自然法則、すなわち「自由労働、労働生産物の完全利用、および自発的交換」をそれぞれ一律平等に顧慮することによって、それだけで、憂鬱な賃金競争が排斥されて、至るところで爽快な賃金競争が支持され、それによって富の最大生産はもとより最大蓄積も保証されるだろう。薄くばらまかれているが、極多量で目には一層まばゆい巨富の影響力のため、と同様にこれらの巨富の、ひとが羨むような保有者に同調して、富を渇望するすべてのものの同感のために、分配の自然法則が持っている資本蓄積傾向より以上に、過度な富は強い資本蓄積傾向を持っていることに賛同するだろうという想定はきわめて当然なので、非常に共通した、非常に有害な間違いを暴露することによって超克されるように、どんなに注意深くしても、し過ぎることはない。だから、これまでの論述が長くなったのも宜なるかなである。

将来、機会があれば、われわれの眼前に現れるだろうから、いまはちょっとしか言及できないが、分配の自然法則の作用から生じる、その他の経済的性格の利益がある。質素であるばかりでなく、壮大な公益事業の仕事全部を最大限豊富に生産し、役に立たないもの、または私的贅沢という自己中心主義を満たすものを除いて、功利と結びついた美術において、天才の営為を引き出すこれらの傾向のようなもの、がこれである。さて取り急ぎ、分配の自然法則を遵守することから、共同社会に帰結する道徳的影響を、若干考察することにしよう。

分配の自然法則が作り出す、平等な安全の結果たる、大きな最高の道徳的恩恵は、以下のとおりである。「過度な貧困と過度な富が社会から追放されるので、贅沢と欠乏の特有な悪徳はほとんど消滅するであろう」。非常な貧困層の悪徳と非常な富裕層の悪徳とは、相互に相手の悪徳を作りだし、これらの階級のそれぞれの生活環境によって必然的に発生するが、人間の悲惨な生活の大きな道徳的原因である。貧しくなく、贅沢に毒されていない人々たる中間階級は、相対的に、しかもかれらの多数は、絶対的に、道徳的で、自分自身の激情を抑えて、自分の周囲に幸福を普及しようと努力する。多くの共同社会の中で中間階級は、階級はかれらが生活している境遇の産物だという理論に完全には適合していないならば、その理由はこうである。すなわち、かれらは、貧富双方の悪徳の汚染された雰囲気と接触とのど真ん中に生活していて、もちろん、それらに曝されているからである。上は富裕層と下は貧困層とは、それぞれ異質の愚行と悪徳を真似したがる。かれら自身、全富裕層と同様に、長短の時間的間隔を置いて貧困層から当然成り上がったので、かれらの多くは、かれらの特有の悪徳に多少とも感化されているのである。それゆえ、現在の中間階層と、富に関して、同じような環境にある人々は、現存の共同社会の現中間階層と比較すると、平等な安全の影響を受けると一体何になるのであろうか、ということについて、きわめて不適切な観念しか持てない。しかも、かれらの条件のなかで、平等——かれら自身が常に努力を怠らないことによってもたらされ、維持されている平等——に接近するただの環境から、社会が誇りうる、他を圧倒する知性、魅力的美徳および辛抱強い活躍のための全素材を提供する階級として、かれらはまさに語られているのである。

犯罪に関して上述したことが、ここでは、美徳と悪徳とについて、繰り返されるかもしれない。社会の荒廃をもたらす犯罪の非常に多数が、富の過度な不平等に起因し、それらの犯罪のより大きな部分が、貧困と悲惨との不断の、または、突然の重圧から発生しているのと同様に、人間の非常に多数の美徳と悪徳が同じ原因から生じている。犯罪はおしなべて悪徳である。すなわち、どんな行為も、法律によって犯罪と宣告されたり、処罰を決めつけられるべきではない。それらは、法律制定以前には悪徳ではなかったし、社会に対して重大な被害を与えていなかったのである。なおかつ、同時にもっとも有害な悪徳で、それを処罰した後、尾を引いて、その悪徳の被害さえ優に超える重大な弊害を続々産み出さないような悪徳だけしか、犯罪の中に組み込まれるべきではないのである。このように、必然的に制限されれば、われわれは法律のたんなる束縛が、徳の高い共同社会を産み出すために、なんと役に立たないかが直ちに分かる。それが規制できる行為たるや、まことに寥々たるものである。意図するところが多すぎることによって、また法律の永久的な束縛によって、それは善を産むことよりも、むしろ人類の中に貧困、悪徳および悲惨を恒久化することに、これまで貢献してきた。今後、代議制度下で、公平に幸福を産み出すべく方向づけられたその他の科学と同様に、絶えず進歩しつつ、それゆえに変化しつつある時代と国民との最良の英知によって導かれて、法律は犯罪の容赦ない復讐者、排他的特権と簒奪の看守たるよりも、むしろ、あらゆる恩恵の慈悲深い守護者となるであろう。

極貧困層は、如何にして高潔であるべきなのだろうか。誰がかれらのことを気にするか。かれらはどんな品格を失うだろうか。世論は、かれらの行為にどんな影響力を持っているか。絶対的欠乏という苦痛に苛まされているかれらは、どんな種類の名声という優雅な快楽を気にするというのか。みずからの窮乏に苦しんでいる人々に対して、同感を呼び起こすような、自分自身の財産や権利を全然持っていないかれらが、どうして他人の財産や権利を尊重するだろうか。自分自身の紛れもなく悲惨な生活に苛まされている人々は、どのようにして他人の災難、他人の一過性不満に同情できるだろうか。他人の些細な迷惑について言っただけで、かれらの自己満足した同感を呼び起こさないで、侮辱を感じ、憤るのである。体面を傷つけられ、生活のゆとりがなくなり、生活必需品にもこと欠くと、欠乏は凶暴を産み出す。顧みれば、かれらは、多数のひとが自分自身と同じ境遇にあることを発見し、幸福な人々との優しい同感からは孤立している、という感情を共有するだろう。かれらはお互いに対して一公人（a public）になる。つまり、苦悩する不満の、かつ、無知の一公人であり、富裕層の世論を軽視して、かれら自身の世論を形成する。富裕層とかれらの法律を、かれらは暴力の結果としかみなさない。もし迷信が、その猫なで声で、かれらを宥め透かしたり、脅したりして、かような事柄があってよい、と信じ込ませるならば、それは、人間性のあらゆる活動的、知的原理を犠牲にしてのみ成功するし、修正のあらゆる希望は、不当な処遇を受けたという感情を喪失すると共に、消えてなくなる。富裕層に対して詐欺行為と不正行為を働く際に、悲惨な生活者層はお互いに平静を保つ。詐欺行為と不正行為の習慣が一度できると、利得の意欲がほんのわずかでも生じるときには、何時も無差別にそれらを実践する。かれらは、欠乏の肉体的苦痛を感じ、富裕層が色欲に耽溺するのをみる。ただの官能的楽しみを、かれらは人生の目的と見なし、禁欲を暇つぶしという愚行の最たるものと見なす。かれらは資力を持つとそのたびに、がむしゃらに不摂生の度を超して夢中になる。快楽は、そんなに稀にしか来ないのに、なぜ我慢するのか。非自発的節制は、かれらの生存と苦痛の法律である。無制限の充足は、かれらの災難の慰安であり、忘却である。悲惨な生活者は、道義性の、他人の安全を尊重する実際の行為を見たことが全然ないのに、誰から、その原理を学んだらよいのか。かれらの上流階級からか。法律からか。かれらの上流階級の行動、つまり法律の施行は、かれらにとって、かれらの労働果実を、かれらの同意を得ないで、何の等価もなしに略奪する、暴力や禁制の一つの実践的教訓となっていたのである。口約束、または教訓、または命令は、手本が逆になっていて、嘘をついているなら、何の役に立とう。富裕層は、貧困層が自分の栄養不良の筋力をすり減らして稼いだものを、略奪し、自分たちの役に立てることによって、慈善とはこんなものだ、と貧困層に教える。富裕層は、貧困層に対して、さらにますます略奪を恣にして、貧困層にあらゆる苛斂誅求を忍従し、かれらの上層階級の鞭を甘受し、もし、存命中、かれらがあえて不平不満を言うか、かれらの親方の安全を侵害するなら、死後でも痛い目に遭うぞ、と脅すことがかれらの義務だ、と説得しようと努力する代償として、かれら自身の集団のうちの若干のものを裕福にしたところで、無駄かもしれない。取るに足りないと言われているが、冷酷な強奪によって獲得したもの、そのものを、官能的にエンジョイしている、このような利害関係の絡まった、おしゃべりから出た、こういった空約束や将来の恐怖は、貧困層の理解力を混乱させ、駄目にして、哀れにも迷信深い畏怖心をかれらに吹き込むかもしれないが、決してかれらに人間性、正義、真理、あるいは不屈の精神を教えはしないであろう。ちんぷんかんの神学的理論は、この理論の無益と難解とに正比例して、辛辣な、激しい反社会的反感を呼び起こすかもしれないが、高潔な行動への意欲を決して与えることはできない。意欲は物事、つまり周囲の環境から生じるのであって、空約束や空疎な宣言からではない。言葉はこれらの物事や環境の知識を伝達し、印象づけるために役に立つにすぎない。もし、これらの事情が存在しなければ、言葉はただの嘲りにすぎない。かれらの空虚な勧告を強調するために、これら飽食した怠惰な僧侶が熟知していることは、残酷な刑罰の直接的恐怖によって、法律がかれらを助ける手を差し延べるはずだ、ということだ。しかもこの残酷な法律は、人民の精神から、人間性をいっそう頑なにし、根絶するのに役に立つ。

あらゆる点で、共同社会の勤労生産者のモラルは正反対である。かれらは、幼少期から、空虚な言葉によって、ではなくて、事実によって、他人の安全と快適な生活を尊重することを、法律と自分の身辺のあらゆるものによって、自分自身の安全に対して払われたひたむきな敬意によって、教育されたのである。かれらの全労働生産物をエンジョイし、なにものも、公正な等価なしでは、かれらから略奪されないから、かれらは、他人が獲得したものを尊重するだろう。かれらの欲求が満たされるから、かれらは、他人が困っているのを不当だと評価し、かれらを救済するのを、かれらの傷つけられた感情に対する慰め、と感じるだろう。窃盗、詐欺および嘘言を吐くことへの誘惑は取り除かれるので、これらの悪徳は不可避ではなく、実行されないであろう。まるまると肥えた有力者の世論に反対して闘争することが苦痛だという世論はまったくない。悪徳は同感を受けられない。けだし、悪徳をかばうことは、誰の利益でもないからである。親切な感情と温情ある行為は広まるであろう。楽しみの領域は、太陽熱と同様に、幸福感にすっぽりと包まれた爽快な心情と微笑ましい表情を反射して一〇〇倍も増加する。美徳は祝福したり、祝福されたりすることに存在するだろう。無益な自発的苦行は、おしなべて狂気の沙汰として反撥されるだろう。しかし、自制は、真実、永久の幸福にとって不可欠だから、また狂信者や偽善者がひとを惑わす興味は、かれらの略奪権力の停止によって除去されるであろうから、幸福と、かれらの全生涯を通して、幸福の最大部分とに没頭している人々は、かれらの行為のもっとも遠い将来の全結果を丹念に研究するであろう。かれらは自分たちが形成するかもしれないあらゆる習慣が、幸福に与える影響を調査するであろうし、いかなる可能な生存状態においても、かれらを幸福にさせることができ、それゆえに幸福になるのに値するような、剛直、克己、普遍的同感の気質を獲得するであろう。現在の悲惨を甘受することによって、今後の幸福を買うという愚行は、嘲笑に曝されるであろう。平等な安全の娘であり、労働によって支持され、知識によって啓発された、これらのそしてほとんどあらゆる善の親である勤労は、どこでも尊敬されるだろう。労働しないこと、人間大衆の福利に貢献しないことは、恥辱と非難の的になるであろう。頭脳によるものであれ、手によるものであれ、生存に十分な等価を生産するために有益に雇用されないならば、——たとえ、富の蓄積によって、このような労働が、生存に必ずしも必要としなくなる場合もあるとはいえ、——くだらない有害な遊民生活を送ることが現在の流行であると同様に、不面目なことであろう。有益な、あらゆる活動的な才能、あらゆる研究、あらゆる思索は生活のなかで育まれて行くであろう。頭脳の知識が、手の技術、その他あらゆる有用な機能と同様に、要求されるであろう。環境が容易になれば、万人が教育によって、知識の諸要素に対する等価を提供できるようになるであろう。知識は、もはや少数者の権力と富を維持するために独占されないで、安価な綿のように、万人に対して、幸福手段の一つとして普及するであろう。

平等な安全は過度な富とは相容れないし、精神と身体の活発な活動が重んじられるので、富に特有の悪徳はほとんど消滅するであろう。薄情で、無気力で、侘びしい性的放縦は過度になる素地がなくなるであろう。節制によって、われわれの肉体的快楽はもちろん、道徳的、ないしは知的快楽さえも、すべてその強さと永続性の点で一〇〇倍に増大することが、もっとも簡単な計算でも証明されるであろう。富の、ただきらびやかだが、無用の虚飾を、愚かにも賛美することは理解のほかだろう。功利こそあらゆるものの試金石となろう。度はずれた、貪欲な富の追求は、他人の心をただ揺さぶる手段として、その固有な楽しみに関係なく、つまらない病気と思われるであろう。なぜなら、その影響だけが、適当な道徳的、または、心理的資質もなしに、一人歩きするからである。高慢、気まぐれ、および抑圧は、活発な、理知的な、自尊心の強い人々の社会のど真ん中に根を張るのに適した土壌を発見できないであろう。富裕層の高慢、気まぐれと抑圧は、もっと高尚な動機から有益に利用されないので、恥じ入って活発な競争の中に加わってっていくものもあるだろう。かれらの余暇は、立法者、裁判官、教師の高度な義務を果たす準備をすることに、または科学の領域を拡張したり、技芸を進歩改善することに、費やされるであろう。あるいは、知的活動のみを要求するこれらの名誉ある義務を低廉に遂行することによって、これらは、統治と教育の費用を最低限に引き下げるであろう。実験、観察と経験によって、また、これらのデータに関する公正な比較と推論によって、物理的、道徳的知識の領域を拡張し、かれらに際限のない努力の領域が開かれてくる。そして、知識層の人数は、共同社会において、毎日増加しつつあるので、これらのサービスに対する尊敬、感謝の念および賞賛の点での刺激は、毎日ますます強烈かつ効果的になるであろう。啓発されないことは、富裕層にとって不面目になるだろう。知的快楽は一度経験すると、精神的労働の習慣が一度身につくと、研究を継続することを欲求し、それが自己目的となり、人生の幸福の最大原因の一つになるであろう。こうして、平等な安全が個人的競争のもとで誘発するだろう不平等の程度は、過度な富が不安全のもとで現在生みだしている悪徳をではなくて、共同社会の至る所に知識と美徳を普及する手段になるであろう。

このような社会状態では、法律の作用はたんに暴力を制約し、みずから常習犯的で、もっとも痛ましい抑圧者になるのではなく、安全に対するあらゆる攻撃を抑制することであろうし、また富を略奪されずに、支払いは自発的寄付者によってだけなされ、いかなる過度な富も、いかなる巨大な権力も、責任感のないいかなる権力も、公的統治者に対して与えられていないし、空虚で退廃的な虚栄ではなくて、活動的な才能の努力を要求する真実の義務があらゆる地位に付いてきたし、また公権力もしくは公富を贔屓筋や関係者に気前よく与えるほど資産が残されていないので、ただの権力愛好者、または華美愛好者の大それた野望を育むためのどんな糧が残されているだろうか。ただの権力と贅沢の大賞が、高い金額で設定されると、競争者を引きつけるのは疑うべくもないであろう。そして、このような賞金を制定する共同社会は、それが刺激する熱情に悩まされることを予期しなければならない。しかし、適切な知識と活動が、あらゆる状況に必要とされるなら、野心的計画ではなくて、これらの資質が、それらにあこがれている人々によって開拓されるであろう。かれらの勤勉で自立した同胞の賞賛と感嘆とを博すことは、公務への就職を求めている人々の生涯の目的であろう。なぜなら、このような同胞の選挙権に、公務への指名は、直接的ないしは間接的に依存しているからであろう。そして、このような共同社会は、きらびやかな悪徳の見せびらかしによって、また、東洋の道化棒を意味もなく、そして光る石ときらめく薄衣をただ大げさに、人目にちらつかせて幻惑させられているようではないか。このような人々は野心的陰謀家の手段や道具にされるのに加担しているようではないか。どんな動機を、かれらに提示することができたか。かれらは飢えてはいない。しかも、処罰の、またはそのうえ、不名誉のリスクが、支払いまたは略奪品の約束された期待を一〇〇〇倍も上回るだろう。かれらの労働生産物とかれらの能力の自由利用が、法律によって、かれらに保証されているかぎり、かれらが抑圧されることはありえない。こんな狂気に等しい計画のための道具ではなく、この陰謀家は、暴力で略奪してやろうと目論んでいる権利または稼得を持っている一人一人のなかの敵を怖れたり、見つけたりしないだろうか。安全に立脚した分配の自然法則を遵守する共同社会では、いつでも暴力行為をただ人目にちらつかせたり、提案しただけで、恥ずべきものとしてマークされるだろう。共同社会がよって立つ基盤そのもの、つまり、かれらの勤労の基礎、かれらの道義心の第一原理は、自発性であり、あらゆるものに対して納得のいく等価である。そして、このような人々のなかでは、暴力はひとを威圧するか、幻惑する手段になるかもしれない。暴力行使という名前そのものが非常に忌まわしいので、全共同社会の圧倒的な抵抗力を侮って暴力行使を夢みている人々に、馬鹿者または狂人というあだ名の烙印を押そうとしないだろうか。派閥争いと野心には、安全の影響下で、終止符を打たなければならない。けだし、労働をしない富と権力の賞金は、金銭欲を煽るために存在することはないだろうし、他の仕事よりも世間的評価が落ちるだろうからであり、ひどく惨めで、無知な労働手段が発見されないだろうからであり、幸福な共同社会の各個人は、それらを抑圧することに、個人的に関心を持つだろうからである。これらの有害な悪徳は、公的略奪と抑圧を絶対的にエンジョイするひとと、それらを略奪したいと思うひととの競争から生じる。この恐ろしい賄賂のおとりの獲物を狙って闘争しているが、そのおとりを取り除け。そうすれば、一方では、派閥争いと野心との間の、他方では、独裁制と贈収賄との間の下劣な競争は、自然消滅するであろう。だが、虚偽と暴力行使を制約する法律の保護のもとで、意見の精力的な開陳と真理に関する議論は、あまねく普及するであろう。そして、政治的に重要な地位を求める人々が、必然的に競い合い、暴力によって世論を押さえつけようと努める代わりに、理性によって世論を啓発し、左右するであろう。

分配の自然法則をしっかり固守することから、多かれ、少なかれ、直接的に生じた経済的、政治的、および、道徳的影響に関する見解が、詳細に追究されるかもしれない。この法則の作用は、人間の行為と制度のほとんど全体を含み、それに影響するからである。ここでは、それらのもっとも明白で、顕著な影響を指摘してきたことで、おそらく十分であろう。それらは、悪徳を排除するだろうとか、犯罪を取り除くだろうとか、道徳的悲劇を取り除くだろうとか、こうして、人間の連帯ないしは共同社会を、詩人のいう天国にするだろう、とあえて主張すまい。いわんや、それらが、ときには組織のたまさかの極悪非道な産物を追放できる以上に、物理的弊害を取り除くだろう、とはあえて主張すまい。だが、それらはこれらの全弊害をその最低限に減少するだろうし、現在歪んだ利害関係集団によって支持されている悪徳を、珍しい、評判の悪いものとするであろうし、永久的な常に進歩している改善のために基礎づけるであろうし、共同社会の大群衆を、勤勉な、知的な、道徳的な、かつ幸福な実存に高めるであろうし、またより優れた美徳と才能が、事物の新局面と自然エネルギーを人間の楽しみに役立たせさせる機会をおどろくほど倍増し、人間の文化生活の現状が、ニュー・ホランド海岸の鮮魚で生計を立てているか、ニュージーランドで相互にむさぼり食いしながら生活する、惨めな原住民の現状に勝るよりも、人間を、おそらく一〇〇〇倍以上も現状を超えて高められた地位に向上させるのに貢献するであろう。

とりわけ、一つの喜ばしい環境が、富の強制的な、または、作為的な分配とは反対に、正当な、または、いわゆる自然の富分配によってもたらされる人事（human affairs）の改善に伴う。どんな進歩がなされようとも、それは永久的でなければならない。貧困、悪徳および退廃への逆コースはありえない。変化が、熱狂、暴力または恐怖にもとづくのではなくて、共同社会の個々のメンバーの利害にもとづいているので、そして、分配の自然法則が一度実施されるや、おのずから存続が保証されるので、獲得した利得を失うおそれは、まったくありえない。従来、社会制度の恒久的基礎を無視することによって、不公平な善を確立しても一時的でしかなかった。財産の作為的分配は利害関係を産み出し、一般大衆の幸福に反して権力と影響力を活動的にしてきた。一方、ひとの頑固さとそれと同じような子供じみた空想がこれらの大破局の原因だ、と述べられてきたが、この破局は、この制度の案出者たちの知識と知恵との不足のみによるものだったのである。過度な富の助けもなく、分配の過度な不平等もなく、かつそれから生じる調整もないとすれば、貴族政治と独裁政治が存在することは不可能である。そして、それらのありのままの制度的欠陥とあからさまな不条理とは、文明共同社会の間では、その既成組織に対する有効な反面教師となるであろう。富の自然な分配がなく、すなわち安全と両立する富の最大可能な平等がなければ、代議制度は長続きできないだろう。古代の立法者は、この真理に気づいてはいたが、暴力づくでなくて、平等な安全によって、かれらが欲する平等の基礎を誘導する自然の手段を知らなかったので、強制的平等を制度化し、自由を隷従に、勤労を安全の永久的侵害に、市民の幸福を権利剥奪された万人の服従、または堕落に、基礎づける奇妙な、途方もない誤りを犯したのである。このような異質な要素が、必然的に、恒久的な闘争を作り出した。代議制度、つまり平等な安全が確立する必然的結果は未知であった。大衆と自治の恩恵を分かち合う秘訣と、かくて万人を少数都市の特恵自由民と共に平等な幸福へ高める秘訣は、人知ではまだ発見されていなかった。これらの二大恩恵、つまり平等な安全と代議制または自治政治は非常に親密に結びつき、相互依存しあっているので、一方の制度的確立は、必然的に他方のそれを含んでいる。とにかく一方を採りあげなければ、その罰は他方の喪失である。平等な安全なしには代議政治は続かないし、代議政治なしには安全は続かない。不安全、非自発性と略奪の原理は、君主政体、貴族政体とそれらの混合政体にとって不可欠のものである。純粋の代議政治のみが安全と合致する。独裁政治が、ときには、いわゆるみずからの領土で、共同社会に対する徴税をほとんどしないで、維持されてきたことも真実である。しかし、安全を侵害することなく、これらの領土をそもそも、はじめに略奪するということはどういうことか。生産物の強制的徴収とは、安全に対する不断の侵害でなくて何であるか。また、政府自身が、これらの政府の、または国民の土地の生産物で主に生存しているかもしれないが、安全に対する侵害から生じる強奪のほか、何に、その代理人、その属官は依存しているのか。責任感もなく権力をもっているので、かれらは、どんなに独立して富裕であろうとも、利己心のためにその権力を濫用しない、すなわち利用しないのは、人間の本性なのだろうか。共同社会からの供給なしに存在している政府のこの自立性そのものが、安全に対する侵害よりも、おそらくもっと有害でさえあるだろう。かれらは反抗と調査にいら立つかもしれないが、権利の外観を纏った後者は、私的所有として不滅になる傾向がある。そのようなものは部分的には封建制度であったが、そこではまず土地が簒奪され、その地上にいる人間の統治権は、土地そのものに対する統治権に貼りつけられた。人間は、樹木やその他の動物と同様に、その土地のたんなる付属物にすぎなかった。現在のロシアのように。文明の発展段階の違いに応じて、素朴であれ、精巧であれ、人間の労働生産物をふんだんに供給しなければ、統治者はわざわざ統治しようとはしないだろう。問題は、この供給を自発的にするか、または強制的にするか、搾取されうる最大限にするか、または必要最小限にするか、である。もし自発的ならば、それは最小限であろう。もし強制的であれば、不安全がそれみずからの資源を完全に破壊する極限の点以外で、最大限であろう。

だが、話を戻そう。分配の自然法則によって誘導されて、平等にゆとりある生活へとあまねく接近するところでは、明らかに転覆の諸要素が欠如しているだろう。土地または資本の膨大な部分を所有している無職の階級は存在しないだろう。野心的な富裕層の旗印の下に喜んで参集する、哀れな従者または、無職の貧窮者の階級は存在しないだろう。また勝ち取ろうとする独裁政治または貴族政治の輝かしい賞などないだろう。進歩は恒久的だろう。なぜなら、進歩はみずからのうちに、共同社会の全階級の利害関係のなかに、みずからの支持、その存続のための素因を含んでいるからであろう。しかし、絶対的な強制的不平等、もしくは不平等を産み出す不安全が、永久的な善を志向する政治的協定の一部として存在を許されるところではどこでも、有害な原理が抵抗したり、制度化された害悪の原因が妨害することがある。そして、それは、善良な原理がこの制度から放逐されないなら、その善良な原理を中和するか、転覆するであろう。もし人間の体格を最長年間、最良の健康に維持したいならば、肉体に病原菌を接種したり、あるいは脈管のどれかの健康な働きを結紮によって無理強いしたりして、保健と幸福の進展に着手しないだろう。われわれの第一の目的は、病気が健康を妨害する全原因を除去することである。社会構造においても同様である。不安全の全原因を除去しなければ、共同社会の幸福は、常に体内の自己衰弱的病魔に侵されやすくなる。不安全の全原因が除去されるならば、共同社会の幸福は保証される。それゆえ、平等な安全原理を維持して、分配の自然法則をたゆみなく固持することが、どんな可能な人為的取り決めよりも、よりいっそう資本蓄積に役に立つであろう。そして、このこと、つまり安全原理は、有益な労働生産物の蓄積増大に、その生産増大における と同様に、等しく作用するということは、経済的視点から見て、安全原理による大きな副次的影響である。

自由労働と自発的交換の法則に対してなされるであろう反対論について、述べるときである。その反対論は、しかしながら、後にみるように、この法則の有益な作用のいま一つの例になる。

「もし自由労働と自発的交換によって、手に入れることが、富物品または財産を所有する、唯一有益な、それゆえ、唯一の正当かつ道徳的な権利であるなら、」と言われるであろう、「富、特に広大な世襲地所の現実的所有者を、かれらの収入をエンジョイする際に、保護することは何であるのか。このような原理は、所有権を乱すことにならないだろうか」。

暴力ないしは詐欺によって、――自由労働ないしは自発的交換によらない、いかなる手段によってでも、――獲得した人々の方では、かれらか、かれらの子孫が所有するかもしれない地所、鋳貨またはその他の商品に対してのこれらの分配の自然法則から導き出される本源的権限（*original title*）ないしは権利の絶対的無効に関する結論は、全面的に承認されるし、この原理は過去のすべての取得の基礎であるべきだったのと同様に、将来のすべての取得の基礎とされる。しかし、本源的権限の無効性に関するこのような容認は、現在の、現実的分配を支持したり、干渉したりする便宜主義について、なにも決定できない。暴力ないしは詐欺によらないで、獲得された財産を支持するためには、取得の功利（*utility of acquisition*）で十分である。社会に対するどんな利益も、すでに証明されているように、単純な分配の自然法則に執着することによって、このような取得物を保護する結果、得られる利益と競合することは全然できない。

　これらのこととそれらから生じる幸福とを維持するために、社会は制定されているし、すべての法律が策定されているし、策定されるべきである。これが偉大な道徳的、または、有益な所有権である。そして、それはあらゆる法律を超越して、普遍的な正義のルールにもとづいたものであり、すべての法律は、もし正当ならば、その正義のルールの役に立たなければならない。財産を法律の創造物だ、と言うのは、ただの隠喩である。同様に人間の行為は法律によって規制されているので、人間は法律の創造物だ、と言ってもよかろう。財産、合法的な財産は、労働の創造物である。人間労働とその生産物との自由な利用と処分とがその首長である人間と人権とを保護するために、すべての正当な法律が人間によって策定された。人間の精神が法律の親であるように、人間の労働は財産の親である。自然科学的知識と道徳性についての社会的進歩の現状において、個人的競争制度のもとで、法律の保護を受けないで存在できた財産の割合が、きわめて小さいのは真実である。だが、悪法は、法律がまったくないのと同様に、財産に対して壊滅的である。善良な法律は財産を維持し、その楽しみを規制する方法の一つ、しかももっとも効率的な方法である。しかし、財産が、法律の援助なしに、存在すると思われるケースが二つある。まず知識と私的モラルが非常に進歩したので、その維持のために、法律の刑罰が不必要になるケースである。次ぎに、個人的警戒心と力量が、みずからの取得物を保護したケースである。だが、暴力または詐欺によって、大なり小なりの規模での強盗によって、労働、技術、納得のいく等価との交換、または無償の贈り物という手段でない、その他のあらゆる手段によって、獲得された財産を維持するためには、もっと長いもっと複雑な過程が必要である。現実の分配の功利（*utility of the actual distribution*）は、本源的取得、または本源的権利の功利の欠陥として、このようなケースのなかで証明されなければならない。つまり、次のことが証明されなければならない。すなわち、取得の本源的不正義から生じる不安全の全弊害が存在しなくなっている、ということ。現在の所有者の間に、このような所有によって社会に発生するかもしれない、本源的不正義とその他の現存する諸被害との弊害を消滅して余りあるほどの自発的譲渡が行われ、慣習が形成され、期待がかき立てられてきたということ、である。われわれがいま語っているのは、法律家を指導するルールについてではなくて、立法者の指導のための至高の道徳法についてである。本源的不正義の弊害がなくなり、これらの巨額の財産によって、ほかのものによるよりも、より多く、社会、または社会制度の組織あるいは構造に、固有の危害が生じないなら、これらをエンジョイする権利は、社会によって等しく支持されるべきであろう。しかし、暴力や詐欺を支持する法律によってにせよ、慣習によってにせよ、策定され、恒久化された法律または有害な制度の支えなしに、個々人によって膨大な金額の富がまとめられ、恒久化されることは不可能だから、いかなるものであれ、分配の自然法則を侵害するこの有害な傾向を持つものを、法律や制度から根絶することが、あらゆる共同社会の絶対果たすべき義務となるのである。暴力や詐欺への保護をやめるだけで生じるどんな損失に対しても、少数者が多数者を襲撃する権利の廃止に対してと同様に、まったく補償されるべきではない。けだし、どんな補償も、共同社会によって、重大な被害なしに、過度な富の増加とその有害な影響なしに、そして共同社会が以前略奪されたものを、将来の労働によってしか補償されえないような略奪を、別の名称をつけて継続することなしに与えることができないからである。もし平等な正義の厳格なルールが守られるならば、過去の不当な処遇に対して、被害者への補償がむしろなされるべきであろう。だが、不当処遇の巨悪がそれを不可能にし、悪意に満ちた激情を永続させることだけが求められるので、将来への指針としてでなければ、過去を忘れることはより有益であり、それゆえ、より正当である。同様に、人口の大多数が奴隷で構成されている奴隷制の場合に、非常に低額に留まる場合を除いて、補償は奴隷所有者に与えられるべきではない。というのは、その補償は奴隷労働にのみ由来するからで、奴隷所有者がお互いに補償し合うのは、子供じみた仕草でしかない。コロンビアにおけるように、奴隷がほんの少数しかいないところでは、アメリカ合衆国におけるように、あるいは奴隷所有者の巣窟が大共同社会と結びついているところでは、租税またはその他の方法で、奴隷所有者への適度な補償基金を拠金して、かれらの間から道徳的汚染を除去することは、自由市民のなかでは寛大かつ賢明であろう。この補償は、この不当処遇を正当化し、支持してきた他の市民、自由人、共同社会と立法からとるべきであり、その犠牲者の奴隷からとるべきではない。もし正義が実行されるなら、――かれらにこそ、過去の不当処遇に対する最大の補償をする義務があるだろう。イギリスでは、西インド生産物、特に砂糖に対する租税は、くじ引きで、奴隷所有者たちによって決められたものではないきわめて手頃な価値で、イギリスの保護と現実の統治下にある植民諸島の奴隷解放を買い取るという唯一究極の目的にもっぱら充てられるべきである。

それで、分配の自然法則が財産に対する真実かつ唯一有益な権利と権限を明らかにして、その本源的権利を持っていない人々に、それを法律によってもっと支持することが、それが普及している共同社会の幸福と矛盾しない、ということを証明させようと強要するのは、社会に対する弊害ではなくて、分配の自然法則を尊重することから必然的に生じる最大の利益の一つである。暴力行使を自分自身の貫禄と一体になっているものだ、と擁護する必要があるという仮定から解放されたこのような財産所有者は、ややもすると、ただの暴力を管理の道具としてもう賞賛したくなくなったり、道理と説得の技術を磨きたい気にもっとなるであろう。こうして、過度な富のもっとも不遜な特徴の一つを断念するのである。

訳者略歴

鎌田武治（かまた　たけじ）
横浜国立大学名誉教授
1930 年　東京都生まれ／1953 年　横浜国立大学経済学部卒業／1958 年　京都大学大学院経済学研究科博士課程修了／
1969 年　京都大学経済学博士／横浜国立大学教授、大阪産業大学教授を歴任

主な著訳書

『現代資本主義の経済政策』（法政大学出版局）／『古典経済学と初期社会主義』（未来社）／『市場経済と協働社会思想』（未来社）／ボルン著『ビスマルク後の国家と社会政策』（法政大学出版局）

富《とみ》の分配《ぶんぱい》の諸原理《しょげんり》1　　近代社会思想コレクション06

平成23（2011）年10月24日　初版第一刷発行

著　者　W・トンプソン
訳　者　鎌《かま》　田《た》　武《たけ》　治《じ》
発行者　檜　山　爲　次　郎
発行所　京都大学学術出版会
京都市左京区吉田近衛町69
京都大学吉田南構内(606-8315)
電話　075(761)6182
FAX　075(761)6190
http://www.kyoto-up.or.jp/
印刷・製本　亜細亜印刷株式会社

ISBN978-4-87698-569-2
Printed in Japan
定価はカバーに表示してあります

近代社会思想コレクション刊行書目

（既刊書）

01　トマス・ホッブズ　『市民論』
02　ユストゥス・メーザー　『郷土愛の夢』
03　フランシス・ハチスン　『道徳哲学序説』
04　デイヴィッド・ヒューム　『政治論集』
05　ジョン・S・ミル　『功利主義論集』
06　W・トンプソン　『富の分配の諸原理１』